AF356950

Lj 43

LES MONUMENS
DE LA FRANCE.

TOME PREMIER.

[library stamp]

LES MONUMENS

DE LA FRANCE.

TOME PREMIER.

EXPLICATION DES MÉDAILLES DU TITRE.

Les médailles des Gaules, représentées sur la vignette, sont presque toutes d'argent, et ont été frappées, dans différentes villes, en l'honneur d'empereurs romains ou de chefs gaulois.

N° I. Ville inconnue. Tête imberbe, diadémée. Sur le revers, cheval en course avec caractères effacés, et symboles inconnus.

N° II. Ville inconnue. Tête imberbe, avec l'inscription grecque ΛΛΚΥΔΩΝ. Sur le revers, roue à quatre rayons. — Cette médaille est semblable à beaucoup de médailles de Sicile.

N° III. De Marseille. Tête de Flore couronnée de fleurs avec pendants d'oreilles, et collier de perles. Sur le revers, un lion, et l'inscription ΜΑΣΣΑ, abréviation de Μασσαλις.

N° IV. Ville inconnue. Tête imberbe avec le paludamentum, et l'inscription CICTILOS. Sur le revers, cheval en course avec symboles inconnus.

N° V. De Reims peut-être; les trois Gaules accolées, et l'inscription TRES GALLIÆ. Sur le revers, un cavalier au galop, le bras droit étendu en arrière : inscription SER. GALBA. IMP. Cette médaille fut probablement frappée lors de l'avénement de Galba à l'empire.

N° VI. Ville inconnue. Tête de femme entourée de bandelettes. Sur le revers, soldat debout, paraissant tenir de la main droite une lance et un sanglier, et la main gauche appuyée sur un bouclier ovale.

N° VII. Ville inconnue; tête imberbe. Sur le revers, cheval en course; au-dessous un globule : inscription inconnue.

N° VIII. De Lyon peut-être. Tête de la Victoire; une tête de coq à gauche; un signe inconnu à droite. Sur le revers, un lion; sur le champ la lettre A devant; la lettre X derrière; inscription INAC. LVGV. On trouve sur plusieurs monnaies de Lyon *Luguduni*.

N° IX. De Vienne. Têtes adossées de J. César et d'Auguste, avec l'inscription IMP. CÆSAR. DIVI. F. DIVI. IVLI. Sur le revers une proue de vaisseau, avec l'inscription C· I· V·; peut-être *Civitas imperialis Vienna*. Cette médaille est en bronze.

N° X. De Nîmes. Tête de femme diadémée. Sur le revers, cavalier en course; au-dessus une étoile; inscription NEMAV, abréviation de *Nemausi*.

N° XI. Ville inconnue. Tête de femme; derrière, un carquois; devant, un sceptre ou une quenouille. Sur le revers, cavalier en course, portant une enseigne surmontée d'un sanglier : inscription LITA.

N° XII. Médaille frappée peut-être lors de la conquête de la Judée par Vespasien; figure bizarre de la Judée s'arrachant les cheveux. Sur le revers un sanglier; au-dessus et au-dessous une étoile.

N° XIII. De Nîmes. Tête de Pallas casquée. Sur le revers, l'inscription NEM. COL., *Nemausensis colonia*, au milieu d'une couronne de laurier.

A PARIS, CHEZ GIARD, ÉDITEUR,

5, RUE PAVÉE-SAINT-ANDRÉ-DES-ARCS.

LES MONUMENS
DE LA FRANCE

CLASSÉS CHRONOLOGIQUEMENT

ET CONSIDÉRÉS SOUS LE RAPPORT DES FAITS HISTORIQUES
ET DE L'ÉTUDE DES ARTS

Par LE COMTE ALEXANDRE DE LABORDE

MEMBRE DE L'INSTITUT, etc.

Les dessins faits d'après nature par MM. Bourgeois et Bance, etc. etc.

MOENIA, NAMQUE PIO CONOR DISPONERE VERSU.
HEI MIHI! QUOD NOSTRO EST PARVUS IN ORE SONUS;
SED TAMEN EXIGUO QUODCUMQUE È PECTORE RIVI
FLUXERIT, HOC PATRIÆ SERVIAT OMNE MEÆ.
PROPERT., lib. IV, el. I.

TOME I.

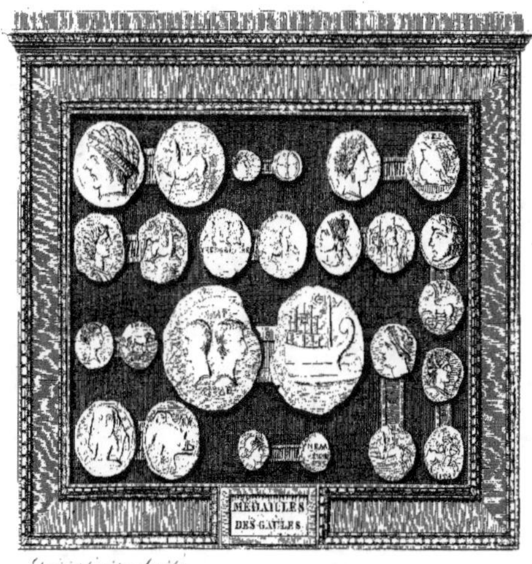

A PARIS

DE L'IMPRIMERIE DE P. DIDOT L'AINÉ

M. DCCCXVI.

Composé par Alex. de la Borde.   Déposé à la Direction Générale.   Gravé par Bouquean.

FRONTISPICE.

I

DISCOURS PRÉLIMINAIRE.

QUE sont les productions des arts enlevées aux pleurs des peuples; que sont des richesses étrangères à nos affections, injurieuses peut-être à notre gloire, auprès de ces monuments qui couvrent le sol de la patrie, qui s'unissent à ses souvenirs, qui retracent ses triomphes ou sa prospérité? Ah! le pays qui possède des chefs-d'œuvre nationaux doit être assez fier pour n'en pas vouloir d'autres, assez sage du moins pour perdre ceux-là sans se plaindre. Qu'il repasse ses titres de gloire; qu'il jette un regard sur les productions du génie de ses habitants; qu'il ne soit pas sourd à sa propre renommée, et alors il trouvera en lui-même la consolation de ses maux, la dignité de ses revers.

La France, moins connue que beaucoup de contrées de l'Europe, est plus riche qu'aucune d'elles en monuments de tous les âges. Depuis ces pierres énormes, signes obscurs de temps inconnus jusqu'aux édifices élégants de François Ier, il n'est peut-être pas une époque historique qui ne soit retracée par un monument curieux et d'une belle conservation. Ce sont les travaux de ces différents temps, l'héritage de tous ces siècles, que nous avons cherché à rassembler dans cet ouvrage, afin de présenter à l'historien un sujet intéressant d'étude et de comparaison; à l'artiste, des modèles à suivre et à surpasser; à l'homme ami de son pays, les souvenirs les plus précieux de sa gloire.

Nous avons divisé ce travail en trois parties, composant chacune une époque distincte, et les monuments du même caractère classés chronologiquement; chaque volume sera précédé d'un examen de l'état des arts à cette époque, et des diverses altérations qu'ils ont subies dans les différents temps. Nous allons en donner un léger aperçu, pour servir comme de cadre à tout l'ouvrage.

Monuments celtiques, grecs, et romains.

Semblables aux peuples sauvages et aux nations primitives, les Celtes ou Gaulois ne furent long-temps connus de leurs voisins que par la terreur qu'ils leur inspiroient. Simples dans leurs mœurs, ignorants dans leur croyance, mystérieux dans leur culte, ils regardoient la nature entière comme l'emblème de la divinité; ils l'adoroient dans l'épaisseur des forêts, sur le bord des fleuves. De larges pierres rangées suivant différentes combinaisons formoient l'enceinte de leur temple, les autels de leurs dieux, les tombeaux de leurs grands hommes; ces masses informes, *rudes saxorum compages,* ainsi que les nomme Tacite, sont répandues sur tout le territoire qu'ils ont habité; les unes placées en ligne droite et parallèles, comme à Carnac et dans la presqu'île de

Quiberon; les autres en cercle, ainsi qu'on le remarque à Fontevrault : plusieurs, recouvertes de larges pierres en manière d'impostes, et formant de longues galeries, telles qu'un monument près de Saumur, et la Roche-aux-Fées, à d'Essé en Bretagne; enfin le plus grand nombre consistant seulement en grandes pierres isolées, ou dans cette sorte d'autel vulgairement connu sous le nom de *Menhir*.

Nous donnerons notre opinion sur ces différentes espèces de monuments, antérieurs sans doute à la conquête des Romains, et même à l'établissement de colonies dans les Gaules. C'est à cette même époque que nous placerons un autre genre de monument, moins ancien vraisemblablement, mais dont on ignore l'origine. Ce sont les *tombelles, tumuli,* qu'on rencontre fréquemment en France, et qui désignent les tombeaux des chefs célèbres dont on retrouve les armes et le corps enfouis sous ces amas de terre. Cet usage pouvoit appartenir aux premiers habitants des Gaules, quoiqu'il fût commun aux Grecs et aux Romains, et à la plupart des anciens peuples.

Tels étoient les Gaulois libres et barbares, destinés bientôt à la servitude et à la civilisation; leur premier pas vers ce nouvel ordre de choses eut lieu par la fondation de colonies grecques sur les côtes de la Méditerranée; *Nikè,* aujourd'hui *Nice; Antipolis* ou *Antibes,* et sur-tout *Marseille,* introduisirent sur ce territoire de nouvelles mœurs, de nouveaux usages, et les premières notions des arts et de l'industrie. Il ne reste malheureusement aucun monument important de ces peuples, si l'on en excepte quelques charmantes médailles frappées à Marseille, qui donnent l'idée d'une grande perfection dans les arts. Bientôt les Romains vinrent continuer dans ce pays leur système de conquête du monde. L'ascendant de leur politique, de leurs richesses, et sur-tout de leurs armes, soumit ces peuples simples et désunis entre eux. Sextus occupa toutes les provinces sur la rive gauche du Rhône; Domitius Aenobarbus, et après lui le célèbre Marius, s'avancèrent au-delà, et toute la partie méridionale des Gaules devint de ce moment partie intégrante de l'empire romain. La civilisation y remplaça la liberté, la domination y fit sentir ses chaînes; mais l'industrie y répandit ses bienfaits. Des voies superbes traversèrent les montagnes, des aquéducs conduisirent les eaux aux principales villes; des bains, des amphithéâtres, des cirques, firent connoître à ces peuples les jeux, les vices, et la gloire de Rome. César acheva la conquête de tout le pays, et Auguste y rétablit la tranquillité. Les monuments de ces premiers temps de la domination romaine sont difficiles à distinguer lorsque des inscriptions ne viennent point à l'aide de la critique; il en est peu qui portent un caractère assez pur, assez primitif, pour ne pas être aisément confondus avec les ouvrages des temps postérieurs. Nous aurons lieu de reporter au règne de Trajan et d'Adrien plusieurs constructions que généralement on attribue au siècle d'Auguste. Celles qui appartiennent incontestablement à cette époque sont les voies publiques qui traversent les Gaules en différents sens; les camps militaires, dont il reste beaucoup de traces; des aquéducs; quelques monuments à Nîmes et aux environs, et sur-tout cette masse singulière connue sous le nom de *trophée d'Auguste,* près de Monaco, et dont l'inscription s'accorde avec un passage de Pline.

L'époque brillante pour les arts dans les provinces romaines fut le règne des Anto-

nins, pendant cette suite presque non interrompue d'excellents empereurs qui, depuis
Trajan jusqu'à Septime Sévère, consolèrent l'empire romain du règne des tyrans qui les
avoient précédés. Les Gaules se ressentirent de ces temps heureux; les villes de Nimes,
Vienne, Orange, Arles, Bavay, Fréjus, Riès, etc., s'embellirent de monuments utiles et
élégants. Cette époque des arts est sur-tout remarquable par les progrès de l'exécution;
les détails, les ornements sont étudiés avec beaucoup de soin, tandis que les contours,
les profils commencent à perdre de leur pureté: bientôt ils s'altérèrent encore davantage; il sembla que les travaux étoient exécutés par des ouvriers plus adroits qu'habiles,
et d'après des plans où l'on se seroit plus occupé de l'ensemble que de la proportion
exacte des parties. Tels sont les arcs de triomphe d'Orange, de Saint-Chamas, de Saint-
Remi, de Reims; les tombeaux de Vienne, d'Igel, de Vaison, etc.

Après cette époque, on tombe dans la décadence, qui commence sous Dioclétien;
mais il ne faut pas s'y tromper, cette décadence fut plus marquée peut-être à Rome que
dans les provinces : celles-ci conservant leurs administrations municipales, ne devant
pas leur éclat à la résidence du prince, élevoient encore des monuments à leurs citoyens
illustres, ou étoient embellies par eux. Les ouvrages de ces temps sont encore plus mal
profilés que les autres ; ils ont souvent des surplombs; les colonnes sont couvertes de
figures informes : mais leur masse est toujours belle; la distribution des ornements est
gracieuse, et ils ont cet intérêt particulier d'établir une gradation presque insensible
avec les premiers édifices religieux des Ve et VIe siècles, avec lesquels ils ont une singulière analogie.

DEUXIÈME ÉPOQUE.

Monuments gothiques.

Cette époque est marquée en France par une suite d'édifices si curieux, si multipliés,
et en même temps si peu connus, qu'elle pourroit former à elle seule un ouvrage entier.
Nous nous sommes particulièrement attachés à la bien étudier, et nous osons nous flatter que nos recherches n'auront point été sans quelque utilité pour l'histoire du moyen
âge.

Dans les arts, comme dans les coutumes et les lois, les transitions sont ordinairement
graduées; et, lorsque la chaîne des idées vient à s'interrompre, il est rare qu'une critique éclairée ne puisse la rattacher. Les thermes de Dioclétien à Rome, et le palais de ce
prince à Spalatro offrent le type des portails et des colonnades employés dans les monuments religieux des premiers temps de la chrétienté; et les édifices même des Ve, VIe,
et VIIe siècles, qui présentent un mode particulier de construction, conservent encore
des traces de leur origine. Ce sont de grandes basiliques oblongues soutenues par des
voûtes à plein-cintre, ornées d'un portail en renfoncement, et terminées par une ou
plusieurs de ces saillies circulaires connues des Grecs sous le nom d'*apsis*, et servant
de chœur et de chapelles. À ce plan général les François ajoutèrent des ornements

pleins de goût, et des dispositions particulières qui forment à-la-fois les plus belles masses ornées des détails les plus élégants. Telles sont les églises de Notre-Dame-du-Port à Clermont, d'Issoire, du Puy, de Saint-Trophime à Arles. Ces édifices, uniques dans leur genre et peu connus, sont la plupart l'ouvrage des prélats et des moines habiles qui conservèrent le génie des arts et le dépôt des sciences pendant les temps intermédiaires de la civilisation; ils faisoient eux-mêmes les plans, et dirigeoient les travaux que leurs novices ou leurs subordonnés exécutoient sous leurs yeux. Les progrès de ce style nouveau s'étendirent du midi au nord. Charlemagne, dans les VIII et IX siècles, fit construire le superbe édifice d'Aix-la-Chapelle, et le palais d'Ingelheim. Bientôt s'élevèrent les cathédrales de Trèves, de Worms, de Maïence, et plusieurs édifices à plein-cintre semblables, aux environs de Coblentz et de Cologne. Vers le XIe siècle, la Normandie atteignit et surpassa même ces provinces dans la fondation des monuments de ce genre. Il scroit trop long de citer les artistes célèbres qui depuis les évêques Dalmatius, Avitus, et S. Éloi, jusqu'aux abbés de Cluny, contribuèrent à ce genre de richesses nationales; tous recevront un tribut dans notre ouvrage, ainsi que les souverains qui les secondèrent de leur pouvoir et de leurs richesses.

Ce n'est que vers le XIIe siècle que parurent en France les premiers édifices en voûte à *tiers-point,* qui constitue véritablement l'architecture improprement nommée *Gothique,* l'autre n'étant qu'une continuation du style romain appliqué à de nouveaux usages. L'*arc ogive,* cette innovation heureuse dont on ignore l'auteur, me paroît, et j'espère le prouver, être venue de Constantinople, ainsi que toutes les traditions du moyen âge. Quoi qu'il en soit, elle fut introduite par-tout spontanément, et présenta l'aspect de l'élégance réunie à la solidité, de la grace jointe à la grandeur; combinaison piquante qui étonne sans inquiéter, et plaît par un charme dont on ne peut se rendre compte. Le XIIIe siècle vit ce style se perfectionner en France, et surpasser les plus beaux ouvrages du même genre répandus dans les autres pays. Que peut-on, en effet, comparer aux cathédrales d'Amiens, de Beauvais, de Reims, de Strasbourg; aux églises de Saint-Denis, de Saint-Nicaise, de Notre-Dame, qui rendirent à jamais célèbres les noms de Libergier, de Robert de Coucy, de Robert de Luzarche, de Jean Marc, de Jean de Chelles, etc. Les malheurs de la France pendant les XIVe et XVe siècles laissèrent quelque temps à l'Angleterre la prééminence dans les arts; et cependant c'est à ces époques malheureuses que nous devons plusieurs édifices d'un goût dont je connois peu d'exemples en Europe; je l'appellerai le *Gothique ornamental,* différent de celui de Henri VII, en Angleterre, et remarquable également par la richesse de ses détails. Ce ne sont plus les lignes sévères des premiers temps, les compositions simples et un peu massives; ce ne sont plus également les flèches légères, les projections harmonieuses de la seconde époque, mais un composé en quelque sorte de toutes les deux, auquel on auroit ajouté une multitude d'ornements qui laisse à peine à l'œil le moyen de se fixer. Tels sont les châteaux de Meilhant, de Josselin, plusieurs maisons particulières dans les villes; les cathédrales de Toul, de Rouen; et, plus tard, l'église de Brou, chef-d'œuvre de ce genre, et fort extraordinaire. Bientôt on vit se glisser dans ces compositions les formes grec-

ques, les pilastres réguliers, les arabesques modernes, mélange qu'il est curieux d'étudier dans le singulier château de Gaillon. Pour ne laisser rien à desirer dans cette partie
de notre ouvrage, nous joindrons, comme dans la première, à la description des édifices, les tombeaux, bas-reliefs, statues, et autres détails qui servent à éclaircir les faits
historiques.

TROISIÈME ÉPOQUE.

Monuments de la renaissance.

Les conquêtes de Charles VIII, de Louis XII, en Italie, opérèrent dans les arts un
changement pareil à celui qu'avoient produit les croisades; on abandonna tout-à-fait
le style et le plan des édifices gothiques; l'étude de l'antiquité fit chercher à appliquer
aux édifices modernes les formes grecques; intention difficile à mettre en œuvre, que
nos mœurs contrarient, à laquelle notre climat s'oppose; mais qui dut cependant céder
au génie d'hommes habiles et persévérants. Pierre l'Escot, Philibert de l'Orme, Jean
Bullant, Jean Goujon, et tant d'autres, ont à jamais consacré leur nom et le règne du
prince aimable qui les protégeoit, par une suite d'édifices qui forment une époque distincte connue sous le nom *de la renaissance.* Les châteaux de Joinville, de Chambord,
d'Anet, d'Ecouen, de Chenonceau, de Blois, nombre d'églises, sont les types admirables
du règne de François Iᵉʳ : le tombeau de ce prince est à lui seul un monument complet.

Cette époque ne fut pas de longue durée. La France, qui avoit imité l'Italie dans ses
chefs-d'œuvre, la suivit dans ses écarts; elle avoit eu ses *Palladio,* elle eut ses *Borromini.*
Après un siècle et demi de tâtonnements, il fallut revenir à l'éternel type du beau, à
l'étude et l'imitation de l'antique: c'est ce que l'on doit à la nouvelle École, qui me
paroit dater du commencement du règne de Louis XVI. Lorsque Soufflot, Gondouin,
Celerier, Louis, Dufourny, Legrand, Peyre, Ledoux même, proscrivirent les distributions
mesquines, les amas de petits ordres les uns sur les autres, les frontons coupés, les
contre-forts circulaires, les rocailles des temps précédents; on vit alors s'élever l'École
de Médecine, l'église de Sainte-Geneviève, le théâtre de Bordeaux, l'hôpital à Lyon, la
Bourse à Nantes. L'école de MM. Percier et Fontaine apporta encore un soin plus atten-
tif à l'exécution des détails, à la pureté des profils. Ces maitres habiles surent donner
à leurs élèves le calme de la réflexion avec le desir de la gloire, le besoin de l'étude
avec l'ambition de créer. Les jeunes gens qu'ils formèrent sont à-la-fois des artistes et
des savants; ils ont pris l'habitude de l'observation et de la critique; la raison éclaire
leur goût sans affoiblir leur imagination; et tout nous présage une nouvelle ère célèbre
dans les arts. Jeunes gens, l'espérance de votre patrie, consolez-la, consolez-vous de ses
malheurs, en vous rendant dignes de les réparer un jour! Jeunes gens, qui bientôt remplacerez vos maitres, c'est pour vous principalement que j'écris! Vous trouverez dans
cette collection les travaux des hommes célèbres qui vous ont précédés; vous y observerez les exemples que l'on peut suivre, les écueils qu'il faut éviter; vous emploierez

tous vos efforts à créer des ouvrages qui puissent servir également d'étude à vos successeurs.

Les monuments de tous les âges en France sont trop multipliés pour qu'il eût été possible et même convenable de les publier tous; on a dû se borner à faire un choix parmi les principaux, et à donner seulement la description des autres.

Les dessins ont été tous faits d'après nature, et avec une exactitude particulière; ils sont dus la plupart à M. Bance, artiste plein de zèle, de talent, et de courage, qui a consacré cinq ans de sa vie à parcourir les provinces pour rassembler les matériaux. Nous avons nous-mêmes visité chacun de ces monuments, et quelquefois à plusieurs reprises, afin de juger de leur caractère, et être à portée de joindre aux recherches historiques les documents et les traditions conservés sur les lieux : mais un travail plus précieux, et qui fera de cet ouvrage un monument vraiment national, ce sont les renseignements fournis par les préfets des départements, et qui leur furent demandés par le ministre de l'intérieur, à la sollicitation de l'auteur, en 1810, 1811, et 1812. La correspondance de ces magistrats forme une nomenclature, une espèce d'encyclopédie, tant des monuments existants, que de ceux qui ont été détruits dans la révolution : elle est fort importante pour l'histoire des anciennes familles et d'un certain nombre de communes dans chaque département; elle fera connoître également l'opinion des hommes instruits de ces provinces.

Cette entreprise présente trop d'intérêt pour n'avoir pas été tentée plusieurs fois; mais toujours quelques obstacles en ont arrêté l'exécution. Clérisseau n'a publié que les monuments de Nîmes, qui ne forment pas le quart des constructions romaines en France. Le P. Montfaucon avoit annoncé pour la seconde partie de son ouvrage sur la monarchie françoise les édifices gothiques et les châteaux, mais la mort l'a empêché de réaliser ce projet; et, quant aux édifices de la renaissance, ils se détruisent tous les jours, et à peine reste-t-il quelques esquisses informes qui en retracent le souvenir.

Cet ouvrage est, depuis quinze ans, l'objet de toutes les pensées, le but de tous les efforts de l'auteur. Il paroit sous le règne d'un prince instruit et bienfaisant, et au moment où l'Europe offre aux arts une patrie commune. Puisse-t-il mériter d'être jugé favorablement par les hommes éclairés de tous les pays!

DISCOURS PRÉLIMINAIRE.

La France est, sans contredit, de toutes les contrées de l'Europe, la plus riche en monuments de tous les âges. Depuis ces pierres énormes, signes obscurs de temps inconnus, jusqu'aux édifices élégants de François Ier, il n'est peut-être pas une époque historique qui ne soit retracée par un monument curieux et d'une belle conservation. Ce sont les travaux de ces différents temps, l'héritage de tous ces siècles, que nous avons cherché à rassembler dans cet ouvrage, afin de présenter à l'historien un sujet intéressant d'étude et de comparaison; à l'artiste, des modèles à suivre et à surpasser; à l'homme ami de son pays, les souvenirs les plus précieux de sa gloire.

Remontant la chaîne des siècles jusqu'aux temps les plus reculés, nous assisterons pour ainsi dire à la naissance des arts, et nous en suivrons les rapides progrès. Nous verrons les Celtes ou Gaulois, simples dans leurs mœurs, ignorants dans leur croyance, mystérieux dans leur culte, adorer la Divinité dans l'épaisseur des forêts, sur le bord des fleuves. De larges pierres rangées suivant différentes combinaisons forment l'enceinte de leur temple, les autels de leurs dieux, les tombeaux de leurs grands hommes; ces masses informes, *rudes saxorum compages*, ainsi que les nomme Tacite, sont répandues sur tout le territoire qu'ils ont habité; les unes, placées en ligne droite et parallèles, comme à Carnac et dans la presqu'île de Quiberon; les autres en cercles, ainsi qu'on le remarque à Fontevrault; plusieurs, recouvertes de larges pierres en manière d'impostes, et formant de longues galeries, telles qu'un monument près de Saumur, et la Roche-aux-Fées, à Essé en Bretagne; enfin, le plus grand nombre consistant seulement en grandes pierres isolées, ou dans cette sorte d'autel vulgairement connu sous le nom de *Menhir*. Nous retrouverons enfouis, sous un autre genre de monument, moins ancien vraisemblablement, sous les *tombelles, tumuli*, qu'on rencontre fréquemment en France, les armes et les corps des chefs les plus célèbres; usage commun aux Grecs et aux Romains, et à la plupart des anciens peuples.

Le premier pas des Gaulois libres et barbares vers la servitude et la civilisation aura lieu par la fondation de colonies grecques sur les côtes de la Méditerranée; *Nikè*, aujourd'hui *Nice; Antipolis* ou *Antibes*, et sur-tout *Marseille*, introduisent sur ce territoire de nouvelles mœurs, de nouveaux usages, et les premières notions des arts et de l'industrie. Il ne reste malheureusement aucun monument important de ces peuples, si l'on n'en excepte quelques charmantes médailles frappées à Marseille, qui donnent l'idée d'une grande perfection dans les arts. Bientôt les Romains viendront continuer dans ce pays leur système de conquête du monde. L'ascendant de leur politique, de leurs richesses, et sur-tout de leurs armes, soumet ces peuples simples et désunis entre eux. Sextus occupe toutes les provinces sur la rive gauche du Rhône; Domitius Ænobarbus, et après lui le célèbre Marius, s'avancent au-delà, et toute la partie méridionale des Gaules devient de ce moment partie intégrante de l'empire romain. La civilisation y remplace la liberté, la domination y fait sentir ses chaînes; mais l'industrie y répand ses bienfaits. Des voies superbes traversent les montagnes, des aqueducs conduisent les eaux aux principales villes; des bains, des amphithéâtres, des cirques, font connaître à ces peuples les jeux, les vices, et la gloire de Rome. César achève la conquête de tout le pays, et Auguste y rétablit la tranquillité.

La décadence commencera sous Dioclétien; mais il ne faut pas s'y tromper, cette décadence fut plus marquée peut-être à Rome que dans les provinces : celles-ci conservant leurs administrations municipales, ne devant pas leur éclat à la résidence du prince, élèvent encore des monuments à leurs citoyens illustres, ou sont embellies par eux. Les ouvrages de ces temps ont l'intérêt particulier d'établir une gradation presque insensible avec les premiers édifices religieux des 5ᵉ et 6ᵉ siècles, avec lesquels ils ont une singulière analogie.

Bientôt s'élèvera en France une suite d'édifices si curieux, si multipliés, et en même temps si peu connus, qu'elle pourrait former à elle seule un ouvrage entier. Ce sont de grandes basiliques oblongues, soutenues par des voûtes à plein-cintre, ornées d'un portail en renfoncement, et terminées par une ou plusieurs de ces saillies circulaires, connues des Grecs sous le nom d'*apsis*, et servant de chœur et de chapelles. A ce plan général, les Français ajoutent des ornements pleins de goût, et des dispositions particulières qui forment à-la-fois les plus belles masses ornées des détails les plus élégants. Ces édifices, uniques dans leur genre, sont la plupart l'ouvrage des prélats et des moines habiles, qui conservèrent le génie des arts et le dépôt des sciences pendant les temps intermédiaires de la civilisation; ils faisaient eux-mêmes les plans, et dirigeaient les travaux que leurs novices ou leurs subordonnés exécutaient sous leurs yeux. Tous les artistes célèbres qui, depuis les évêques Dalmatius, Avitus et saint Éloi, jusqu'aux abbés de Cluny, contribuèrent à ce genre de richesses nationales, recevront un tribut dans notre ouvrage, ainsi que les souverains qui les secondèrent de leur pouvoir et de leurs richesses.

Vers le 12ᵉ siècle paraîtront en France les premiers édifices en voûte à *tiers-point*,

qui constitue véritablement l'architecture ogivale, improprement nommée *Gothique.*
L'*arc ogive,* cette innovation heureuse dont on ignore l'auteur, vient de Constantinople,
ainsi que toutes les traditions du moyen-âge. Elle s'introduit par-tout spontanément, et
présente l'aspect de l'élégance réunie à la solidité, de la grace jointe à la grandeur;
combinaison piquante, qui étonne sans inquiéter, et plaît par un charme dont on ne
peut se rendre compte. Le 13ᵉ siècle voit ce style se perfectionner en France, et surpasser les plus beaux ouvrages du même genre répandus dans les autres pays. Les malheurs
de notre patrie pendant les 14ᵉ et 15ᵉ siècles laissèrent quelque temps à l'Angleterre
la prééminence dans les arts; et cependant c'est à ces époques malheureuses que nous
devons plusieurs édifices d'un goût dont je connais peu d'exemples en Europe. Ce ne
sont plus les lignes sévères des premiers temps, les compositions simples et un peu
massives; ce ne sont plus également les flèches légères, les projections harmonieuses
de la seconde époque, mais un composé en quelque sorte de toutes les deux, auquel
on aurait ajouté une multitude d'ornements qui laisse à peine à l'œil le moyen de se
fixer. Bientôt on verra se glisser dans ces compositions les formes grecques, les pilastres
réguliers, les arabesques modernes.

Les conquêtes de Charles VIII, de Louis XII, en Italie, opèreront dans les arts un
changement pareil à celui qu'avaient produit les croisades; on abandonne tout-à-fait
le style et le plan des édifices gothiques; l'étude de l'antiquité fait chercher à appliquer
aux édifices modernes les formes grecques; intention difficile à mettre en œuvre, que
nos mœurs contrarient, à laquelle notre climat s'oppose; mais qui dut cependant céder
au génie d'hommes habiles et persévérants. Ils ont à jamais consacré leur nom et le
règne du prince aimable qui les protégeait, par une suite d'édifices qui forment une
époque distincte, connue sous le nom de la *renaissance.*

Cette époque ne fut pas de longue durée. La France, qui avait imité l'Italie dans ses
chefs-d'œuvre, la suit dans ses écarts; elle avait eu ses *Palladio,* elle a ses *Borromini.*
Après un siècle et demi de tâtonnements, il fallut revenir à l'éternel type du beau, à
l'étude et l'imitation de l'antique : c'est ce que l'on doit à la nouvelle École, qui date
du commencement du règne de Louis XVI. Alors des maîtres habiles proscrivent les
distributions mesquines, les amas de petits ordres les uns sur les autres, les frontons
coupés, les contre-forts circulaires, les rocailles des temps précédents; ils donnent à
leurs élèves le calme de la réflexion avec le desir de la gloire, le besoin de l'étude avec
l'ambition de créer. Les jeunes gens qu'ils forment sont à-la-fois des artistes et des
savants; ils ont pris l'habitude de l'observation et de la critique; la raison éclaire leur
goût sans affaiblir leur imagination; et tout nous présage une nouvelle ère célébre dans
les arts. Jeunes gens, qui bientôt remplacerez vos maîtres, c'est pour vous principale-

ment que j'écris ! Vous trouverez dans cette collection les travaux des hommes célébres qui vous ont précédés ; vous y observerez les exemples que l'on peut suivre, les écueils qu'il faut éviter ; vous emploierez tous vos efforts à créer des ouvrages qui puissent servir également d'étude à vos successeurs.

Les monuments de tous les âges en France sont trop multipliés pour qu'il eût été possible et même convenable de les publier tous ; on a dû se borner à faire un choix parmi les principaux.

Les dessins ont été tous faits d'après nature, et avec une exactitude particulière ; ils sont dus la plupart à MM. Bance et Bourgeois, artistes pleins de zéle, de talent et de courage, qui ont consacré plusieurs années à parcourir les départements pour rassembler les matériaux. M. Chapuy, sur-tout, nous a puissamment aidés par la rare habileté avec laquelle il a reproduit, de la manière la plus heureuse, presque toutes nos églises célébres. Nous avons nous-mêmes visité chacun de ces monuments, et quelquefois à plusieurs reprises, afin de juger de leur caractère, et d'être à portée de joindre aux recherches historiques les documents et les traditions conservés sur les lieux.

Cette entreprise présente trop d'intérêt pour n'avoir pas été tentée plusieurs fois : mais toujours quelques obstacles en ont arrêté l'exécution. Clérisseau n'a publié que les monuments de Nîmes, qui ne forment pas le quart des constructions romaines en France. Le P. Montfaucon avait annoncé, pour la seconde partie de son ouvrage sur la monarchie française, les édifices religieux et les châteaux ; mais la mort l'a empêché de réaliser ce projet ; quant à la magnifique entreprise de MM. Athalin, Cailleux et Taylor, qui se poursuit avec autant d'éclat que de goût, elle est si considérable, que peu de fortunes peuvent y atteindre : c'est une véritable encyclopédie des monuments français, un monument lui-même élevé aux arts et à la gloire nationale. L'ouvrage que nous publions n'en pouvait être que l'extrait ; il ne devait en présenter que les parties les plus saillantes, mais disposées de manière à tenir lieu des autres : et tel a été le but de l'auteur lorsque, il y a près de trente ans, il en conçut la pensée et en commença l'exécution. Depuis cette époque, il n'a cessé de s'en occuper, et c'est pour lui une satisfaction de le voir terminé sous le règne d'un prince éclairé, et au moment où l'Europe offre aux arts une patrie commune.

INTRODUCTION

A L'ÉTUDE

DES MONUMENTS HISTORIQUES

DE LA FRANCE.

La chronologie et la géographie historiques des monuments, telles que nous les concevons, nous semblent devoir comprendre l'origine des lieux et des édifices qui ont un rapport quelconque avec l'histoire, leurs accroissements successifs, les différents aspects ou styles qu'ils présentent, les divisions politiques qui les circonscrivent ; enfin la partie des mœurs nationales qui s'y rattache et en rend la connaissance et l'examen intéressant. Cette étude suppose des divisions et des époques qui lui sont particulières, car elle n'existe que par les résultats, et n'admet que secondairement le récit des guerres, des négociations, la peinture des passions, qui sont le domaine principal de l'histoire. Ainsi elle tend souvent à se restreindre tandis que l'autre, au contraire, acquiert tout son développement ; elle est longue, diffuse, obscure à la formation des empires, et marche rapidement lorsqu'ils acquièrent leur complète agrégation. Dans l'histoire de France, par exemple, la division primitive des Gaules, les changements opérés dans les provinces romaines, les partages des enfants de Clovis, les règnes de Philippe V et de Charles VII fournissent plus de détails, nécessitent plus de recherches que le règne brillant de Louis XIV, qui n'eut que deux résultats positifs : la conquête de la Franche-Comté, d'une partie de la Flandre, et la réunion du Roussillon. L'étude des monuments est presque toujours en accord avec celle des changements de domination,

et peut se classer à-peu-près de même. Nous avons donc cru devoir diviser le cadre de la géographie historique en huit époques principales, dans lesquelles les différentes circonscriptions du territoire et la succession des monuments peuvent être classées méthodiquement, à savoir :

La première, depuis les temps primitifs des Gaules jusqu'à l'établissement des colonies grecques et romaines.

La deuxième, depuis cette époque jusqu'à la destruction de l'empire romain.

La troisième, depuis l'invasion des Francs jusqu'à la fin de la première race.

La quatrième, depuis Pepin-le-Bref jusqu'à Hugues Capet.

La cinquième, depuis cette époque jusqu'à la fin du règne de Charles VII.

La sixième, de Charles VII à la mort de François Iᵉʳ.

La septième, de ce moment à la fin du règne de Louis XV.

La huitième enfin, depuis l'avénement de Louis XVI et la révolution jusqu'à nos jours.

Nous tracerons le tableau de ces différentes époques, en le faisant suivre d'observations sur les monuments divers qui appartiennent à chacune d'elles.

PREMIÈRE ÉPOQUE

DEPUIS LES TEMPS PRIMITIFS DES GAULES

JUSQU'A L'ÉTABLISSEMENT

DES PREMIÈRES COLONIES GRECQUES ET ROMAINES.

L'opinion qui donne à plusieurs peuples souvent très différents les uns des autres une origine commune, a dû naître de la difficulté de saisir entre eux des différences remarquables. Ainsi, dans une vaste étendue de pays, des hordes errantes, déjà confondues par la conformité de leurs habitudes, l'ont encore été sous une même dénomination par le reste des nations qui commencèrent à établir avec elles des rapports. Ainsi les habitants du midi de l'Europe et du nord de l'Asie, premiers observateurs et premiers historiens du globe, parcequ'ils ont été le plus tôt éclairés, comprenaient en général, sous le nom de Celtes, ou nation celtique[1], les septentrionaux, de même qu'ils comprenaient, sous celui de Scythes, tous les peuples plus orientaux qui leur étaient inconnus[2]. Il s'écoula plusieurs siècles avant qu'ils eussent établi des

distinctions parmi ces nations. Au moment seulement où les Romains posèrent sur les rives du Rhin les bornes de leur empire, on distingua, sous le nom de Germains et de Scandinaves, les Celtes qui habitaient vers le pôle ; sous ceux de Sarmates ou Tartares, les nations qui s'étendaient à l'orient de l'Europe septentrionale et par-delà ses confins[1] ; enfin, sous celui de Galates ou Gaulois, les Celtes occidentaux, ou, autrement, les habitants des pays compris entre le Rhin, les Alpes, la Méditerranée, les Pyrénées et l'Océan[2]. Ce qui est certain, c'est que de temps immémorial une nation nombreuse habitait cette partie de l'Europe, alors inconnue ; y possédait des lieux de rassemblement, y avait un

qui désolaient la France, comme Zosime ceux qui attaquaient l'empire romain. PELLOUTIER, *Hist. des Celtes*, tom. I.

[1] BOCHARD, *Geog. Sac.*, liv. III, c. 14. PLINE, *Hist. nat.*, liv. IV, c. 12. HORAT., liv. II, od. 11. DIOD. SIC., l. XXXVIII.-LI.

[2] CÆS., *de Bello Gall.*, liv. I, c. 1. CLUVIER, *Germ. Ant.* SPENCER, *Not. Germ. Ant.*, liv. III.

Pyrene schu plenised vertèris aren
Divibus Celtis late prospecta: Ræuss.

Sil. Ital., l. III, v. 417.

---

[1] PELLOUTIER, *Hist. des Celtes.* STRABON, liv. IV. APPIEN, *Ibérie*, 255. POLYEN, liv. II. DENYS D'HAL., liv. I. SCHOEPFLIN, *Vind. Celt.*

[2] PLINE, *Hist. nat.*, liv. IV, ch. 12. HORAT., liv. II, od. 11. DION, liv. XXXVIII. Strabon dit que les Celtes étaient connus anciennement sous le nom général de Scythes, liv. I, p. 31 ; liv. XI, p. 5 ; et, dans le 9ᵉ siècle, Andradus, médecin, appelait encore Scythes les Normands

gouvernement et une organisation sociale[1]. C'est sous cette dénomination de Gaulois que des hordes formidables de barbares, superflu d'une population trop nombreuse[2], en proportion de leurs connaissances en agriculture, se répandent dans toute l'Europe, et fondent jusque dans l'orient des colonies puissantes[3]. Dix-neuf siècles avant l'ère chrétienne, les Ombres ou Ombriens envahissent tout le nord de l'Italie[4]; deux siècles après, les Ausons s'établissent sur les bords de l'Iris, et imposent le nom d'Ausonie à la mer qui reçoit le tribut de ses eaux. Les Boïens donnent le leur à la Bohême[5]. Sigovèse[6], à la tête d'une nombreuse armée de peuples méridionaux de la Celtique, s'empare de la forêt d'Hyrcinie; et, après avoir tout renversé sur son passage, s'établit dans la Pannonie (la Hongrie), d'où ses descendants se répandent dans l'Illyrie, la Macédoine et la Grèce. Enfin deux cents Gaulois de la Celtique du nord, partagés en trois bandes, sous la conduite de Bellovèse, frère de Sigovèse, passent les Alpes jusque-là regardées comme insurmontables, *insuperabiles*, pénètrent en Italie, se répandent dans tout ce beau pays, et apprennent à leurs terribles compatriotes les chemins de contrées plus avantageusement situées[7]. Deux cents ans après, Brennus et d'autres chefs célèbres renouvellent ces terribles émigrations, arrivent jusqu'à Rome, et sont au moment de s'emparer du Capitole et de changer la face du monde. Toujours aventureux, quoique moins heureux dans leurs entreprises subséquentes, les Gaulois passent successivement au service des Carthaginois, des Romains, des Épirotes, ou s'exilent au loin dans l'Istrie, la Noricie, la Thrace et la Sarmatie[8]. C'est à eux principalement qu'Annibal doit ses succès. La terreur de leur nom se maintient; et quoiqu'ils ne soient plus regardés comme *invincibles* par les Romains[10], le salut de l'état paraissait néanmoins menacé dès qu'ils se montraient[11]. Plus tard les souverains leur confiaient de préférence la garde de leurs personnes[12]; et c'est à leur courage que les plus grands capitaines de l'antiquité ont dû une partie de leurs succès[13].

Ce caractère d'audace et d'intrépidité, commun à toutes les nations du nord, était fortifié chez les Gaulois par les coutumes et les lois tant civiles que religieuses. Malgré la difficulté de se former une idée précise de leurs institutions, difficulté née d'abord du mystère profond dont ils les entouraient aux yeux des étrangers, nous pouvons retrouver d'assez nombreux vestiges de la doctrine à laquelle ils furent soumis par leurs prêtres.

Ces prêtres, de tous les temps dépositaires et organes du suprême pouvoir, portaient le nom générique de druides. Ils administraient la justice, comme ils enseignaient la religion, et présidaient les assemblées générales, où le peuple délibérait en corps sur les intérêts de l'état. Ils étaient dispensés de marcher à la guerre, quoiqu'elle fût presque toujours entreprise par leur avis, et ne partageaient point les charges publiques, quoiqu'elles fussent imposées par eux. De tous leurs priviléges enfin, le plus grand, comme le plus abusif, fut sans

doute celui qui leur attribuait exclusivement l'élection des principaux magistrats, qui se renouvelaient tous les ans dans chaque cité; mais dont la suprématie n'était toujours qu'une délégation très limitée de leur autorité, bien que celui qui s'en trouvait revêtu prît quelquefois le nom de roi[1].

Toutefois nous devons trouver les fondements les plus certains de leur puissance dans l'influence qu'ils exerçaient sur l'éducation de la jeunesse. Ils avaient, dans diverses parties de la Gaule, des établissements destinés principalement à l'instruction de la noblesse de l'état.

Les druides formaient plusieurs classes, distinguées entre elles par la nature de leurs fonctions. C'étaient les bardes, les vates, et les druides proprement dits. Les premiers étaient les poëtes ou les chantres; ils racontaient les exploits des héros, les animaient dans les combats, et étaient les dépositaires des souvenirs nationaux[2]. Les seconds s'appliquaient à la connaissance des choses naturelles; les troisièmes ajoutaient à cette étude celle de la philosophie morale[3]. Le corps formé par ces trois ordres reconnaissait pour chef un souverain pontife[4].

Les druides paraissent avoir eu une double doctrine: celle qu'ils enseignaient publiquement, et qui avait pour dogme fondamental l'immortalité de l'âme; et celle qu'ils entouraient de mystères, et qui se composait vraisemblablement, ainsi que celle des prêtres égyptiens, des éléments d'une physique ou magie, sans doute très imparfaite, mais capable de produire des effets merveilleux sur des hommes à demi sauvages et trop exclusivement voués à la profession des armes pour être observateurs[5]. Cette doctrine était même sans doute assez perfectionnée, puisque Pythagore, suivant plusieurs auteurs, ne dédaigna pas de venir en sonder les secrets[6].

Le système d'éducation inventé par les druides fut évidemment fondé sur le desir de maintenir leur puissance. Une instruction purement orale et bornée à quelques principes généraux fut tout ce qu'ils consentaient à transmettre à leurs adeptes. Rien ne fut écrit chez eux; tout était confié à la lyre des bardes, et tout a péri quand le temps est venu briser cette lyre.

Cependant il nous est resté sur la forme de leur culte, sur les pratiques extérieures par lesquelles ils honoraient leurs dieux, des notions assez étendues. Deux observations se présentent d'abord à cet égard: 1° les Gaulois reconnaissaient des divinités supérieures et des divinités inférieures. Leurs prêtres ne représentaient point matériellement, c'est-à-dire sous une forme corporelle, ces divinités, symboles des facultés d'une même puissance; c'était en quelque sorte une *religion de philosophes*, comme l'exprime très bien Clément d'Alexandrie[7], mais qui dégénéra bientôt en un polythéisme assez semblable à celui des Grecs et des Romains. Ils divinisèrent tous les éléments de la nature, et les adorèrent comme des emblèmes de la Divinité[8]. Leurs dieux enfin furent toutes les puissances ou forces de l'univers matériel, et leur temple l'univers même. C'est dans les nuages et l'étendue des airs qu'ils fixèrent le séjour des âmes après leur mort; c'est à la naissance des sources, sur le bord des lacs et des fleuves solitaires, qu'ils se croyaient plus en contact avec la Divinité, ou qu'ils croyaient mieux retrouver ses emblèmes. Tacite dit expressément que les druides donnaient le nom de dieux aux forêts: le chêne était le dieu supérieur; la partie des forêts la plus impénétrable aux rayons du soleil, le temple même de la Divinité[2]. Les beaux vers d'un poëte de l'antiquité ont rendu ce culte des Gaulois aussi célèbre dans la poésie que dans l'histoire[3].

Les Celtes, regardant l'univers comme le temple de Dieu, n'admettaient point qu'on pût représenter les divinités sous les formes hu-

---

[1] Schœpflin, *Vind. Celt.*, 17, 23, 38, 47; et sur-tout Picot, *Hist. des Gaulois.* Ce dernier a rassemblé toutes les autorités qui traitent de cette matière.

[2] Cæs., *de Bello Gall.*, l. VI, c. 24. Justin, l. XXIV, c. 4.

[3] D. Martin, *Hist. des Gaul.* Justin, l. XX. Tite-Live, l. V, c. 35. Lucain, *de Bello Civ.*, l. I.

[4] Solin. Polyb., *Hist.*, c. 8. Isidore, *Orig.*, l. IX, c. 2.

[5] Plut., *in Vitâ Camilli.* Appian., *de Bello Syr.*, l. XXXVIII, c. 17.

[6] Justin, l. XXIV, c. 4. Schœpflin, *Vind. Celt.*, 55.

[7] Tite-Live, l. V, c. 22. *Alpes indè oppositæ erant, quas insuperabiles visas, haud equidem sciver reollà tùm viâ (quod quidem continens memoria est, nisi de Hercule fabulis credere libet) superatas.* L. XXIV, c. 4. Pausanias, in *Phoc.* Polyb., l. II et III. Tit.-Liv., l. XXXVIII, c. 2. Diod. Sic., l. V.

[8] Justin, l. XXIV, c. 4. Diod., l. XXII. Polyb., l. IX. Athénée, l. VI, p. 234.

[9] Polybe, l. III, r. I—XXI, c. 31-39. Son armée était en grande partie composée de Gaulois qui s'étaient joints à lui lorsqu'il passa les Pyrénées, et qui se distinguèrent dans les batailles de la Trébia et de Trasimène; et comme ce furent les Gaulois qui l'aidèrent à passer le Rhône et les Alpes, il est difficile de déterminer les lieux où ces passages s'effectuèrent. L'opinion la plus reçue est que le passage du Rhône eut lieu près de Roquemaure, à deux lieues au-dessus d'Avignon, et l'autre par le mont Saint-Bernard et le Mont-Cenis.

[10] Végèce, l. I, c. 2. Tit.-Liv., *Loc. Cit.* Sallust., *de Bello Cat.*

[11] *Cum Gallis pro salute, non pro gloriâ certabitur.* Sallust., *Jugurth.* Appian., *de Bello Civ.*, l. II. Cic., *Ep. ad Attic.*, l. I, ep. 14. Cette nation féroce, disait Manlius à ses soldats, a parcouru les armes à la main l'univers presque entier. Tite-Live, l. XXXVIII, c. 17.

[12] Juba, roi de Mauritanie, et Hérode-le-Grand, avaient des gardes gauloises. Justin, l. XXV, XXVII, XXXVI. Joseph., *de Bello Judaico*, l. I, c. 15 et 21. Polyb., l. I.

[13] Tite-Live, l. XXIII, XXIV. Sil. Ital., *de Bello Punico.* Polyb., l. II, III. Strab., l. XII. Cæs., *de Bello Gall.* Aulu-G., l. IX, c. 11. Ælien, *Hist.*, l. XII, c. 23. Horat., l. IV, od. xiv. Je compte parmi mes guerriers, disait Mithridate, une armée de Gaulois, la terreur des Romains. Justin, l. XXXVIII, c. 4.

[1] Cæsar, *de Bello Gall.*, l. VI et VII. Strabon, l. I, II, V et VII. Lucain, l. V, v. 451; et les auteurs modernes, tels que Pelloutier, dom Martin, Chiniac de la Bastide, Latour-d'Auvergne, *Orig. Gaul.*

[2] Diod. Sic., l. V et VI. Cæsar, *de Bello Gall.*, l. VI, c. 13. Ælien, *Var. Hist.*, l. XII, c. 23. Lucain, l. I, v. 447. Amm. Marc., l. XV.

[3] Frier, *Comm. des Druid.* Strabon, *loc. cit.*

[4] *Sacerdos civitatis.* Tacite, *Germ.*, c. VII et VIII. *Annal.*, IV, 51; XIV, 29.

[5] Pomp. Mela, l. III. Cæs., *loc. cit.* Cic., *de Div.*, l. I et II, c. 76.

[6] Justin. Solin. Appien. Clem. Alex. Strab., l. I, p. 304.

[7] In *Protrept.*, p. 43.

[8] Diod. Sic., IV, 19. Pline, IV et XXXVI.

[1] Maxime de Tyr, *Orat.*, 38.

[2] *Nemora alta remotis Incolitisque locis.* Lucan., *Phars.*, l. I, v. 452.

[3] Lucan., *Phars.*, l. III, v. 399.

maines, et trouvaient même une sorte d'impiété dans cet usage[1]. Mais cette opinion cessa, ou se modifia au moins, lorsqu'ils virent que les divinités étrangères n'étaient que l'indication de l'empire que chacune d'elles exerçait sur ces mêmes puissances physiques. Ils eurent alors, sous d'autres noms, leur Jupiter, leur Mars et leur Mercure. Seulement ils leur donnèrent des formes plus austères, de plus terribles attributs. Ils prêtèrent à leurs dieux le caractère sombre de leur imagination, et ce goût pour la guerre et le sang qui semblait leur être naturel à eux-mêmes; leurs prêtres encourageaient en eux ces cruelles dispositions. Ils leur enseignaient que leur père commun, leur premier générateur, fut le dieu des enfers[2]. Ils demandaient du sang pour lui et pour Teutatès, le dieu des combats[3], attribuant à sa colère et à sa soif non assouvie toutes les calamités qui pouvaient affliger la nation, et surtout les malheurs dans la fortune des armes. Jamais ils ne voulurent associer la bonté au sentiment de la puissance; ils étaient persuadés qu'ils ne pouvaient régner que par la crainte sur des hommes rebelles à toute espèce de joug, que les idées douces ne pouvaient amollir, et que la force seule pouvait enchaîner.

On conçoit facilement la nature des hommages offerts à de pareils dieux par de pareils hommes. Des cérémonies mystérieuses et dont l'horreur s'augmentait de l'aspect lugubre du lieu de la scène, des chants lamentables et le son des instruments de guerre et de mort précédaient et suivaient le supplice des victimes. Ces victimes consistaient dans les prisonniers qu'ils faisaient à la guerre[4], les naufragés qui tombaient entre leurs mains[5], les voleurs, les brigands qu'ils pouvaient atteindre, des vieillards qu'ils regardaient comme inutiles à la société[6], ou des malheureux qui, par un principe de fanatisme, souvent se dévouaient à la mort volontairement. A défaut de ces individus, ils immolaient, ainsi que les Scythes, des chevaux et des bœufs[7]. C'étaient les druides qui égorgeaient les victimes et interrogeaient leurs entrailles[8]. Souvent, après les avoir revêtues d'ornements sacrés[9], ils les brûlaient dans de grandes images d'osier construites à cet effet, et dont les historiens nous ont laissé un effrayant tableau[10]; plus souvent ils les immolaient au pied d'un grand arbre, et les sources étaient teintes du sang de tous ces malheureux[11].

Les Gaulois étaient grands[12] et robustes[13], avaient de l'embonpoint[14], la peau blanche[15], les yeux vifs et bleus[16], le regard farouche et menaçant, les cheveux longs, de couleur rousse ou blonde[17], la voix rude et forte[18], les traits beaux et imposants[19]. Leur caractère était un mélange des plus hautes vertus et des vices les plus bas, d'une constance souvent à toute épreuve et d'une légèreté impardonnable. Semblables aux sauvages, ils étaient ignorants-à-la-fois et superstitieux, cruels et hospitaliers, généreux et avides, francs et rusés[20]. Ils étaient sans doute très courageux, et c'était la qualité dominante de leur caractère, mais de ce caractère féroce, dont la première impression est la plus dangereuse, et qui cède souvent à une résistance prolongée[1]. Au commencement du combat, dit Tite-Live, ils sont plus que des hommes, à la fin moins que des femmes. Ils combattent presque nus[2], avec un simple javelot, et plus souvent la seule épée. Ils dédaignèrent long-temps de se servir d'armes défensives. Leur vêtement était une espèce de large sarrau à manches, nommé sagum[3], et, dans une partie du pays, des pantalons larges, semblables à ceux des Scythes, d'où cette partie des Gaules a reçu le nom de *Braccata*, pour la distinguer de l'autre, appelée *Comata*, Chevelue. Leurs usages et leurs mœurs furent relatifs aux différentes époques de leur histoire. Ils étaient barbares jusqu'à l'arrivée des colonies étrangères[4]; ils conservèrent encore des défauts marquants après être parvenus à la civilisation; mais les auteurs anciens rendent justice à leur caractère fier, hardi, capable de toutes les entreprises, et susceptible d'acquérir tous les talents[5]. La Gaule, proprement dite, comprenait, avant l'arrivée des Romains, tout le pays situé entre les Pyrénées, l'Océan, le Rhin, pris depuis son embouchure jusqu'à sa source, les Alpes et la Méditerranée. Ses limites, comme on le voit, étaient à-peu-près celles de la France actuelle, excepté qu'elle ne comprenait pas le Piémont, ni aucun état d'Italie. Mais d'un autre côté elle renfermait la plus grande partie des républiques helvétique et batave. Sa latitude était entre le 12e et le 52e degré, et sa longitude entre le 13e et le 27e est du méridien de l'île de Fer, ou le 7e ouest et le 7e est du méridien de Paris; c'est-à-dire qu'elle avait près de 250 lieues (112 myriamètres) dans sa plus grande longueur, et 200 (90 myriamètres) de largeur[6] environ. Ses habitants étaient désignés par les traditions sous trois dénominations principales, les Belges, les Aquitains et les Celtes ou Gaulois proprement dits. Ces peuples différaient entre eux par le langage, les mœurs et les institutions[7]. Les Belges, qui faisaient gloire de descendre des Germains, leurs voisins, avaient beaucoup d'analogie avec eux. Ils étaient, suivant César, les plus braves de tous les peuples de la Gaule[8]; les Aquitains ressemblaient davantage aux nations ibériennes[9] ou transpyrénéales dont ils touchaient les frontières. La Gaule connue sous le nom de Celtique, était la seule qui constituât, sans aucun mélange, les véritables nationaux. Ces trois grandes provinces comprenaient quatre-vingt-dix peuples différents, dont nous allons établir la situation respective; et nous indiquerons progressivement dans le cours de cet écrit les changements de circonscription générale qu'ils reçurent dans les différents temps, mais en observant toujours que ces changements n'altéraient point la situation relative et fixe des habitants.

Les Belges, premiers peuples qui se présentent au nord de la Gaule, étendaient leur domination depuis les bords du Rhin et de la Meuse, où ils confinaient avec des hordes de Germains, jusqu'aux limites des Celtes, sur les bords de la Seine et de la Marne, comprenant ainsi tout le Brabant, les Pays-Bas, la Picardie, la Lorraine et une partie de l'Alsace. Ils formaient une association de peuples dont la plupart étaient originaires de Germanie[10]. Au nord étaient les Bataves, comprenant les Caninefates[11], et occupant une île formée par l'Océan et les deux bras du Rhin. Les *Menapii*, défendus par des marais et des forêts impénétrables[12]; les Toxandri, Atuatici et Belasii de Pline[13] occupaient le Brabant actuel, et n'avaient point encore de villes connues[14]. Les Eburones, Condrusi, Pœmani, Cœresi, les Sunici, également d'origine germaine, sous le nom collectif d'abord de Germains[15], et plus tard de Tungri, occupaient le pays de Liége et de Tongres, jusqu'à une petite

---

[1] Ce qui a fait penser à quelques auteurs modernes qu'ils avaient eu la connaissance du vrai Dieu. Dom Martin, *Relig. des Gaules*. Pelloutier, *Hist. des Celtes*.

[2] Que l'on confond souvent avec *dis* ou *dit*. Tacit., *Germ.*, c. 11; *Ann.*, l. I, c. 50. Cæs., *de Bell. Gall.*, l. VI, c. 18. Strab., l. III, et l. X. *Mém. de l'Acad. des Inscr.*, t. XXIV, p. 345.

[3] Cæs., *de Bell. Gall.*, XVI, c. 17. Lucan., *Phars.*, l. I, v. 445.

[4] Strab., l. III. Athen., IV, § 19. Ovid., *Trist.*, l. IV, eleg. II, v. 35. Diod. Sic., *Excerpt. ab Henr. Val.*, l. XXVI.

[5] Hérod., IV, 103. Pomp. Mel., l. II, c. 1.

[6] Cæs., *de Bell. Gall.*, l. VI, 16. Cic., *pro Fonteio*. Plin., l. XXX, c. 1. Plut., *de Superstitione*.

[7] Hérodote, lieu cité.

[8] Tacit., *Annal.*, XIV, 30.

[9] Strab., l. IV. Diod. Sic., l. VI, c. 9. Lucan., *Phars.*

[10] Cæs., l. VI. Lucan., *loc. cit.*

[11]

Barbara ritu

Sacra deum; sanctae sacris feralibus aræ

Omnis et humanis lustrata cruoribus arbos.

Lucan., *Phars.*, l. III.

[12] Picot, *Hist. des Gaul.*, t. II, p. 208. Tous les auteurs parlent de la haute taille des Gaulois. Diod. Sic., l. V. Pausan., *in Phil.* Amm. Marc., l. XV, c. 12.

Proceri et dum Celtarum signa cohortes.

Sil. Ital., l. XV, v. 718.

[13] Diod. Sic., l. IV et V. Amm. Marc., *loc. cit.*

[14] Florus, l. III, c. 10. Les mêmes auteurs cités.

[15] Isid., *Orig.*, l. XIV, c. 4; l. XIX, c. 23. Picot, p. 218. *lactea : olli*, Virg., *Æn.*, l. I, v. 660. Sil. Ital., l. IV, v. 151.

[16] Lucan., *Phars.*, l. VII, v. 231. Claudian., *in Ruf.*, l. II, v. 111.

[17]

Tum flava uparae

Gallia crine ferox.

Claudian., *de Laud. Stil.*, l. II, v. 239.

[18] Tite et Polybe.

[19] Diod. Sic., l. V. Athen., l. XIII, c. 8.

[20] Polyb., l. II. Plat., *de Leg.*, l. I. Clém. d'Alex., *Pæd.*, l. II. Amm. Marc., l. XV, c. 12. Cæs., *de Bell. Gall.*, l. VIII. Sil. Ital., l. VIII, v. 16. Picot, *Hist. des Gaul.*

[1] César, lieu cité.

[2] Polyb., l. II. Tit.-Liv., l. XXVIII, c. 22.

[3] Strab., l. IV.

[4] Diod. Sic., v. 30. Florus dit que les Gaulois sont nés pour la destruction des hommes et la ruine des villes, l. I, c. 13.

[5] Malte-Brun, *Hist. de la Géog.*, t. I, p. 281.

[6] Picot, *Hist. des Gaul.*, l. I, p. 5.

[7] Cæs., *Comm.*, I.

[8] Cæs., *Comm.*, II. Tacit., *de Germ.*, sect. 37.

[9] Strab., l. IV.

[10] Amm. Marc., l. XX, c. 29.

[11] Cæs., l. IV, c. 10.

[12] Cæs., *Comm.*, l. VI.

[13] Plin., l. IV.

[14] Diod. Cass., l. XXXIX, p. 3.

[15] Tacit., *Germ.*, c. 2.

distance du Rhin. Les Nervii, encore d'origine germaine [1], peuple très féroce et très courageux [2], ayant pour chef-lieu *Bavacum*, Bavai, et les villes de Cambrai, *Camerarum*, Tournai, *Tornacum*, tout le Hainaut et la Flandre actuelle, connue alors sous le nom de *Tractus Nervicanus*, et, depuis les invasions des Saxons, sous celui de *Littus Saxonicum*, s'étendaient de la Seine à l'Escaut. Ils avaient sous leur dépendance cinq petits peuples, les *Centiones, Gradei, Levaci, Plumosi* et *Gorduni* [3], et même vraisemblablement les *Betasii*, qui les séparaient des *Eburones*. Près d'eux étaient les *Morini*, que Virgile appelle les peuples les plus reculés de la terre [4], et qui habitaient les environs du détroit de Calais, et le *Portus Itius*, d'où César partit pour la seconde expédition dans la Grande-Bretagne, et Gesoriacum, depuis Bononia, d'où l'on a fait Boulogne. Près d'eux étaient les Atrébates, dont la capitale, *Nemetacum*, prit le nom de la nation, et devint l'Arras moderne. Les Ambiani, qui ont laissé leur nom à la ville d'Amiens, connue alors sous celui de Samara-Briga, ou Pont-sur-Somme; les Bellovaci, comprenant l'ancien Beauvoisis, et dont la capitale était d'abord Bratuspantum, plus tard *Cæsaromagus*, ou Beauvais, dérivé du mot générique de Bellovace. Les Caleti et les Veliocasses, qui bordaient la rive droite de la Seine jusqu'à son embouchure, comprenaient Rouen, *Rothomagus*, et Juliobona, ou Lillebonne. Ces différents peuples composaient une assemblée, sous le nom de Belgium, et semblable à celle des Tungri, dont nous avons parlé. Les Bellovaces étaient les plus considérables parmi eux. En descendant au midi, se trouvaient les Veromandici, dont la capitale Vermand, près de Saint-Quentin, fut depuis surnommée Augusta; les Sylvanètes ou habitants des environs de Senlis; les *Suessiones*, Soissonais, qui ont donné leur nom à leur principale ville, *Noviodunum*, ce qui eut lieu également des Rémois; *Remi*, leurs voisins et alliés, dont la capitale s'appela d'abord Durocortorum, voisine de Durocatalaunum, ou Champ Catalaunique, *apud Catalaunos*, si célèbre par les victoires d'Aurélien sur Tetricus, et, depuis, des Romains et des Francs contre Attila. Au nord-est de ces peuples étaient les Treveri, qui donnèrent leur nom à leur capitale, Augusta-Trevirorum, aujourd'hui Trèves, une des cités les plus considérables des Gaules, après la conquête des Romains, et capitale de toute la Belgique. Ces peuples n'étaient séparés des Nervii que par les forêts Arduennes, aujourd'hui les Ardennes. Ils touchaient au midi aux Medio-Matrici de Metz, autrefois Divodurum, leur principale ville. Plus loin venaient les Leuci et Verodunenses de Toul et Verdun. Enfin à l'extrémité nord-est de cette partie des Gaules, et sur les bords du Rhin, habitaient les peuples d'origine germaine, les Gagerci, les Ubii, les Caracates, les Vangiones, les Némètes, les Tribocci et les Rauraci, dont plusieurs ne passèrent le Rhin que plus tard; ils avaient pour villes principales *Novesium*, Neuss, sur les bords du Rhin; Mayence, *Moguntiacum*, la *Magetobria* de César; *Autumnacum*, Andernach; *Noviomagus*, Spire; Argentoratum ou Strasbourg, et, de plus, Cologne, la célèbre colonie d'Agrippine. Les Helviens possédaient *Ganodurum*, Constance; *Aventicum*, Avenches; *Tegura*, Zurich, villes à-peu-près inconnues des Romains avant l'arrivée de Jules César. Il est même vraisemblable que la plupart de ces villes n'existaient point avant la conquête des Romains, ou n'étaient que des lieux de rassemblement. Il en est de même de l'ancien pays des Allobroges, qui touchait aux Helvétiens et aux peuples qui furent depuis compris dans la province romaine ou Gaule narbonnaise.

Attenant à la province Belgique, était l'immense province Celtique, c'est-à-dire celle qui avait conservé, presque sans mélange, ses anciens habitants et ses usages primitifs. C'était là que vivaient les véritables Gaulois, et les autres peuples d'où étaient sorties ces hordes terribles qui avaient fait trembler le monde, et qui sans doute auraient résisté à tous les efforts des armes romaines, si des divisions intestines n'en eussent pas rendu l'occupation plus facile. Cette province était bornée à l'est par les Cévennes, le cours du Rhône et le lac de Genève; au nord par les Vosges, le cours de la Marne et de la Seine jusqu'à son embouchure dans l'Océan; à l'ouest par l'Océan; au midi par la Garonne et le Tarn, qui la sépare de l'Aquitaine. Elle subit plusieurs divisions, et eut Lyon pour capitale vers le règne de Tibère; mais avant l'entrée des

Romains, elle ne reconnaissait aucun chef-lieu. Chacun de ses peuples avait ses assemblées et son gouvernement particuliers. Les plus célèbres étaient les Éduens, ayant pour capitale *Augustodunum*, Autun, l'ancienne Bibracte, et comprenant toute la Bourgogne et les territoires de *Cabillonum*, Châlons-sur-Saône, *Matisco*, Mâcon, et se joignant avec les Mandubii. Les Æduens étaient les plus puissants de la Gaule, *Clarissimi Celtarum*, ainsi que les Séquanois, nation distinguée, qui s'étendaient des bords de la Saône à ceux du Rhin, ayant pour villes principales *Vesontio*, Besançon. Les Æduens avaient sous leur dépendance des peuples que nous nous bornerons à nommer, les Segusiani, Insubres, Aulesci, et, depuis, les Boii, si célèbres par la conquête de l'Italie et les colonies qu'ils envoyèrent au loin; et les Ligones, qui les accompagnèrent, se joignaient aux peuples belliqueux qui occupaient la Lorraine.

En remontant vers le nord-est et aux confins de la Belgique, *finibus Belgicis*, on trouve les Senones ou Senoni, antiques conquérants de l'Italie, ayant pour ville principale *Agedencum*, Sens; *Antissiodorum*, Auxerre, les Tricasses de Troyes en Champagne, les Parisii, ne s'étendant guère au-delà du village de Lutèce, dans une île de la Seine. Les Meldi de Meaux, l'ancien Latinum; les Carnutes, comprenant Autricum et *Genabium*, Chartres, Orléans, déjà célèbres avant César, et chez lesquels les druides avaient établi le chef-lieu de leur doctrine. Ces peuples habitaient la rive gauche de la Seine et la Normandie, tels que les Aulerci et les Eburovices, ayant pour forteresse *Mediolanum*, Évreux, avec les Lexovii, *Novomagus*, Lisieux, les Bajocasses, Viducasses, Unelai, Abruncatici, comprenant tout le Cotentin, les villes d'Avranches et de Bayeux, et enfin le territoire de l'ancienne Normandie. Près d'eux venaient les Cénomans, habitant le Maine; les Turones ou Tourangeaux, avec *Cæsarodunum* leur capitale. Les Andecavi ou Andes, possédaient *Juliomagus*, Angers; les Diablinti, dont le chef-lieu, *Noviodunum*, se retrouve à Sublens, dans la Mayenne; les Rhedones ou habitants des environs de Rennes, les Namneti ou Samnètes de Ptolomée, mais indiqués sur la table de Peutinger par la ville de Nantes, le *Portus Namneticus* et la rive droite de la Loire; les Venètes, habitant les environs de Vannes, si célèbres dans les guerres de César, et si connus par les monuments des druides qui s'y voient encore; les Curiosolites de Corseuil, près de Dinan leur chef-lieu, les Consopélos, et enfin les Osismii, occupaient l'extrémité de la péninsule avec le port de *Brevates*, Brest, et le promontoire Gobæum, et ayant la fameuse île de Sena, aujourd'hui Anglesey, où se tenait l'assemblée principale des prêtres et prêtresses des Gaules.

Du côté opposé de la Loire, mais toujours faisant partie de la Celtique avant l'arrivée de César, étaient les Pictones, les Agesinates et les Santones, de la ville de Saintes, qui prêtèrent leurs vaisseaux à César pour faire la guerre aux Venètes, et dont les villes principales étaient *Limonum*, Poitiers, et *Mediolanum*, Saintes, confinant à la Garonne, qui séparait la Celtique de l'Aquitaine. Près d'eux étaient les Bituriges, habitant le Berry, le Nivernais et le Bourbonnais, et ayant pour capitale Bourges, l'ancien Avaricum, la plus forte ville lors de l'invasion de César. C'est de chez ces peuples que sortit Bellovèse pour conquérir la Lombardie, l'an de Rome 164. Les Arverni ou Auvergnats, qui se prétendaient issus des Troyens avant les Romains [1], ayant pour ville principale Nemossus ou *Augusta Nemetum*, Clermont, et la célèbre Gergovia, qui opposa une si longue résistance aux armes romaines; les Lemovices ou Limousins, avec la ville, depuis nommée Augustorulus, Limoges; les Petrocorii, ayant pour capitale Vesuna, Périgueux; les Nitiobriges et Agennum, Agen; Bordeaux, les Garumni; les Cadurces, occupant le Quercy, la ville de Divona ou Cahors; les Rutheni et leur chef-lieu Segodunum, depuis, Rhodez; les Gabali, du Gevaudan; les Velauni, qui ont donné leur nom au Velay; et enfin les Segusans et les Insubres, sur le territoire desquels fut bâtie depuis la ville de Lyon, au confluent du Rhône et de la Saône, et qui devait donner son nom à presque toute la Celtique.

À l'immense étendue de cette province il faut ajouter toute la Gaule des deux côtés du Rhône jusqu'à la mer et les Pyrénées, connue depuis sous le nom de province romaine, ou autrement *Gallia Braccata*, pour la distinguer de la *Gallia Comata*, puisque c'est seulement depuis l'arrivée des colonies étrangères qu'elle fut ainsi désignée. Ainsi on trouvait

---

[1] Tacit., *Germ.*, c. 28.
[2] Cæs., l. II, c. 17.
[3] Cæs., l. V, c. 48. Dissertation sur les Colonies des Nerviens. Gand, p. 20.
[4] *Ultimi hominum Morini*, Pomp. Mel., l. XXIX.

[1] Arvernique ausi Latio se fingere fratres
Sanguine ab Iliaco populi.
Lucan., l. I.

joints aux Séquaniens, et faisant déja partie de la Celtique sous César, les Helvétiens, nation puissante, ennemie des Æduens, et divisée en quatre cantons [1], les Urbigeni, Tigureni, Lugeni et Ambrones, ayant pour villes principales *Aventicum*, Avenches, *Tegura*, Zurich; les Allobroges, peuple belliqueux, qui habitaient le Dauphiné actuel et les bords du Rhône; les peuples des Alpes grecques et pennines, connus sous les noms de Nantuates, Seduni, Veragri, Centrones, Meduli; ceux des Alpes maritimes, aujourd'hui les Hautes-Alpes; les Caturiges, Avantici, Vediantii, Bodiotosi, Nerusi, Senltri, et plus haut les Vocontiens, entre la Durance et la Drôme; les Segalauni, les Cavares, les Abbiaci, les Déceles, Oxibii, et enfin les Salyes, qui, avec leurs nombreuses tribus, occupaient les bords de la Provence de l'autre côté du Rhône; les *Volces Arecomici* bordant le Rhône, et les Volces Tectosages s'étendant vers la Garonne. Chez les premiers, on distinguait Nemausus, Nîmes, déja brillante, mais qui dut aux Romains tout son éclat; Narbo, qui devait donner son nom à toute la province, Beterræ, Béziers; et, chez les seconds, la fameuse Toulouse, célèbre par l'industrie et les richesses de ses habitants, et plusieurs petits peuples, tels que les Umbranici, les Atacini, les Sardones et les Consoranni, qui appartinrent dans la suite aux Convenæ. C'est chez ces peuples qu'Annibal s'ouvrit un passage, et ce sont ceux qui commencèrent à figurer dans les guerres et les alliances avec les Romains.

L'Aquitaine s'étendait des Pyrénées à la Garonne, comprenant les bords de l'Océan, et confinant aux Volces Tectosages. Il n'est pas vraisemblable qu'elle touchât le littoral de la Méditerranée, ni avant l'arrivée des premières colonies grecques et romaines, ni même après la conquête de César. Quoiqu'elle eût reçu de grandes augmentations, on lui donnait les mêmes limites [2]. Les principales relations de ses habitants étaient avec les Ibères, dont ils descendaient. César ne la connaissait qu'imparfaitement, et sans doute la croyait plus étendue vers le midi et l'ouest. Elle composait ce qui fut ensuite nommé le *Novempopulanie*. Ses peuples étaient, au nord, les Meduli et les Bituriges, Vivisci, comprenant, depuis l'embouchure de la Garonne, la ville depuis nommée *Burdigala*, Bordeaux, que d'Anville pense avoir été les mêmes peuples que les Vocates de César et les Balabocates de Pline [3]. Les Boïi, qu'il ne faut pas confondre avec ceux dont nous avons parlé plus haut dans la Gaule celtique; les Ausci, qui donnèrent leur nom à Auch; les Bigerrones, peuple de la Bigorre, vêtus de peaux de bêtes [4], ayant Tarbes pour chef-lieu; les Beluarneses, dont le Béarn a pris le nom; les Tarbelli, ayant Aquensis ou Dax pour capitale, peuples très puissants, et comprenant tout le littoral de l'Adour à Bordeaux; les Tæcotorates, de Lectoure; les Convenes, du pays de Comminges, peuples vagabonds, et venus d'Espagne, que Pompée réunit en province; enfin les Consorrani, touchant aux Volces Tectosages. Les neuf peuples de l'Aquitaine sont difficiles à déterminer, parceque la notice des provinces donne à la *Novempopulanie* douze cités, sans entrer dans d'autres détails.

Tel est l'exposé, aussi détaillé que l'étendue de cet ouvrage le permet, de l'état de la Gaule avant l'arrivée des Romains, et même des premières colonies grecques. Il est aisé de juger de la division des trois pays, ou plutôt il est aisé de juger que la Gaule, proprement dite, comprenait la presque totalité de la France actuelle; mais qu'elle avait à droite et à gauche des peuples d'origine différente, et pour ainsi dire étrangère, les Aquitains et les Belges, qui la flanquaient des deux côtés, et faisaient en quelque sorte ses appuis. Ainsi une ligne tracée de l'embouchure de la Seine au bord du Rhin, entre Strasbourg et Bâle, séparait les Belges des Gaulois; et une autre ligne, partant de l'embouchure de la Garonne, et suivant le cours de cette rivière jusqu'aux Pyrénées, renfermait le territoire des Aquitains [5].

Le mélange de plusieurs nations germaniques, qui, du côté du Bas-Rhin, s'établirent dans les Gaules, et d'autres qui vinrent de la Gaule cisalpine, et passèrent les Alpes, a jeté de l'obscurité sur ces circonscriptions; mais on les reconnaît facilement en les ramenant à leur véritable

[1] *In quatuor pagos divisa.* Cæs., *Comm.*, I.
[2] *A Pyrenæo ad Garumnam.* Mela, l. II, c. 2. Plin., l. IV, c. 19. Amm. Marc., l. XV. Sulp. Sev., *Dial.* I, c. 20. Danville.
[3] Danville, 678.
[4] *Vestitus hispidis.*
[5] *Gallos ab Aquitanis Garumna flumen, a Belgis Matrona et Sequana dividit.* Cæs., *Comm.*, I.

principe, et en se bornant à distribuer dans de nouveaux cadres les anciennes positions.

Les Gaulois avaient différentes formes de gouvernements. Les uns étaient soumis à des chefs principaux, et dont le pouvoir était presque arbitraire; d'autres ne reconnaissaient qu'un pouvoir démocratique électif; mais la plupart étaient régis par un mélange de démocratie et d'aristocratie, assez semblable au portrait que Tacite nous a tracé des anciens Germains. Quant à l'administration et aux mœurs, elles étaient à-peu-près les mêmes par-tout avant l'arrivée des colonies étrangères. Mais on doit supposer cependant que les pays du midi ont été de tout temps plus éclairés, par les rapports que nécessairement ils avaient avec des nations déja avancées en civilisation. Les auteurs peignent toujours les hommes du Nord comme des barbares, plus courageux peut-être par cela même, mais plus grossiers que les autres.

MONUMENTS DE CETTE PREMIÈRE ÉPOQUE.

ÉTAT DES AUTRES ÉDIFICES.

Telle était la situation des peuples habitant les Gaules avant que des colonies étrangères vinssent y apporter la civilisation et l'esclavage, la guerre et les arts. Les peuples vivaient dans un état de barbarie qui ne laissait pas d'avoir pour eux des charmes, mais qui ne les rendait pas assez heureux pour les attacher au sol qui les avait vus naître; aucune commodité dans la vie, une culture imparfaite de la terre; de là leurs fréquentes émigrations et l'inquiétude qui semblait les agiter. A peine avaient-ils des villes, et on ignore en quoi consistaient leurs édifices. Il paraît que les monuments de ces temps grossiers, et qui se sont conservés par leur masse et leur rudesse, ne consistaient que dans des pierres énormes, rangées dans un certain ordre symétrique, ainsi que les appelle Tacite, *immensa saxorum compages*, et Cicéron *mirificæ moles*. Les uns, connus sous le nom de *Dol-men*, forment une sorte d'autel; ils consistent dans deux grandes roches, soutenant une autre pierre plus grande et plus aplatie, en guise d'imposte, ou plutôt de table: telles qu'on en trouve en grande quantité en Bretagne, dans la forêt de Fougère, près de Chartres, sur les bords de la Loire, en Écosse et dans le nord de l'Angleterre, en Danemarck, dans la Frise, et jusqu'en Orient; ces espèces d'autels sont nommés *men-her*, lorsque le support de la pierre consiste dans un seul bloc ou un amas de pierres réunies. Les autres sont absolument isolés, et semblent être des colonnes de signaux ou d'indication mystique. On en trouve de ce genre à Dol en Bretagne, dans la presqu'île de Quiberon, à Poitiers et dans différentes parties de la France. Ils paraissent en général, ainsi que les *dol-men*, sur des éminences ou dans des lieux solitaires. On leur donne le nom de pierre levée. Quelquefois les *dol-men* sont composés de plusieurs pierres placées sur d'autres en forme de galerie, telles que la roche aux Fées en Bretagne, le monument près de Saumur, qui présente une salle couverte assez étendue, et dans laquelle on a trouvé des ossements et des débris d'instruments de fer; mais les plus considérables de ces monuments sont les pierres de Carnac, qui consistent en plusieurs rangs d'énormes roches qui s'étendent à une grande distance en lignes symétriques et écartées les unes des autres d'environ trois toises. Leur élévation commune est de douze, quinze et vingt pieds, et quelquefois davantage. Leur base est enfoncée dans la terre à une grande profondeur; leur grosseur est prodigieuse, et on ne conçoit point comment la main de l'homme a pu les transporter et les placer ainsi. Une tradition constante, dit Latour-d'Auvergne, parmi les Bretons, est que la contrée de Carnac, près d'Auray, dans l'ancienne Basse-Bretagne, était principalement consacrée au culte que les prêtres gaulois rendaient à leurs divinités [1]. Carnac n'est éloigné que de vingt à trente lieues de l'île de Séné (Sena), fameuse par son oracle, le seul connu dans les Gaules et dans tout l'Occident, et au service duquel neuf prêtresses ou druidesses étaient constamment attachées [2]. La position de Carnac, sur la baie de Quiberon, assurait aux druides du continent une communication prompte et facile avec l'île de Séné, de même qu'avec les druides de l'île Britannique, dont les monuments se retrouvent en quantité dans cette partie de l'Angleterre, à *Stone-Henge* et à Aberry près de Win-

[1] *Origines Gauloises et Antiquités des Celto-Bretons*, p. 22.
[2] Pomp. Mela, l. III, c. 6, p. 101. Plin., l. IV, c. 12; l. VIII, 22.

chester. César parle des entrevues qui avaient lieu entre les prêtres des deux pays [1]. Le culte des pierres est très ancien dans le monde; il a précédé les autres images de la Divinité, et souvent leur a survécu. Encore au 9e siècle, il était en usage dans beaucoup de parties de la France. Le concile d'Arles en 452, celui de Tours en 567, le défendent sous des peines sévères; le vingtième canon de celui de Nantes ordonne d'enfoncer à une très grande profondeur ces pierres sacriléges [2].

Quel était l'usage de ces monuments? telle est la question que se font depuis long-temps les savants et les antiquaires. Ils n'ont pu encore répondre d'une manière satisfaisante. Les uns les regardent comme des lieux de rassemblement, les autres comme des autels de sacrifices, des tombeaux, enfin des temples même. Nous pensons que ces lieux servaient à ces différents usages; mais nous devons établir une distinction bien importante sans doute.

Les Celtes, regardant l'univers comme le temple de Dieu, n'avaient proprement point de temples ni d'images; et ce qu'on a dit sur les Mercures gaulois trouvés dans les Gaules, sur les Vénus et autres statues attribuées aux temps reculés, nous paraît provenir d'une erreur ou de la confusion des temps. On a attribué aux Gaulois primitifs ce qui convenait à peine à ces mêmes peuples déja soumis depuis long-temps à la domination romaine. Mais il ne s'ensuit point que les Gaulois n'eussent aucune construction qui rappelât pour eux ce qu'étaient pour les Romains les temples, qu'ils n'eussent point des images grossières de leurs divinités. Tout prouve, au contraire, que de temps [3] immémorial ils avaient des unes et des autres [4]; mais tellement grossières [5], qu'on ne leur donne ni le nom de temple, ni celui de statue; et on peut assurer qu'une foule de monuments des arts, qui se rapprochent un peu des formes connues des monuments romains, est postérieure à la venue de ces peuples dans les Gaules. Les seuls monuments qu'on puisse peut-être ainsi confondre, dont il est en effet difficile de fixer l'époque, et qui peuvent très bien s'appliquer aux temps les plus reculés des Gaules, sont les tombelles de terre, sorte de buttes très élevées, ou mottes recouvertes de gazon, qu'on rencontre dans beaucoup de lieux en France [6], et qui, la plupart, renferment des ossements, des armes, des morceaux de poterie: telles sont les tombelles près de Sens, près d'Angers et près de Montlevrault, dans le Poitou, le Limousin et la Bretagne, et sur-tout près de Tirlemont dans la Belgique; ces éminences, semblables à plusieurs tombeaux célèbres de l'Asie mineure, connues en Angleterre sous le nom de *barrow*, expression d'origine celtique, qui veut dire élevé. Il paraît provenir sans doute de l'usage reçu de temps immémorial, qu'à l'enterrement d'un chef toute son armée passait près de sa tombe, et chacun jetait une pelletée de terre sur son corps. Nous aurons l'occasion d'examiner plus en détail cette question dans la description des départements.

Après les monuments dont nous venons de parler, on ne voit chez les Gaulois d'autres édifices que leurs habitations particulières, qui consistaient la plupart en chaumières couvertes de paille, en cabanes grossières faites de planches, recouvertes de terre [7], semblables à celles des Germains, auxquels, du temps de César, ils ressemblaient parfaitement. Les chefs des nations, les princes n'étaient pas mieux logés; ils habitaient des maisons isolées, *tecta domus ædificia*, au milieu des bois,

ou sur les bords des rivières, afin d'éviter la chaleur [1]. Dans tous les dénombrements, on ne voit jamais paraître le nom d'une ville, *urbs*, ni celui de *civitas* [2], autrement que pour désigner des nations entières. Ces *civitates*, dont parle César, étaient les peuples mêmes divisés en cantons, *pagi*, comprenant plusieurs bourgades, *vici*, lesquels n'étaient autre chose que la réunion de différentes habitations éparses et séparées les unes des autres par des jardins et des champs, comme sont les cabanes des sauvages de l'Amérique, ou des peuples de l'intérieur de l'Afrique; en effet les Gaulois n'avaient point précisément de villes, *urbs* [3], et il faut se garder à cet égard de confondre l'acception de ce mot avec celui d'*oppidum*, sur lequel les écrivains se sont livrés à des discussions, et que César emploie toujours en parlant des lieux de rassemblement des Gaulois qu'il eut à combattre, tels que le *Bibracte* des Æduens, le *Vesontio* des Séquanois, le *Gergovia* des Boïi, l'*Alesia* des Mandubii.

L'opinion la plus probable est que ce mot veut dire des enceintes fortifiées [4], où les habitants des campagnes se retiraient avec leurs bestiaux lorsqu'ils étaient attaqués, et où ils pouvaient se défendre. Ce n'était point des villes, car César regarde comme une calamité pour les Gaulois, lorsqu'ils sont obligés de se retirer dans les *oppida* ou forteresses, qui vraisemblablement n'étaient habitées que dans les temps d'invasion ou de guerre [5]. En effet, on voit les Gaulois, lorsque César approche, abandonner leurs habitations et se retirer dans les *oppida* [6], et quelquefois être coupés par la cavalerie, avant d'avoir pu atteindre ces lieux de sûreté [7]. On assiégeait les *oppida*, tandis qu'on brûlait les *vici* et les *ædificia* [8]. Ces lieux étaient en général situés sur des hauteurs et fortifiés par l'art comme par la nature; ils étaient entourés d'un mur, composé de poutres entrelacées et remplies de terre, comme une sorte de radier [9].

Ces murailles n'avaient pas plus de sept à huit pieds d'élévation audessus du sol [10]. Lorsqu'ils s'y réfugiaient en trop grand nombre, comme le cas eut lieu à Alise et à Gergovia, ils se couvraient par une enceinte extérieure qui était une sorte d'ouvrage avancé en pierres sèches. L'entrée de ces *oppida* était souvent garnie de têtes de morts [10].

Il ne faut pas cependant prendre cette opinion dans un sens trop absolu; sans doute ces lieux de rassemblement n'étaient pas principalement les chefs-lieux des Gaulois, qui par leur religion, leurs mœurs, préféraient le séjour de la campagne, et s'adonnaient au culte des forêts; mais il faut croire, et nombre de passages de César le prouvent, que ces *oppida* renfermaient des habitations particulières qui servaient aussi en temps de paix, et qui depuis formèrent le noyau des villes. C'est dans ces *oppida* que César renfermait ses prisonniers, ses bestiaux, et que lui-même habitait dans toutes ses conquêtes [11]. Les villes de l'Afrique sont aussi en bois et en paille, et forment cependant des rassemblements immenses, et auxquels on ne peut refuser le nom de ville [12]. Il en est de même des *acropolis* des Grecs, qui servaient de refuge à toute la population en temps de guerre, mais qui étaient sans doute gardées en temps de paix, ainsi que le furent nos châteaux dans le moyen-âge.

---

[1] L. VI, *Comm.*

[2] *Lapides quos in ramosis locis et silvestribus venerantur, ubi vota vovent et deferunt.*

[3] STRAB., l. IV, parle d'un temple bâti à l'embouchure de la Loire, et déjà ancien de son temps. Tite-Live parle d'un temple des Gaules, dans lequel ils portent la tête du consul romain Posthumus qu'ils avaient tué dans un combat. TIT. LIV., l. XXIII, c. 24. Voy. *Hist. des Gaul.*, l. III, p. 56.

[4] César dit que les Gaulois avaient plusieurs statues de Teutatès, l. VI, c. 17. FLORUS, l. II, c. 4, parle d'un vœu fait par les Gaulois, d'employer leur butin à faire un collier pour leur dieu Mars.

[5]
Simulacraque mœsta deorum
Arte carent, cæsisque extant informia truncis.
Phars., l. III, v. 412.

[6] SPON, *Recherches d'Antiquités*, 1683, p. 27—272. *Mém. de l'Acad. Celt.*, n° 5, p. 169. L'abbé LE BŒUF, *Dissert. sur l'Hist. de Paris*, t. I, p. 222.

[7] *In casas quæ more gallico stramentis tectæ erant.* CÆS., *de Bell. Gall.*, l. V. p. 194. *Domus stramentis tectæ.* VITR., l. I, c. 1. STRAB., l. IV, p. 197. A Marseille même, du temps de Vitruve, on ne connaissait pas encore les tuiles et les toits de planches recouvertes de terre.

[1] *Ædificia circumdata sylvâ, ut sunt ferè domicilia Gallorum, qui vitandi æstûs causâ plerumque sylvarum et fluminum petunt propinquitates.* CÆS., l. VI, p. 250.

[2] DION CASS., l. XXXIX, p. 111.

[3] *Nuntios totâ civitate Æduorum dimittis*, l. VII, p. 309. *Omnis civitas Helvetiæ in quatuor pagos est divisa.* Tandis qu'en parlant de la Gaule romaine il donne le nom de *civitas* aux villes mêmes. *De Bell. Gall.*, l. III.

[4] Du latin *opus, oppida.* VARR., *de Ling. lat.*, l. IV, p. 34.

[5] *Compulsos in oppida mutilatis agris*, l. VIII, p. 322.

[6] *Se suaque omnia in oppida contulissent*, l. II, p. 74.

[7] *Priùs ab equitatu opprimi quàm confugere in oppida possent*, l. VIII, p. 372. Un chef gaulois ordonne aux habitants de se réfugier dans les oppida. *Jubet in oppida multitudinem convenire*, l. VI, p. 215.

[8] *Vicos et ædificia Menapiorum*, l. III, p. 119. *Ædificia Sicambrorum*, l. IV, p. 142.

[9] CÆS., l. VII.

[10] CÆS., l. VII.

[11] STRAB., l. IV.

[12] Comment expliquer autrement l'expression de la plupart des auteurs, en parlant de Toulouse, capitale des Tectosages, *Antiquam Tectosagum?* MELA, l. I. ISID., l. XV.

DEUXIÈME ÉPOQUE GÉOGRAPHIQUE.

ÉTABLISSEMENT

DES COLONIES GRECQUES,

ET CONQUÊTES DES ROMAINS.

Les Gaulois, simples dans leurs mœurs, dans leur croyance et dans les usages de leur vie, mais disposés par la nature à s'élever promptement au plus haut degré de la civilisation, n'attendaient que les occasions favorables qui auraient pu les y conduire. Elles se présentèrent bientôt. Sous le règne de Tarquin-l'Ancien[1], des colonies grecques vinrent aborder ces rivages et y porter les lumières d'un climat plus heureux et d'un peuple éclairé. Les Rhodiens furent les premiers à y former des établissements, car on a peu de traces du séjour momentané qu'y firent quelques navigateurs phéniciens. Rhodes, ou la première ville des Rhodiens, qui donna son nom au Rhône[2], était déjà ruinée du temps de Pline, et il est difficile de déterminer sa situation[2], ainsi que celle d'Héraclée, ville également fondée par ce même peuple. Les Phocéens, autres colons grecs de l'Asie-Mineure, furent plus entreprenants et plus heureux : un peu après l'an 600 de la fondation de Rome, ils passèrent la Méditerranée sous la conduite, dit-on, de Protis leur chef, et vinrent aborder dans la Celtique, sur les terres des Salyes ou Ségobrigiens. C'était le moment où Bellovèse partait pour son expédition d'Italie[4] et s'arrêtait dans le pays des Ultoriens, mesurant des yeux la hauteur des Alpes qu'il n'osait encore franchir[5]; il avait avec lui des Æduens, des Arvernes, des Sennonais, des Carnutes, peuples puissants du nord de la Celtique. Le roi Nannus accueillit ses nouveaux hôtes et les protégea dans leur entreprise : dès ce moment la partie méridionale des Gaules changea entièrement d'aspect[6]. Ces rives inhospitalières, où l'on ne voyait que des masures grossières, où l'on connaissait à peine les lois de la propriété, s'ouvrirent aux lumières et à la civilisation; le riant génie de la Grèce, les muses de l'Ionie et de l'Argolide descendirent sur ces bords sauvages; la langue de Platon et d'Homère se fit entendre dans ces forêts qui ne retentissaient encore que du gémissement des victimes; les colonnes élégantes des temples de Diane et de Vénus s'élevèrent sur les promontoires où l'on égorgeait les naufragés[7], et enfin la ville de Marseille parut être la rivale de Tyr et de Carthage[8]. Les Phocéens apportèrent dans leur nouvelle patrie les productions précieuses de l'ancienne, l'olivier, la vigne, le myrte et le laurier; ils y transportèrent sur-tout leurs lois, leurs usages, et les connaissances variées dans tous les arts utiles, qui constituent le bien-être et la richesse des peuples. Éclairés par leurs lumières et reconnaissants de leurs bienfaits, les naturels du pays secondèrent leurs travaux et encouragèrent l'établissement de nouvelles colonies. Les peuples de l'Ionie abandonnèrent alors sans regret un pays opprimé[10], pour en retrouver un autre qui leur offrait l'abondance et la liberté : des noms harmonieux désignèrent ces nouvelles habitations, qui comprenaient le port d'Hercule, Monaco, dominé par un temple consacré à ce dieu; Olbia, bâti par les Marseillais, et qu'on croit retrouver dans le port de Leoube[1]: Laurentum, à l'entrée de la baie de La Ciotat; Niké ou Nice, ainsi nommé d'une victoire remportée par les Phocéens sur les Liguriens; Vedranti, Athénopolis, Agde ou Agatha, Fréjus ou Forum Julii; Saint-Tropès, qu'on croit l'ancien Trophæa Augusti de Ptolomée; enfin Emporium, aujourd'hui Ampurias, qui veut dire un marché, situé sur la côte d'Espagne et une des plus anciennes colonies phocéennes.

D'après cet examen on voit les Phocéens possédant tout le littoral gaulois de la Méditerranée, depuis Monaco jusqu'au-delà des Pyrénées. Ils s'étendirent bientôt également dans l'intérieur des terres et fondèrent *Avenio*, Avignon; *Caballio*, Cavaillon; Theopolis, dont on croit retrouver les ruines dans la viguerie de Sisteron, sur la gauche de la Durance[1], près de l'étang de ce nom, ainsi nommé à cause de la blancheur de ses roches, et célèbre depuis par la défaite des Espagnols en 1637[3]. Mais de toutes leurs colonies Marseille fut la plus heureusement située pour dominer sur la Méditerranée. Cette ville, ornée des plus beaux monuments des arts, dépositaire des marchandises les plus précieuses de l'Orient, n'attendait pour occuper le premier rang que la ruine de Carthage, sa rivale en richesse, comme elle l'était de Rome en puissance. Cette conformité de jalousie, dans des intérêts différents, sert à expliquer, mieux que toute autre cause, l'attachement des Marseillais aux Romains, lorsqu'ils entrèrent en lutte avec les Carthaginois, déjà maîtres de la Sicile, de la Sardaigne et de l'Espagne. Les Marseillais accueillirent leurs ambassadeurs, les tinrent au courant des dangers qui les menaçaient; et s'ils ne furent point pour les Romains des défenseurs puissants, ils furent au moins toujours des alliés utiles. Cependant la richesse des Carthaginois, jointe au génie d'Annibal, allait bientôt menacer jusque dans ses murs la puissance de Rome : ce guerrier africain avait déjà passé les Pyrénées et chassé devant lui les faibles hordes de Gaulois qui habitaient les bords de la Méditerranée; après avoir passé le Rhône et franchi les Alpes, et après des victoires multipliées, il était venu camper au-delà des murs de Rome. Marseille attendait l'issue de cette lutte sanglante pour hériter du commerce du monde. En effet, à peine son opulente rivale eut été vaincue, qu'elle sembla s'élever de ses cendres et tenta de la remplacer, sinon dans sa puissance, du moins dans son industrie. Les productions du monde entier se dirigèrent vers le nouvel asile qui leur était ouvert : l'Égypte, l'Inde, les colonies de l'Asie même remplirent les magasins d'étoffes précieuses; des manufactures d'armes, de bijoux se fondèrent, et les Gaulois furent les premiers à jouir de ce luxe nouveau et à l'encourager. Les habitudes, les mœurs gagnèrent à ce changement : de proche en proche le pays s'éclaira et s'embellit; mais bientôt les Romains achevèrent cette œuvre de la civilisation, et c'est de leur entrée que date véritablement l'histoire de ce pays.

---

[1] Tit. Liv., l. V; sect. 34. Justin., l. XLIII, c. 3. Soliv. Polyb., *Hist.*, c. VIII.

[2] Plin., *Hist. nat.*, l. III, c. 14. Hieronymus, *Ep. ad Galatas*, c. III. Isid., *Orig.*, l. XII; c. 21.

[3] On suppose que c'est à une lieue environ d'Aigues-Mortes, où l'on voit le village de Pecau, dans le Bas-Languedoc, à l'embouchure du Rhône.

[4] Vers le temps de Tarquin-l'Ancien, suivant Tite-Live, l. V, sect. 34.

[5] *Alpes insuperabiles et quæ nulla via est.*

[6] Justin, abréviateur de Trogue Pompée, l. XLIII, c. 3, dont il est inutile de rapporter le récit mêlé de beaucoup de fables.

[7] Vitruve, l. II. Polyb., l. II, p. 106.

[8] Strab., l. IV, p. 171. Justin. Pausan., *in Phoc.*, p. 523. Plin., l. II, c. 9. Martial, l. III, ep. 82; l. X, ep. 36; l. XIII, ep. 123.

[9] *Occurrunt nemin Civiis.* Sil. Ital., l. XV. v. 168.

[10] Pausan., *in Phocid.*, p. 623.

[1] Strab., l. IV, p. 180. Méla. Ptolom., *Notice de l'ancienne Gaule*, p. 502.

[2] Danville, *Not. des Gaules.* Papon, *Hist. de Provence*, p. 95. Millis, *Voy. dans les Départements*, t. III, p. 67. Festus Avienus, v. 576. Arist., *de Mer.*

[3] *Hist. génér. du Languedoc*, t. I, p. 55.

Des peuples, dont les ancêtres avaient assiégé le Capitole, qui jusque-là passaient pour invincibles, ne s'attendaient pas à supporter un joug qu'ils s'étaient crus seuls en état d'imposer; et en effet ils n'eussent point encouru ce malheur, s'ils étaient restés unis dans la défense de leur territoire, comme ils l'avaient été dans l'invasion des autres contrées. Les Romains surent habilement profiter de leurs différents et préparer, par des alliances, une conquête trop difficile par la seule force des armes. Déjà, vers l'an 600 de la fondation de Rome, ils conclurent plusieurs traités avec les Gaulois transalpins[1]. Ils donnèrent aux Æduens et aux Lingons le titre de leurs frères et alliés. Bientôt ils levèrent le masque; et la révolte des Oxibiens contre les Marseillais fut pour eux le prétexte d'intervenir dans toutes les querelles des habitants, et de faire tourner à leur profit leur mésintelligence. Ces peuples et leurs voisins les Déciates, les Salyes, les Vocontiens, les Liguriens, successivement vaincus par les consuls Opimius-Posthumus et Caïus-Sextius, n'opposèrent plus aucune résistance[2]. Ce dernier guerrier, profitant de ses succès, s'établit définitivement dans la province narbonnaise, et fonda une colonie sur le lieu même où il avait remporté une grande victoire, et où se trouve aujourd'hui la ville d'Aix, nommée depuis Aquæ-Sextiæ, de ses sources d'eau. Cependant la conquête totale de la province était réservée à Domitius-Ænobarbus, que le sénat envoya avec une armée chez les Allobroges et les Arvernes, réunis sous le commandement de Bituitus. Deux batailles meurtrières signalèrent la supériorité des armes romaines : la première près d'Avignon, au confluent de la Sorgue et du Rhône; la seconde au confluent de l'Isère et du Rhône. Le sénat décerna les honneurs du triomphe aux deux guerriers vainqueurs, Fabius et Domitius, et, pour relever la pompe de la cérémonie, il ordonna que Bituitus y paraîtrait sur le char d'argent sur lequel il avait combattu, et qu'il serait revêtu des mêmes armes qu'il portait le jour de sa défaite[3].

Maîtres absolus de cette partie des Gaules, les Romains l'organisèrent en province, et comprirent dans son étendue tout le pays des Alpes au Rhône, et au delà, dans le Languedoc, jusqu'aux frontières d'Espagne, du côté du Roussillon.

Quelques années plus tard, le consul Cœpio y réunit le territoire des Tectosages, la ville de Toulouse et une grande partie du Languedoc. Ses limites étaient à l'est le cours du Var, les Alpes et le lac de Genève, le cours du Rhône jusqu'à son confluent avec la Saône; au nord-ouest le Rhône séparait la province romaine des Segusiani; la ligne de démarcation comprenait ensuite les habitants du Vivarais; le Valais et les monts Cevennes formaient ses limites naturelles.

Au nord le Tarn, qui prend sa source dans les montagnes de la Lozère, coulait à travers le territoire des Ruteni ou du Rouergue, le divisait en deux parties, l'une soumise aux Romains, l'autre indépendante. Il en faisait de même du pays des Cadurci, jusqu'au point où cette rivière se jette dans la Garonne.

Les Romains ne regardèrent plus cette province comme un pays étranger, mais bien comme partie intégrante de leur empire, et une prolongation de l'Italie de ce côté. Ils lui donnèrent d'abord le nom de Braccata, d'un vêtement que portaient les habitants; et bientôt après, celui de Narbonnaise, de Narbonne, fondée par le consul Manlius, l'an 118 avant Jésus-Christ, et destinée à donner un jour des empereurs à Rome[4].

Cette province, cultivée avec soin, devint très fertile, et s'embellit de monuments remarquables. L'ordre, la tranquillité s'y maintinrent pendant long-temps, et ne s'y seraient point altérés, sans les exactions des gouverneurs que les Romains y envoyaient et qui exaspérèrent les habitants. Bientôt une occasion se présenta pour eux de secouer le joug, et ils ne l'eussent pas laissée échapper, si leurs libérateurs n'avaient pas été des ennemis encore plus cruels. Une horde de peuples du Nord se précipita tout-à-coup sur les provinces du midi de l'Europe. Les Cimbres et les Teutons, dont à peine on connaissait alors les noms, envahirent toute la Gaule, du Rhin aux Pyrénées, et pénétrèrent dans la province romaine. Les consuls Cassius-Longinus et L. Calpurnius voulurent s'opposer à leurs efforts et périrent en combattant. Servilius-Cœpio, qui les remplaça, et Mallius, son collègue, perdirent contre eux

une des batailles les plus décisives et les plus meurtrières : à peine leur resta-t-il quelques soldats pour annoncer à Rome cet affreux désastre.

Une consternation générale s'empara de la capitale du monde, et on ne trouvait personne en qui on pût avoir confiance pour réparer ce malheur et rassurer les esprits. Le jeune Marius parut alors à tous les regards comme le sauveur que les dieux envoyaient au secours de Rome. Il arrivait vainqueur de Jugurtha, roi des Numides, et devait recevoir les honneurs du triomphe, en traînant après lui le roi son captif. Cet augure détermina en sa faveur; et le lendemain de cette cérémonie, il partit pour cueillir de nouveaux lauriers.

A peine arrivé dans les Gaules, il rassemble ses troupes, ne les expose point en détail, attend le moment favorable, et, le trouvant enfin, livre aux peuples barbares un combat terrible, qui décide de leur sort. Cette victoire, à jamais célèbre, eut lieu près d'Aix, et presque sur les mêmes champs de bataille qui avaient vu les premiers succès des Romains. En deux campagnes, Marius extermina tous ces peuples, rendit à la province le repos dont elle était privée depuis si long-temps, et qui ne fut pas altéré pendant les guerres civiles qui succédèrent de si près à ces événements. Sans doute quelques uns des habitants prirent parti pour Sertorius contre Pompée, mais ils rentrèrent bientôt dans le devoir; et la révolte des Allobroges, pendant la conjuration de Catilina, n'eut pas de suites plus marquantes.

Cependant la Gaule proprement dite restait indépendante; et les Romains, qui avaient à repousser des invasions partielles des peuples qui l'habitaient, n'avaient point encore songé à la conquérir, lorsqu'un de ces hommes de génie, que la nature offre rarement au monde, dirigea vers ce pays ses vues et ses grands talents. César, dont l'influence était déjà grande à Rome, sollicita et obtint le gouvernement de la Gaule et de l'Illyrie, en annonçant que le moment était arrivé de soumettre ce vaste territoire à la domination romaine. Aucune conquête, en effet, ne pouvait servir aussi bien son ambition; elle lui fournissait l'occasion d'aguerrir ses soldats, de s'emparer de trésors, d'acquérir une telle gloire, qu'il ne fût plus possible de balancer son influence. Occupé de cette seule pensée, il songea à la réaliser avec autant de prudence que de célérité. Il attaqua d'abord les Helvétiens, peuple le plus voisin des Alpes; de là il entra dans le cœur de la Gaule.

Les Æduens, de tous les temps alliés des Romains, étaient alors en guerre avec les Arvernes et se disputaient la possession de la Séquanie. Ces deux nations, les plus puissantes des Gaules, et aspirant également à la prépondérance, ne faisaient point de difficulté d'appeler le secours des étrangers, pour assurer leur domination. Les étrangers profitèrent de cette disposition : attiré par les Arvernes, Arioviste, roi des Suèves, inonda le pays des Æduens et des Séquanais, battit les premiers dans un combat terrible, et attira enfin sur lui les armes romaines. César, appelé par les Æduens, les anciens alliés du peuple romain, attaque Arioviste, le défait complètement, et acquiert ainsi dans les Gaules le caractère de libérateur. Profitant de l'effet que produit ce premier succès, il se dirige contre les Belges, ou contre la coalition belgique de l'ancien *belgium*, qu'il ne faut pas confondre avec les peuples septentrionaux du pays. Il parvient à joindre ses nombreux et habiles ennemis, et, après de grandes difficultés, il les taille en pièces au passage de la rivière de l'Aisne[1]. De là César s'avance dans le Soissonnais, attaque et prend Noyon, *Noviodunum*, reçoit en otage les deux fils du roi du pays, poursuit ses conquêtes vers la Normandie; il soumet les Bellovaces, alliés des Æduens; les Nerviens, qui habitaient les côtes de la Normandie; les Aduatiques, fiers de la force de leurs remparts entourés de rochers; les Éburons, mêlés aux descendants de ces Cimbres qui avaient été vaincus par Marius. Bientôt, revenant sur ses pas, il s'occupe d'assurer la tranquillité de la province romaine, en soumettant les peuples nombreux qui l'entourent, et en pénétrant jusqu'au fond de l'Aquitaine, dont il ne connaissait pas même l'étendue. Il charge de cette dernière expédition son lieutenant Crassus, et lui-même, impatient de jouir de ses victoires, quitte un moment son armée pour se rendre à Rome et juger de l'état politique de cette maîtresse du monde.

Mais à peine est-il parti, que des troubles se manifestent dans la partie occidentale des Gaules. Les nations puissantes qui habitaient les bords de l'Océan et tout le pays connu sous le nom d'Armorique, aujourd'hui la Bretagne, n'avaient point encore éprouvé la supériorité des armes romaines. Les Vénètes, peuples puissants par leur courage,

---

[1] STRAB., l. III, c. 2.

[2] FLORUS, l. III, c. 2.

[3] FLORUS, l. III, c. 12. VAL. MAX. STRAB., l. IV.

[4]

        Cœperitque ferox coeundis.

           SIDON. APOLLINAR., carm. 23.

[1] *De Bell. Gall.*, l. II.

leur nombre, et sur-tout leurs flottes formidables, s'irritèrent d'avoir été forcés de donner des otages, et coururent de tout côté aux armes. Ils entraînèrent dans leur révolte les Oxiniens, les Nannètes, les Morins, les Ménapiens, enfin tout le pays des deux côtés de la Loire. César reparaît à l'instant, se rend chez les Pictons et les Santons, peuples amis des Romains, y rassemble une flotte nombreuse dont il donne le commandement au jeune Brutus, et attaque les Vénètes par mer et par terre. Vainqueur de ces peuples, il détruit leur ville, fait vendre les habitants, et donne un exemple terrible aux peuples des Gaules, exemple qui pendant quelque temps en imposa à cette nombreuse population.

Sans perdre un moment, César rassemble les vaisseaux des Vénètes, et passe dans la grande Bretagne; expédition aventureuse, et qui à cette époque eut l'éclat de la découverte d'un nouveau monde.

Après chacune de ces campagnes célèbres, César allait jouir à Rome de son triomphe; mais il ne pouvait se dissimuler que ces victoires partielles, ces occupations éphémères de quelques parties d'un pays aussi étendu, ne pourraient assurer une domination tranquille, jusqu'au moment où quelque grande catastrophe eût éteint dans ces peuples les sentiments toujours renaissants de leur indépendance. Il est des dispositions dans les hommes, qu'il faut vaincre ou user pour parvenir à les soumettre, et ce grand mouvement ne tarda pas à se manifester.

César, après avoir employé sa dernière campagne à pacifier quelques petits peuples de l'Armorique et visité plusieurs fois la grande Bretagne, se disposait, suivant sa coutume, à passer en Italie. L'hiver approchait; il voulut avant son départ présider l'assemblée générale des Gaules à Reims, et se crut assuré des bonnes dispositions des peuples; mais à peine avait-il passé les Alpes, qu'un mouvement général se manifeste dans toute la Celtique. Les peuples jadis les plus attachés aux Romains, ceux sur lesquels ils croyaient le mieux pouvoir compter, sont ceux qui donnent l'exemple de l'insurrection, comme pour racheter, par ces services rendus à la cause générale, le tort qu'elle a pu jusque-là souffrir de leur défection. Les Carnutes, occupant tout le pays de Chartres et d'Orléans, centre des Gaules, séjour des Druides et les lieux les plus vénérés de la religion gauloise, sont à la tête de la confédération. Les Arvernes, les Cadurces, les Gabali, enfin les Æduens eux-mêmes, oubliant leurs anciennes haines vis-à-vis de leurs compatriotes et leur fidélité aux Romains, se lèvent en armes de tous côtés, et entourent la province romaine. Le chef de toutes ces nations est déjà nommé; c'est Vercingetorix, jeune guerrier plein de patriotisme et de valeur, fier du rang où l'élève tout-à-coup l'estime de ses compatriotes, et brûlant du désir de la mériter. Déjà il s'avance vers Narbonne, capitale de la province romaine, lorsque César, arrivé à la hâte, mais ne pouvant rejoindre ses légions, qui sont cantonnées dans le nord, à Sens, Langres, Trèves, est obligé de rassembler les troupes de la province même, et, avec cette poignée de monde, de lutter contre les flots de ces nombreux et nouveaux ennemis.

C'est à ce moment qu'il faut juger de l'étendue du génie et de l'activité de ce grand capitaine. Incapable d'indécision et de faiblesse, il marche avec les troupes qu'il a rassemblées sur les Cévennes, réduit les Boïes sur son passage, fixe dans le pays des Helviens le rendez-vous de plusieurs de ses légions, y parvient, marche avec elles contre le centre des Gaules, en impose par ce mouvement rapide et hardi. Ne laissant pas un moment ses ennemis en suspens, il détruit Bourges, passe quarante mille hommes de la garnison au fil de l'épée, et fait trembler par ce terrible exemple les peuples environnants. Tout-à-coup, revenant sur ses pas, il assiège Château-Landon, Orléans, et la célèbre Gergovia, fortifiée par l'art et par la nature. Vercingetorix, dérouté par cette activité, inquiet de l'effet produit sur l'esprit des peuples par ces nouveaux triomphes de son ennemi, ne songe plus qu'à l'attaquer de front, et se présente à lui devant Gergovia. Les talents de César peuvent à peine le sauver dans ce moment critique; sa fortune semble même un instant l'abandonner; mais aussi grand dans les revers que dans les succès, il ne se laisse point abattre, et cherche à attirer son ennemi dans une position désavantageuse, où il puisse, avec peu de monde, combattre avec avantage cette nuée de barbares. L'occasion se présente, il la saisit; la bataille se livre dans le pays des Séquaniens, sur les bords de l'Armançon, près de Montbar. Les Gaulois, après des prodiges de valeur, sont battus; leur cavalerie est détruite, et leur armée se retire en désordre dans la ville d'Alise, place très forte dans les Gaules, et située sur une élévation

qui pouvait la rendre imprenable. C'est moins une forteresse qu'un grand camp retranché qui domine sur toute la campagne environnante, et assure à celui qui l'occupe l'initiative de ses mouvements.

Réunies sur ce point formidable, les tribus éparses des Gaules prêtent le serment de ne pas revoir leurs enfants, leurs femmes, leurs pays, avant d'avoir deux fois traversé l'armée ennemie et de l'avoir anéantie[1]. Le siège de cette position terrible, les nombreux combats que César dut essuyer avant de parvenir à s'en emparer, les manœuvres qu'il dut employer pour empêcher les assiégés de recevoir des vivres et des secours, tout concourt à faire regarder cette fin de campagne comme un des plus beaux faits d'armes de ce grand capitaine. Il réussit enfin; et rien n'aurait égalé son triomphe, si lui-même n'avait terni ses lauriers en se montrant peu généreux envers son intrépide et malheureux adversaire. Le chef de tant de peuples, et digne d'un meilleur sort, Vercingetorix, qui s'était rendu à discrétion, périt dans les supplices.

César rassembla à *Bibracte*, Autun, capitale des Æduens, les députés des peuples soumis, et pendant les quartiers d'hiver s'occupa de l'organisation du pays, qu'il divisa en quatre provinces. L'année suivante, il termina la guerre par la prise d'*Oxellodunum*, qui seule opposait encore quelque résistance par sa situation, et fut la dernière à ouvrir ses portes aux Romains. Maître ainsi de tout le pays, il ne s'y fit plus remarquer que par sa bonté, que par l'ordre qu'il y établit, les travaux importants de routes, de ports, d'édifices publics qu'il y fit construire, les camps retranchés qu'il y forma pour maintenir la tranquillité, les institutions sur-tout qu'il y fonda[2]. C'est alors que les villes jouirent des bienfaits de la civilisation; que les sciences et les arts, jusqu'alors bornés à l'Italie, se répandirent dans les Gaules; que les villes de Marseille[3], d'Autun, de Bordeaux, de Narbonne, de Lyon, de Trèves, de Toulouse[4], rivalisèrent avec la capitale du monde. Les académies, les écoles qui s'y fondèrent, s'étendirent bientôt à tout le pays; et la Gaule entière devint une province romaine, la plus éclairée, la plus heureuse[5].

Les guerres civiles de César et Pompée, celles des autres rivaux de gloire et de puissance qui se succédèrent n'altérèrent point sensiblement la tranquillité des Gaules. Marseille eut seule à souffrir de la part trop active qu'elle prit dans ces grands différends. César en fit le siège; et, s'en étant emparé, abolit ses priviléges, et diminua beaucoup sa prépondérance[6].

César avait conquis les Gaules, Auguste s'occupa de les organiser et de les embellir. Il sentit combien ce beau pays était une province importante à l'empire, et méritait une attention particulière. Il vint en conséquence tenir les états à Narbonne, l'an 27 avant l'ère chrétienne, et faire un dénombrement du pays, suivant l'usage romain. Il remarqua alors l'inégalité qui existait entre les quatre grandes provinces de ce pays; inégalité que César n'avait pas été à portée de connaître, n'ayant pas entièrement achevé la conquête de l'Aquitaine, et connaissant à peine un grand nombre de peuples qui vivaient indépendants sous un certain Cottius, dans les Alpes, et qui ne furent soumis entièrement que sous Néron. Auguste prit donc la résolution de répartir plus également ce pays en quatre grands gouvernements; il commença par la Belgique. Cette province s'étendait indéfiniment vers le cours inférieur du Rhin, dans cette partie de la Gueldre, de la Hollande et du Palatinat, *Batavique bellicosi, Galliarum porta*[7], qui confinait avec les Germains, et était exposée à leurs ravages; elle était gardée par deux corps de troupes, l'un vers la partie supérieure, l'autre vers l'inférieure; il en résulta le besoin de désigner l'étendue de ces cantonnements par une dénomination particulière, et d'en former une province distincte. Cette subdivision fut nommée Germanie, divisée, quelques années après, en Germanie supérieure et Germanie inférieure, d'après la situation des troupes qui l'occupaient. Cette nouvelle province s'étendait indéfi-

---

[1] *Conclamant equites : Sanctissimo jurejurando confirmari oportere, ne tecto recipiatur, ne ad liberos, ne ad parentes, ne ad uxorem aditum habeat qui non bis per hostium agmen perequitârit.* CÆS., l. VII, c. 66.

[2] *Honorificè curiales appellando, principes maximis præmiis afficiendo, nulla onera nova imponendo.* Comm., l. VIII, c. 49.

[3] *Galliarum novas Athenas en præstant magistræ studiorum.* PLIN., l. IV.

[4]
Palladia non infirianda Tolosæ
Gloria.

MART., l. IX, Epig. 101.

[5] Themistius dit que les Gaulois étaient plus propres aux sciences que les Grecs mêmes. Orat. 4.

[6] CÆS., de Bell. Gall. VAL. MAX., l. II, c. 6. LUCAN., *Phars.*, l. III.

[7] TACIT., *Hist.*, l. IV, sect. 32.

niment au nord, dans les marais de la Hollande, et avait pour limite à
l'est le cours du Rhin, depuis l'embouchure de ce fleuve jusqu'au territoire des Romains. La position de Marsckolsines, située sur la rive
gauche du Rhin, à dix lieues au sud de Strasbourg, et dont le nom
indique une frontière, paraît avoir été ses bornes sur ce point. La limite
suivait la chaîne des Vosges, dans la direction du nord au sud, longeant
le territoire des Mediomatices; les Treveri, le cours de la Meuse; comprenait la forêt des Ardennes, séparait les Aduatici et les Eburones des
Nervii, et suivait le cours de l'Escaut jusqu'à son embouchure dans
l'Océan.

La Belgique, ainsi diminuée du côté du nord et de l'est, fut agrandie, au midi, et à l'est du territoire des Senones, de celui des Séquaniens et des Helvétiens, qui appartenait à la Celtique[1].

L'Aquitaine, trop circonscrite en proportion des autres parties de la
Gaule, par l'idée que César avait de son étendue du côté de l'Espagne,
fut agrandie aux dépens de la Celtique. Elle eut la Loire pour limite
au nord, au lieu de la Garonne, et contint tous les peuples enclavés
dans cet espace. Elle conserva pour bornes, au midi et à l'est, les Pyrénées et la province romaine.

La Gaule-Celtique prit le nom de Lyonnaise, et comprit tout ce qui
restait de l'ancien territoire. La nouvelle ville qui lui donna son nom
avait été fondée par Munatius Plancus, peu d'années avant la mort de
César, dans une belle position, au confluent du Rhône et de la Saône,
mais trop éloignée des extrémités de la province dont elle était chef-
lieu. Les limites de cette province longeaient celles de la Belgique au
nord, celles des Sequanais à l'est[2]: elle comprenait les Ambasi, les Ædui,
qu'elle séparait des Lingones; suivant le cours de la Seine jusqu'à Bar-
sur-Seine, comprenait le territoire des Tricasses et le séparait, en suivant la Marne, des Catalauni; renfermait les Meldi, les Selvanetes,
les Parisii, suivait le cours de l'Oise et enclavait les Veliocasses et les
Cateli, appartenants auparavant à la Belgique[3]. A l'ouest elle était
bornée par l'Océan et au midi par la Loire, qui la séparait de l'Aquitaine.
La province romaine éprouva peu de changements. Elle réunit seulement le territoire et la ville de Marseille, que César avait soumise. La
colonie de Narbonne devint la métropole de la province et une des villes
les plus florissantes de ce temps-là. Auguste, après avoir établi la division des provinces, pensa à assurer leur administration, en multipliant
les places de sûreté, en fondant de nouvelles colonies et en renouvelant
les anciennes. Dans ce nombre on distingue les villes d'Arles[4], qui servait de demeure aux vétérans de la sixième légion, d'où elle prit le nom
d'Arelate Sextanorum; Orange, Arausio Secundanorum, de la seconde
légion[5]; Nîmes, Nemausus, ville déjà célèbre et chef-lieu des Volces Arecomici[6]; Vienne[7], habitée par les vétérans de la septième légion; Va-
lentia; Avenio ou Avignon; Albeca Recorum ou Riez; Acusio, ville des
Cavares; Apta, Apt; Dea Augusta Vocontiorum ou la ville de Dié; Geneva,
colonie romaine dans le territoire des Allobroges, etc., etc. Les principales colonies des autres régions de la Gaule étaient Lyon, Lugdunum,
fondé sur le territoire des Séquaniens, par Munatius Plancus[8], peu de
temps après la mort de César; Forum Segusianorum, Feurs, sur la rive
droite de la Loire, qui a donné son nom au Forez; Augusta Raura-
corum, à deux lieues de Basle; Nocadunum, Noyon; Augusta Trevi-
rorum, Trèves, l'une des villes les plus considérables des Gaules, et qui
fut, vers les derniers temps, le séjour des proconsuls et des empereurs
eux-mêmes, lorsqu'ils venaient résider dans les Gaules; Bonna, Bonn,
seconde ville des Ubii, et surnommée Julia, vraisemblablement du surnom de Caligula; Colonia Morinorum, qu'on croit être Térouanne; Au-
domadunum, Langres; Lugdunum Comenanorum, aujourd'hui Saint-Bertrand de Comminges; beaucoup d'autres et plus considérables, entre
lesquelles on compte Vesontio, Augustodunum, Colonia Trajana et Colonia
Agrippina, furent étapes et colonies sous le règne des empereurs suivants.

Ces colonies avaient les mêmes prérogatives que Rome, et représentaient dans les provinces cette ville célèbre. Elles avaient des augures,
des pontifes, des flamines, des sévirs, et une magistrature en tout sem-

blable à celle de Rome. On y voyait un forum, un capitole, des temples,
des cirques, des amphithéâtres. L'existence des municipes, ou seulement des chefs-lieux de peuples, capita gentium, comme les appelle Tacite, avait quelque chose de moins éclatant, mais de plus précieux : ils se
gouvernaient suivant leurs lois; ils nommaient eux-mêmes leurs magistrats, et leurs sénateurs se chargeaient de la police de ces villes. Pline,
en les désignant par le mot de liberi, donne une haute idée de leurs sénats, dont plusieurs conservèrent leur ancienne célébrité, même depuis
les ruines de l'empire et sous les premiers rois de France[1]. Ces peuples,
sous quelque dénomination qu'on les distingue, furent épargnés par César; et le tribut qu'on exigea d'eux ne consistait qu'en des subsides et
des hommes de guerre, et cela même dans un taux très modéré[2].

Ces avantages étaient assez grands pour que plusieurs municipes
aspirassent à devenir colonies, et sacrifiassent à la flatterie leurs antiques institutions, tandis que des colonies désiraient devenir municipes, ou du moins confondre ces deux dénominations. Mais toutes, à
cette époque, sollicitaient la distinction de joindre le titre d'Auguste au
nom de leurs villes, à l'exemple de ces cités détruites de la Grèce et de
la Palestine, qui sortaient de leurs ruines sous cette dénomination[3].

Les Gaulois abandonnèrent leurs antiques oppida, construits sur des
rochers, et vinrent habiter des villes situées aux bords des rivières, dans
des sites agréables, et ornées de monuments des arts. La puissante Gergovia, la redoutable Alise, furent abandonnées pour la belle Augustonemetum. Bibracte vit sa population se porter à Augustodunum; l'antique
oppidum de Noviodunum, des Suessones passa à Augusta Suessonea;
Bratuspantium devint le Cæsaromagus; et les seules villes placées dans
des situations pacifiques et commerciales conservèrent leurs noms
comme leurs mœurs et leurs habitudes. Une autre singularité, propre à ce
temps, montre encore les progrès de la civilisation sur l'agrandissement
et l'embellissement des villes dans lesquelles se concentra la population.
Alors la plupart des naturels s'éclipsèrent dans la masse générale, et les
villes héritèrent du nom et de l'importance des pays entiers. Agrippa et
Drusus, qui eurent le gouvernement de la Gaule, la remplirent de beaux
monuments et d'établissements utiles. Ils élevèrent, sur les frontières,
des forts pour la préserver de l'invasion des peuples du nord, et rétablirent partout le calme.

La mort d'Auguste fit passer l'empire romain dans les mains de princes
cruels ou faibles, et les provinces furent en proie aux exactions des gouverneurs et des proconsuls. Déjà, sous Tibère, plus de soixante peuples
se soulevèrent d'indignation contre les gouverneurs qui abaisaient de
leur autorité.

Tibère ordonna la réparation des routes de la Narbonnaise, et particulièrement la voie qui conduisait en Espagne, décrite fort en détail
dans les itinéraires, et sur laquelle était située la ville de Nîmes[4].

On donne communément à Caligula l'institution des combats d'élo-
quence dans la ville de Lyon, près de l'autel que les nations des Gaules
avaient érigé à Auguste[5].

Le règne de Claude fut favorable à la Gaule, tant pour la réparation
des routes que pour l'embellissement des édifices, malgré le blâme de
Suétone sur les travaux de ce prince, qu'il dit avoir été plus recomman-
dable par la grandeur de ces travaux que par leur utilité. Corbulon, un
des grands capitaines de son règne, ayant été arrêté dans ses courses sur les
Germains, profita de l'oisiveté de ses soldats pour ouvrir un canal de la
Meuse au Rhin, afin d'arrêter les débordements de la mer. Suivant l'idée
que nous donne Tacite de ce bel ouvrage, ce canal serait celui qui de
Leyden va à Delft, de là à Mascland et à Sluys; et non la Lech, indi-
quée par le géographe Ortelius, dont le vieux cours est constaté par de
plus anciens monuments.

Néron forma depuis le projet d'ouvrir un canal beaucoup plus important. C'est celui qui devait unir l'Océan à la Méditerranée, en joignant
la Saône à la Moselle.

---

[1] A Scalde ad Sequanam Belgia. — Plin., l. IV.

[2] Delatre.

[3] Plin., Hist. nat., l. IV, c. 18. Ptolom., l. II, c. 8.

[4] Suet., in Vit. Aug.

[5] Plin. Pomp. Mela.

[6] Ptolom.

[7] Plin. Strab.

[8] Sen.

[1] On remarque que la distinction qui a existé, de nos jours, entre les pays de droit écrit
en droit romain et les pays coutumiers, provient de cette différence du régime colonial et
du régime national. On peut se convaincre que là où se trouvait une colonie, le droit
romain s'est maintenu jusqu'à nos jours; et que là où ni colonie ni régime militaire n'avait
existé, le droit national ou coutumier a toujours été en vigueur. Dolauke, Mém., p. 214.

[2] Tacit., Hist., l. IV, c. 74.

[3] Cette circonstance est constatée par les médailles, les inscriptions de ce temps, la notice
des provinces, celle rédigée du temps d'Honorius. Amm. Marc., l. XVII. Leblanc, Traité
des Monnaies de France.

[4] Bergier, Grands Chemins de l'Empire, p. 45. Strabon, l. IV, p. 187.

[5] Juven., Satyr. I, v. 43 et 44.

Sous l'empire de ce prince, les provinces des Gaules, ne pouvant plus supporter le joug qu'on leur imposait, levèrent l'étendard de la révolte[1]. C. Julius Vindex, issu des anciens rois d'Aquitaine, alors gouverneur de la Lyonnaise, fut le premier qui en donna le signal. Galba profita de ces troubles pour se faire proclamer empereur. Le pays fut alors partagé d'opinion en faveur de ces deux rivaux. Tréves, Lyon, Langres, restèrent fidèles au parti de Néron; Vienne et Toulouse adoptèrent celui de Galba, et y trouvèrent des avantages. Toulouse fut érigée en colonie, et ornée de divers édifices publics, entre autres d'un Capitole et d'un amphithéâtre. La Narbonnaise fut également redevable à Galba de son agrandissement, par l'union qu'il fit de cette province avec les Alpes-Maritimes.

Les désordres qui survinrent pendant les factions de Civilis, Classicus, Tutor et Sabinus, ébranlèrent l'empire romain. Sabinus avait déjà le titre d'empereur dans la Celtique. Tandis que Civilis rangeait dans son parti les Nerviens, les Trévois, les Langrois et les Tongres, Classicus séduisait les légions romaines. Enfin ces illustres Gaulois touchaient au moment d'établir le siége de l'empire dans les Gaules, quand l'avènement de Vespasien à la couronne impériale mit fin à ces troubles, qui ne durèrent que trop pour la désolation de la Belgique, et particulièrement des Alpes-Maritimes, où se livrèrent plusieurs batailles sanglantes entre les deux compétiteurs Vitellius et Othon.

Antonius primus, Gaulois non moins célèbre que ceux dont il vient d'être fait mention, eut la gloire d'être du nombre de ceux qui portèrent Vespasien sur le trône. C'est avec regret qu'on se rappelle la catastrophe de Sabinus, sous le règne d'un empereur d'ailleurs peu sanguinaire[2].

Vespasien et Titus, en cherchant à égaler Auguste, érigèrent dans Rome des édifices somptueux. Sous leurs règnes, on vit achever le temple de la Paix, bâtir l'amphithéâtre de Rome, et un arc de triomphe en mémoire des victoires qu'ils remportèrent en Judée, que Titus acheva de subjuguer par la prise de Jérusalem. Beaucoup des monuments des Gaules, entre autres l'arc de triomphe de Reims, et plusieurs monuments du Midi, peuvent se rapporter à cette époque, et nous les ferons connaître en leur lieu.

Ce fut à l'époque du règne de Domitien que commencèrent les invasions des peuples de la Germanie, qui parvinrent à ruiner une partie des forteresses que les Romains avaient construites sur les bords du Rhin. Ce règne odieux fut heureusement suivi de celui des Antonins, qui consola le monde des maux qu'il souffrait. Nerva, Trajan, Adrien, Marc-Aurèle, rendirent à l'empire romain sa tranquillité, sa gloire, son bien-être. Les premiers l'embellirent d'édifices somptueux; les autres de ce qui est plus précieux, des institutions sages : tous l'illustrèrent par d'utiles victoires sur les peuples qui, déjà, se préparaient de tous côtés à l'envahir.

Le règne de Marc-Aurèle est le dernier qui soit digne de l'histoire. Rome, sous la république, avait été puissante et redoutable; elle fut brillante et éclairée sous le long règne d'Auguste; elle fut heureuse sous les Antonins. Gloire, puissance, bonheur, tout disparut après ces temps célèbres. Une suite de tyrans obscurs, de princes faibles, occupèrent le trône des Césars; des peuples inconnus, des sauvages, habitant des contrées éloignées, s'approchèrent du grand empire, et s'en promirent la conquête. Une de leurs troupes, sous la conduite d'un certain Crocus, osa traverser toute la Gaule, depuis Mayence jusqu'à l'Aquitaine et la Narbonnaise, ruinant toutes les villes sur son passage, et laissant par-tout des traces de cette singulière invasion, qui précéda de long-temps toutes les autres. Trop faibles pour résister aux barbares, les empereurs entrèrent en négociations avec eux, et de honteux tributs furent les préludes de plus honteuses défaites. Quelques hommes distingués se font apercevoir cependant à travers la foule des tyrans éphémères. Posthumus, Probus, Dioclétien, soulèvent un moment ce voile de barbarie, ce nuage de ténèbres, qui allait tout engloutir; mais leur règne est court, et ne peut que retarder l'arrêt fatal du sort, jusqu'au

siècle de Constantin, qui forme une nouvelle époque dans l'histoire du genre humain. Le père de ce grand prince avait remporté plusieurs victoires contre les barbares; il avait défendu les Gaules, qui lui étaient échues en partage, contre tous les agresseurs, préparé à son fils le chemin du trône, et lui avait donné l'exemple des grandes qualités qu'il faut posséder pour s'y maintenir.

Constantin, après avoir visité les provinces des Gaules, arrêté les courses des Francs du côté du Rhin; pour être plus à portée de s'opposer à leurs entreprises, fixa sa résidence à Tréves, à l'exemple de Constance son père, et orna cette ville de monuments que l'on admire encore. Il en fit de même pour Arles, qu'il habita long-temps avec la princesse Hélène sa mère, et où il bâtit un palais. La Gaule devait être le théâtre de ses exploits, et en même temps celui des plus grands événements que pussent amener dans le monde le changement de religion et l'établissement d'un culte nouveau. C'est pendant la bataille que soutint Constantin contre le tyran Maxence, qu'il vit dans les airs l'emblème de la croix, et autour cette inscription : *C'est avec ce signe que tu vaincras,* légende qui fut bientôt inscrite sur les étendards, et devint la nouvelle devise de l'empire.

Quoique ce fût à cette époque que la religion chrétienne fut déclarée dominante dans les Gaules, elle était cependant en vigueur depuis long-temps; l'Évangile y avait été annoncé, selon quelques uns, par saint Leu, saint Philippe et saint Paul; selon d'autres, par Crescens, disciple de ce dernier apôtre. Quoi qu'il en soit, la persécution qui s'éleva sous Antonin et Marc-Aurèle prouve que les églises de Vienne et de Lyon étaient fondées depuis plusieurs années, puisqu'il s'y trouva un si grand nombre de chrétiens qui souffrirent le martyre. Grégoire de Tours rapporte que, sous le règne de Décius, Trophanes fut envoyé à Arles, Paul à Narbonne, Martial à Limoges, Stremont en Auvergne, Gratien à Tours, Saturnin à Toulouse, et saint Denys à Paris. Bientôt on vit paraître Hilaire à Poitiers, Martin à Tours, Exupère à Toulouse, et tant d'autres saints personnages qui furent la lumière et l'exemple de toutes les églises. Constantin ne fit que donner une sanction authentique à un vœu presque généralement prononcé. Plusieurs conciles, entre autres ceux de Nicée et d'Arles, se tinrent sous son règne, et contribuèrent à épurer la foi.

Au milieu de tant de succès, Constantin commit deux fautes, dont les conséquences furent fatales à l'empire. La première, en retirant des frontières les troupes qui les gardaient, pour les reporter sur des points de rassemblement plus au centre; la seconde fut de partager ses états entre ses enfants, et de donner l'exemple de la division de pouvoir, qui engendra tant de troubles jusqu'au règne de Théodose, le dernier des princes qui posséda seul la totalité de l'empire, et soutint avec dignité le poids de cet énorme fardeau. Sans doute plusieurs princes, parmi lesquels il faut distinguer Julien, montrèrent de grandes qualités; mais leur gloire s'éclipsa sans laisser de résultats; il était décidé que la faiblesse et l'impéritie détruiraient l'ouvrage de la force et de l'union, et livreraient l'empire romain aux faibles ennemis qu'il avait toujours vaincus, mais qui devinrent redoutables lorsqu'ils se réunirent tous pour l'attaquer.

C'est ici l'occasion d'examiner les changements qui depuis Auguste eurent lieu dans les géographies des Gaules. Nous avons trouvé ce pays divisé en cinq provinces, et sur la fin du règne d'Auguste, en six, par le partage des deux Germanies. Cette division dut subir quelque altération sous Dioclétien, qui fit des changements dans presque toutes les branches de l'administration. On voit dans Gruter une inscription au nom de ce prince, qui parle déjà de la province des Sequanais, *maxima Sequanorum*[1], détachée de la Belgique, et comprenant le territoire des Helvétiens et des Sequanais. Il est vraisemblable qu'il y avait à cette époque, c'est-à-dire entre les années 293 et 306, une nouvelle division en douze provinces; mais il est impossible d'établir exactement l'année où elle eut lieu. Cette augmentation provenait de la division de la Belgique en trois parties, de la Lyonnaise en deux, de la Narbonnaise en deux, et de l'adjonction des deux provinces des Alpes grecques et maritimes. Cette division ne dura que jusqu'au règne de Valentinien Ier et de Valens, vers la fin du IVe siècle. On sait positivement alors, par Sextus Rufus, qui a fait le dénombrement de la Gaule, et Ammien Marcellin, qui a continué l'histoire romaine jusqu'à l'empereur Valens, en 378,

---

[1] Dion, l. LXIII. Plut., in *Galb.* Suet. in *Neron.* Tacit., *Hist.*, l. I, c. 51, 65; l. II, c. 94; l. IV, c. 17. Tillemont, *Hist. des Emp.* — Néron, p. 357.

[2] Ayant été défait par les Séquanais, il se cacha dans un souterrain, où il vécut l'espace de neuf ans avec Éponine son épouse, et deux enfants qui prirent naissance dans cette espèce de tombeau. Mais leur retraite ayant été découverte, ils furent pris et menés à Rome devant l'empereur, qui le condamna au dernier supplice, et sut résister à tout ce qu'il y a de plus doux, de plus touchant, de plus sacré.

[1] Gruter, n° 7, p. 166.

que la Gaule était divisée en quatorze provinces, ainsi donc augmentée encore de deux provinces provenant du pays de l'Aquitaine, qui seul avait conservé jusque là son intégralité. Ces quatorze provinces étaient la Narbonnaise, la Viennoise démembrée de la Narbonnaise, les deux Aquitaines; la Novempopulanie, qui jadis en avait fait partie; les deux Belgiques, la grande Séquanaise, les deux Germanies, les deux Lyonnaises, les Alpes grecques et maritimes. Cette division enfin fut encore augmentée de trois provinces, par le partage des Lyonnaises en quatre, et l'addition d'une seconde Narbonnaise. Alors la Gaule forma dix-sept provinces, et c'est le nombre que lui donnent deux monuments incontestables, la notice des provinces de l'empire, dressée sous Honorius, et la notice des dignités de l'empire, qu'on croit être du règne de l'empereur Valentinien III[1].

Voici quelle était leur circonscription : 1° la Narbonnaise première; elle comprenait tout l'ancien territoire de la province romaine, sur la rive droite du Rhône. Elle ne perdit rien à la nouvelle division, à l'exception du Vivarais, qui fut réuni à la Viennoise. Elle était renfermée à-peu-près entre la Garonne, le Rhône, de l'est à l'ouest, et entre les Pyrénées et les Cévennes, du nord au sud. La Viennoise, qui avait déjà été érigée en province par Dioclétien, en démembrement de l'ancienne Narbonnaise, et qui à cette époque comprenait presque tout l'ancien territoire de cette province, sur la rive gauche du Rhône, s'étendait encore de la mer au lac de Genève, en longeant le Rhône, mais sur une très faible largeur, et les pays des Cavares, des Helviens, des Voconticus et des Allobroges. La Narbonnaise seconde avait été démembrée de la Viennoise, et confinait d'un côté à cette province et à la mer, de l'autre aux Alpes maritimes, ayant toujours Aix pour capitale, qui était fort importante, ainsi que les villes de *Forum Julii*, Fréjus, Apt, Sisteron et Antibes. Le concile de Nice, de l'an 381, est le monument le plus ancien qui parle des deux Narbonnaises; il est adressé aux évêques de la province viennoise, de la première et de la deuxième Narbonnaise[2]. Cette division dut être effectuée sous le règne de Gratien. Cet empereur, las de l'incursion des Vandales en Italie, se réfugia, en 380, dans les Gaules, et y séjourna jusqu'en 383, époque où il fut assassiné à Lyon. A cette province et à la Viennoise confinaient les deux nouvelles provinces des Alpes maritimes et des Alpes grecques, formées l'une et l'autre principalement des peuples dépendants jusqu'alors de l'Italie, et formant ainsi la jonction entre les deux pays comprenant les divers versants des montagnes. La première avait pour ville métropolitaine Embrun, les villes de *Dinia*, Digne, et Nice; la seconde, Arausus, aujourd'hui *Moutiers*, et quelques villes du Valais.

Passant de là à l'Aquitaine, on trouve cette province divisée en trois : l'Aquitaine première, ayant Bourges pour métropole, les Bituriges, les Arvernes, les Cadurces, les Lemovices, les Gabali, et enfin toute la partie méditerranée des Gaules, aujourd'hui le Limousin, l'Auvergne, le Berri. La seconde Aquitaine avait Bordeaux, *Burdigala*, pour capitale, et les provinces de Saintonge, de l'Agénois, le Poitou, et s'étendait, ainsi que la première, jusqu'à la Loire. La troisième Aquitaine, plus connue sous le nom de Novempopulanie, renfermait neuf petits peuples que nous avons indiqués plus haut, et comprenait toutes les parties du Béarn, des Landes, de l'Armagnac, et le pays compris entre la Garonne et les Pyrénées. La ville d'Eause était sa métropole.

Les quatre Lyonnaises confinaient à ces provinces. La première avait pour capitale Lyon, l'une des villes les plus considérables de l'Empire. Elle comprenait les deux peuples fameux, les Æduens et les Séguisiens. Elle s'étendait à toute la rive droite de la Saône, jusqu'au-delà des environs de Langres, chez les Lingons.

La deuxième Lyonnaise était singulièrement placée, se trouvant séparée de la première par la quatrième, et consistait dans la Normandie actuelle et les côtes de la mer, jusqu'au-delà d'Avranches, les villes de Rouen, Lisieux, Bayeux, Caen, Lillebonne, Coutances et Évreux.

La troisième Lyonnaise était formée de la Bretagne tout entière, suivant les bords de la Loire et la dépassant auprès de Tours, et confinant au pays des Carnutes, ou le diocèse de Chartres.

La quatrième Lyonnaise comprenait le cœur de la France, et cette partie de l'ancienne Celtique habitée par les Sénonais, les Parisii, les Carnutes, les Meldi, et en confinant aux provinces Belgiques.

Les provinces Belgiques se divisaient en deux. La première, composée de la Lorraine, du pays de Trèves et de Luxembourg, s'étendait du Rhin près de Bonn aux sources de la Saône et de la Moselle, et confinait à l'est aux montagnes des Vosges. La seconde, beaucoup plus considérable, renfermait toutes les côtes, depuis la frontière de Normandie jusqu'à l'Escaut, et toute la Flandre, le Hainaut, la Picardie, la Champagne, jusqu'à la Meuse et les Ardennes.

Venaient enfin, après ces deux provinces, les deux Germanies.

La première, ou Germanie supérieure, suivait, sur une assez mince largeur, les bords du Rhin, depuis Bonn jusqu'au-delà de Strasbourg. Elle renfermait Moguntiacum ou Mayence, les Némètes, les Triboni, dont la capitale, Argentoratum, Strasbourg, était le quartier-général des commandants de tous les postes sur le Rhin[1].

La Germanie inférieure, ou basse Germanie, ainsi nommée de sa situation près de la mer et de l'embouchure du Rhin, comprenait tous les pays entre le Rhin, la Flandre et la Lorraine, et s'étendait jusqu'à l'Escaut[2].

Enfin la grande Séquanie, dont Vesontio ou Besançon était la capitale, confinait à la Rhétie, et comprenait la Franche-Comté et une grande partie de la Suisse.

Ces dix-sept provinces étaient souvent distinguées sous des dénominations différentes : l'une, en province gauloise ou Gaule supérieure, comprenait les dix provinces les plus au nord; l'autre, en Gaule inférieure, ou pays des sept provinces, qui formaient comme un corps ou état particulier, dont la ville d'Arles était le centre commun. Chaque année des espèces d'états-généraux se tenaient dans cette ville, composés des députés de la Gaule narbonnaise.

Le gouvernement de la Gaule éprouva des variations, comme la circonscription de son territoire. Sous la république, c'étaient des consuls qui commandaient dans les provinces frontières, et qui, par une sorte d'exception, réunissaient toutes les fonctions militaires et civiles. Des préteurs gouvernaient les provinces moins exposées, et souvent en avaient plusieurs sous leur surveillance. Sous le règne d'Auguste, la puissance exécutive étant passée toute entière dans les mains de l'empereur, il se réserva la nomination aux gouvernements des provinces où il fallait tenir des troupes, et envoyait dans chacune un gouverneur temporaire, qui réunissait, comme les consuls, tous les pouvoirs, et portant le nom de propréteur. Le sénat nommait aux autres gouvernements. Ce genre d'administration subsista jusqu'au règne de Constantin, qui divisa tout l'empire romain en quatre grandes préfectures, l'Orient, l'Illyrie, l'Italie, et les Gaules, et plaça à la tête de chacune un magistrat dont l'autorité était bornée à la justice et aux finances[3]. Chacune de ces préfectures comprenait plusieurs intendances ou diocèses soumis chacun à un vicaire du préfet. Chacune des dix-sept provinces était le chef-lieu d'un archevêché ou siège métropolitain, et dans chacune des cent quinze cités se trouvait un évêque qui dépendait du métropolitain : cette antique organisation a souffert peu de changements; malgré les révolutions de tous genres qui ont depuis morcelé et divisé ce pays, elle est encore à-peu-près la même.

Le préfet des Gaules avait aussi sous sa juridiction l'Espagne, les dix-sept provinces des Gaules, et la Grande-Bretagne. Les troupes étaient commandées par des maîtres de la milice, ayant pour lieutenants des comtes et des ducs; et ces titres, dont on attribue l'origine aux peuples du nord, étaient déja en usage à Rome sous Auguste. Ils servaient à désigner les sénateurs qu'il avait choisis pour le conseiller et le suivre (*comites*)[4]. Dioclétien donna ce titre aux proconsuls et aux préteurs.

Constantin fit plusieurs échelons de cette sorte de dignité[5]. La première était confiée aux conseillers intimes, aux préfets du prétoire, à ses vicaires ou lieutenants, aux commandants des légions, et à quatre personnages distingués dans les lettres ou l'administration. La seconde fut déférée aux subordonnés des grandes charges de l'état, et le titre de

---

[1] Ammien Marcellin, par erreur, ne compte que douze provinces, en omettant la deuxième Aquitaine et les Alpes maritimes.

[2] *Episcopis provinciæ Viennensis et Narbonensis primæ et secundæ.* DULAURE, *Mém. sur l'ancienne Gaule.*

[1] *Sub dispositione viri spectabilis ducis Moguntia castra.*
              Notice des dignités de l'Empire.

[2] *Ad Scaldam usque flumen Germanæ incolunt gentes.* PLIN., l. IV, c. 13.

[3] ZOSIM., l. II, *Chronol. Cod. Theod.*, p. 26.

[4] SUET., *in August.*

[5] EUSEB., *Vit. Constant.*, l. IV, c. 1.

duc fut long-temps compris dans la deuxième classe; mais il s'accrut beaucoup sous Théodose et ses fils. Il désigna le commandement en chef. Alaric et Attila ne dédaignèrent point de le porter. Cette sorte de prérogative n'avait rien de choquant dans les Gaules, où, de temps immémorial, les chefs des nations avaient auprès d'eux, sous le nom d'ambactes, de véritables grands vassaux, ou clients, comme les *devoti* chez les Romains, qui accompagnaient par-tout leur patron, le défendaient dans les combats; et lorsque Montesquieu, en parlant du régime féodal, trace ce beau tableau d'un arbre qui étend au loin ses branches, et dont on ne voit point les racines, il se laisse aller à son imagination : les racines de cet arbre sont ce qu'on distingue le mieux; mais elles sont plus profondes qu'on ne le pense généralement. Les barbares qui envahirent l'empire romain n'inventèrent rien; et quoiqu'ils abusassent des institutions dont ils trouvèrent le germe, on ne peut leur accorder d'en être les inventeurs. Un ordre distinct de personnes existait dans les Gaules de temps immémorial, non point distinguées par des privilèges, mais connues par des services et l'espèce de prérogative que donnent toujours la notoriété, la richesse et l'ancienneté de la race. Nous aurons lieu d'examiner cette question en détail dans cet écrit, et nous n'en dirons rien ici afin de ne pas nous répéter. Il en fut de même pour la police et l'ordre des cités; pour les assemblées générales des députés de la nation, qui eurent déjà lieu sous Vespasien et sous Honorius, qui fixa par un édit leur mode de convocation. L'établissement des barbares ne changea rien à l'état civil des Gaulois; ces peuples, ainsi que nous le verrons plus loin, n'y formèrent que de petits corps ou des espèces de garnisons, en comparaison de la masse des habitants. On voit dans Salvien, Sidoine Apollinaire, et Grégoire de Tours, que les députés des villes traitaient directement avec les rois barbares, et que les villes furent autorisées, sous Valentinien II, à se défendre et à attaquer les ennemis de leur propre mouvement[1]. Plusieurs cités de l'Auvergne et de la Narbonnaise obtinrent de la sorte des capitulations honorables.

MONUMENTS GRECS ET ROMAINS

DANS LES GAULES.

ÉTAT DES ARTS ET DES TRAVAUX PUBLICS A CETTE ÉPOQUE.

Nous avons vu les Gaulois porter leurs armes victorieuses jusqu'aux bornes du monde; nous les avons vus défendre avec la même intrépidité, sinon avec le même succès, chaque partie de leur territoire, et ne céder qu'au génie du premier capitaine de l'antiquité. Cette conquête coûta aux Romains plus de temps et de peine que les autres, mais elle fut aussi pour eux la plus assurée. Depuis l'occupation des Gaules par les légions de César, on voit peu de révoltes des peuples de ces contrées, ou du moins elles furent promptement apaisées. Ces fiers partisans de la liberté trouvèrent peut-être les douceurs d'un esclavage éclairé préférables aux élans d'un patriotisme dangereux; ou plutôt, s'unissant à leurs vainqueurs, adoptant leurs habitudes et leur constitution, ils aimèrent à jouir, comme eux, de tous les charmes de la vie. On ne vit plus de différence entre eux et les Romains[2], et leur pays changea de face comme par enchantement[3]. Leurs sombres forêts s'éclaircirent, la terre s'ouvrit à de nouvelles et abondantes productions[4]. Les arts, qui exercent un si grand empire sur l'esprit des hommes, suivirent l'impulsion qui leur était donnée dans la Grèce et à Rome; les provinces les plus reculées s'embellirent spontanément de monuments de tout genre; les cabanes de joncs et de terre peinte se changèrent en édifices réguliers; les rues des villes furent pavées et prirent les noms des rues de Rome; des routes magnifiques ouvrirent des communications entre toutes les parties de ce vaste empire, séparées jusque-là par des déserts; elles traversèrent les marais par des chaussées énormes, les rivières par des ponts élégants; des chars dorés[1], des litières commodes[2], parcoururent, comme aux environs de Rome, leurs contours majestueux; des camps entourés de murs, et qui sont l'origine de nos anciens châteaux, garnirent les montagnes; des temples majestueux honorèrent le nouveau culte, et embellirent les nouvelles cités; des autels de marbre, sculptés avec art, et dédiés aux gracieuses divinités de la Grèce, succédèrent à ces roches grossières, sur lesquelles coulait en sacrifice le sang des hommes. La campagne se couvrit de ces aqueducs élégants qui portaient, sur leurs arcs de triomphe, le tribut de leurs eaux. Tantôt on les vit unir des montagnes, franchir des torrents[3], traverser des marais, et s'arrêter majestueusement au milieu du forum d'une ville; tantôt ils se glissaient mystérieusement dans la profondeur de la terre, et versaient, comme par enchantement, leurs eaux au pied d'un capitole ou d'un temple consacré à la divinité du lieu. Des bains publics, des thermes ornés de mosaïques et de peintures brillantes, donnaient à la population toute entière de nouveaux plaisirs. Des théâtres, des cirques ornaient de leurs gracieux contours les environs des villes[4]; des amphithéâtres, des naumachies couvraient de leurs gradins les côteaux voisins[5] : là on entendait alternativement les voix éclatantes des enfants de Melpomène[6], ou les sons bruyants de Thalie.

Des tombeaux d'une architecture imposante, des inscriptions sur des tables de marbre, ornaient les murs des villes, et rappelaient aux peuples les lois qu'ils devaient suivre, ou les magistrats qui leur avaient été chers. Que ne puis-je retracer ici en détail les monuments, ces trésors dont s'enrichit la Gaule successivement, et dont on admire encore dans beaucoup de provinces les ruines éclatantes! mais ce serait anticiper sur la description particulière de chaque département. Nous nous bornerons, dans cette introduction, à présenter un tableau des principaux ouvrages qui s'exécutèrent, et dans l'ordre de leur construction, en les divisant en travaux d'utilité publique et en monuments des arts. Les premiers nous paraissent constituer véritablement la civilisation, et appartenir plus que les autres aux connaissances que l'on doit désirer d'acquérir sur la géographie. Parmi eux nous placerons au premier rang les grandes routes, qui font partie de l'existence des villes, le moyen de communication entre elles, et de réunion des intérêts de leur province.

Dès les premières années de l'occupation de la province romaine, Domitius Ænobarbus traça et ouvrit une route de l'Italie à l'Espagne. Il lui donna son nom, ainsi qu'au *Forum Domitii*, situé en-deçà du Rhône, entre Sublantium et Cessero, aujourd'hui Saint-Libéri en Languedoc, dont l'itinéraire d'Antonin et la table de Peutinger font mention.

Bientôt César, entreprenant la conquête des Gaules, dut ouvrir ce pays par des routes commodes et directes, première condition de toute opération militaire, de combinaison de mouvements et d'approvisionnements. Aussi remarque-t-on une sorte de concordance entre le tracé des voies romaines des Gaules et les lieux où il avait établi ses campements. Les peuples chez lesquels il plaça ses légions en quartiers d'hiver, tels que les *Morini*, les *Remi*, les *Treveri*, les *Carnutes*, les *Andes*, ayant pour villes principales Reims, Trèves, Térouane, Cambrai, Alençon, Chartres, Angers, ont des routes qui communiquent au Belgium, pays des Bellovaces et des Atrébates, centre du commandement de toutes les légions répandues dans les Gaules. La plupart ont encore des traces, sur-tout celles qui allaient d'Arras à Térouane et à Cambrai[7].

César ayant établi lui-même son quartier-général à Nemetocerna, aujourd'hui Arras, ville principale des Atrébates, la table Théodosienne

---

[1] *Cod. Theod.*, Nov. 20.

[2] Cic., *Ep. ad. Fam.* XV.

[3] Just., l. XLIII, c. 4; l. XII, c. 13. Dion Cass., l. XLIV. Juv., Sat. VII, v. 147. Mart., l. XIV, Ep. 128.

[4] Salvien de Marseille regardait l'Aquitaine comme la plus belle contrée de la terre, par son mélange de culture potagère et des céréales. *De Gubern. Dei*, l. VII.

[1] Aurata vehicula. Lamprid., in *Hel.*
In curru stantes eburna.
Ovid., l. III, *de Pont.*, el. 4.

[2] Namque facit somnum clausâ lectica fenestrâ.
Juv., Sat. III.

[3] Alieno pendentes fornice rivos
Quo vis imbriferas tolleres, Iris, aquas.
Rutilius Numantianus. Fabric., *Bibl. lat.*, l. I, p. 630.

[4] Bis medium se mollibus alligat ovum.
Calpurn., in *Vesp. Bucolic.*
Inchai moles cuneata theatri.
Act., *de Circ.*
Seu circulus amni
Clauditur in teretem longis anfractibus orbem.
Gomerus, l. I.

[5] Innumerosque gradus et clivos lenè jacentes.
Comerus, l. I.

[6] Cratula Sophocleo carmen Bacchamur hiatu.
Juv., Sat. VI.

[2] Danville, *Notice de l'Ancienne Gaule*, p. 479.

trace une route de cette ville à Samarobrige ou Amiens, où Cicéron fait mention qu'il existait un camp fortifié [1]. Ces camps, tels qu'on en voit des vestiges près de l'Équigny [2], de l'Étoile [3], à la falaise près Dieppe [4], près de Saint-Brieuc [5], dans plusieurs parties de l'Auvergne [6], à Scarpone [7], près de Metz, et dans le Mont-Jura [8], sont des enceintes de murailles ou des élévations de terre de différents contours, suivant la conformation du sol, mais ordinairement un carré long. Ils sont défendus par de larges fossés, et ordinairement appuyés, soit à une rivière, soit à quelque montagne à pic, tels que les historiens militaires, Polybe, Hygin, Végéce, en donnent les règles. La plupart de ceux qu'on connaît dans les Gaules portent le nom de César, quoiqu'ils appartiennent à des temps postérieurs [9], et même au moyen âge. Jusqu'au règne de Constantin, les troupes campaient toujours, hiver et été, et leurs camps retranchés tenaient en échec les nations barbares. La coutume que ce prince introduisit de loger les troupes dans les villes, les amollit et dégarnit les frontières [10].

César traça sans doute les principales routes des Gaules, mais ce ne fut que sous Auguste et Agrippa qu'elles acquirent le degré de perfection qu'on remarque encore dans les vestiges qui en restent : c'étaient de véritables constructions en maçonnerie, encaissées de manière à durer éternellement. Elles étaient plus ou moins parfaites, suivant la nature des matériaux que fournissait le pays [11], mais toujours en pierre dure et en carrelage régulier. On en compte, suivant Strabon, quatre principales. La première traversait les Cévennes, la Saintonge; la seconde conduisait jusqu'au Rhin; la troisième perçait le Beauvoisis, la Picardie, et se terminait aux bords de l'Océan; la dernière allait joindre la voie domitienne, dans la Gaule narbonnaise, et finissait au port de Marseille. La plus considérable était celle qui partait de Lyon et qui aboutissait au port Itius. Des colonnes milliaires ornaient ces routes comme dans l'Italie, et toutes aboutissaient à un *milliarium aureum*, placé à Lyon, et semblable à celui qu'on voyait à Rome dans le *Forum*. Les distances étaient indiquées sur ces colonnes en lieues ou *leucæ*, pour les trois provinces conquises par César, et en milles romains dans la Narbonnaise [11]. Cet usage se maintint sous les différents empereurs, qui tous attachèrent un soin particulier à l'entretien des routes, jusqu'aux règnes de Constantin, Valentinien et Théodose.

Les ponts, les canaux, les aqueducs, les cloaques, les moulins [13] établis sur les rivières, viennent se lier aux travaux d'utilité publique, et signalent également la grandeur des Romains dans les Gaules. Les aqueducs les mieux conservés sont ceux de Lyon, de Metz, de Fréjus, qui tiennent une étendue de terrain considérable, et embellissent par-tout les campagnes; mais le plus remarquable est ce pont du Gard, qui unit deux vallons, traverse une rivière, et présente de tous côtés un aspect admirable; monument qui, par sa grandeur, sa simplicité, pouvait se rapporter au siècle d'Auguste. Les ponts étaient très multipliés dans les Gaules, et unissaient les belles routes qui les traversaient dans tous les sens. César en fit construire plusieurs, dont il donne lui-même la description [14].

---

[1] Cic., *Ep. ad Tribonium.*

[2] Bourg à trois lieues d'Amiens. Il est d'une forme triangulaire, revêtu de fossés assez profonds et larges, et appuyé à la Somme.

[3] Village sur la route de Pont-du-Remy. Le camp est situé sur une éminence.

[4] Connu dans le pays sous le nom de camp de César.

[5] Il existe dans le pays plusieurs camps semblables, portant le même nom : entre Cambrai et Valenciennes, et à Saint-Thomas, près de Laon.

[6] Principalement sur les bords de l'Allier, où l'on aperçoit plusieurs anciens retranchements qui portent le nom de camp de César.

[7] Indiqué sur l'itinéraire d'Antonin, dans le *Pagus scarponensis*, et la table Théodosienne, entre Toul et Metz, Divodunum, capitale des Médiomatici.

[8] Ce dernier camp doit appartenir à l'époque où César ferma aux Helvétiens le passage dans les Gaules.

[9] Suet., *in Domitian.*, c. 7; et les ruines qu'on remarque de ces lieux ont été faussement attribuées à César.

[10] Zosim., *Hist.*, l. II. Elles étaient souvent plusieurs légions ensemble.

[11] Voyage de Bergier, *Grands Chemins de l'Europe.* Plusieurs étaient entrepris aux frais des particuliers. Suet., *in Aug.*, c. 29 et 30.

[12] Ammien Marcellin dit, en parlant de Lyon : *Exinde non millenis passibus, sed leucis, itinera metiuntur.* L. XV, p. 55.

[13] On connaît les beaux vers d'Ausone, en parlant des moulins de la rivière de Rouvres, qui se jette dans la Moselle :

> Præcipiti torquens cerealia saxa rotatu
> Stridet ubique tractens per levia marmora sectas.
>
> Mosel., Auson., V.

[14] Cæs., *de Bell. Gall.*, l. IV.

Les eaux thermales, qui font une si grande partie des richesses nationales d'un territoire, sont très multipliées dans les Gaules, et toutes à-peu-près étaient connues et appréciées des Romains. Les édifices carrés qui les indiquent dans la Table Théodosienne et dans les autres itinéraires, sont un témoignage authentique des monuments dont ces lieux furent décorés, et de l'usage des peuples qui honoraient d'un culte religieux les sources d'eaux chaudes, sur-tout lorsqu'ils les trouvaient dans les endroits sombres, sauvages et agrestes; usage observé par les Romains, lorsqu'ils s'en emparèrent dans les Gaules [1]. Les eaux d'Ancausse, près de Saint-Bertrand de Comminge; les bains de Bourbon-l'Archambaud, de Vichy, de Bourbon-Lancy, de Bourbonne, de Bagnères, le *vicus aquensis*, de Sarlat, ville de Périgord; les sources bienfaisantes de Chaudes-Aigues et du Mont-d'Or en Auvergne, de Vasserbillich, vers les confins du territoire de Trèves, de Néris dans le Bourbonnais, de Sèches dans l'ancien Toulousain, de Dax, une des douze cités de la Novempopulanie; de Luxeul, et enfin d'Aix, ville qui dut son éclat, et peut-être sa fondation, aux sources d'eaux chaudes et froides qu'elle renferme; tous ces lieux sont la plupart remplis de vestiges de médailles, de monuments votifs et d'inscriptions romaines dédiées aux nymphes et à la divinité tutélaire du pays, et quelquefois, comme au Mont-d'Or, des ruines d'un temple élégant.

A ces différents établissements publics il faut ajouter les nombreuses fabriques de toute espèce d'objets utiles à la vie, les manufactures de drap, de poterie, de toile, d'armes, qui enrichissaient les villes de Marseille, de Narbonne, de Lyon, de Clermont, de Reims, etc., et répandaient sur tout le pays l'aspect de l'aisance et de la richesse. Il faut ajouter les écoles nombreuses, aussi remarquables par la beauté de leurs bâtiments, que par les sciences et les lettres qu'on y cultivait [2]. Il faut ajouter également cette foule de palais, de maisons de plaisance, qui se mariaient avec les sites divers, et qui méritent les éloges que les poètes des Gaules leur ont prodigués [3].

Ce tableau des effets produits par la civilisation et une liberté sage, paraîtra plus brillant encore, si nous y joignons l'examen des monuments élevés par le génie des arts, monuments qui ajoutent à l'aspect d'un pays fertile et heureux, le charme de l'imagination et du goût. A peine les Grecs eurent-ils touché ces rivages, qu'ils élevèrent des temples aux divinités de l'Olympe [4]. Les habitants, séduits par l'élégance de ce culte extérieur, par les idées consolantes d'une religion douce, n'eurent pas de peine à quitter leur sombre croyance; mais ils y furent complétement déterminés lorsque les Romains pénétrèrent parmi eux, et leur offrirent un culte, sous quelques rapports, semblable au leur. L'usage de consulter les oracles, de croire aux prodiges, d'en appeler l'exécution par des sacrifices de toute espèce, était commun aux deux peuples, et servait de lien entre les deux religions.

La province romaine, après la victoire de Fabius, avait adopté entièrement la croyance et les usages de Rome; l'Aquitaine et la Belgique furent plus long-temps à se déterminer, et l'Armorique seule resta fidèle à l'ancienne croyance. C'est ici que se réfugièrent les druides et leur régime mystérieux; mais ils portèrent sur-tout le siège de leur culte dans la Grande-Bretagne. Celtes d'origine, et particulièrement attachés à leur culte, les insulaires en vinrent au point de ne plus permettre aux peuples du continent de pénétrer dans l'intérieur de leurs terres, malgré les relations de commerce qu'ils avaient intérêt de conserver. La Bretagne devint pour le reste des Gaules, ce qu'étaient pour les Grecs les pays situés au-delà de la Sicile, où ils plaçaient, du temps d'Homère, le séjour des ames, les fables des Cyclopes, des Lestrigons; aussi trouve-t-on plus de monuments celtiques en Angleterre et en Bretagne que par-tout ailleurs.

Il n'existe plus de traces des arts des Grecs dans les Gaules, si on en excepte quelques inscriptions, quelques bas-reliefs, et les charmantes médailles de Marseille. Les monuments appartiennent tous aux Romains, et participent aux différents styles qui dominèrent successivement dans le reste de l'empire. L'architecture et la sculpture furent

---

[1] Sen., *Epist.*, l. I, epist. 41.

[2] Toulouse était nommée la ville de Pallas; les écoles de Bordeaux, Marseille, Lyon et Autun étaient très renommées. Claudien parle des doctes habitants des Gaules, IV, *Cons. Hon.*, v. 582. Quint., l. I. Juv., Sat. XV, v. 3. Moreau, Art. *Gaul.* Picot, *Hist. des Gaul.*, l. III, p. 253.

[3] Ausone, Sidoine Apollinaire, Prudence.

[4] Paul Orose, l. V, c. 15. Acad. des *Inscr.*, 1746.

nobles et simples sous le règne d'Auguste ; elles étaient le produit de l'imitation pure des Grecs, et pratiquées par les Grecs mêmes. Il existe peu de monuments de ce temps dans les Gaules ; à peine les Romains y étaient-ils établis sous le règne de ce prince, du moins dans les provinces du nord. Ils avaient embelli la Narbonnaise, mais principalement par des ouvrages utiles, qui précèdent ordinairement les travaux de luxe et de magnificence. Ils pensaient à s'attacher les habitants du pays, en pourvoyant à leurs besoins, plutôt qu'en cherchant à les éblouir par des édifices fastueux, qui d'ailleurs n'étaient point encore en harmonie avec leur culte. Quelques monuments de Nîmes peuvent seuls être incontestablement assignés au règne d'Auguste : tels sont les portes, le temple de Diane, dont l'admirable simplicité, le profil pur se rapportent à cette époque, qui d'ailleurs est mentionnée dans les inscriptions. Les autres monuments, en y comprenant même la maison carrée, me paraissent appartenir aux règnes des Antonins, qui furent le temps brillant des Gaules, et où cette partie de l'empire romain avait acquis une sorte de supériorité. On y remarque les mêmes plans et les mêmes distributions des masses que dans les monuments du siècle d'Auguste, mais une sorte de recherche de magnificence dans les ornements, qui tient d'un temps évidemment postérieur, et indique un commencement de décadence ; tels sont les temples de Vienne, de Nîmes, les arcs de Cavaillon, Langres, Saint-Remy ; les tombeaux de Vaison, Saint-Andéol, Lancjols, Monaco.

Cette recherche de détail dégénérant bientôt en prodigalité et mauvais goût, qui commença déja à s'introduire sous Dioclétien, se fait remarquer dans les arcs de triomphe de Reims, de Besançon, les temples du Mont-d'Or, la colonne de Cussy, le curieux monument d'Igel, les tombeaux de Vaison, de Bavay, et une foule de sarcophages, où les sujets mythologiques et chrétiens commencent à se trouver réunis. Ce style, qui comprend environ deux siècles, est le passage entre l'architecture gréco-romaine et le nouveau style des édifices chrétiens. Il ne faut plus y chercher de pureté dans les profils, de proportion même dans les ordres ; mais on y trouve encore la perfection du travail, la délicatesse des ornements, et une sorte de grandeur dans les masses et dans l'ordonnance, qui ne quitte jamais les Romains, jusqu'aux derniers jours de leur décadence.

La religion chrétienne, déja établie dans les Gaules, vers la fin du IIe siècle, dut nécessairement apporter un grand changement dans les formes et les détails des édifices. C'est elle qui marque les monuments du règne de Constantin. Les temples des anciens étaient ordinairement d'une petite dimension, et ne servaient qu'au grand-prêtre ; ils contenaient la statue du dieu et l'autel où l'on immolait devant lui la victime.

Il n'en fut pas ainsi lorsqu'un culte plus profond, et qui exigeait du recueillement et du mystère, fut introduit dans le monde. On chercha alors les édifices existants qui pouvaient contenir et mettre à couvert le plus grand nombre de personnes, et d'où la vue pouvait se porter sur l'intérieur de la salle où se pratiquaient les mystères. La foule se porta aux basiliques, sorte de grands édifices qui servaient aux séances des tribunaux et à la négociation des affaires. « Les basiliques[2], dit Ausone, consacrées uniquement aux affaires, retentissent aujourd'hui de vœux pour la santé de Constantin. » Ces édifices étaient semblables à nos grandes salles de bourse, ou à celles qui précèdent les cours de justice. Ils consistaient en une suite d'arcades, soutenues par des colonnes, et ornées diversement. L'entrée ou portique formait une sorte de vestibule, *atrium*, *pronaos*. Venait après, la longue nef où le peuple assistait aux jugements, *naos* ; la tribune, *cella*, élevée de plusieurs marches, où se tenaient les juges, les avocats et les plaideurs ; et enfin, plus haut encore, le sanctuaire. Telle fut la forme des basiliques, qui servirent à Rome de premières églises, et dont on conserve la trace dans les églises de Sainte-Croix, Saint-Clément, Saint-Paul, hors des murs, bâties sous les empereurs Valentinien, Théodose et Arcadius, à la fin du IVe siècle[1]. La forme de croix, qui ménageait un espace intermédiaire pour le culte, n'eut lieu que plus tard.

Quant aux colonnes et aux autres embellissements, on prenait les matériaux des anciens édifices, et les villes formaient des espèces de carrières pour la construction de nouveaux bâtiments[1]. Ce changement ne dut s'opérer dans les Gaules que long-temps après qu'il eut lieu à Rome et au centre de l'empire. En effet, on ne voit point de trace de la fondation d'églises considérables dans ce pays, avant le règne de Constantin, quoiqu'il y en ait en déja un assez grand nombre dans d'autres provinces de l'empire romain. Les chrétiens, essuyant des persécutions[3], s'assemblaient chez les principaux habitants du pays ; les évêques tenaient des conférences dans les caves, les catacombes, les lieux cachés. La première basilique élevée dans les Gaules, pour le culte catholique, fut fondée par Lidorius, homme riche, et vers les premières années du règne de Constantin. Bientôt ce prince fit construire une magnifique église en Auvergne, et ce nouveau genre d'édifices fut alors le seul qu'on employa. Saint Martin de Tours éleva dans cette ville une église en l'honneur de Saint Pierre et Saint Paul ; mais c'est sur-tout dans le 5e siècle que ces édifices se multiplièrent et commencèrent à gagner le nord du pays, où la civilisation ne pénétrait pas aussi tôt. Quant aux autres monuments, ils ne furent plus aussi multipliés, mais on a lieu de penser que les anciens furent conservés avec soin. Constantin fit élever à Trèves le palais du Prétoire, dont on voit encore les magnifiques restes, qui donnent l'idée de la magnificence romaine. De vastes thermes étaient unis à ce palais, et consacraient cette ville, devenue la capitale des Gaules. On voit par les écrits de Stace, de Prudence, et sur-tout de Sidoine Apollinaire, que le goût des villa ou des maisons particulières de campagne était prédominant, et que les révolutions, les conquêtes dont on était menacé, n'empêchaient point les habitants riches de se livrer à leurs travaux, et de chercher dans la vie des champs le repos et le dédommagement des troubles. Pendant ce temps, les légions qui gardaient le pays contre les invasions, jetaient les fondations d'un genre d'édifices qui devaient bientôt acquérir une grande importance, je veux parler des camps fixes, *castra stativa*, qui furent élevés dans les stations, et devinrent, comme nous aurons lieu de l'observer plus loin, l'origine de nos châteaux et des habitations modernes des gens riches pendant dix siècles.

---

[1] On voit à Spalatro, palais de cet empereur, plusieurs de ces dispositions. On y joignait différents ornements dans les fenêtres, qui étaient ouvertes dans les arcades supérieures, élevées sur les arcades inférieures, et un travail en mosaïque sur les murs et sur le pavé, qui seul restait de toute l'habileté des Romains.

[2] Millin, *Vies des plus célèbres Architectes*, p. 145. Félibien, *Hist. de l'Archit.*, p. 197. Vasari, vol. I.

[1] Dagincourt, *Histoire de l'Archit.* Cicognara, *Hist. de la Sculpt.*

[2] Constantin enlevait d'Italie tout ce qui pouvait servir à embellir Byzance et les constructions qu'il devait ailleurs suivant le nouveau type qu'on suivait et auquel il faut rapporter le style suivant.

[3] Les chrétiens souffrirent trois persécutions principales dans les Gaules, sous les règnes de Dioclétien, Julien et Numérien.

INVASION DES PEUPLES DU NORD.

PREMIÈRE RACE DES ROIS DE FRANCE.

Il n'est pas de l'étendue de notre ouvrage de rechercher l'origine et l'histoire des peuples du nord qui envahirent l'Europe civilisée, et soumirent les Gaules, ainsi que les autres provinces de l'empire romain. Nous nous bornerons à indiquer synoptiquement la marche de ces nouveaux conquérants, en simplifiant, autant que possible, l'exposé de leurs conquêtes.

Il paraît que, de temps immémorial, il existait dans le nord de l'Europe, l'ancienne Scandinavie [1], un peuple déjà connu par Pline, Tacite et Ptolomée, sous le nom de Goths, et mentionné deux cent cinquante ans avant Jésus-Christ, par les annales irlandaises. Ces peuples nomades, et peu adonnés à la culture des terres, augmentant de population, sans posséder de nouveaux moyens d'exister, tendirent constamment à se rapprocher du midi. Ils suivirent d'abord le cours de la Vistule et la chaîne des monts Carpathes [2]. Ils gardèrent dans leurs conquêtes la situation relative des pays d'où ils sortaient. Les Ostrogoths, ou Goths de l'est, s'avancèrent vers le Danube inférieur, le Borysthène et la Pannonie. Les Visigoths, ou Goths de l'ouest, marchèrent droit au Danube et vers les provinces romaines de la Thrace et du Péloponèse. Ces peuples soumettant à mesure les nations qu'ils rencontraient, et les incorporant à leur système, présentèrent aux Romains des invasions difficiles à repousser; mais ils auraient eu cependant de la peine à les vaincre, lorsqu'un événement inattendu hâta ce grand résultat. Des bords du Tanaïs un peuple nouveau, aussi horrible par les traits de son visage, que par sa barbarie, se précipita du centre de l'Asie sur l'Europe : les Huns, sous la conduite du célèbre Attila, soumirent l'empire des Goths, pénétrèrent en Scandinavie; et poursuivant devant eux les peuples dorique, gothique et germain, les obligèrent à chercher ailleurs un asile. Les Visigoths, trouvant alors plus facile de vaincre les Romains dégénérés que des barbares aguerris, et plus doux d'occuper des pays d'une bonne culture et situés sous un beau climat que de défendre des contrées sauvages, suivirent l'impulsion qui leur était donnée. Ils marchèrent en Italie, au commencement du 5ᵉ siècle; et conduits successivement par leurs rois Ragaise, Alaric, Ataulphe, ils passèrent les Alpes et pénétrèrent dans les Gaules. Bientôt, d'accord avec Dardanus, préfet des Gaules, qui les opposait aux tyrans Jovien et Sébastien, ils occupèrent une partie du littoral de la Provence, et en obtinrent enfin la cession du patrice Constance [3]. On voit déjà des évêques de la domination des Visigoths au concile d'Agde, en 406. Leur roi Éric obtint de nouvelles concessions de l'empereur Népos, et étendit sa domination jusqu'à la Loire. Toulouse était la capitale de ce nouvel empire [4]. La Gaule narbonnaise prit le nom de Gothie. Les belles colonies romaines de Nîmes, Arles, Orange, devinrent le théâtre des guerres intestines de ces conquérants. A-peu-près à la même époque, une autre tribu gothique, sous le nom de Bourguignons, qui déjà, vers la fin du 3ᵉ siècle, avait attaqué les Romains, passa le Rhin en 407, et s'établit dans les Gaules en 436. Le royaume qu'elle fonda comprenait la Bourgogne moderne, qui a gardé leur nom; la Suisse, la Franche-Comté; et s'étendait jusqu'à la Provence.

Il ne restait donc plus aux Romains, dans les Gaules, que le pays situé entre la Loire et les Pays-Bas; mais il était sans cesse ravagé par les incursions de terre et de mer des Saxons, des Hérules, des Francs, et des différentes nations de la Germanie, qui refluaient également sur les contrées occidentales et méridionales. Les deux généraux Aétius et Littorius faisaient de vains efforts pour soutenir l'autorité romaine. Le premier, ayant été défait devant Toulouse, fut forcé de céder aux Bourguignons la moitié du pays des Allobroges, de faire la paix avec les Visigoths, et de leur laisser élever leur domination. Les choses en étaient ainsi, lorsqu'une tribu plus nombreuse, et organisée d'une manière plus vigoureuse, vint enfin dans les Gaules établir une domination absolue sur les anciens habitants et sur leurs nouveaux maîtres. Romains, Gaulois, Celtes, Goths, et Bourguignons, subirent la loi des Francs, qui donnèrent leur nom à l'ancienne Gaule. Ce peuple était un composé de différentes tribus germaniques, une sorte de confédération connue au Iᵉʳ siècle sous le nom d'Istævons, et descendant vraisemblablement des anciens Sicambres [5]. Leur nom venait du serment qu'ils avaient fait de vivre libres et indépendants. Ils habitèrent long-temps le pays compris entre le Wéser et le Rhin, ayant au sud les Allemands, et au nord les Saxons et Anglo-Saxons. Ils étaient connus sous les noms divers de Francs, de Germains et de Sicambriens, en mémoire des anciens Sicambres, qui avaient habité ces mêmes terres. Déjà, en l'an 240, ils avaient fait une incursion dans les Gaules, mais ils ne s'y étaient point fixés. Leur troupe, peu disciplinée, avait été battue par les empereurs Aurélien, Gallien et Probus. Des chefs de Francs avaient partagé avec la célèbre Zénobie [6], la honte de suivre une pompe triomphale [7]. Constance-Chlore, Constantin et Julien les avaient tenus long-temps en échec [8], et les principaux seigneurs parmi eux servaient dans les armées romaines, et sollicitaient des faveurs à la cour des empereurs [9]. Ils passèrent enfin le Rhin, vers l'an 420, et s'établirent dans la Gaule belgique, étendant leur domination jusqu'à la Saône, et ayant pour villes principales Tournai, Cambrai, Arras, Tongres [6].

La date précise de ces événements, et par conséquent l'époque de la fondation de la monarchie française, n'est pas certaine. Les auteurs varient entre les années 438 [7], 441 [8] et 445 [9]. On n'est pas plus d'accord sur les premiers chefs qui portèrent le titre de roi parmi les Francs. Suivant la chronique de Prosper, ce serait Pharamond; mais le silence de Grégoire de Tours et de Frédégaire, son continuateur, à cet égard laisse beaucoup de doute. Aucun document certain ne prouve l'existence de ce prince; et c'est de Claudion sur-tout, qui s'empara d'Arras, de Cambrai, et

---

[1] JORNANDÈS, *de Reb. Gall.* SCHWARTZ, *Géographie de la Germanie septentrionale*, 1622. MALTE-BRUN, *Hist. de la Géogr.*, Introduction, t. I, p. 322.

[2] PROCOPE, M. C. B., I, 348. OLYMPIOD., *in Corp. Bys.*, I, 150. EUTROPE, XVIII, 2.

[3] VATOIS, *Not. des Gaules*, 515.

[4] ISIDORE, *Chron.*, p. 720. AP.

[1] ZOSIME, *Galerie Hist.*, t. III, p. 85. SYNCHROXIST. 867. GRÉGOIRE DE TOURS et FRÉDÉGAIRE.

[2] VOPISCUS, *in Aureliano*, p. 1134.

[3] Constantin fit prisonniers deux de leurs rois, Alaric et Ragaise, qu'il fit dévorer par les bêtes, avec un si grand nombre de leurs soldats que ces animaux n'en voulaient plus, *multitudine fatigati.* EUMEN., *Pan. in Const.*, c. 10, 11 et 13.

[4] En 241, 260, 277, 293, 305, 356. VOPISCUS, *in Aureliano.* EUMEN., *Pan. in Const.*

[5] En 355, Silvain à la cour de Constance; et en 378, Asbogart à celle de Constantin.

[6] *Tab.* PEUTINGER. HIERON. op., I, 246. MALTE-BRUN, *Hist. de la Géogr.*, t. I, p. 337.

[7] VALESIS, *Rerum Franc.*, t. I.

[8] Le père LE COINTE, *Hist. éclaire.*

[9] SIRMOND, *Opusc.*

porta ses armes jusqu'à la Somme, qu'on peut être sûr de la vérité. C'est sous ce prince qu'un véritable empire se forma dans le nord des Gaules, dont Tournai fut pendant soixante ans la capitale[1]. Mais c'est sur-tout à Mérovée qu'on peut remonter avec plus d'exactitude; et c'est aussi ce prince qui donna son nom aux rois de la première race[2], qui régnèrent jusqu'au 8ᵉ siècle.

Les Francs étaient un peuple distingué par sa stature, ses traits, son courage, sa force[3], et une sorte de fierté et d'indépendance qui semblait appartenir à une association d'hommes choisis[4], plutôt qu'au mélange confus d'une masse d'individus de tous les rangs. Les historiens les regardent comme supérieurs à tous les peuples de ce temps[5]. Couverts de peaux de bêtes[6] et d'armes grossières, ils poussaient devant eux les bestiaux qui servaient à leur nourriture. Ils ne connaissaient d'autres occupations, d'autres plaisirs, d'autre gloire que la chasse et la guerre[7]. Ils n'honoraient aucun autre mérite que celui du courage; et les femmes, partageant ces passions violentes, suivaient leurs maris dans les combats; les plus braves étaient ceux qu'elles choisissaient pour époux, et que les guerriers se choisissaient également pour chefs[8]. Ils étaient en tout semblables à ces peuples nomades et guerriers qui habitent encore les Tartaries, le Caucase et les environs du Pont-Euxin. Comme eux ils dédaignaient les arts de la paix, et ne pouvaient se fixer à la terre. Il fallut deux siècles de relations avec les Romains, de lumières acquises dans les cours des empereurs d'orient et d'occident pour changer ces dispositions.

Les Francs occupaient des emplois importants[9], à ces cours; et les connaissances variées que les jeunes gens rapportaient de leurs études dans les universités des Gaules, où ils étaient élevés[10], servirent à les accoutumer à une vie plus sédentaire, et encore ne purent-ils y être assujétis qu'en conservant les anciens habitants pour cultiver à leur place les terres dont ils s'étaient arrogé le partage.

En vain les Romains voulurent-ils leur opposer une barrière dans les forteresses qu'ils avaient bâties sur les bords du Rhin; ils franchirent tout sur leur passage. Quintinus eut le sort de Varus[11]; et les Francs arrivèrent jusque sur les bords de la Somme, tandis qu'une de leurs armées aventureuses parcourait l'Océan et la Méditerranée, dévastant tous les rivages où ils abordaient[12]. Le général romain Aétius rassemble enfin une force suffisante, et, rappelant aux Romains et aux Gaulois leur ancienne vigueur, défait ces nouveaux ennemis, vainqueurs jusque là des vainqueurs de la terre[13]. Mais il ne profita de la victoire que pour conclure une paix avantageuse avec ces barbares, et se réserver leur courage contre une armée plus formidable encore qui s'avançait comme un torrent sur le monde civilisé.

C'était l'armée des Huns, dont nous avons parlé plus haut, et qui n'avait cessé de poursuivre ses conquêtes lorsque les autres peuples se bornaient à étendre leur domination[14]. Attila est à leur tête, digne par ses cruautés et son courage de les commander, et eux de lui obéir. Il est entouré de rois qu'il a vaincus. Du seuil de sa cabane de jonc, il donne déja des lois au monde; et ce n'est qu'en tremblant que le faible Valentinien ose lui refuser la main d'Honorine sa sœur, et les trésors qu'il demande[15]. Il s'avance triomphant dans les Gaules; les évêques, les prélats vénérables des Francs et des Romains se présentent à lui pour détourner son bras terrible[16]; il ne leur accorde que le salut de

quelques provinces. Il se détourne de Troyes et des campagnes environnantes, mais il s'avance vers la Seine et vient mettre le siége à Orléans[1], certain, par les intelligences qu'il s'était ménagées dans le pays et la frayeur qu'il inspirait, de s'en rendre bientôt le maître. Le péril commun rassemble alors toutes les nations de la Gaule, ainsi que les Romains qui les ont vaincues. Les cruautés d'Attila ont fait taire tous les ressentiments, toutes les ambitions. Des bords du Rhône s'avance Aétius, avec les légions romaines[2]; Théodoric, roi des Visigoths, part de Toulouse avec son peuple entier[3]; les Bourguignons se joignent à droite à l'armée romaine; les Francs, sous la conduite de Mérovée, les attendent, en défendant vaillamment ce qui leur reste de territoire; les Armoricains, les Alains, et un corps même de Saxons, viennent se joindre à eux[4]. Attila, instruit de ces préparatifs, lève le siége d'Orléans, et concentre son armée sur les bords de la Marne, non loin de Nogent-sur-Seine, dans les champs de Châlons en Champagne, nommés alors champs cataluniques ou mauriciens, et qui vraisemblablement ont depuis donné leur nom à toute la province[5]. C'est là que le sort du monde va se décider; c'est au milieu de la plaine, sur une éminence qui sépare les deux armées, c'est là que se passera le fort de l'action[6]. Au signal du combat, les deux armées se précipitent l'une sur l'autre sur cet étroit espace; des cris affreux sont poussés de part et d'autre; il se fait un horrible carnage, Attila est vaincu. La nuit seule sauva les débris de son armée. Deux cent mille des siens sont égorgés, et le reste se retire à jamais des Gaules. Mérovée pénétra jusqu'à Trèves; Childéric s'empara d'Angers; et le royaume de France comprit les anciennes Belgiques, les deux Germanies cisrhénanes, et une partie de la province Celtique jusqu'à la Loire. Il était réservé à un plus grand roi et à un plus grand capitaine de compléter ce grand ouvrage.

Après la mort de Childéric, en 481, Clovis, qui n'avait que quinze ans, fut reconnu roi des Francs. Ce prince épousa Clotilde, nièce de Gondebaud, roi des Bourguignons. La cérémonie de son mariage se fit à Soissons, avec magnificence. L'esprit, la beauté et la piété de son épouse eurent une grande influence sur les destinées de ce prince et sur celles du peuple qu'il était destiné à gouverner.

Clovis, grand capitaine, roi et conquérant tout-à-la-fois, défit près de Soissons Siagrius, dernier officier des Romains, et éteignit par là les restes de la puissance romaine dans les Gaules; recula de beaucoup les bornes de son empire, et fut le véritable fondateur de la monarchie française. Jusqu'alors les Francs n'exercèrent dans les Gaules qu'une autorité éphémère, moins grande que celle des Bourguignons, des Visigoths, et sur-tout des Romains. Sous Clovis, ils acquirent la prépondérance, et tous les autres peuples devinrent leurs tributaires. Bientôt la conversion de Clovis mit le sceau à ses victoires, lui gagna les cœurs comme elle lui conciliait les esprits; et il fut reconnu souverain par le vœu des prélats, des grands, et par le suffrage du peuple.

C'est en faisant la guerre aux Suèves et aux Bajoarini, peuples de l'Allemagne, qui avaient fait une invasion dans la seconde Germanie, occupée alors par les Francs ripuaires, que Clovis[7], ayant perdu la moitié de son armée, s'écria, après avoir vainement invoqué Jupiter et Mars : C'est donc à toi que je m'adresse, Dieu de Clotilde; fais-moi vaincre, et je te reconnaîtrai pour mon Dieu. Tout-à-coup la chance changea en sa faveur, et il demeura maître du champ de bataille. On croit que Tolbiac, lieu où se donna la bataille, est le bourg de Zulpuk, en-deçà du Rhin, à quatre ou cinq lieues de Cologne. Cette victoire assura à Clovis la domination sur les deux Germanies, le pays des Ripuaires[8], et tout le nord des Gaules. Saint Remi, évêque de Reims, lui donna le baptême dans l'église de Saint-Martin de Reims, le jour de Noël, et, avec lui, à deux de ses sœurs, et à trois mille hommes de son armée avec leurs femmes et leurs enfants. Il le couronna en même temps roi des Français. Clovis fut alors le premier roi catholique de la chrétienté; et c'est de lui que ses successeurs tiennent le nom de fils aîné de l'Église[9].

[1] Gest. Fr., c. 5. DUCHESNE, l. II, p. 699.

[2] FONCEMAGNE, Mém. de l'Ac. des Inscript., XII, 212. Grégoire de Tours, XI, XVIII.

[3]
Puerilibus annis
En belli naturus amor : si forte premuntur
Sat numero, seu sorte loci, mœis obruit illos,
Nec timor; turbati pereunt, animosque supersunt:
Jam prope post animam.
                                    SIDON. APOLL., in Pan. Major., v. 244.

[4] ISIDORE, Orig., l. IX, c. 2.

[5] SIDON., loc. cit. LIBANIUS, in Orat., III, 10. ZOSIM., Hist., I. EUTROPE, l. IX. EUSÈBE, Hist. temp., l. III. GRÉGOIRE DE TOURS, l. II, c. 9.

[6] Pellitos Reges. SIDON., l. VII, ep. 9.

[7]
Cede gaudentes Sicambri.
                          HORAT., ca. m. II, od. xIV. ECKES, Pan. Const.

[8] CARI., de More Gent. PLUT., in Vitâ Mar. ZOSIM., Hist.

[9] AMMIEN MARC., l. XXV. MARCHANGY, Gaule Poétique, t. I, p. 319.

[10] PETRON., Sat., [illegible]

[11] SULPIT. ALEX. GRÉGOIRE DE TOURS, l. II.

[12] EUTROP., l. IX. EUMÈN., Panég. de Const. LIBAN., Or. ad Constantinum.

[13] SIDON. AP., in Pan. Maj.

[14] PROCOP., de Bell. Gall., c. 1. JORNANDÈS, de Reb. Gall. SALV., de Gub. Dei.

[15] PRISCUS Rhet., Excerpt. de Legat. ISIDORE, Hist. Goth.

[16] Vita Sancti Lupi ep. treci. ap. Bol. SALVIEN., de Gub. Dei.

[1] AMON., de Gestis Franc. GRÉGOIRE DE TOURS, l. II, c. 7.

[2] JORNANDÈS, de Reb. Gall. SIDON., in Pan. Avit.

[3] Id., Hist. Goth.

[4] Id., Ibid.

[5] Id., Ibid. JORNANDÈS, de Reb. Gall. IDATES, Chron.

[6] Loc. Cit.

[7] HINCMAR, in Vitâ L. Rumigii. GRÉGOIRE DE TOURS, l. II, c. 30.

[8] Ces peuples, originaires des Francs, se gouvernaient cependant d'après leurs lois, différentes des lois saliques.

[9] Annal. de S. BERTIN, ann. 757. ADELM., Chron., ann. 756, 757.

Pendant que ce prince étendait ainsi ses conquêtes, son fils Thierry attaquait le royaume de Bourgogne, qui se présentait en rivalité avec lui. Les Bourguignons étaient entrés dans les Gaules en 406, avec les autres nations germaniques. Ils s'emparèrent des pays voisins du Rhin, et s'y établirent sous leur roi Gundicaire. Aétius leur abandonna, en 443, le pays situé entre le Rhône et les Alpes, que Tyro Prospère désigne par le mot *Sapandra*, et qui s'étendait dans les deux Lyonnaises et la Séquanie[1].

Mais une victoire plus importante vint encore illustrer les armes de Clovis, et assurer sa domination sur les Gaules. Nous avons vu plus haut que les trois quarts de cette province étaient occupés par les Visigoths, dont les possessions s'étendaient de la Loire à la Méditerranée. Clovis assemble les chefs et les guerriers; il emploie la puissance de la religion, déjà naissante parmi eux, pour les enchaîner. « N'est-ce pas une honte, leur dit-il, qu'un prince arien, tel qu'Alaric, possède la meilleure partie des Gaules! Le laisserons-nous jouir ainsi tranquillement de ces beaux pays, qui font partie des états que Dieu nous a donnés? » A ces mots, tous les guerriers lèvent les mains, et tous jurent qu'ils ne se feront point la barbe qu'ils n'aient vaincu et chassé Alaric. Profitant de leur enthousiasme, Clovis les mena au combat, et gagna sur Alaric la fameuse bataille de Vonglé[2], près de Poitiers, où il tua le roi de sa main, et dispersa sa nombreuse armée. Profitant habilement de cette victoire, il envoie son fils Thierry soumettre l'Albigeois, le Rouergue, le Quercy et l'Auvergne, pendant qu'il s'empare du Poitou, de la Saintonge et du Bordelais, et parvient enfin jusqu'aux Pyrénées, ce qui réunit à son empire la totalité des anciennes Gaules, bornées par l'Océan, les Pyrénées, les Alpes et le Rhin, ne laissant aux Visigoths qu'une partie de la Septimanie et du bas Languedoc. Il est possible même de croire que s'il se fût avancé en Espagne, il eût détruit pour toujours le règne mal affermi des Visigoths dans ce pays.

Clovis ne borna point ses conquêtes aux Gaules; il étendit sa domination en Allemagne, et s'avança jusqu'aux Alpes rhétiennes, habitées par les Grisons. L'empereur Anastase, ébloui de ses succès, lui envoya le bâton hypatique et la robe consulaire[3]. Rien ne manquait plus à sa puissance; et l'histoire l'eût placé parmi les plus grands rois, s'il n'eût bientôt terni cette gloire par des actes de cruauté qu'il jugea nécessaires pour affermir son pouvoir. Sigebert, roi de Cologne; Ragnacaire, roi de Cambrai; Rigomer, roi du Mans, et Cararic, qui commandait à Boulogne, tous princes de son sang, furent massacrés par ses ordres. Enfin, tranquille possesseur de ces vastes états, il en fixa la capitale à Paris, où il établit son séjour dans le palais des Thermes, bâti par l'empereur Julien; et il s'occupa des soins de l'administration : c'est de son règne que date véritablement la forme de gouvernement établie dans les Gaules, et qui dura quatre siècles. La division des provinces demeura la même, dans l'ordre ecclésiastique, qu'elle avait été établie par les empereurs; mais dans l'ordre civil, le royaume fut partagé en comtés et en duchés. Chaque cité, divisée en cantons, *pagi*, ayant à leur tête un centenier, était gouvernée par un comte, et un certain nombre de cités formait un duché, ce qui n'était pas cependant une loi absolue; car souvent le duc était inférieur au comte, comme on le voit par le duc de Toulouse qui quitta ce premier titre pour prendre celui de comte. L'une des réformes qu'avait faites Constantin avait été de séparer l'exercice du pouvoir militaire du pouvoir civil. Clovis les réunit; et confondant ainsi les coutumes romaines et les usages des Francs, il cumula dans la personne des ducs et des comtes toute l'autorité.

A la mort de ce prince, ses quatre enfants se partagèrent ses vastes états, qui ne comprenaient pas seulement la France, mais l'ouest et la partie intérieure de l'Allemagne. C'est ici que commencent les difficultés géographiques qu'il est important d'éclaircir. La division des Gaules en dix-sept provinces ne subsista plus que pour l'ordre ecclé-

siastique; elle fut changée, et il fut formé quatre royaumes, sous le nom de royaumes de Metz, de Paris, de Soissons et d'Orléans, comprenant à-peu-près le même nombre de villes et de population, et c'est ainsi qu'on peut considérer qu'ils étaient égaux[1], mais des étendues de pays différentes. Les royaumes de Metz et de Paris étaient le double des deux autres en superficie. Le premier s'étendait au-delà du Rhin, jusqu'à Francfort, comprenant toute la Hollande et les côtes de l'Océan septentrional; l'autre s'étendait à l'ouest jusqu'aux côtes de l'Armorique, comprenant la Normandie et la Bretagne. Le royaume de Soissons, qui formait une des parties intermédiaires, comprenait la Picardie et une partie de la Flandre; celui d'Orléans, les bords de la Loire, la Touraine et le pays Chartrain. Cette division donna lieu à cette époque de considérer la France comme partagée en deux grandes parties, l'une à l'ouest, sous le nom de Neustrie ou France occidentale; l'autre à l'est, sous celui d'Austrasie, France orientale : l'une était représentée par le royaume de Paris, l'autre par celui de Metz, avec les parties correspondantes des pays intermédiaires. Ces quatre royaumes aboutissaient à une ligne tracée à vingt lieues environ au-delà de l'embouchure de la Loire, s'étendant jusqu'à Nevers, et de là se rejoignant à Bâle.

Au-delà de cette ligne était l'Aquitaine, que, par un singulier calcul, Clovis avait divisée en quatre parties, dont chacune était attribuée à chacun des royaumes, et devenait en quelque sorte par là une colonie, un apanage de ces souverainetés. Le royaume de Paris possédait les côtes et l'embouchure de la Garonne, qui communiquait avec son territoire. Le royaume de Soissons avait le Limousin et le Périgord; le royaume de Metz, l'Auvergne et le Rouergue; enfin le royaume d'Orléans, situé le plus au midi des quatre, possédait le Béarn et les versants des Pyrénées, partie la plus méridionale de l'Aquitaine.

Clovis avait sans doute eu envie, en établissant cette division, d'engager ses enfants à se réunir pour défendre cette province, la plus exposée aux invasions, soit des Visigoths, soit des peuples de l'Italie; mais ce qui devait être un lien commun, pouvait aussi devenir un sujet de discorde entre les siens, par le contact qu'il établissait; il en fut ainsi d'abord entre eux, et plus tard sur-tout avec leurs successeurs[2].

Les quatre fils de Clovis étaient Théodore ou Thierry, roi de Metz; Clodomir, roi d'Orléans; Childebert, roi de Paris, et Clotaire Ier, roi de Soissons. Ces princes, avides de posséder chacun l'héritage qui était échu en partage à l'autre, se mettent en mesure de se le disputer. Aussitôt que l'un d'eux vient à mourir, des guerres affreuses ensanglantent leurs états; et enfin la totalité se trouve réunie sur la tête de Clotaire, le dernier survivant, qui réunit toute la monarchie des Francs, telle que l'avait possédée Clovis, et augmentée de la Bourgogne, de la Thuringe, et jusqu'aux montagnes de la Rhétie et de la Norique. Ce prince sanguinaire, comme ses frères et son père, égorgea un de ses fils révolté contre lui, et livra toute sa famille aux flammes.

Nouveau partage à sa mort entre ses quatre enfants, et nouvelles difficultés pour faire entre eux cette nouvelle division. Il paraît que le royaume de Paris, qui échut à Caribert, resta tel qu'il avait été sous Childebert, en y joignant le Maine et la Touraine, autrefois partie du royaume d'Orléans, le Quercy, l'Albigeois, et la partie de la Provence comprise entre la Durance et la mer.

Le royaume d'Orléans, possédé par Gontran, fut tel que Clodomir l'avait possédé, en y joignant le royaume de Bourgogne, le Vivarais et les pays situés entre le Rhône et la Durance. Le royaume de Soissons, dévolu à Chilpéric, fut augmenté de toute cette partie de la Normandie au-delà de la Seine, y compris Rouen. Enfin le royaume d'Austrasie ou de Metz, sous l'empire de Sigebert Ier, dans ses anciennes limites. Chacun de ces pays comprenait encore une partie de l'Aquitaine, qui déjà tendait à se rendre indépendante. De nouvelles guerres, encore plus sanglantes que les précédentes, marquèrent le règne de ces princes et celui de leurs successeurs, où des partages nouveaux entre cette foule de jeunes princes prétendant au trône et leurs compétiteurs ensanglantèrent la France. Il en fut de même depuis 561 jusqu'en 613, par les révoltes de Frédégonde et de Brunehaut[3]. Tout le pays se trouva alors

---

[1] Marius, évêque d'Avenche ou de Lausanne, et sujet des Bourguignons, nous apprend, dans sa *Chronique*, qu'ils firent de nouvelles conquêtes en 457. Suivant les souscriptions du concile assemblé à Épaone en 517, par les ordres du roi Sigismond, les Bourguignons s'étendaient alors dans six provinces des Gaules, et comprenaient, dans la province Viennoise, Vienne, Albi, Die, Valence, Trois-Châteaux, Vaison, Orange, Cavaillon et Avignon. Dans la première Lyonnaise, Lyon, Autun, Langres et Châlons-sur-Saône. Dans la province des Séquanais, aujourd'hui la Franche-Comté, Besançon, et *Vindonissa*, dont le siège épiscopal a depuis été transféré à Constance.

[2] Près de Champagne-St.-Hilaire, sur le Clain, nommé par les auteurs *Campus Vocladensis*.

[3] C'est ainsi qu'il paraît vêtu sur le portail de Saint-Germain-des-Prés, monument qui ne date que du 11ᵉ siècle, mais qui constate la vérité de ce fait.

[1] *Æquâ lance dividunt*, GRÉGOIRE DE TOURS, L. III, c. 1.

[2] Paris appartenait, par quart aux quatre frères. Aucun d'eux ne pouvait y entrer sans la permission des autres. On voit aussi que Childebert n'avait que la moitié de la ville de Marseille.

[3] PASQUIER, *Rech. de la France*, L. VIII. *Mém. de l'Acad. des Inscript.*, v. 30. VÉLY, *Hist. de France*, t. I.

encore une fois réuni sous l'autorité d'un seul, Clotaire II, qui régnait déjà en Neustrie, en 584, et fut reconnu pour monarque par les Bourguignons et les Austrasiens : ce royaume était alors d'une immense étendue. De l'est au sud-est il avait pour bornes les montagnes occidentales de la Bohême, la rive gauche de l'Elbe, les Alpes noriques et une partie du Danube. Au nord, l'Océan germanique; à l'ouest, les frontières de la Bretagne, et au midi les Pyrénées et la Méditerranée. Il avait de plus pour tributaires les Bavarois, les Lombards et presque tous les peuples du nord, jusqu'à la Chersonèse cimbrique; mais il était dans la destinée de ces princes de ne pouvoir jouir de leur puissance, et de se la voir enlever par ceux-là même qui en apparence la leur conféraient. L'autorité des maires du palais, sorte de dignité nouvelle, peu importante dans le principe, mais qui avait acquis sous Clotaire une grande importance, comprenait le commandement des armées et le gouvernement du palais[1] : les maires étaient ce que furent depuis les justiciers d'Aragon jusqu'au règne de Philippe II, les palatins de Hongrie; ils étaient les véritables rois des différents états. Leur dignité, devenue héréditaire dans certaines familles, tendait à s'étendre sur les pays qui s'unissaient les uns aux autres, tandis que le titre de roi, planant sur tout l'empire, mais ne tenant fixement à aucune partie, était en quelque sorte sans base et sans soutien.

Dagobert recueillit cet immense héritage et sut en porter avec dignité le fardeau. Les maires du palais le respectèrent; mais à sa mort ils se rendirent maîtres presque absolus du gouvernement, et les rois n'eurent ainsi guère plus que le nom[2]. Chacun des royaumes de France eut son maire particulier, qui était élu, non par le roi, mais par les grands du royaume qu'il devait gouverner, et cela, soit que les trois royaumes fussent réunis sur une seule tête, soit qu'ils fussent divisés en plusieurs souverainetés; c'étaient proprement des vice-rois qu'on n'avait pas le pouvoir de destituer : tel fut l'état de ces officiers jusqu'à l'année 752, époque de l'extinction de la famille régnante, par l'avénement du maire Pépin à la royauté.

A cette époque la France n'était plus divisée qu'en deux royaumes, ceux de Neustrie[3] et d'Austrasie. Pépin d'Héristal, maire du dernier, et dont la dignité était en quelque sorte héréditaire dans sa famille, battit le roi de Neustrie, Thierry III, à Lestu, dans le Vermandois, et le réduisit à ne conserver de la dignité royale que le titre. Il gouverna dès-lors la France en qualité de duc et prince des Français, pendant vingt-sept ans, et sous les règnes des trois faibles rois Clovis, Childebert et Dagobert III. Son empire, car il faut désormais qualifier ainsi son autorité, comprenait l'Austrasie, la Neustrie, la Bourgogne et la Provence, dont il laissa en mourant l'héritage à Charles son fils, déjà duc d'Austrasie, et âgé de trente ans. Ce prince, déjà connu par de grandes qualités, le fut bientôt par de grands services. Il dompta les Bavarois et sauva bientôt la France d'un fléau plus terrible que tous les ennemis qu'elle avait eu jusque-là à combattre.

Un peuple guerrier et fanatique s'avançait du midi à la conquête du nord, de même que les peuples jusqu'à ce moment s'étaient précipités du nord au midi. Les Arabes, sous la conduite de chefs habiles, et profitant des dissentions qui déchiraient les royaumes chrétiens, envahissent toute la péninsule de l'Espagne, et débordent dans les provinces du midi de la France. Un de leurs chefs, le calife Omar II, s'empare de la ville de Narbonne, l'an 719, à la tête d'une armée composée d'Arabes, d'Africains ou Maures, désignés dans l'histoire sous le nom générique de Sarrasins, et en un moment tout le midi de la France se couvrit de ruines. Durant l'espace de quarante-trois ans environ, les Sarrasins s'emparèrent, en diverses irruptions, de l'Auxois, du Quercy, du Rouergue, désolèrent la ville d'Arles, toute la Provence et les pays situés au-delà du Rhône et de la Saône. Par-tout où ils s'é-

tablirent, ils songèrent moins à fonder une domination stable qu'à profiter de leurs victoires. Tantôt accueillis par la haine de quelques seigneurs contre le souverain légitime, tantôt repoussés par l'autorité ou la force des armes, on ne leur trouve d'autre existence, sur le sol français, que celle des peuples barbares. Eudes, duc d'Aquitaine, les défait devant Toulouse, après un siège de dix-huit mois; mais il fallait, pour en être entièrement délivrés, qu'ils perdissent une bataille sanglante, et qu'il s'élevât des héros capables de les détruire en un moment: c'est à la famille Martel que la France dut ce grand bienfait. Charles, et Childebrand son frère, destinés chacun à être la tige d'une des races de nos rois, s'avancent contre l'armée innombrable d'Abdérame, qui couvrait déjà les bords de la Loire; ils la défont complètement entre Tours et Poitiers, l'an 732[1]. Les Arabes perdent trois cent mille hommes; et Pépin, successeur de Charles, compléta cette grande victoire, en 739, en s'emparant, après une vive résistance, de Narbonne, dernier boulevart des Maures en France. Alors il tourne ses armes victorieuses contre les Bavarois et les Saxons, et remporte sur eux de grands avantages.

De si grandes actions, de si importants services, réitérés sous trois générations, avaient depuis long-temps assuré dans la nouvelle dynastie le pouvoir suprême; il n'y manquait plus que le titre. Le faible Childéric n'avait plus même les droits honorifiques de la royauté; tout se faisait au nom du nouveau prétendant à la couronne[2]. Pépin crut alors le moment arrivé de la fixer enfin sur sa tête; et dans une assemblée tenue à Soissons, au mois de mars 752, il est proclamé roi, et Chilpéric enfermé dans un monastère avec son fils Thierry. Ainsi finit la race de Clovis, après deux cent soixante-dix ans de règne dans les Gaules. C'est ici que commence pour la France une nouvelle ère, pour la civilisation une nouvelle époque, pour la géographie une nouvelle division de territoire; mais avant d'entrer dans cet examen, nous allons jeter un coup-d'œil sur l'état des arts et des monuments à cette époque, et depuis l'empire des Romains dans les Gaules.

ÉTAT DES ARTS ET DES MONUMENTS

PENDANT LA TROISIÈME ÉPOQUE GÉOGRAPHIQUE.

Les arts, qui s'étaient élevés progressivement dans les Gaules sous la domination des Romains, et qui avaient suivi le style et les erreurs de la capitale, dégénérèrent aux mêmes époques et par les mêmes causes. Les barbares qui envahirent ces pays détruisirent et n'édifièrent point. Ils laissèrent détériorer les édifices, ou ne les réparèrent qu'avec des matériaux enlevés à d'autres ruines. Pendant les premiers siècles de leurs invasions, on ne connaît point d'édifices considérables qu'ils aient élevés, ni même d'anciens bâtiments qu'ils aient cherché à rétablir; mais lorsque leur conquête les eut affermis dans la possession du territoire, lorsque sur-tout la religion chrétienne fut adoptée par eux, ils sentirent alors le prix de ces monuments, qui donnaient au culte sa grandeur, à la royauté son éclat, aux hommes l'aisance de la vie, et sentirent les avantages de se concilier l'affection des habitants en adoptant leurs usages, et en faisant gloire de bien parler leur langue[3]. Ils ne furent point pour eux des tyrans féroces, comme le croient quelques historiens, ni des *hôtes très commodes*, comme le supposent d'autres[4], mais des vainqueurs pacifiques et des maîtres fort doux. Ils bâtirent des églises, des palais, des monastères; mais, incapables de rien imaginer à ce sujet, ils se bornèrent à imiter ce qu'ils avaient vu en Italie; et cette ancienne maîtresse du

---

[1] *Palatium cum regno gubernantes.* AMON., l. IV.

[2] Le fils de Dagobert, dit Pasquier, fut assez tendre et débile de son cerveau, ce qui fit que l'autorité des maires du palais eut occasion et loisir d'enjamber l'autorité royale. Le même décrit ainsi la manière de vivre de nos rois : « En sa chaire seyoit le roi, la barbe sur la poitrine, et les cheveux épars sur les épaules : les messagers qui de diverses parts venoient oyoit, et leur donnoit telle réponse comme le maire lui enseignoit et commandoit, comme si ce fut de son autorité ». ÉTIENNE PASQUIER, *Recherches sur la France*, l. II, c. 11.

[3] La Neustrie comprenait les trois anciens royaumes de Paris, Soissons et Orléans, auxquels était jointe la Bourgogne, quoique, en apparence, indépendante. L'Aquitaine, dès le règne de Dagobert Ier, fut séparée du royaume, et gouvernée par une dynastie ducale issue de Caribert.

[1] Sur les diverses irruptions des Sarrasins dans les Gaules, voy. *Annal. d'Aniano.* DUCHESNE, l. II, p. 3. LECOMTE, *Annal. eccl.* PAGI, *Ann. eccl.* DANIEL, *Hist. de Fr.*, t. I, p. 36. FRÉDÉGAIRE, p. 675.

[2] Aucun diplôme original ne porte le nom de Childéric III, et on évitait de le mentionner même dans les conciles et les actes publics. Une charte date *Anno XXX post obitum Dagoberti regis*; une autre aussi, *Regnante Carolomano*, etc. *Art de vérifier les Dates*, p. 428, tom. V.

[3] Fortunat loue le roi Caribert, petit-fils de Clovis, de s'énoncer en latin mieux que les Romains mêmes. L. VI, carm. 4 :

Qui nos romano vincit in eloquio.

[4] Boulainvilliers, *État des Gaules.* L'abbé du Bos, *Monarchie franç.*, d'après l'autorité de Salvien et d'Agathias. Tom. IV, p. 36.

monde, dans ses malheurs et son abandon, donnait encore des lois aux peuples. Là régnait Théodoric, glorieux de ses succès, honteux de son ignorance, admirant ces pays qu'il avait vaincus, respectant le sol qu'il habitait, et que tant de souvenirs, tant de monuments couvraient encore. Théodoric donna les ordres les plus sévères pour la conservation des monuments et la construction de nouveaux édifices. Il faisait venir de Rome les architectes Boetius et Symmaque, et sur-tout Cassiodore, patrice romain, qu'il chargea de ce soin, et qui s'en acquitta avec zèle. Par ses soins et ceux des successeurs de ce prince, de superbes basiliques s'élevèrent à Ravenne [1], à Pavie, à Modène, et plus tard à Monza, près Milan. A l'imitation de ces édifices dans le style qui régnait en Italie, et ensuite à Constantinople, Clovis fit bâtir les églises de Saint-Pierre et de Saint-Paul, depuis nommées Sainte-Geneviève, à Paris; l'abbaye de Saint-Pierre à Chartres, celle de Saint-Mesmin près d'Orléans. En 542, s'élevèrent les églises de Saint-Germain-des-Prés, de Saint-Médard à Soissons, qui possédait deux cent vingt fiefs [2]; en 564, celle de Saint-Martin à Tours. Perpétuus, évêque de Tours, sous le règne de Childéric, Numatius, évêque d'Auvergne, élevèrent plusieurs autres temples.

Ces édifices étaient lourds, massifs, et plus remarquables par leur solidité que par l'élégance. Ils consistaient, ainsi que ceux de Rome et de Constantinople [3], en un bâtiment oblong terminé en demi-cercle ou apsis, garni de chapelles circulaires. Rarement ils eurent la forme d'une croix. Le toit était soutenu par des arcades de pierre et des colonnes de marbre, et couvert de tuiles peintes très larges, en plomb ou en bronze doré [4]. La façade principale et le rond-point étaient décorés, à l'extérieur, d'ornements en relief, taillés dans la pierre, et en compartiments de marbre de différentes couleurs, ainsi qu'on peut encore s'en former une idée par l'église de Notre-Dame-du-Pont de Clermont, celle d'Issoire, de Brioude et d'Orcival en Auvergne, de Saint-Salvi à Albi, quoique postérieures à cette époque. Les fenêtres, qui étaient formées de petites arcades extérieures portant sur les murs latéraux, étaient déjà garnies de vitraux [5], ainsi que les grandes fenêtres du chœur, qui reposaient sur les saillies des chapelles [6]. L'intérieur était orné de peintures en mosaïque et à fresque; et les colonnes, de différentes grandeurs et composées de fragments de toute espèce, portaient des chapiteaux représentant toute sorte de sujets ou de formes diverses. On voyait déjà au-dessus de la porte d'entrée une fenêtre circulaire plus grande que les autres, et qui donna depuis l'idée des belles roses en verres de couleur. Autour des murs régnait déjà également une petite galerie à jour, supportée par de petites colonnes, soutenant des arcades croisées à plein-cintre. Ce qui caractérisait ces édifices, était une disproportion de force et de solidité, de lourdeur, calculée moins pour plaire que pour résister à la destruction. Entre autres raisons des progrès qu'ont faits les arts dans la légèreté et l'élégance des édifices, on n'a pas fait entrer aussi celle de la tranquillité dont on jouissait depuis. Alors il fallait les garnir de créneaux pour les défendre. C'étaient les abbés et leurs inférieurs, pour la plupart, qui élevaient les églises [7]. Ommatius fit le plan de Saint-Gervais et Saint-Protais; Léon, évêque de Tours, saint Germain, évêque de Paris, furent envoyés par Childebert pour fonder une église à Angers, une autre au Mans; Avitus, évêque de Clermont en Auvergne, éleva Notre-Dame-du-Port dans cette ville, et l'église de Saint-Geniès à Thiers [8]; saint Forréol, évêque de Limoges, Dalmace, évêque de Rhodez, et Agricola, évêque de Châlons, étaient des architectes, et dirigeaient les constructions de leurs différents bâtiments. Ces deux évêques vivaient en 600, sous le règne de Chilpéric Ier, ainsi que Grégoire de Tours, qui rebâtit l'église de Saint-Martin dans son diocèse; à-peu-près dans le même temps, Gontran, roi de Bourgogne, et Childebert II, roi d'Austrasie, s'occupaient de la construction de grands édifices. Le premier bâtit une église à Châlons-sur-Saône, et l'autre le monastère de Saint-Lucien près de Beauvais [1]. L'architecture se perfectionna sous le règne de Clovis II, en 613, et ses successeurs, sans changer cependant de plan, de style, et saint Éloi encouragea et forma des artistes distingués. Sous le règne de Dagobert, il bâtit les couvents de Solignac près de Limoges, et les églises de Saint-Paul et de Saint-Martin de Paris [2]. Il était, dit la Chronique, *un habile ouvrier en orfèvrerie, et en toute espèce de fabrication* [3]. Clotaire, étant au lit de mort, appela son fils Sigebert, et lui ordonna d'achever l'église qu'il avait commencé à bâtir près de Soissons, en l'honneur de saint Médard, et lui laissa l'argent qu'il destinait à cet édifice [4]. Dagobert bâtit avec un grand luxe l'église de Saint-Denis; il l'orna de colonnes de marbre, la couvrit de tapisseries, peintures et sculptures, dont plusieurs subsistent encore; mais depuis ce temps jusqu'au règne de Charlemagne, ce qui occupe près d'un siècle, on ne remarque point d'édifices considérables construits, et les noms des architectes ne sont point en réputation. Mais il faut cependant que les arts ne fussent point trop négligés, puisque les artistes français furent appelés en Angleterre par différents princes et prélats [5].

Après l'examen des édifices religieux, nous devons jeter un coup-d'œil sur les changements qui s'étaient opérés à la même époque dans l'architecture civile. On se rappelle que vers la fin du règne de Constantin, les édifices particuliers conservaient encore quelques traces de la grandeur des palais romains et des célèbres prétoires; mais ils dégénérèrent comme les autres monuments, et n'étaient plus, sous la première race de nos rois, que des espèces de grandes métairies, avec une habitation principale de peu d'importance. Les ruines de ces bâtiments ne nous offrent que des matériaux grossiers, sans ornements extérieurs, sans rien qui fasse présumer qu'ils fussent décorés avec magnificence. On ne les connaît même pour la plupart que par les chartes qui en sont datées, et les mentions qui se rencontrent dans les *Annales ecclésiastiques*.

Une partie était située dans les environs de Paris; les autres étaient épars dans la Picardie, la Flandre et la frontière de la Lorraine. Nos derniers rois de la première race n'avaient non plus qu'un *villetie de petites affaires, et aucun huissier pour les servir et leur fournir ce dont ils avaient besoin* [6]; ils y vivaient très mesquinement, et comme de simples particuliers [7].

Clovis avait d'abord fait sa résidence à Paris, en 608, et avait choisi pour sa demeure un emplacement près du palais des Thermes, *ante palatium Thermarum*, sur une montagne divisée en plusieurs enclos, qui couvrent les faubourgs Saint-Jacques et Saint-Victor. Ce palais descendait jusqu'au bord de la Seine, sous les murs d'une forteresse nommée depuis le Petit-Châtelet. D'immenses forêts couvraient à cette époque les abords de la capitale, et favorisaient le plaisir de la chasse, qui de tout temps a été l'amusement favori de nos rois. C'est au milieu d'elles qu'étaient situés le château de Mari où Mali, près de Sannois, dont on voit encore les ruines; Lusarches, où Thierry II, et Clovis III, son fils, tinrent leurs plaids, dans les années 680 et 692 [8]; Garges, près Saint-Denis, où Dagobert tint une assemblée générale des grands du royaume, en 635, et leur fit part de ses dernières volontés [9]; Clichy, *Clippiacum*, ou les Leudes se réunirent par l'ordre de Clotaire II, et où mourut saint Ouen, archevêque de Rouen [10], qui laissa son nom à ce palais, habité depuis fréquemment par les derniers princes mérovingiens; les deux Nogents, *Novigentum*, célèbres, l'un par le séjour qu'y fit Chil-

---

[1] MILIZIA, p. 8. MURATORI, *Diss.* 8. FÉLIBIEN, CIAMPINI, V. M. C.

[2] Saint Médard élevoit son abbaye dans le nord de la France en même temps que saint Benoît établissoit en Italie le couvent du Mont-Cassin.

[3] EUSEB., *Vitâ Const.*, IV, c. 58, 60. CIAMPINI, *de Sacr. Æd.*, IV, 35.

[4] *More romano*, c'est ainsi que s'explique l'auteur de la vie du célèbre *Benedict Biscop*, qui fit venir des architectes de France pour lui construire des édifices dans ce pays, et à l'imitation de ceux d'Italie. Ben., *Hist. Abbat.* WERNSITH, p. 275.

[5] *Effractâ vitreâ sunt ingressi*, dit GRÉGOIRE DE TOURS, *Hist. de France*, VI, 10.

[6] *Gallia Christiana*, t. I, p. 45. X.

[7] Il en était de même en Italie. Quatre-vingts moines travaillaient à l'église de Saint-Galiano, à vingt milles de Sienne, en 1268. DELLA VALLE, *Lett. Senese*, vol. II, p. 18. L'église de Sainte-Marie-aux-Dames en Flandre fut bâtie également par des ecclésiastiques et des moines des monastères, au nombre de quatre cents, dont les uns faisaient la charpente, la sculpture, les peintures; les autres taillaient la pierre. FÉLIB., p. 214. Elpic, abbé de Malmesbury, était, disent les historiens, *ædificandi gnarus*. V. WARLOY, *Ang. S.*, vol. XI, p. 33.

[8] GRÉGOIRE DE TOURS, *Hist. de France*, X, 31; VII, 10; V. 37.

[1] *Multa in civitate illâ ædificia fecit, domus composuit; ecclesiam fabricavit, quam columnis fulcivit, variavit marmore, musivis depinxit.* GRÉGOIRE DE TOURS, V, 46.

[2] *Vie de saint Éloi*, par saint Ouen, où est la description du monastère de Solignac.

[3] *In omni arte fabricandi doctissimus.* In *Vitâ S. Eligii epic. nov.*, l. I, c. 5.

[4] *Vita S. Medardi*, dans Duchesne, l. I, p. 547.

[5] EDDIUS, *Vitâ S. Edilfredi ep.*, des évènements de l'histoire anglo-danoise, vol. I, p. 60. BERTRAM, *Essay on goth. archit.*, p. 38 et 39. Ben., *Vit. ab. Wiremuth*.

[6] *Chronique de S. Denys.* DUCHESNE, *Hist. de France*, l. I, p. 494.

[7] Frédégonde accusa Nectaire d'avoir volé à Chilpéric beaucoup de jambon, *et alia multa.* GRÉGOIRE DE TOURS, l. VIII, c. 15.

[8] *De re Diplom.*, l. IV, p. 295. DOUBLET, *Hist. de S. Denys*, p. 710.

[9] *Idem*, l. IV, p. 25. *Hist. du Dioc. de Paris*, l. V, p. 394.

[10] GRÉGOIRE DE TOURS, l. IX, c. 9. FRÉDÉGAIRE, l. I. *Collect. de Duchesne*, p. 636.

péric et l'ambassade qu'il y reçut de Childebert, roi d'Austrasie, dans laquelle Grégoire de Tours essaya de convertir le juif Priscus; l'autre Nogent, qui prit depuis le nom de Saint-Cloud, de la retraite et de la piété de Saint-Clodouald, vulgairement appelé saint Cloud, fils de Clodomir, et petit-fils de Clovis[1]. Mais de tous ces palais le plus célèbre fut celui de Chelles, situé près de la forêt de Bondy, où le roi Childéric fut assassiné en revenant de la chasse, et lorsqu'il eut découvert les déportements de Frédégonde. L'oratoire du château était dédié à saint Martin; et près de là était un monastère célèbre par la piété de sainte Clotilde, qui l'avait fondé, et de sainte Bathilde, qui le rebâtit et y fut enterrée[2].

A la porte de ce palais, et de l'autre côté de la Marne, il existait un petit bourg, que Grégoire de Tours appelle *Nocetum*, aujourd'hui Noisy, où le roi avait une maison. C'est là que Chilpéric fit empoisonner son fils Clovis, à la sollicitation de Frédégonde; son corps, jeté dans la Marne par ses femmes, fut découvert par un pêcheur, et transporté à Saint-Germain-des-Prés, lieu de sépulture des princes qui périssaient de mort violente[3].

Les principaux palais dans la Picardie étaient Braine près de Soissons, où Chilpéric assembla les évêques de France en 580, et où Grégoire de Tours fut innocenté[4]. C'est aussi dans ce palais que Frédégonde, après la mort de son mari, passa en revue ses troupes, gagnées pour marcher contre Childebert, roi d'Austrasie. *Mamacas*, dans le territoire de Noyon, depuis *Maumagues*, dont il est si souvent parlé vers la fin de la première race, et dont ces malheureux princes sortaient quelques jours de l'année, traînés au pas, par des bœufs pour se montrer au peuple[5]; Villers-Coterets, *Villa ad collem Retiæ*[6], et Compiègne, *Compendium*[7] *palatium*, où Théodebert, roi de Metz, et Clotaire Ier, conclurent la paix, et où ce dernier mourut en prononçant ces singulières paroles : « Ouais, le Dieu du ciel est donc bien puissant de faire ainsi mourir les rois[8]. »

Les palais situés dans la Normandie passaient pour les plus agréables. Vernon venait de *vernum tempus*, et était le séjour du printemps. C'est là que sainte Radegonde, régente de France, et mère de Clotaire III, se plaisait au milieu des occupations de la vie champêtre, des sites pittoresques de la nature, et de l'exercice de la bienfaisance. C'est à Andely qu'habita sainte Clotilde. Une fontaine, qui arrose ce beau vallon, porte encore son nom, et, le jour de sa fête, elle est très fréquentée par les habitants des environs.

Il en était de même des principaux seigneurs qui faisaient partie de leur cour. Mais d'autres monuments plus austères, plus imposants, commençaient déjà à s'élever à cette époque : je veux parler des châteaux forts, dont je n'ai pu qu'indiquer plus haut la forme et l'origine, tels que le château de Péronne, *Peronense Palatium*, place formidable sous le règne de Clotaire Ier, et regardée alors comme le boulevard de la France dans la Picardie. Sainte Radegonde l'habitat quand Clotaire l'épousa; et Eschimwald, ou Archambaud, maire du palais, en devint le seigneur. Sous Clovis II[9], Vally et Vitry étaient des châteaux forts; et ces villes, ainsi que la plupart des anciennes, portaient le nom de *castrum*, camp[10]. En effet, ces habitations étaient comme les anciens *oppida* des Gaulois, la continuation ou plutôt le perfectionnement du système de Constantin adopté pour les camps. La porte d'entrée, garnie de ses deux tours et bien fortifiée, comme dit Homère[11], représentait les portes décumanes et prétoriennes; le contour des murailles était garni de tours en pierre, garnies de créneaux[12], au lieu des tours en bois

des camps mobiles; et le donjon, situé au milieu de l'enceinte, représentait la tente du préteur. Cette forme des camps romains, imitée dans la construction de nos châteaux, n'appartient point aux Romains seulement : elle leur venait des peuples de l'Orient; ou elle était une conséquence naturelle des usages que la nature de la guerre doit tôt ou tard indiquer. On croirait lire la description d'un de nos châteaux en lisant la description de l'Ecbatane d'Hérodote[1], des villes de Mégare et d'Athènes[2], de la demeure d'Ulysse, du palais de Crésus à Sardes, et de celui de Lysimaque à Pergame; sur-tout des forteresses du moyen âge, dont Procope et Josèphe ont laissé de si fidèles traditions[3]. Les tours de l'enceinte se soutenaient et se défendaient mutuellement comme nos modernes bastions[4]; de vastes souterrains conduisaient dans la campagne pour recevoir des vivres et faire des sorties; enfin le manoir seigneurial ou donjon, semblable à la tour d'habitation, était bâti sur le point le plus élevé. Ces donjons renfermaient les femmes, les trésors, et servaient de dernier asile aux guerriers pour défendre leur indépendance et trouver une mort glorieuse[5]. C'est de là qu'une autre Andromaque pouvait voir combattre son malheureux époux dans la campagne[6]; qu'un usurpateur timide se tenait caché comme Smerdis[7] le mage, et que le célèbre Macbeth, du haut de Dunsmane, voyait, comme Jéhu[8], de sa tour, s'avancer les troupes qui devaient l'immoler et anéantir sa puissance. Nous aurons occasion d'examiner avec plus d'étendue ces habitations importantes, qui ornent encore nos campagnes; mais avant de quitter ce sujet, et après avoir indiqué en quoi consistent les monuments civils et religieux, nous dirons un mot des édifices qui participent du caractère de tous les deux : je veux parler des abbayes et monastères, qui sont à-la-fois les monuments du culte et lieux d'habitation. L'examen de ces curieuses demeures fait connaître qu'on serait encore dans l'erreur en attribuant leur invention aux peuples du Nord qui envahirent l'Europe, et à l'introduction de la religion chrétienne parmi eux.

Les couvents, monastères ou abbayes semblent être la continuation de ce qu'étaient chez les anciens les *hieron*, comprenant le temple du dieu, et une enceinte considérable de bâtiments et de jardins consacrés aux personnes employées au culte de la divinité, tels que le hiéron d'Esculape à Épidaure, d'Apollon à Délos, de Jupiter à Olympie. Les cloîtres, ainsi que les bâtiments auprès desquels sont ordinairement placées les cellules des moines, étaient ces *atria*, ces *cryptoportici* dont Pline et Cicéron font mention; les αὐλη d'Homère et d'Hérodote, près desquels étaient également les appartements; la maison du Liban, dans l'Écriture, était bâtie autour d'une cour de cent cinquante pieds de long sur soixante-quinze de large, et autour régnait un portique supporté par des piliers de bois de cèdre : il en était de même de la maison de Salomon à Jérusalem, décrite dans le livre des Rois. Le palais de Persépolis, de Suse, offrent la même distribution. Esther s'avança, dit l'Écriture, à travers la cour intérieure, et vit le roi assis sur un trône vis-à-vis la porte d'entrée. On voit dans Homère Priam assis au milieu de ses enfants dans la principale cour du palais[9]; à droite étaient les chambres de ses cinquante fils et de ses douze filles. On trouve une description semblable du monastère de Salignon, fondé par Louis-le-Débonnaire, près de Limoges.

Ces édifices, intéressants par les motifs qui les avaient fondés, par leurs formes, leur élégance, furent encore plus célèbres par les augustes personnages qu'ils renfermaient dans leur sein. C'est là que s'est conservée la mémoire de tant de prélats qui, de tous côtés, venaient édifier et policer les provinces, tels que saint Hilaire, saint Martin, dans le 4ᵉ siècle; saint Colomban, saint Remi, saint Denys, saint Trophus, Paul Saturnus, et les victimes augustes que la tyrannie laissa

---

[1] *Antiquités de Paris*, t. II, p. 291.

[2] *Hist. de France*, L. V, c. 39. *Hist. du Diocèse de Paris*, l. V. *Acad. des Inscript.*, an 1731. *Lettres de Gerbert Durclien*, t. II.

[3] *De re Diplom.*, l. IV, p. 292. *Not. Gall.*, p. 388—426.

[4] *Hist. de France*, l. IV, c. 22. Sauvar., t. II, 290.

[5] *Ad villam Mamacam mense anno* DCXCII.

[6] *De re Diplom.*, l. IV, p. 340.

[7] *Ibid.*

[8] Sauvar., t. II.

[9] *De re Diplom.*, l. IV, p. 311.

[10] Longuerue, *Descript. de la France*, p. 4, part. I.

[11] Πύργος επηρεφος πόλης.
Homer., l. XXI, v. 140—389.

[12] Les anciens connaissaient les créneaux, ainsi qu'on peut s'en assurer dans leurs différents ouvrages de *poliorcétique*. On voit une tour à mâchicoulis dans les peintures d'Herculanum, t. I, pl. XLIX; et t. III, pl. XLI.

[1] Hérod., l. I, p. 176; l. IV, p. 364. Diod. Sic., l. I, p. 125.

[2] Appien, *Mithridat*. Thucyd., l. I.

[3] Strab., l. XIII, p. 623, 925.

[4] Joseph., *de Bello Jud.*, l. III, c. 5, sect. 1, 2, 3, 4 et 5. *Ibid.*, l. V, c. 4 et 5. Polyb., l. VI; sect. 5.

[5] *Muri per artem obliqui aut introrsùm sinuantes ut latera oppugnantium ad ictus paterent.* Ammien Marcellin, XX et XXI.

[6] Homère, *Iliade*.

[7] Hérod., l. III, 872.

[8] Rois, c. IV, 2; c. IX, v. 17, 30, 32, 33.

[9] Le fameux labyrinthe décrit par Hérodote consistait en douze cours, ornées, sur toutes les faces, de portiques et de piliers de pierre blanche. Il en était de même du palais de Justinien, si bien décrit par Procope.

vivre, et qui traînent leurs jours dans la solitude et l'oubli; ou l'asile de princesses pieuses, qui, révoltées de la barbarie de leur siècle, venaient chercher dans la retraite le repos, la paix de l'ame et l'attente d'une meilleure vie. C'est aux Radegonde, aux Clotilde, aux Galsuinde, aux Bathilde, que sont dus les plus anciens et les plus célèbres édifices de ce genre, dont plusieurs se sont conservés jusqu'à nos jours, et dont les noms rappelaient souvent les beaux sites où ils étaient situés [1]. Ces habitations étaient, ainsi que les églises et les châteaux, fortifiées contre une attaque brusque et inattendue. Les serviteurs en étaient les soldats, et plusieurs ressemblaient assez de forme et de situation aux convents de la Grèce et du mont Sinaï [2].

Tels étaient les édifices de ces temps simples et barbares. Les villes n'étaient qu'un amas de constructions grossières, d'un seul étage en bois, et couvertes de chaume, où ne paraissait aucune des connaissances de l'art [1]. Il ne faut point chercher dans ce temps aucune fondation de villes industrieuses, de ports de mer pour les vaisseaux, de manufactures, d'hôpitaux, de greniers d'abondance, de magasins publics pour les provisions; les seules constructions dont la postérité ait gardé le souvenir, sont les routes vulgairement nommées chemins de Brunehaut, et qui n'étaient que les anciennes voies romaines, réparées en partie par cette princesse, qui joignit à des vices, quelques grandes qualités [2].

[1] Les abbayes de Vallombreuse, Mont-Fleury, Haute-Selve, Val-d'Or, Val-de-Loup. *Voy.* Marchangy, *Gaule Poétique*, t. IV, p. 361.

[2] Pococke, vol. I, p. 128—142. Niebuhr, vol. I, p. 196.

[1] Mézerai, *Hist. de France*, Églises des 6e et 7e siècles.

[2] *Dictionnaire de la France*, aux mots Brunehaut et *Chemins*.

SECONDE DYNASTIE DES ROIS DE FRANCE.

Pépin possédait à son avènement au trône l'Austrasie, à titre de duc de France; la Neustrie, la Bourgogne et la Provence, qu'il avait enlevées à Childéric III; et il ne lui manquait, pour posséder toutes les Gaules, que la Septimanie et le duché d'Aquitaine. Ce fut à la conquête de ces provinces qu'il employa les dix dernières années de sa vie. Après une guerre sanglante, il soumit et fit périr Waifre, duc d'Aquitaine, s'empara de son pays, et laissa à ses enfants les Pyrénées, les Alpes et le Rhin pour frontières, et, au-delà, un second empire tributaire, plus étendu encore.

Charlemagne, qui lui succéda, et régna seul après la mort de Carloman son frère, ajouta bientôt l'Italie entière à ce nouvel empire; conquit la Catalogne, la partie de l'Espagne jusqu'à l'Èbre, les îles Baléares, et enfin la presque-totalité de l'empire romain. Sa puissance s'étendait des bords de l'Èbre en Espagne, à l'embouchure de l'Elbe et la mer Baltique; et de ce point, par une ligne tirée jusqu'à Raab en Hongrie, en coupant le Danube au-dessus de Vienne, se reployait sur Fiume, et comprenait la totalité de l'Italie, jusqu'à la principauté de Bénévent. Des nations nombreuses, environnant cette ligne, au nord et à l'est, jusqu'à la Vistule et les bords de la mer Noire, étaient tributaires de ce grand empire, semblables aux nations tartares et calmouks, soumises aujourd'hui à la Russie, et dont elle connaît à peine la force et le nombre. Si ce prince avait voulu étendre ses conquêtes au midi, au lieu de se porter de préférence vers le nord, il aurait facilement conquis toute l'Espagne, la Grèce, le reste de l'ancien empire romain; mais il pensa avec raison qu'il valait mieux assurer ses conquêtes que de les étendre, et opposer une barrière aux peuples du nord, les seuls véritablement formidables à cette époque.

Charlemagne, toujours habile et heureux dans ses entreprises, n'omit rien de ce qui pouvait illustrer son règne et rendre heureux ses peuples. Il fit oublier tous les hauts faits des princes qui l'avaient précédé, et aucun de ceux qui le suivent ne peuvent faire oublier son génie et ses grands talents. Conquérant, législateur, homme d'état, politique habile, protecteur éclairé des lettres et des arts, dans un siècle d'ignorance, la France lui dut sa gloire, son agrandissement, ses institutions, ses lumières, son repos. Doué d'autant d'activité que de sagesse, on le voyait passer en un moment des Pyrénées aux monts Carpathes, de l'Océan aux confins de l'Italie, et remplissant le monde entier de son nom. Au milieu de ses expéditions militaires, il réglait l'intérieur de ses états, comme s'il eût été en pleine paix. Moins sensible encore aux victoires sur les hommes qu'aux conquêtes préférables sur l'ignorance, il fonda dans son palais la première académie connue, et il conçut et exécuta l'admirable projet de joindre par un canal l'Océan Germanique au Pont-Euxin. Il avait lui-même dressé le plan des travaux, et fit commencer sous ses yeux le canal qui devait conduire de la rivière de Rednitz, qui tombe dans le Mein, au-dessous de Bamberg, jusqu'à l'Altmuhl, qui se jette dans le Danube près de Kehlheim en Bavière. On trouve encore des traces de ces travaux près de Weissembourg en Franconie. Une sévère économie dans ses dépenses personnelles lui permettait d'entreprendre de ces travaux sans grever ses sujets d'impôts. Enfin, dit Montesquieu en traçant le portrait de ce prince : « Je ne dirai qu'un mot : il voulait qu'on vendît les œufs de ses basses-cours, les herbes de ses jardins, et il avait distribué à ses peuples toutes les richesses des Lombards et les immenses trésors de ces Huns qui avaient dépouillé l'univers. »

Charlemagne avait trouvé la France divisée en trois royaumes, réunis par ses prédécesseurs, à savoir: l'Austrasie, la Neustrie et la Bourgogne; il en créa un quatrième sous le nom d'Aquitaine, dont il donna la couronne, de son vivant, à son fils et héritier présomptif Louis-le-Débonnaire, comme pour l'accoutumer aux fonctions pénibles et aux devoirs de la royauté. Mais ce prince, héritant bientôt de l'immense empire de son père, se trouva au-dessous de ce rang illustre, et incapable d'en supporter le fardeau. Des cruautés qu'il commit au commencement de son règne lui aliénèrent les cœurs. Des marques trop grandes de faiblesse et d'indécision qu'il donna peu de temps après, le firent tomber dans le mépris; et ses enfants, révoltés contre lui, se partagèrent ses états, et le forcèrent à abdiquer la couronne. Remonté cependant encore sur ce trône fragile, il fit un premier partage de ses états à ses enfants, donnant à Lothaire l'Italie, à Louis la Germanie, à Pépin l'Aquitaine, et à Charles une partie de la France et de la Bourgogne. Il mourut, laissant chacun de ses fils mécontent du lot qui lui était échu en partage, et disposé à disputer le pouvoir à ses concurrents.

Après une guerre sanglante et une bataille qui coûta, dit-on, la vie à soixante mille Français[1], le traité de Verdun, de 843, fixa le partage des états de Charlemagne entre ses trois petits-fils. Lothaire, l'aîné, eut le titre d'empereur, avec l'Italie et les provinces conquises entre les Alpes, le Rhin, l'Escaut, la Meuse, la Saône et le Rhône; c'est-à-dire, les Pays-Bas et toutes les provinces orientales de la France actuelle, telles que la Lorraine, l'Alsace, la Franche-Comté, le Dauphiné et la Provence. Louis, surnommé le Germanique, eut toute l'Allemagne ou la Germanie, jusqu'aux pays tributaires de Charlemagne; enfin Charles-le-Chauve fut roi de France et posséda toute la partie de l'ancienne Gaule, depuis l'Escaut, la Meuse, la Saône, le Rhône, au-delà des Pyrénées jusqu'à l'Èbre, y compris l'Aquitaine et la Guienne. Le règne de ce prince apporta de grands changements dans les mœurs et la civilisation. Les Francs, renonçant à l'orgueil de leurs aïeux et à leurs inclinations militaires, adoptèrent la langue et les usages des peuples qu'ils avaient vaincus. Mais en même temps que les mœurs se polissaient, que les sciences se répandaient, l'esprit d'indépendance agissait au même degré. Le système de démembrement et d'usurpation du pouvoir, dont les maires du palais avaient donné, sous la première race, le dangereux exemple, se propageait au dehors et menaçait de s'étendre au dedans. Les provinces en-deçà de l'Èbre, à l'exemple de la Catalogne, s'étaient déclarées indépendantes. Un seigneur, nommé Boson, soulevait les provinces de la Franche-Comté, du Charolais, de Lyon et de la Provence, et formait un royaume de la Bourgogne cisjurane. Les efforts de l'empereur d'Italie, à qui la Provence appartenait, joints aux armes du roi de Germanie, ne purent le réduire. Un autre seigneur, nommé Rudolphe, fondait un second royaume de la Bourgogne transjurane, composé des autres provinces de l'ancien royaume, qui furent réunies bientôt, et composèrent un état sous le nom de *royaume d'Arles*[2]. Cette subdivision, opérée sur les peuples voisins de la France, eût été à l'avantage de ce pays, en l'entourant de voisins moins redoutables que les empires d'occident; mais le même principe de révolte et d'indépendance menaçait aussi l'intérieur. Déja le principe de la féodalité menaçait d'envahir et étendait ses ramifications. Elles s'accrurent sous le règne de Louis, qui, montant sur un trône déja ébranlé, dut faire de nouveaux sacrifices et de ses trésors et de ses domaines, pour s'y maintenir. Après lui cependant une sorte de tran-

---

[1] La bataille de Fontenai. Richard, t. II. Table de Lebœuf, *Diss.*, t. I, p. 127. Louis Mainbourg, *Décadence de l'Empire de C. M.*

[2] Sous Rodolphe II. Cette monarchie subsista de 931 à 1032, et passa à cette époque à l'empereur Conrad II, par le testament de Rodolphe III. *Art de vérifier les Dates*, t. II, p. 427. *Hist. du Moyen Age*, p. 25.

quillité régna dans ces vastes états, par l'union intime des deux princes, Louis et Carloman, qui ne trouvèrent pas un trône trop étroit pour se le partager[1]. Leur successeur, Charles-le-Gros, possédant déjà la couronne impériale, réunit un moment dans ses mains les vastes états de Charlemagne; et si ce prince avait eu la force de se rendre maître de l'autorité, de la transmettre à ses enfants, on ne sait pas le temps que cette monarchie aurait duré. Si seulement le régime féodal s'était borné à quelques grandes subdivisions, d'où serait sorti un gouvernement fédératif, le pouvoir aurait pu se transmettre long-temps. Mais le coup fatal était porté; les grands vassaux étaient déja chacun à la tête de leurs provinces, et fiers de l'appui des habitants contre une dignité éphémère et en quelque sorte élective, lorsqu'un nouvel évènement vint accroître leur puissance en rendant leur intervention nécessaire.

Depuis long-temps la France était la proie d'un fléau terrible, l'invasion de hordes de barbares, connus alors et depuis sous le nom de Normands, *nord-man*, hommes du nord[2], qui tombèrent tout-à-coup sur les rivages de la Neustrie et de l'Armorique. Ils apportèrent avec eux la religion du sauvage Odin, l'esprit de pillage, de meurtre et de destruction qu'elle encourageait; et en un moment, des provinces entières devinrent des déserts. Déja, sous Charlemagne, ils s'étaient montrés[3], et avaient osé braver le génie de ce grand homme[4]; mais sous ses faibles successeurs ils ne connurent plus de mesure. Ils vinrent s'établir dans les provinces de l'ouest de la France, après les avoir dévastées; et, partant de ce nouveau point de départ, ils s'élancent de tous côtés, portant le fer et le feu par-tout où ils se présentent. Les fleuves étaient couverts de cadavres; les campagnes, de maisons incendiées; la population toute entière refluait vers l'intérieur et encombrait les villes, les routes; et on n'entendait plus que des prières au ciel pour être délivré des Normands. Paris restait cependant comme boulevart de la France : placée alors dans l'île de la Cité, entourée d'une enceinte très forte, et dominant les deux rives du fleuve, cette ville arrêta tout ce qui voulut remonter la Seine et la Marne. Le siège qu'elle soutint pendant deux ans, et où les habitants déployèrent tant de courage et d'énergie, sauva la France, et mérita à cette ville de devenir la capitale du royaume, et aux illustres chefs de la famille des Capets de monter bientôt sur le trône[5]. Quoique les Normands eussent échoué dans cette entreprise, leurs désastres et leurs conquêtes ne cessèrent que sous le règne de Charles-le-Simple. Après la mort d'Eudes, ils vinrent mettre de nouveau le siège devant Paris; le prince qui régnait alors crut devoir mettre un terme à ces désastres, en accordant un territoire fixe à ces peuples. En effet, il donna sa propre fille en mariage à leur chef Rollon, et lui céda la Neustrie, sous le titre de duché, relevant de la couronne de France; et c'est de ce pays, qui alors civilisa ses nouveaux habitants, que sortirent bientôt les Tancrède, les Guillaume, les Robert, qui conquirent des royaumes et illustrèrent à jamais les pays où ils s'établirent.

L'éminent service rendu à la France, par la défense de Paris, avait fait connaître la famille de Hugues Capet aussi avantageusement que celle de Martel par la bataille de Poitiers; mais l'une et l'autre, sans ce mémorable évènement, seraient toujours parvenues au trône, par la prépondérance dont elles jouissaient, et par la force des choses. C'est ici une époque géographique fort importante, à laquelle se rattache toute notre histoire. La France était, comme nous l'avons dit plus haut, passée au pouvoir des gouverneurs des provinces, qui s'étaient rendus indépendants. La première tentative qu'ils avaient faite, sous Louis-le-Débonnaire, leur ayant réussi, pour des concessions particelles de territoire[6], ils exigèrent de ses successeurs l'hérédité des provinces dont ils n'avaient eu d'abord que le gouvernement, et, plus tard, que la possession à vie. Maîtres ainsi de l'autorité de droit comme de fait, obéis par leurs vassaux, exclusivement, dans la guerre comme dans la paix[1], le titre de roi, qui restait aux princes de la maison Carlovingienne, n'était plus qu'un vain nom, en quelque sorte électif, et qui s'appuyait sur une si faible puissance réelle, que la province même qu'ils habitaient, le comté de France ou de Paris, avait été inféodé par Charles-le-Simple, dans la personne de Hugues-le-Grand, et qu'ils étaient réduits à la possession de la ville de Laon, ce qui leur ôtait toute considération parmi le peuple.

La France se trouvait alors composée de sept grandes autorités. La première, celle qui approchait le plus du trône, était celle des comtes de Paris, d'où relevaient les comtés de Touraine, d'Anjou et de Blois, la Bourgogne, l'Aquitaine, la Normandie, la Flandre, la Champagne, et le comté de Toulouse. Il s'agissait de savoir, parmi toutes ces grandes existences, celle qui prendrait sur les autres assez d'ascendant pour qu'elles consentissent à consolider sa prépondérance et lui confiassent les droits et les titres de la royauté. Cette concession tacite, car ce ne fut point un choix[2], se fit en faveur de Hugues Capet, qui est le premier roi de la troisième race, et dont la famille était en effet, à cette époque, la plus puissante, et celle qui devait donner le plus d'éclat à la couronne. Déja son grand-père Eudes avait été proclamé roi à Compiègne, et sacré à la mort de Charles-le-Gros, et au préjudice de Charles-le-Simple; et son père, Eudes-le-Grand, avait refusé la couronne. Ses domaines n'étaient pas cependant très étendus : mais ils comprenaient le cœur de la France, la ville qui depuis long-temps en était la capitale; la partie du pays la plus active, la plus éclairée, et à laquelle devaient un jour se réunir toutes les autres. Il avait les villes de Paris et d'Orléans, seules capables de défendre le royaume contre les Normands; et en outre l'alliance, par son frère et son neveu, de la Normandie et de la Bourgogne; il était, de plus, affable, et se faisait aimer et estimer.

Ce fut sans doute à la diminution de l'autorité royale, dit le président Hénaut, que Hugues Capet fut redevable du changement qui se fit en sa faveur, à l'exclusion des héritiers légitimes; mais dès qu'une fois il fut devenu le maître, lui et ses successeurs, animés du même esprit, et par une suite de prudence, dont ils ne s'écartèrent jamais, regagnèrent insensiblement tout ce qui avait été usurpé par les seigneurs, et ne firent pas une démarche qui ne tendît à ce but. « C'est alors, dit « Pasquier[3], que commencèrent les grandes polices; car là où aupara- « vant nos conquêtes étaient féroces, les estendant sur une Allemagne, « Italie et Espagne; de là en avant, nos rois se contentèrent de leurs « frontières, commençant, au lieu de leurs armes, à se fortifier par loix, « pour entretenir leur grandeur. » C'est ici l'époque la plus importante pour l'étude de la géographie historique, et celle sur laquelle nous avons dû porter toute notre attention.

Pour bien juger de ces évènements, il est nécessaire d'examiner en quoi consistait l'état des personnes en France, l'existence de ces grands vassaux qui s'étaient rendus indépendants, par conséquent le point de départ de nos rois pour recomposer l'ancienne monarchie.

On attribue généralement l'origine du régime féodal aux peuples du nord, comme on les croit auteurs des changements dans les arts, les inventions de différents genres. Cette erreur se rencontre par-tout, et il est important de la réfuter. Les Francs étaient, comme nous l'avons dit, un peuple guerrier, peu nombreux, peu éclairé, et qui n'était capable d'inventer aucune institution, quelque mauvaise qu'elle fût; ils adoptèrent la police qu'ils trouvèrent établie, et cela d'autant plus facilement, que depuis long-temps plusieurs d'entre eux servaient dans les armées romaines, ou avaient des relations avec les Romains. Ils eurent donc des ducs et des comtes qui administrèrent la justice, les armées et les finances : c'était comme les *ambactes* des Gaulois, les *devoti* de Sertorius, les *palatini* des empereurs romains, des hommes distingués, leurs amis, et auxquels ils accordaient de grands privilèges.

---

[1] *Anc. Chron.*, *de Gest. Norm.* VÉLY, XII, p. 161.

[2]
Quand Rou à Roez arriva,
Qui de North hommes amena,
Cil furent Normans appellés
Por cau qui de North furent nés.
Roman de Rou.

[3] *Chron. de Gest. Norm.* ap. CHESN., t. II, p. 524. *Ann.*, BERTIN. MÉZERAI, *Hist. de France*, t. IV. MABILL., *Annal.*, t. I.

[4] Charlemagne témoigna une affliction profonde en voyant dans un port de la Gaule narbonnaise un bâtiment normand qui était venu jusque là. *Mém.* de L. GALES, t. II. DUCHESNE, 130.

[5] FÉLIBIEN, *Hist. de Paris*, t. I, l. III. DANIEL, *Hist. de France*, t. II, p. 550. BONAMI, *Mém. de l'Acad.*, l. XVII, p. 291. CORDENAY, *Hist. de France*, t. II.

[6] *Villas regias quæ erant sui avi et tritavi fidelibus suis tradiderunt in possessiones sempiternas.* Voy. LEVÊQUE, *Hist. des Valois*, Introduction, p. 70.

[1] Par l'édit de Mersen, en 847, sous Charles-le-Chauve : *Volumus ut unusquisque liber homo in nostro regno seniorem qualem voluerit in nobis et in nostris senioribus accipiat.*

[2] Il ne fut reconnu dans aucune assemblée de la nation. Les habitants du midi de la France refusèrent long-temps de lui obéir; et les chartes de ce temps portent *Rege expectante* ou *Rege absente*. *Hist. du Lang.*, l. II, p. 120—130. *Temps du Moyen Age*, par Étienne Hallam, l. I, p. 24.

[3] Pasquier, *Recherches*, l. II, c. 1.

L'autorité d'un duc s'étendait sur plusieurs cités[1]; celle d'un comte, sur une cité et les pays environnants. Tant qu'ils n'eurent qu'une existence précaire, ils ne récompensèrent ses officiers que par des présents, des honneurs, et par quelques tributs qu'ils percevaient sur les villes de leur ressort, et le droit d'être les premiers autour de leur personne. Sitôt qu'ils occupèrent, par droit de conquête ou même de capitulation, une partie du pays, ils eurent entre leurs mains une grande masse de biens territoriaux, appartenant soit à l'état, soit au clergé et aux familles dépossédées; ils les concédèrent alors à leurs fidèles, ceux qui avaient soutenu leur puissance, et ils leur donnèrent des terres, comme autrefois ils leur avaient donné des chevaux, des armes et la table, et comme en effet ils en trouvèrent déjà l'usage établi chez les Romains[1]. Ce qui avait lieu ainsi des princes, pour leur entourage, eut lieu de même, sur une moindre échelle, de ces grands officiers ou grands vassaux, *vassi*, pour les individus qui s'attachaient à eux, et qui servaient sous leurs ordres. Ils leur distribuaient également des terres et des hommes, à charge de redevance, de service et d'hommage. Ils allèrent jusqu'à leur faire prêter serment de les suivre à la guerre contre le roi lui-même, et cette condition eut bientôt force de loi[3]. Les hommes libres vivaient au milieu de ces dignités dans une sorte d'indépendance, et n'étaient obligés qu'à un service militaire, pour la défense générale du pays. Mais sitôt que cette hiérarchie de nouvelle création, fondée en même temps sur une puissance réelle, eut couvert, comme d'un réseau, tout le pays; lorsque ces nouveaux chefs, abusant de leur pouvoir, opprimèrent de tous côtés ceux qui ne voulaient point les reconnaître; lorsque la voix des hommes libres fut étouffée dans les assemblées par les masses des créatures royales, une foule d'hommes libres, pour acquérir le repos, la sûreté de leurs biens et de leurs personnes, se *recommandèrent*, c'est-à-dire, transformèrent les propriétés, surnommées *francs-alleux*, en bénéfices ou fiefs, ou propriétés en quelque sorte amovibles et sujettes à différentes conditions.

L'édit de Mersen, de 847, autorisa une singulière coutume à cet égard : ce fut l'autorisation aux hommes libres de choisir, du roi ou de ses vassaux, qui bon lui semblait pour son légitime seigneur[4]; et la plupart alors choisirent les grands vassaux, qui leur présentaient un appui plus immédiat et plus assuré.

Le vasselage, ou autrement le système féodal, se répandait partout; et sous Louis-le-Débonnaire, en 864, et même sur les derniers temps de Charlemagne, il était presque général. L'édit de Pictes, de 864, ne fait plus mention des hommes libres. De cette possession des terres à l'hérédité il n'y avait plus qu'un pas, et il fut franchi lorsque les princes, ne pouvant plus accorder de nouvelles faveurs, furent obligés, comme moyen nouveau, de perpétuer les anciennes. Tel fut le résultat de l'assemblée de Quercy, sous Charles-le-Chauve, en 877. Dès-lors les circonscriptions du territoire ne furent plus connues par les noms des peuples, mais par l'autorité des chefs qui avaient établi sur eux leur autorité héréditaire. Il n'est plus question des provinces romaines, lyonnaises, viennoises, germaniques; encore moins des Éduens, des Allobroges, des Arvernes, mais des comtes d'Autun, des dauphins de Viennois, des marquis d'Auvergne. Les autres dénominations disparurent également, telles que les royaumes de Neustrie, d'Austrasie, d'Aquitaine. Les gouverneurs des provinces, devenus indépendants sous les titres de ducs et de comtes, gouvernèrent tous les pays; ils rendaient la justice en leur nom, s'y succédaient par la grace de Dieu :

tels étaient les ducs et comtes de Bourgogne, de Champagne, de Flandre; et sur une échelle moindre, les comtes de la Marche, du Périgord, de Bretagne, d'Anjou, les vicomtes de Meulan, de Limoges, de Narbonne. Ils avaient sous leur patronage d'autres seigneurs moins puissants, mais non moins fiers de leurs droits acquis ou usurpés, et auxquels ils avaient été obligés d'accorder les mêmes concessions, tels que les sires de Bourbon, de Concy, de Beaujeu; les barons Bers ou Haulben, de Montmorency, Montgommery, Craon, Montfort. D'autres enfin, d'une importance moindre, formèrent le troisième rang : les uns étaient châtelains, comme les Haniguers, Metz, et Auxi; d'autres, vavasseurs, comme Roys, Nanteuil, Nangis, etc. : tous possédaient des fiefs et des châteaux forts, et rassemblaient autour d'eux, sous le nom également de vassaux, une portion des habitants des villes et des campagnes, dont la puissance immédiate les soutenait contre des agressions étrangères.

De cette illustration des seigneurs particuliers, qui par des alliances, des guerres, des services rendus, avaient acquis et se transmettaient le pouvoir, naquit le privilège de la noblesse.

De quelque manière que l'on considère cette institution, elle mérite, dans un ouvrage comme le nôtre, une attention particulière. Ce sont les hommes distingués de cet ordre qui ont donné leurs noms à une grande partie des lieux, ou les ont pris de ces mêmes lieux[1]. Leur histoire fait ainsi une partie importante de la géographie provinciale. Les services qu'ils ont rendus à l'état, le sang qu'ils ont toujours versé pour sa défense, leur auraient éternellement acquis l'amour des peuples, si malheureusement l'orgueil, l'ignorance, les préjugés et l'ambition exclusive du pouvoir, n'avaient balancé ces grandes qualités[2]. L'exercice des privilèges et de la faveur devenant plus abusif à mesure que le temps et les lumières auraient dû le diminuer[3], il en résulta une tendance à rabaisser encore cette suprématie factice, qui n'a pour s'appuyer qu'un vain préjugé, que la raison repousse, quand la reconnaissance ne le soutient pas[4].

Mais d'autres causes diminuèrent encore le respect qu'auraient dû inspirer les descendants d'hommes distingués : des mésalliances continues[5], des anoblissements multipliés[6] et sans choix depuis le 13e siècle, la chute de la plus grande partie des familles qui dataient de Philippe-le-Hardi, dans des collatéraux, des femmes ou des enfants naturels qui interrompaient la filiation[7], ont marqué d'une sorte d'incertitude, de doute, ce préjugé, qui n'a pas trop de tout son prestige pour produire un effet, et perd toute sa force à mesure qu'il se prodigue. Ces diffé-

---

[1] Les fiefs étaient déjà connus des Romains, et même des Grecs, quoique sans doute d'après des lois différentes. Les marbres d'Oxfort mentionnent les κλήρους πατρώους, que Prudence traduit par *prædia equestria*; mais ils étaient plus en usage à Rome. César en promet à ses soldats avant la bataille de Pharsale. APPIEN, *de Bello Civili*, l. I, p. 353.

> Quæ rura dabuntur,
> Quæ noster veteranus aret.
> LUCAIN, *Phars.*

SICULUS FLACCUS, *de Cond. Agr.*, p. 16. Alexandre Sévère limita ces concessions aux terres prises sur les ennemis. LAMPRID., *in Alex. Sev.*, c. 58.

> Pro multis vix jugera bina dabuntur
> Victoribus.
> JUVÉNAL, *Sat.* XIV.

[2] Nicénius obtint du roi Gontrand un duché qui comprenait l'Auvergne, le Rouergue et l'évêché d'Uzès. Eunodius, fait duc par le même prince, gouvernait en cette qualité la Touraine et le Poitou. GRÉGOIRE DE TOURS, l. VIII, c. 26; l. IX, c. 7.

[3] Cil poit semondre son homme d'aller gerroyer son chief seigneur. BACQUET, *Us. gen. des Fiefs*, l. I et II, c. 4.

[4] *Volumus ut unusquisque liber homo in nostro regno seniorem qualem voluerit accipiat.*

[1] *Nomina sua vocaverunt in terris suis.* Psaume 48. Les noms de Tancarvil ou Tancarville de Tancrède, Villeneuve, Villeblanche, Beauchamp ou Champigni, Houdetot, Luxembourg, Montmorency et Bauffremont, et ainsi des autres appellations de Pont, Bec, Val, Chalet, Marche, Dune, Roche, Cour, Porte, etc.

[2] Il faut cependant établir, entre la noblesse française et celle de plusieurs autres pays, une différence. Une grande simplicité de mœurs, une familiarité douce, faisaient supporter en Allemagne et en Espagne les droits acquis à la naissance. Une complète union avec les autres ordres de la société, une participation franche à toutes les professions et à toutes les charges communales dans les nobles anglais, maintinrent, sans trouble et sans opposition, l'aristocratie de ce pays dans toutes ses prérogatives jusqu'à nos jours. Il n'en fut pas de même en France, et cette disposition entraîna beaucoup de malheurs.

[3] C'est en 1770 que fut rendue l'ordonnance du roi, qui admettait les seuls nobles aux services des présentations à la cour; sous Louis XIV il n'en était pas ainsi.

> Et genus et proavos, et quæ non fecimus ipsi,
> Nec ea nostra voco.
> Oria.
> (huic proavosi, Pontice; longo
> Sanguine censeri !
> JUVÉN., *Sat.* VIII.

Voilà ma noblesse, disait Marius en montrant ses blessures. SALLUSTE, *Vie de Marius.* PLATON, *in Theæt.*, p. 128. SÉNÈQUE, *de Ben.*, l. III, c. 7, epist. 44. DESPRÉAUX, *Sat.*

[5] Il n'est point de famille en France qui se soit maintenue sans mésalliance, et qui soit comme Évandre :

> Clarus uterque
> Sanguine.
> OVID., *Fast.*, II.

Toutes négligeaient ce soin, à l'exception peut-être de quelques familles en Lorraine, en Alsace, qui devaient, ainsi qu'en Allemagne, y attacher de l'importance, afin de pouvoir faire entrer leurs enfants dans les couvents nobles, où on exigeait des preuves des deux côtés. La loi était cependant formelle dans les premiers temps de la monarchie; et les grands du royaume d'Austrasie ne voulurent point admettre au trône les enfants de Théodoric, *Quia erant materno latere minus nobiles.* ADAM DE BRAINE, S. 4.

[6] Les anoblissements s'étendaient à toutes les charges de cour, et même aux fonctions municipales. Ils devinrent bientôt le prix d'une finance, et n'eurent plus de bornes. Près des deux tiers de la noblesse n'a pas d'autre origine.

[7] Il est peu de familles où on ne connaisse la couture, la greffe, qui souvent est peu ancienne, quoique la famille le soit beaucoup. Il est des nobles de peu d'illustration, qui ont su conserver sans interruption, de père en fils, une terre en franc-aleu, et qui peuvent prouver par-là une origine plus fixe que de très illustres familles.

rentes causes ont rendu indifférent et souvent même injuste envers la noblesse. L'homme impartial, en partageant l'opinion des juges éclairés dans ces matières, croit sans doute qu'il existe en France très peu de familles, jadis souveraines, et même de celles qui avaient occupé de grands emplois dans les cours des souverains[1]; qu'il y en a peu qui descendent, comme elles le prétendent, des Troyens[2], d'Attila[3], de la fée Mélusine[4]: mais il ne peut nier qu'il n'y eût des maisons dont l'illustration est indéfinie, dont l'origine se perd dans la nuit des temps, et qui pourraient porter, comme chez les Romains, un croissant qui indiquerait qu'ils sont aussi anciens que les astres[5].

En effet il existait, de temps immémorial, une noblesse dans les Gaules, ou plutôt une classe de citoyens distingués par leurs services rendus, leurs richesses et les alliances qu'ils avaient contractées, les places qu'ils avaient occupées dans les sénats de leur ville[6]. César parle déjà des nobles Æduens, des nobles Allobroges. Les Romains ne changèrent rien à cet ordre de choses, ils reconnurent cette espèce d'illustration. Les familles illustres du pays furent appelées à prendre part aux dignités sénatoriales à Rome; et vers la fin du 5e siècle, on faisait peu de différence entre les familles romaines consulaires et sénatoriales, et les familles distinguées parmi les Gaulois[7]. Lorsque les Francs s'établirent dans les Gaules, ils y amenèrent également une sorte de hiérarchie de rang qui existait parmi eux; et bientôt les familles illustres des Gaulois, des Romains et des Francs, furent confondues et parurent presque également aptes à occuper les nouvelles dignités[8] qui se créèrent vers la fin de la première race. Ces dignités consistaient, ainsi que nous l'avons dit plus haut, en titres de ducs, comtes, barons, qui rappelaient des emplois militaires et civils importants dans les provinces, et qui en cette qualité reçurent, à titre de bénéfices, ou autres, avec des jouissances à vie, certains domaines, qui devinrent depuis héréditaires. Enfin il s'établit une hiérarchie aristocratique, qui se maintint dans ses prérogatives et la possession exclusive du pays, jusqu'à ce que les richesses et les lumières, se grossissant dans les états intermédiaires, firent brèche dans ce corps imposant, se mêlèrent à lui, et réduisirent ses avantages à certaines prérogatives, qui sont presque nulles de nos jours[9]. Le mérite personnel est devenu aujourd'hui la première condition de l'estime[10]; l'utilité paraît la première des qualités, et on ne croit plus déroger que par la honte[11].

Entourés de ces sujets indépendants, les souverains n'avaient qu'une puissance précaire, sans cesse en butte à l'ambition ou à la jalousie. Bientôt, au danger d'avoir élevé ainsi des existences parallèles à la leur, se joignit pour eux le malheur de perdre encore sur ce qui leur restait en propre, dont ils concédaient à mesure des portions, pour conserver sans trouble et sans obstacle les autres. Il ne restait à Louis-d'Outre-

Mer, en domaine immédiat, que le comté de France, proprement dit; mais ce prince, trop jeune pour se faire obéir par des vassaux si redoutables, céda au comte de Flandre, Hugues-le-Grand, et au comte de Vermandois, la plus grande partie de ce patrimoine, à la possession duquel le préjugé attachait le droit de régner; il ne laissa à son fils que la ville de Laon. L'autorité du roi ressemblait alors à celle du chef d'un état fédératif, divisé, pour chaque habitant, en autant de nouvelles patries. Telle fut la situation où Charles, duc de Lorraine, trouva la France à la mort de Louis V. C'est de ce nouvel ordre de choses que dérive toute l'histoire de notre monarchie. La royauté se forma lentement de cette première élection d'un des grands feudataires, et de continuelles agrégations de territoire que sa famille a su réunir au domaine primitif.

La France était alors, ainsi qu'on l'a indiqué plus haut, divisée en sept grandes provinces: les duchés de France, de Bourgogne, de Normandie, de Guyenne; les comtés de Flandre, de Champagne et de Toulouse. Nous allons jeter un coup d'œil rapide sur l'existence de chacun de ces états particuliers.

Le duché de France était le plus important, parcequ'il renfermait la capitale, qu'il protégeait le cours de la Seine et de la Loire contre les ennemis du nord, et enfin parcequ'il comprenait les seigneurs les plus considérés. Ce duché avait été fondé par Charles-le-Chauve, en faveur de Robert-le-Fort, descendant de Childebrand, frère de Charles-Martel, et oncle de Pépin, roi d'Aquitaine, et un des plus grands capitaines de son temps. Charles-le-Chauve l'investit de tout le pays situé entre la Seine et la Loire, et le fit créer au parlement de Compiègne, en 861, duc et marquis de France, comte de Paris. Il ajouta depuis à ses domaines le comté d'Anjou et une partie du duché de Bourgogne. Ce prince est la tige de la dynastie actuelle de France. Son fils Eudes, et ses successeurs Robert II et Hugues Ier, maintinrent son pouvoir, et augmentèrent par de belles actions la renommée de leur maison. Hugues II, dit Capet, à la demande de ses grands vassaux, de ses amis assemblés à Noyon, plaça sur sa tête la couronne de France, dont il était depuis long-temps le plus ferme appui. Déja on distinguait dans le nombre de ces seigneurs, des noms qui devaient un jour devenir chers à la France: les Bouchard, seigneur de Montmorency, connétable sous Philippe Ier, en 1083[1]. Alliés depuis à la famille royale[2], parrains[3] ou filleuls de nos rois[4]; les plus anciens barons de France[5], qui venaient immédiatement après les princes du sang[6]; les Guy de Laval, déja puissants en 1002, et alliés depuis aux maisons souveraines[7], et qui se réunirent à la branche de Montmorency en 1221.

Les sires et châtelains de Montlhéry, de la famille des Montmorency, dont la célèbre tour s'éleva bientôt et fit trembler les campagnes environnantes[8].

Les sires de Coucy, si fiers et si modestes[9], devenus depuis comtes du Perche[10]; les comtes de Vexin, avoués de Saint-Denys, et ayant le privilége de porter la bannière, autrement l'oriflamme, dans les guerres[11];

---

[1] *Art de vérifier les Dates*, Discours de M. Audifrey sur les fiefs.

[2] *Ultus avos Troja* était la devise d'un de nos rois.

[3] La famille des Croui.

[4] La maison de Lusignan, et les différentes branches des familles de Sassenage, d'Archiac.

[5]
Astra lunæque priores.
STACE, Théb., l. IV.
Primusque patrum
.... elucet vestigia luna..
STACE, Sylv.

[6] Grégoire de Tours dit d'Applanum, évêque d'Auvergne: *Vir secundùm seculi dignitatem, nobilissimus et de primis Gallorum senatoribus*; et de saint Sulpice, évêque de Bourges: *Vir valdè nobilis*; de Simplicius, évêque d'Autun: *Fuit de stirpe nobilis, nobilissimæ conjugi sociatus*. GRÉGOIRE de TOURS, de Glor.Conf., c. 76. Voy. *Dissertation de l'abbé de Gourcy sur l'état des personnes en France*.

[7] *Galli jam moribus, artibus, affinitatibus nostris mixti*. TACIT., Ann., l. II, c. 4. Tous les écrivains plus modernes en parlent de même. Voy. SIDON. APOLL., Epist., II, 9. FORTUNAT, Epist. Leon. GRÉGOIRE DE TOURS, V, c. 58. FREDEG., Chron., c. 24 et 28.

[8] Il périt quantité de noblesse française et gasconne dans les guerres de Charlemagne, dit Eginhard, Vit. Car. Mag., p. 96. Childebrand était de la première noblesse qu'il y eût parmi les Francs sous le règne de Pepin, in lib. Part. Varn. dinc., p. 202. Cette noblesse n'était pas privilégiée, ce qui fait qu'il n'en est point question dans la loi salique; mais elle existait dans la considération des peuples.

[9]
Meritum nusquam cunabula quævis
Et qualis non inde minus.
CLAUD., I Cons. Stilic., l. XI.
EURIPID., Elect., v. 550. PLUT., in Vit. Syll. Fortissimum quemque generosissimum. SALLUST., Bell. Jug., c. 82. TITE-LIVE, l. IV, c. 3, attribue à l'obligation d'être tout par soi-même la force et l'accroissement de l'empire romain.

[10] Déja, en 1211, le titre de bourgeois de ville était consacré, et les gentilshommes prenaient le titre de noble et de citoyen ensemble, quoique la condition de bourgeois fût toujours dépendante. Voy. LA ROQUE, Traité de la Noblesse, p. 224, c. 74.

[11] Le préjugé contre le commerce n'est pas moderne; il existait chez les anciens d'une manière si absurde, que saint Jean Chrysostome décide qu'un marchand ne peut plaire à Dieu. Vix aut nunquàm Deo placere. Deuxième partie de son Homélie in Math., 21.

[1] DUCHESNE, *Vie de Montmorency*, p. 12.

[2] *Affinité de Lignage*, lettre du comte d'Évreux, Charles, roi de Navarre, du 17 septembre 1381. DUCHESNE, p. 218. *Art de vérifier les Dates*, t. XII, p. 29.

[3] Charles de Montmorency, parent du dauphin, depuis roi, sous le nom de Charles VI, en 1368. *Vie de Charles V*, par Jean Chartier.

[4] Henri, duc de Montmorency, né à Chantilly, le 30 août 1595, eut, deux ans après, pour parrain Henri IV.

[5] MABILLON, t. V, p. 245. BOUQUET, t. IX, p. 622.

[6] Après la funeste journée de Pavie, le parlement invita le connétable de Montmorency à venir résider à Paris pour rassurer les habitants; et le plus chéri de nos rois les trouvait dignes de remplacer sur le trône la famille royale si elle venait à s'éteindre. Discours d'Henri IV à MM. de Villeroi et Jeannin. Art de vérifier les Dates, t. XII, p. 47.

[7] Par le mariage d'Emma, héritière de cette maison, à Mathieu de Montmorency, connétable de France.

[8] Beau fils Loïs, disait le roi Philippe à son fils, garde bien cette tor en cui escombattre et assalir, ye me sens presque tot enveslir (envielli). Chron. de S. Denys. Cette tour ne fut bâtie que sous le roi Robert, mais il existait un château.

[9] Leur devise était:
Je ne suis roi ni duc aussi,
Je suis le sire de Coucy.

[10] Par le mariage d'Enguerrand XIV, seigneur de Coucy, avec Mathilde, sœur de l'empereur Othon IV, petite-fille de Henri II, roi d'Angleterre, et veuve de Geoffroi III, comte du Perche. Histoire du Perche.

[11] Ils étaient proches parents des rois de la seconde race. Louis-le-Bègue appelle un comte de Vexin, dans le diplôme de 879, Carissimus comes et propinquus noster. DOUBLET, Hist. de S. Denys, p. 782. BOUQUET, t. IX, p. 144. Ils prenaient, dans les chartes, le titre de Comte, par la seule volonté du roi du ciel, par la grace seule du créateur de tous les seigneurs. Nutu solummodò dominorum creatoris, comes.

les sires de Beaugency, également alliés à la maison de France; les vicomtes de Meulan, déja puissants avant la seconde race de nos rois; les comtes de Ponthieu et de Vermandois, déja héréditaires à la fin du 7ᵉ siècle, et dont l'un des seigneurs fut ami intime de Hugues Capet, dont il épousa la fille Giselle; les comtes de Senlis, de Chaumont, de Montfort, de Beaumont, de Dammartin, et une foule d'autres dont les familles furent célèbres dans l'histoire.

Les grands feudataires du duché de France étaient les comtes d'Anjou, dont le plus ancien, Ingelger, attaché à Charles-le-Chauve, en 870, était petit-fils d'un paysan qui vivait dans les bois de fruits sauvages et de la chasse [1]. C'est de cette médiocre origine que ces seigneurs partirent pour monter sur le trône d'Angleterre [2], et étendre en France et au dehors leurs vastes domaines. Les comtes de Blois, Chartres et Tours, d'où sont sortis les comtes de Sancerre, issus d'Étienne III, fils de Thibaud-le-Grand, comte de Blois et de Champagne [3]; les comtes du Maine, inféodés par les ducs de France, et soumis bientôt par le duc de Normandie, Guillaume-le-Bâtard; les comtes d'Alençon et du Perche, descendant de Guillaume, seigneur de Bellevue, qui rendit à Hugues Capet de signalés services; les comtes de Vendôme, dont le premier, Bouchard, était de Foulques-le-Bon, comte d'Anjou, était intime ami de Hugues Capet et à la tête de son conseil; les comtes de Berry, qui avaient été conquis par Raoul de Bourgogne, depuis comte de France, vers l'an 920, sur les comtes héréditaires de cette province, inféodés de nouveau par les seigneurs de Bourbon.

Ces seigneurs étaient la plupart en possession de leurs fiefs, à l'avénement de Hugues II au trône; et plusieurs, tels que Foulques Iᵉʳ et Geoffroi Iᵉʳ, comte d'Anjou, grand sénéchal en 978, Thibaut Iᵉʳ, comte de Blois, et Bernard, comte de Nevers, et Bouchard, comte de Vendôme, furent des seigneurs distingués par leur courage, leurs talents et leur puissance.

Attenant au duché de France était celui de Bourgogne, dont le prince était le doyen des pairs laïques de France, et avait eu, depuis l'origine de la monarchie des Francs, l'existence la plus considérable. Ce duché fut séparé du royaume de Bourgogne, dans le partage que les fils de Louis-le-Débonnaire firent entre eux, en 843. Il comprenait le Dijonais, composé de cinq bailliages, l'Autunois, le Châlonais et la Bresse châlonaise, l'Auxois et le pays de la Montagne, dont le chef-lieu était Châtillon-sur-Seine. Ce duché fut fondé par Charles-le-Simple, en 884, en faveur de Richard, déja comte d'Autun et frère de Boson, roi d'Arles. Cette inféodation eut lieu principalement pour balancer le pouvoir de Robert-le-Fort, duc de France, qui, ainsi que nous l'avons vu plus haut, possédait déja une partie de la Bourgogne. Richard fut en effet fidèle à ce prince, et son principal appui; mais son fils Raoul, qui lui succéda en 921, se déclara pour son beau-frère, le duc de France, et, à la mort de Robert, fut même élu roi de France, et régna jusqu'en 936, laissant à son beau-frère Giselbert, et Hugues-le-Noir, son frère, ses droits à la possession d'une partie de la Bourgogne, qui fut alors divisée, par le traité de Langres, en trois parties; elle comprenait alors le comté de Bourgogne, autrement la Franche-Comté, qui n'en fut séparée qu'en 951.

Cette province passa bientôt, par une cession, à Othon, fils de Hugues Iᵉʳ, duc de France, qui alors la réunit toute entière sous sa domination, et la transmit ainsi à son fils Henri-le-Grand, qui fut solennellement investi par Hugues Capet de la propriété du duché de Bourgogne, qu'il ne possédait jusque là qu'à titre de bénéfice, et il devint le premier duc héréditaire de cette province. On croit même que Hugues Capet lui donna le titre de grand duc, que les souverains étrangers accordèrent depuis à sa maison.

Les principaux feudataires du duché de Bourgogne, ou princes indépendants qui avoisinaient leurs états, et relevaient de la couronne de France, étaient les comtés de Bourgogne et du Maine, d'abord séparés, tant qu'ils furent amovibles, réunis sur la tête d'Albéric, de la maison de Narbonne, comte du Maine, et beau-frère du duc de Bourgogne Giselbert. Son fils Lothalde, premier comte héréditaire de Bourgogne, vint en cette qualité faire hommage de son comté à Louis-d'Outre-Mer,

qui était en route pour l'Aquitaine, et le guérit d'une maladie grave. Ce comté passa, en 995, en propriété à Ollon ou Olt-Guillaume, frère d'Adalbert, roi de Germanie. Ce prince fut distingué et fixa la propriété de ce comté dans sa famille.

Les comtes de Châlons-sur-Saône, d'abord amovibles jusqu'à l'an 968, où ce comté devint héréditaire dans la famille de Lambesc, fils de Robert, vicomte d'Autun, et inféodé par le roi Lothaire, du consentement des grands de l'état.

Les comtes de Dijon, dont Rodolphe, l'un d'eux, fut, en 920, la tige de la célèbre maison de Vergi.

Les comtés de Nevers et d'Auxerre: le premier, inféodé par Hugues-le-Grand, duc de Bourgogne, en faveur de Olt-Guillaume, dont nous avons parlé, en 987; le second, réuni à celui-ci, dans la personne de Landry, gendre de Olt-Guillaume, qui passa ainsi à leurs descendants, et fournit une suite d'hommes distingués, qui possédèrent les trois comtés, jusqu'en 1266, où ils furent de nouveau séparés [1]. Les comtes de Sens, amovibles jusqu'en 941, et devenus héréditaires dans la personne de Frémond Iᵉʳ, inféodé par Hugues-le-Grand, duc de Bourgogne, en reconnaissance des services qu'il lui avait rendus, et éteint, peu d'années après, dans la personne de Renaud II, surnommé à cause de son impiété, roi des Juifs [2]. C'est de ces comtes de Sens que viennent la maison de Joigny, et celle des sires de Joinville si célèbres dans les annales de l'histoire et des lettres. Les sires de Salins, qui dès le 10ᵉ siècle ne le cédaient en puissance qu'aux ducs de Bourgogne, et souvent les égalaient. Les comtes de Semur, et depuis ceux de Vienne et de Charolais. Ces seigneurs se trouvent mêlés, par leurs alliances avec les ducs de Bourgogne, les différentes hautes charges qu'ils possédaient à leur cour, ou les relations diverses qu'ils avaient avec eux, à tous les événements de l'histoire de cette province. C'est à eux que sont dues les principales fondations d'abbayes, de châteaux, d'édifices considérables de tout genre qui embellissent cette belle province.

La Champagne, troisième pairie du royaume, dans l'ordre où les placent les historiens, faisait partie du royaume de Metz ou d'Austrasie, et elle avait déja eu des ducs dont l'autorité était amovible, et qui n'étaient que des gouverneurs. L'un d'eux, appelé Loup, contribua beaucoup à maintenir Childebert dans la possession de ses états. Le premier comte héréditaire de Champagne fut Robert de Vermandois, fils d'Herbert II, qui avait épousé la fille de Louis-le-Bègue, sœur des deux rois Louis III et Carloman, qui vraisemblablement l'investirent de ce comté, qui fut possédé, après lui, par son troisième fils, Robert de Vermandois, et enfin par Herbert, comte de Meaux, qui réunit la Brie à la Champagne. C'est sous son fils Étienne que s'éteignit, en 1020, la race des premiers comtes de Champagne, qui fut remplacée par la maison de Blois; d'où sont sortis les rois d'Angleterre, de Jérusalem, de Navarre, des ducs de Bretagne, et une foule de princes illustres; le premier comte de Champagne, de cette maison, fut Eudes II, petit-fils du fameux Thibaud Iᵉʳ, comte de Blois, surnommé le Tricheur, et dont on admire encore le château sur les bords de la Loire [3]. Il réunit à la Champagne, en 1019, les comtés de Blois, de Chartres et de Tours, qu'il possédait, et osa disputer à Conrad la succession du royaume de Bourgogne transjurane, après la mort de Rodolphe III; il prétendait y avoir droit par Berthe, sa mère, sœur du roi Rodolphe III. Ce fut un des princes les plus puissants de son temps; redoutable à nos rois, qui se reprochèrent de lui avoir donné l'investiture de la Champagne. Son voisinage laissait la France à découvert, et il pouvait porter ses armes jusqu'aux portes de Paris. La Champagne avait en dépendance sept comtés-pairies, dont plusieurs, et entre autres celui de Grand-Pré, remonte au commencement du 11ᵉ siècle.

Voisins des comtes de Champagne, et non moins redoutables qu'eux à nos premiers rois, les comtes de Flandre paraissent déja dans notre histoire en 800. Cette province, d'abord renfermée dans des limites étroites sous Charles-le-Chauve en 853, s'agrandit beaucoup, et s'étendait dans tous les Pays-Bas actuels, comprenant tout le pays de l'Escaut et de la Somme. Elle était gouvernée par un grand forestier et gouver-

---

[1] *Rusticanæ, de copiâ silvestri et venationis exercitatione victitans. Gest. Cons.*

[2] Dans la personne de Henri II, fils de Geoffroi Plantagenet, en 1154, tige de cette illustre maison

[3] BERNIER, *Histoire de Blois.*

[1] Les comtes de Semur, et, depuis, ceux d'Auxonne et du Charolais.

[2] Il affectait, à la messe, de tourner le dos au prêtre lorsqu'il se tournait vers le peuple. *Ut posterioribus suis pacem ei offerebat. Chron. S. Petri Cros.* Ce caractère est singulier pour le temps.

[3] Par le droit de Leutgarde, son aïeule, femme de Thibaud-le-Tricheur, sœur de Robert et d'Herbert, et veuve du duc de Normandie.

neur héréditaire, fondé par Charlemagne, dans la personne de Lideric, et de son fils Angelram. Baudouin, dit Bras-de-Fer, fils de ce dernier, lui succéda. C'est lui qui enleva, du milieu de la cour de Charles-le-Chauve, sa fille Judith, qu'il épousa. Après une longue opposition, Charles donna son consentement à ce mariage, à condition que Baudouin reconnaîtrait tenir les comtés de Flandre et d'Artois comme dot de la princesse, sous l'hommage de la France ; et telle est l'origine des puissants comtes de Flandre, si souvent mêlés à notre histoire, et, dans les temps reculés, si redoutables à nos rois[1], et dont la plupart furent des princes distingués. L'un d'eux gouverna sagement la France pendant la minorité de Philippe Ier, et mourut à Lille. Il fut père de Mathilde, femme de Guillaume-le-Conquérant.

La Flandre avait un grand nombre de seigneurs feudataires très puissants. Ce fut Baudouin Ier, qui déja en 866 les reconnut seigneurs héréditaires de leurs bénéfices, jusqu'alors amovibles. Le premier était l'évêque de Tournay, et après lui le prévôt de Saint-Donat de Bruges. Baudouin ordonna de plus douze pairs, pris parmi les seigneurs les plus distingués du pays, auxquels il donna le titre de comte. Six seigneurs, à sa droite, étaient les comtes de Gand, d'Harbbeck, de Thérouane, de Tournay, d'Hesdin et de Guise ; les autres, à la gauche, les comtes de Blangis, de Bruges, d'Arras, de Boulogne, de Saint-Pol, de Messine. Parmi les princes voisins du comté de Flandre, et indépendants, les plus puissants étaient les comtes de Hainaut, qui fournissent une suite de princes célèbres dans l'histoire, et qui avaient également institué une pairie de douze des plus distingués dans leurs états. Ce comté fut réuni à la Flandre vers le commencement du 12e siècle.

Le duché de Normandie, cinquième pairie, fut créé en faveur de Rollon, l'un des chefs les plus illustres des Normands, qui, loin de ravager le pays où il se portait, donna, le premier, à sa nation une existence fixe et stable. Il traita avec Charles IV, ou le Simple, de la possession d'une partie de la Neustrie, à laquelle il donna le nom de Normandie, pour laquelle il se reconnut vassal de la couronne de France, mais sans remplir les anciennes formalités[2]. Il prit en même temps le nom de Robert I[er][3], se fit chrétien, et épousa Giselle, sœur du roi Guillaume Ier, lui succéda, et une suite de princes illustres, tels que Guillaume-Longue-Épée, Richard-Sans-Peur, Richard-le-Bon, Robert-le-Diable, affermirent leur domination et préparèrent le règne plus brillant du célèbre bâtard, qui joignit à son duché la couronne d'Angleterre. Le duché de Normandie était borné à l'est par le duché de France, au nord par la Manche, à l'ouest par l'Océan, et au sud par le Perche, le Maine et une partie de la Bretagne. Les pays qui en relevaient étaient, en première ligne, le duché de Bretagne, cette grande province, qui avait déja des rois chrétiens et indépendants lorsque le reste de la Gaule connaissait à peine la foi et obéissait encore aux Romains. Gouvernée ainsi depuis le 5e siècle jusqu'à la fin du 8e, elle ne fut soumise que de 786 à 799, par les lieutenants de Charlemagne. En 824, Noménoé fut établi gouverneur du duché de Bretagne par Louis-le-Débonnaire, auquel il resta fidèle. Mais ses successeurs, s'étant rendus indépendants, remportèrent plusieurs victoires sous Charles-le-Chauve, et le pays fut divisé en plusieurs comtés[4]. La Bretagne refusa souvent l'hommage au duc de Normandie, et n'y fut contrainte que par les armes[5]. C'est des ducs de Normandie et de Bretagne que descendent les comtes de Penthièvre et de Lamballe, les barons de Fougères, qui s'intitulaient par la grace de Dieu[6]. Les autres feudataires de ce duché étaient les comtes d'Évreux, les comtes du Perche et d'Alençon, souvent indépendants, quelquefois relevant du duché de France, mais plus attachés au duc de Normandie, qu'ils aidèrent dans la conquête de l'Angleterre et dans les différentes guerres qu'ils eurent à soutenir.

La sixième pairie est le duché d'Aquitaine. En 778, Charlemagne, à son retour de son expédition d'Espagne, voulant rétablir le royaume d'Aquitaine en faveur de son fils Louis, qui venait de naître, nomma de nouveaux comtes, au nombre de quinze, pour gouverner le pays, et institua au-dessus d'eux, comme duc d'Aquitaine, le comte de Toulouse. On croit même que Rainulfe II se fit déclarer roi d'Aquitaine[1], à l'avènement de Eudes au trône de France, en 887. Par le traité de Charles-le-Chauve avec Pépin, en 845, l'Aquitaine fut divisée en deux duchés ou gouvernements généraux, celui de Poitiers et celui de Toulouse. Cette division subsista même depuis que Charles-le-Chauve eut réuni toute l'Aquitaine sous ses lois. Ainsi nous allons faire connaître quelles étaient les limites de ces deux grands fiefs et des autres fiefs qui en dépendaient. Rainulfe Ier est le premier duc d'Aquitaine ou de Guyenne, et comte de Poitiers. Ce prince fut très puissant et mourut en 887, laissant l'hérédité de ses états à Rainulfe II, son fils. Lui et ses successeurs furent fidèles aux princes carlovingiens, et refusèrent longtemps de reconnaître les rois de la troisième race. On croit même que Rainulfe II se fit déclarer roi d'Aquitaine à l'avènement de Eudes au trône de France, en 887. Trois Guillaume qui se succédèrent de suite, l'un surnommé Tête-d'Étoupe, à cause de la couleur blonde de ses cheveux ; le second, dit Fier-à-Bras ; et le troisième, Guillaume-le-Grand, furent des princes très distingués, et qui firent respecter leur puissance et marcher de pair avec celle des nouveaux rois. Le second refusa de reconnaître Hugues Capet roi de France, et reprocha aux Français de l'avoir élu, au préjudice de Charles, frère du dernier roi. Il se battit avec succès contre le nouveau roi, et conclut la paix, en 989, sans vouloir lui rendre hommage. Le troisième, non moins distingué et plus habile que les autres, gouverna avec sagesse ses vastes états, et mérita la considération générale. Il refusa la couronne d'Italie qui lui fut offerte, et embrassa la vie monastique à l'abbaye de Meilleraie, qu'il avait fondée, et où il mourut. Ce prince était honoré de tous les souverains de l'Europe, qui lui envoyaient, chaque année, des ambassadeurs, et lui faisaient des présents comme à leur égal. Il faisait tous les ans un voyage à Rome, par dévotion, ou à Saint-Jacques de Galice. Adémar dit que lorsqu'il arrivait dans la capitale du monde chrétien, il y était reçu avec les mêmes honneurs et les mêmes distinctions que l'empereur. Dans un siècle où l'ignorance était presque universelle, même parmi les ecclésiastiques, il cultiva les lettres avec succès, et protégea ceux qui s'y consacraient. Il donna l'abbaye de Saint-Maixent à Renaud, que l'on avait surnommé Platon, et la trésorerie de Saint-Hilaire au célèbre Fulbert, qui fut depuis évêque de Chartres.

Les seigneurs qui faisaient partie du duché d'Aquitaine, ou qui en étaient en quelque sorte dépendants, n'étaient pas moins distingués. Tels étaient les ducs de Gascogne, les comtes de Foix, de Fesensac, d'Armagnac, de Bigorre, d'Angoulême, de Périgord, de Limosin, d'Auvergne, de Quercy ; les vicomtes de Béarn et de Turenne ; les comtes d'Astarac. Le duché de Gascogne, qui fut établi par Charles-le-Chauve, vers l'an 850, en faveur de Sanche, fils d'un comte de Castille, et descendant de Loup, duc de Gascogne, sous le roi Pépin, comprenait l'Armagnac ; Bordeaux était le lieu de la résidence, et eut quelque temps des comtes particuliers. Ce duché fut réuni par Guillaume Geoffroy, duc de Guyenne, à la Guyenne, à la mort de Eudes, dernier duc de Gascogne, mort sans enfants en 1039. C'est de cette époque que date l'origine des deux grandes maisons de Foix et d'Albret, si longtemps rivales, et dont il est si souvent parlé dans l'histoire. Le comté de Fesensac fut séparé du duché de Gascogne, à la mort de Garcie Sanche, troisième duc de Gascogne, qui partagea ses états entre ses deux enfants, et laissa au second le comté de Fesensac, qui comprenait l'Armagnac, et dont Auch était la capitale. Un nouveau partage ayant eu lieu, à la mort de ce seigneur, entre ses deux fils Othon et Bernard, le premier eut le comté de Fesensac. Ces seigneurs ne sont plus très remarquables dans l'histoire, et leur existence, comme leurs domaines, se confond bientôt dans la maison d'Armagnac. Les comtes d'Armagnac ont un nom si célèbre, qu'on cherche, dès l'origine, à leur trouver des emplois ; mais leur illustration est postérieure à ce temps ; et à l'exception de Bernard II, qui tenta de s'emparer de la Gascogne, en 1070, on n'en voit point qui soient dignes du rôle qu'ils jouent dans l'histoire. Il faut ajouter à ces princes les comtes de Bigorre. Inigo Anet Ier, comte

---

[1] Arnoult II, comte de Flandre, refusa de reconnaître Hugues Capet, et n'y fut contraint que par les armes.

[2] L'officier qu'il chargea de le remplacer devait baiser le pied du roi ; mais il le leva si haut pour remplir cette formalité, qu'il le fit tomber en arrière, et on n'osa pas se plaindre de cette insolence. *Hist. de Normandie.*

Quant baiser dut le pié, baissier ne se daigna,
La main tendi aval, le pié au roi leva
A sa bouche le haut, et le roi renversa.
Roman de Rou, p. 49.

[3] Du roi Robert, qui fut son parrain.

[4] Conan Ier, chef de la seconde race des ducs de Bretagne, ne prit d'abord ce titre, en 952.

[5] En 1067 et 1085, sous Noël V, duc de Bretagne.

[6] Raoul, baron de Fougères, en 1154.

[1] *Art de vérifier les Dates.*

de Bigorre, ayant été élu roi de Navarre, laissa son comté à son frère *Loup Donat*. Les vicomtes de Limoges descendaient d'un ingénieur célèbre[1], et avaient fourni plusieurs seigneurs distingués, entre autres le vicomte Girard, en 963.

Les comtes d'Angoulême furent plus distingués. Le premier de tous, Turpion, frère de Bernard, comte de Poitiers, fut tué dans un combat contre les Normands, en 865. Son troisième successeur, Wolegram II, était un prince très puissant, qui avait réuni le Périgord, et avait reçu en dot de Roteline, fille de Raimond, comte de Toulouse, l'Agenois. Il bâtit les châteaux de Marsillac et de Martius, et fortifia Angoulême. C'est des comtes d'Angoulême que commencent, en 950, les Taille-Fer[2], renommés pour leur force prodigieuse et leur ardeur dans les combats, ne le cédant qu'aux comtes de Périgord, aussi anciens, et plus redoutables encore, et issus de la même maison. Ceux-ci prirent le nom de Taillerand, Taille-Rang : leur caractère aventureux, la suite d'hommes célèbres qui brillent dans leur histoire, et consacrent les noms d'Adelberg, de Boson, d'Hélie, d'Archambault, acquièrent encore plus d'intérêt par la fin tragique de cette illustre maison, vers 1399. De cette race illustre sont sortis les seigneurs de Grignols, devenus depuis princes de Chalais et de Tallevrand.

Le comté de Bourges, d'abord amovible, et dont on connait peu les premiers seigneurs, devint héréditaire, sous la dépendance immédiate des ducs d'Aquitaine. Le premier créé comte le fut par Charlemagne, lorsqu'il donna l'Aquitaine à son fils Louis-le-Débonnaire. Ce comté passa dans les mains de pairs de différentes maisons, jusqu'en 927, où Geoffroy, dit Papabos, fut nommé vicomte héréditaire de Bourges, par le roi Raoul, en récompense des services qu'il en avait reçus. Ce vicomté passa ensuite, par acquisition, au roi Philippe Ier. Le comté d'Auvergne, déja célèbre sous les rois de la deuxième race, commença à devenir héréditaire vers la fin du 9e siècle, et fournit plusieurs princes distingués.

La dernière pairie, celle du comté de Toulouse, comprenait le Languedoc et la Provence. Ces pays furent long-temps occupés par les Visigoths, et Toulouse était la capitale de leur royaume ; il fut soumis par Clovis, après la bataille de Vouillé, et par Louis-le-Débonnaire, lorsque Charlemagne l'eut fait roi d'Aquitaine. Ce monarque donna le gouvernement de Toulouse à Guillaume, qui s'intitulait déja, en 801, comte ou gouverneur de Toulouse. Son gouvernement comprenait l'Agenois. L'un de ses successeurs, le fameux Bernard, déja comte de Barcelone, réunit la Catalogne à ses états, et fut célèbre par ses amours avec l'impératrice Judith et sa fin malheureuse. Raimond III réunit le comté d'Albi, que Charlemagne, dans l'origine, avait donné à Aimon, qu'il avait fait comte d'Albi. Son fils, Guillaume III, réunit au comté de Toulouse le marquisat de Provence, qui consistait dans une partie de la ville et du territoire d'Avignon.

Sous la dépendance de ces comtes de Toulouse, étaient les comtes de Carcassonne, de Béziers et de Nîmes, d'abord simples gouverneurs, et après s'étant rendus indépendants des comtes de Toulouse, vers la fin du 9e siècle ; les marquis de Provence, et les seigneurs de Montpellier, dont l'origine date de 975 ; ils étaient de la famille des Aimons, et ne portèrent long-temps que le titre de baron. Le père Vaissette dit que tous les souverains de l'Europe, vivant en 1630, descendaient, par les femmes, de ces seigneurs, qui n'eurent jamais en eux, ni leurs successeurs, le titre de comte. On peut encore ajouter à ces grands vassaux, les comtes de Roussillon, d'Ampurias, de Cerdagne, de Barcelonne, qui furent toujours dépendants des comtes de Toulouse[3].

Près de ces grands feudataires, composant le royaume de France, étaient plusieurs princes dépendants des souverains étrangers, ou souverains eux-mêmes, tels que les ducs de Lorraine, de l'ancien empire d'Autriche, les landvogt d'Alsace, tige de la maison de Habsbourg.

Les royaumes d'Arles et de Bourgogne comprenaient la Provence, le Dauphiné, partie du Lyonnais, la Tarentaise, partie des comté et duché de Bourges, le Vivarais et quelques cantons suisses. Ce royaume, fondé par Boson, en 880, et par la reine Hesmengarde, dura deux cents ans, et disparut avec les troubles de ce pays. A la mort du jeune Conradin, en 1264, dernier rejeton des rois d'Arles et de Bourgogne, les vassaux se révoltèrent, et les plus puissants se rendirent indépendants, tels que les comtes de Bourgogne et de Provence, les dauphins de Viennois et les seigneurs de Bresse. Les plus faibles se rendirent vassaux de la France.

On vit s'établir à-peu-près en même temps les comtes du Lyonnais et Forez, dont il est déja parlé en 880, et les comtes de Beaujolais, de la famille des comtes du Lyonnais ; les comtes de La Marche, les seigneurs de Bresse ; les comtes de Bourbonnais, dont le premier, Aymar, fonda, vers 920, l'abbaye de Sauvigny, et dont les descendants, par leurs services et leur attachement à la maison régnante, s'élevèrent très haut.

ÉTAT DES ARTS ET DES MONUMENTS

DE LA QUATRIÈME ÉPOQUE.

Le règne de Charlemagne, si brillant dans toutes choses, ne pouvait manquer de l'être également dans les beaux-arts. Paul Émile, son historien, dit qu'il n'est point de lieu où il n'ait laissé des traces de son goût et de sa magnificence[1]. Les richesses qu'il trouva dans le camp des Huns, les sommes que lui fournirent ses vastes états tributaires, ses économies, lui permirent de se livrer à des dépenses considérables de ce genre, sans augmenter les impôts[2]. Ce prince était né au château d'Ingelhem, près de Mayence, qui était, dit-on, soutenu par cent colonnes dorées. Entraîné par ses goûts comme par ses habitudes à habiter principalement vers le nord de la France, où il se trouvait mieux placé pour gouverner ses vastes états, il éleva un palais à Nimègue, un autre à Waltorf, embellit beaucoup celui d'Engelhem, et éleva la fameuse église d'Aix-la-Chapelle, qui surpassa tout ce qu'on connaissait alors en magnificence.

Il paraît que, suivant l'exemple de Constantin, il fit enlever d'Italie tout ce qu'il put en marbres précieux pour embellir cet édifice[3]. Le dôme était, dit-on, surmonté d'un globe d'or massif ; les portes et les balustres étaient de bronze ; les vases et les ornements d'une richesse dont on n'avait pas encore vu d'exemple[4]. Un magnifique portique, sous lequel les soldats et toutes les personnes de service pouvaient être à couvert, communiquait de cette chapelle au palais, qui la surpassait encore en magnificence : de vastes salles étaient décorées des ornements du plus haut prix ; de larges dalles de marbre servaient aux bains chauds, que cet empereur aimait beaucoup. Il est difficile d'établir quelle était la forme de ce palais, et de l'église sur-tout ; mais il est vraisemblable qu'elle brillait plus par la richesse des détails et le luxe des matériaux, que par la disposition générale. L'empereur avait fait venir d'Italie les principaux architectes et sculpteurs qu'il avait trouvés[3] ; mais à cette époque, à en juger par les édifices qui restent encore, les arts étaient tombés, dans ce pays, dans une entière décadence[6]. On suivait le goût qui régnait du temps de Constantin ; mais les nouveaux édifices étaient obscurs. Des colonnes de marbre superbe, prises de tous les anciens monuments, soutenaient des arcades grossières, sans entablement, et éclairées par de petites fenêtres mesquines. Les pavés étaient composés de pièces de rapport de différentes matières ; les murs étaient couverts d'ornements en mosaïque, en dorure et en stuc ; la voûte était soutenue par deux rangs de piliers de dimensions inégales ; une galerie intérieure servait déja de communication au pourtour de l'édifice, ainsi qu'on l'a pratiqué depuis[7] jusqu'au milieu du 10e siècle. Ces édifices étaient en bois[8]. On peut se former une idée du style de ces églises par un chapi-

---

[1] *Industriam fabrum in lignis.* LABBE, *Bibl. roy.*, Mss., t. I, p. 163.

[2] *De sector ferri.* Ce surnom fut donné à Guillaume Ier, comte d'Angoulême, pour avoir, dans une bataille contre les Normands, fendu en deux coups de sabre leur roi, malgré sa cuirasse, en 916.

[3] Ces deux derniers comtes de Toulouse et de Guienne donnaient peu de secours aux rois de France, et leurs troupes paraissent rarement dans les guerres entreprises sous les quatre premiers princes de leur maison. Elles étaient principalement composées des peuples habitant au nord de la Loire. VELLY.

[1] PAUL ÉMILE, *Hist.* FÉLIBIEN, p. 164. MÉZERAY, p. 129.

[2] SPONDANI, *Epitom.*, vol. II, p. 228.

[3] *Ad cujus sculpturam cùm columnas et marmora aliundè habere non posset, à Româ et Ravennâ devehenda curavit.* Script. Rer. Franc., t. V. EGINHARD, *Vit. Car. Mag.* MURATORI, Supl. ital., t. III. LEGEND., l. I, c. 32. MONT., *de Gall.* FOINHARD, 22.

[4] *Ex ære solido*, EGINHARD, *Loc. Cit.* VELLY, *Hist. de France*, t. I, p. 444.

[5] *Basilica antiquis Romanorum operibus præstantior ab eo fabricata, ex omnibus cismarinis regionibus magistris et opificibus advocatis.* Lrg., l. I, c. 32.

[6] CIAMPI, *de Sacr. Æd.*, IV, 34.

[7] *Deambulatoria et varios viarum anfractus modò sursùm, modò deorsùm. Richardi Prioris Vita;* HAGAN, l. I, c. 3. *Vita* WILFREDI, c. 22, p. 62. BENTHAM, *Essai ou Gal. Arch.*, p. 35.

[8] VANDELLI, *Glossarium Salicon*, au mot *Basilica.* BED., *Hist. Eccles.*, l. II, c. 14, au sujet

teau de la partie de l'abbaye de Saint-Denis, bâtie par Pepin, dans le 8ᵉ siècle, et qui représente l'aspect d'une église de ce temps. Elle offre un bâtiment soutenu par des colonnes, au-dessus desquelles règnent des arcades circulaires. La porte d'entrée, à plein cintre, est flanquée de deux tours un peu plus hautes que l'église, et au-dessus est une fenêtre ronde[1]. Plusieurs églises de Rome, construites dans ce temps, telles que Saint-Laurent, Sainte-Agnès, Saint-Vincent. L'église de Sainte-Sophie à Constantinople, la cathédrale de Mont-Réal près de Palerme, bâties, la première dans le 6ᵉ siècle, la seconde dans le 8ᵉ, donnent également une idée de l'architecture de ce temps.

Charlemagne avait recommandé à ses enfants de conserver et d'embellir les églises[2]; et Louis-le-Débonnaire en éleva une grande quantité, sur-tout dans l'Aquitaine, dont il porta la couronne du vivant de son père; c'est à cette époque que furent construits Saint-Philibert, Saint-Florent sur la Loire, Caroffes, Maixent, Conches, Moissac, Manlieu en Auvergne, Saint-Laurent et Caunes, Sainte-Radegonde-d'Agnane. Il envoya son architecte Romuald à l'évêque de Reims pour rebâtir sa cathédrale[3], et il lui permit à cet effet de détruire les remparts de la ville pour employer les matériaux à cette construction. Quelques siècles avant, les empereurs avaient donné des édits pour employer les matériaux des temples à bâtir ces mêmes murailles. Jusqu'à cette époque, et même, dans quelques provinces, telles que la Champagne et la Brie, jusqu'au 13ᵉ siècle, les églises furent en bois[4].

Louis avait ordonné au clergé de surveiller ces édifices, et d'encourager la construction d'autres nouveaux; mais il ne paraît pas que les derniers successeurs de Charlemagne aient suivi cet exemple. Quelques édifices furent construits sous Charles-le-Chauve, et, de ce nombre, l'abbaye de Cluny fut commencée par Bernold, abbé, et avec les secours de Guillaume, duc d'Aquitaine.

Les châteaux et palais prirent plus de développement. La magnificence de Charlemagne fut favorable à ce genre d'édifices, que ses pères avaient déjà ornés avec luxe. Plein des souvenirs de l'Italie qu'il avait parcourue, et des récits de magnificence qui venaient de Constantinople, il voulut les reproduire dans le lieu qu'il s'était choisi. Son palais ressemblait à ces grandes *villæ* des empereurs romains : renfermant des thermes, des bassins de marbre, de longues galeries ornées de marbres précieux, de statues, de vases et de colonnes enlevés aux palais de Ravenne et de Rome; enfin tout ce qui peut flatter le goût et la magnificence. Ses nombreuses propriétés étaient répandues sur tous les points de la France et de l'Allemagne, et il s'occupait de les embellir et de les rendre utiles.

Les princes de la famille *Carlienne* avaient leur origine et leur établissement dans l'Allemagne; ce qui fait qu'ils y faisaient un plus long séjour, et songeaient davantage à l'embellir. De là ils se portèrent vers le Soissonnais, le pays de Laon[5]; mais très peu aux environs de Paris. Metz avait été, depuis Thierry, fils de Clovis et roi d'Austrasie, le siège des rois de la France orientale; l'un d'eux donne à la Lorraine son nom[6]. Il se tint à Metz, ainsi qu'à Thionville, plusieurs assemblées. C'est dans cette dernière ville que Charlemagne fit le partage de son royaume entre ses enfants, et Charles-le-Chauve y tint les états-généraux pour le rétablissement de son autorité[7]. Schélestadt, en Alsace, eut un palais où Charlemagne célébra la fête de Noël, en 775, et dont Charles-le-Gros data plusieurs de ses lettres, en 886 et 887[8]. Verberie et Quierzy, en Picardie, sont les deux plus anciennes maisons royales de la race carlovingienne; on en voyait encore les ruines dans le siècle dernier[9]. Charles Martel fut attaqué à Verberie de la maladie dont il mourut à Quierzy. Il fut tenu dans l'une et dans l'autre plusieurs conciles sous Étienne II,

Léon IV et Nicolas Iᵉʳ. Charles-le-Chauve épousa à Verberie Émertrude, en 850, et reçut dans ce château l'ambassadeur du roi Mahomet, qui venait faire alliance avec lui[1]. Le palais d'Alligny était plus ancien encore; on en attribuait la fondation à Clovis II, et c'est là où mourut Chilpéric II. Les princes carlovingiens y firent tous quelque séjour. Ce fut dans ce palais que Louis-le-Débonnaire se soumit à une pénitence honteuse, qu'il crut avoir méritée par le meurtre de Bernard, son neveu. Les palais de Servois, de Pistes ou Pistres[2], de Ponthivy, de Meaux, sont tous connus par des capitulaires et des édits qui portent leurs noms. Celui de Pouilly, dans le Nivernais, était une station commode pour les princes de cette maison qui se rendaient en Aquitaine. C'est là que Louis-le-Bègue fut reconnu roi d'Aquitaine par les seigneurs du royaume que son père y avait rassemblés[3]. Enfin le palais de Caseneuil, dans l'Agénois, était un des lieux que Charlemagne avait choisis pour établir, tous les quatre ans, son séjour, et être à portée de régler de là toutes les affaires de la partie méridionale de ses vastes états. C'est de là qu'il partit pour aller secourir les chrétiens en Espagne, et y laissa sa femme, Hildegarde, qui mit au monde Louis-le-Débonnaire en son absence, en 777[4]. Outre ces châteaux, les princes de cette maison embellirent les villes et maisons qui avaient appartenu aux princes mérovingiens.

Les monuments militaires de cette époque ne sont pas moins importants, et commencent à prendre un caractère particulier. Charlemagne ordonna d'entourer les villes de murs, et de bâtir des châteaux sur les points qui demandaient à être fortifiés. C'est alors qu'il construisit une forteresse sur la rivière de Sturie, pour rendre la France inaccessible aux Normands, qui déjà, sous son règne, menaçaient les provinces voisines, et se répandaient dans l'Océan. Mais le besoin de se défendre, cessant contre des ennemis extérieurs, tourna en abus, par les désordres qui eurent lieu dans l'ordre politique. Les principaux seigneurs, commandant les villes et les provinces, et qui, déjà, songeaient à se rendre indépendants, saisirent avec empressement le moyen d'assurer leur puissance; ils s'entourèrent de ces murailles crénelées, que le peu de connaissance dans l'attaque des places rendait alors presque inexpugnables. Leur audace, à cet égard, devint telle, et le nombre de ces châteaux inutiles, ou de ces forteresses, augmenta à un tel point, que Charles-le-Chauve, par ses édits, fut obligé d'en ordonner la démolition[5]; mais il ne l'obtint point, et c'est principalement depuis cette époque que leur nombre s'accrut prodigieusement.

Les places de guerre, dans l'origine, se nommaient *firmitates*, que le père Daniel traduit par *firmités*, et ensuite *fertés*, d'où est venu celui de La Ferté, que portent quelques bourgs ou villes, comme *La Ferté-Bernard*, dans le Maine; *La Ferté-sur-Aube*, *La Ferté-sous-Jouarre*, *La Ferté-Milon*, etc., où l'on retrouve des traces de constructions.

La force de ces monuments dépendait beaucoup du choix des sites. C'est ordinairement sur des montagnes à plateau, et de préférence en forme conique, qu'ils furent bâtis, ou bien au confluent des rivières hérissées de rochers : près de quelques grands lacs d'un côté; de l'autre, adossés à des forêts, qui leur fournissaient le gibier et le poisson; enfin, sur des roches vives ou sur des contrées basaltiques, dans les contrées volcanisées, d'où sont venus les noms de Rochefort, Montfort, Clermont, Beaumont, etc.

Ces constructions étaient semblables à celles dont Procope[6] donne une si fidèle description. Elles consistaient en une double enceinte de murailles fort élevées, et flanquées de tours de distance en distance. Au milieu de cette enceinte s'élevait, sur une élévation de terre, soit naturelle ou factice, le donjon qui servait de refuge, de dernière défense. Quelquefois une troisième enceinte descendait de la hauteur principale jusqu'au bas de la vallée, pour protéger les habitants du village ou de la ville attenante au château. Lorsqu'ils étaient assis sur la crête ou le versant d'une chaîne de montagnes, et qu'ils ne pouvaient par consé-

---

de l'église d'Yorck bâtie en bois, *de ligno erecta.* C'est ce qui explique les fréquents incendies qui avaient lieu. Saint-Ouen à Rouen, brûlé par les Normands en 841; Chartres en 850; Saint-Martin à Tours, à-peu-près dans ce temps.

[1] LENOIR, *Monuments des Petits-Augustins.*

[2] FÉLIBIEN, *Arch.*, l. III, p. 171 et 173. PAUL ÉMILE, *de Reb. Gest. Franc.*, l. III.

[3] MARLOT, *Metrop. Rem. Hist.*, fol. 1666, vol. I, p. 394. BED., *Hist. Eccles.*, l. II, c. 14.

[4] *Foy.* VANDEUX, au mot *Basilique*, dans le *Glossaire Salique*, etc. Elles étaient toutes de cette matière en Angleterre jusqu'au 9ᵉ siècle. BED., *Hist. Eccles.*, l. III, c. 4 et c. 25. Les architectes d'Italie et de France qui vinrent en Angleterre changèrent la nature des constructions. BED., *Hist. Eccles.* Vit. WILFRIDE, c. 16 et 17.

[5] *Annal. Franc.* DUCHESNE, t. III, p. 262. *Annales de L. Bertin.*

[6] Sigebert, duc de Namur.

[7] DUCHESNE, t. III, p. 150.

[8] *De re Diplom.*, l. IV.

[9] SAUVAL, *Ant. de Paris*, t. II.

[1] DUCHESNE, *idem.*

[2] MABILLON, 866, n° 57. *Hist. gén. du Languedoc*, t. I, p. 573.

[3] P. LOUVET, *Hist. d'Aquitaine.* DUCHESNE, t. II, p. 187.

[4] *Spicileg.*, t. III, p. 185. *Chron. des Vandales.*

[5] « Nous voulons et commandons expressément que quiconque en ce temps aurait fait bâtir des châteaux, des forteresses, des retranchements palissadés, ait à les raser, et que cela soit fait pour le 1er août, parceque ces lieux sont devenus des retraites de voleurs qui font des désordres dans le voisinage; et si ceux qui les ont bâtis ne veulent pas les détruire, que nos comtes les ruinent eux-mêmes. » *Capitul. Rer. Franc.* BOLAR, in-fol.

[6] *De Ædif.*, c. 13.

quent être isolés, on les adossait à des rochers qui en rendaient, de ce côté, l'approche difficile; et on multipliait, du côté de la crête de la montagne, les ouvrages de défense. Ces ouvrages étaient absolument les mêmes que du temps des Romains; et en cela la poliorcétique du moyen âge ne montre aucun progrès. Déjà, sous les Romains, on connaissait l'avantage de défendre les courtines par des angles saillants; et, à cet effet, les murs d'enceinte, dit Végèce, n'étaient point en ligne droite, mais sinueux, de manière à ce que les assaillants fussent pris en flanc, et même à dos, par les différentes parties saillantes des murailles [1]. Les tours formaient ainsi, de distance en distance, autant de bastions. Les murailles avaient quinze à vingt pieds d'épaisseur; elles étaient construites en pierres de toutes nature, revêtues de larges pierres carrées, scellées entre elles avec des crampons de fer [2]. Les tours les dépassaient d'un tiers environ de leur hauteur, et toute cette enceinte se communiquait par un parapet intérieur et une communication au-dessous, à l'abri des pierres et des armes des assaillants. Une seule porte communiquait dans la campagne, et était défendue, comme chez les Romains, par deux tours très élevées [3] et un encorbellement qui couvrait la herse et le montant du pont-levis. C'est là que l'on préparait [4] toutes les machines pour repousser l'attaque, et qu'une garde nombreuse veillait toujours [5]. Un large fossé baignait les murs de cette enceinte [6]; des souterrains, dans lesquels étaient renfermés les vivres et les munitions, conduisaient au loin dans la campagne [7]. L'habitation principale était un massif de bâtiments, flanqué de tours plus grosses, plus épaisses que les autres, et défendu, de la même manière, par un fossé. Des puits étaient creusés dans l'intérieur; et de vastes citernes, où l'eau se rendait de toutes les plateformes, conservaient une quantité d'eau pour le temps des siéges.

L'attaque de ces places de guerre, de ces édifices, était semblable à celle des anciens. On construisait des tours en bois, d'une hauteur semblable à celles qu'on voulait attaquer [8]; on se précipitait de leur sommet sur les remparts ennemis, ou bien on sapait, par le bélier, les murs, et on faisait tomber sur les assiégés une pluie de pierres, de dards, et des matières combustibles. Les balistes et les catapultes, ces autres machines des anciens [1], s'étaient conservées dans le moyen âge, et ne cessèrent qu'à l'invention de la poudre [2].

Ces immenses constructions, qui semblaient l'ouvrage des siècles, parurent tout-à-coup, comme par enchantement, dans le cours des 9e et 10e siècles; l'abus qui rendit les fiefs héréditaires, engagea leurs possesseurs à en assurer ainsi la possession. La plupart, après avoir choisi, dans leurs vastes domaines, l'emplacement qui convenait le mieux à la défense et à l'agrément, obligèrent tous leurs vassaux à y venir travailler et à y transporter les matériaux; et, de même que les couvents s'étaient élevés par le concours simultané de congrégations entières, et des gens de leur dépendance, de même les manoirs seigneuriaux furent construits par les efforts combinés de toute la population des villes et des villages des environs; les chroniques sont pleines de plaintes et de réclamations qui eurent lieu alors sur les rigueurs exercées par les seigneurs.

Les mœurs de ce temps étaient encore un mélange de superstition et de cruauté; il suffit d'ouvrir les anciennes chroniques pour en trouver à chaque pas le tableau. J'en citerai un seul passage, tiré de la Vie de Guillaume Taillefer II, qui succéda au comte d'Angoulême, en 987. Ce seigneur était ami de Guillaume-le-Grand, duc d'Aquitaine, et l'accompagnait dans ses pèlerinages à Rome. Durant un de ces voyages, Henri, prince de Rancogne, son vassal, profita de son absence pour élever à la hâte, l'an 1024, un château qu'Adhémar de Chabannais appelle Fractarbos, dans la Saintonge. C'était, dit ce chroniqueur, fausser la foi qu'il avait faite à Guillaume avec serment prêté sur la chaussure de saint Cybar. Geoffroy, fils du comte, vengea cette félonie, en passant son épée au travers du corps à ce Henri, dans une occasion où ils se rencontrèrent. Le comte, à son retour, approuva la conduite de son fils; et ayant été faire avec lui le siège du château litigieux, il le prit, le rasa, le rétablit ensuite, et le donna à Geoffroi. Dans la même absence du comte d'Angoulême, Guillaume, vicomte de Marsillac, et son frère Odolric, coururent une atrocité détestable envers Aldouin, leur frère. Après une querelle qu'ils avaient eue avec lui, au sujet du château de Rouffiac, en Saintonge, le comte les avait réconciliés, et leur avait fait jurer amitié sur le corps de saint Cybar; mais lorsqu'il fut parti, ayant invité Aldouin chez eux, ils le surprirent dans son lit, ils lui arrachèrent la langue et lui crevèrent les yeux, après quoi ils allèrent se mettre en possession de Rouffiac. Guillaume Taillefer, à son retour, ne laissa pas ce forfait impuni, et rendit le château de Rouffiac au malheureux Aldouin. Telles étaient encore les mœurs de ces temps barbares, que les lettres et les arts n'avaient point encore adoucies.

---

[1] *Végèce. Non solùm à fronte, sed etiam à lateribus, et propè à tergo, velut in sinum circumclusus opprimitur.* L'autre, dans la description de Jérusalem, dit : *Muri per artem obliqui aut introrsùs sinuati ut latera oppugnantium ad ictus paterent.* AMMIEN MARCELL., XX et XXI.

[2] Josèphe, l. V, c. 4; et l. VII, c. 6.

[3] *Portis fores altioresque turres imposuit.* HIRTIUS, *de Bell. Gall.*, VIII.

[4] Josèphe, l. III.

[5] SALLUSTE, *in Jugurth. Communi portam statione tenebant.* Voy. l. IX.

[6]
> Quà oritur... castris producere fossam.
>> TACITE.
> Fossam instant producere muris.
>> SILIUS ITALICUS.

Homère décrit très bien cet usage, *Iliade*, I, v. 337. Après avoir construit le mur, il l'entoure d'un large fossé.

[7] Au siège de Jérusalem et de Babylone.

[8]
> Æquabat moenia terræ.
>> LUCAIN, de Marseille.
> Subit arduus agger,
> Imponitque... pugnantum desuper urbi.
> Turris multiplici surgens ad sidera tecto
> Eduibat.
>> SIL. ITAL.

JUSTE LIPSE. PATERCULUS, l. II.

---

[1] LUCAIN, *loc. cit.* JUSTE LIPSE. POLYBE, l. IV et V.

[2] On voit le récit d'un de ces sièges détaillé dans l'*Histoire d'Angleterre* de Mathieu Paris, p. 221, 222. C'est le château de Bedfort, pris par Henri III, en quatre assauts, en 1224. Le premier occupe la porte d'entrée, le second l'avant-cour, le troisième le mur d'enceinte intérieur; le quatrième met le feu à la tour ou donjon, et force la garnison à se rendre.

TROISIÈME RACE DES ROIS DE FRANCE,

JUSQU'A LA FIN DU RÈGNE DE CHARLES VII.

Tel était l'état de la France, au commencement du 11ᵉ siècle. Hugues Capet eut pour successeur Robert, qui, ayant perdu son fils aîné, Hugues, qu'il avait fait couronner à Compiègne, fait couronner à Reims son second fils Henri, qui monte sur le trône, l'année 1031. Des guerres ont lieu, sous ce règne, entre le roi de France, appuyé par le duc de Normandie, contre les comtes de Champagne et de Flandre. C'est des différends entre ces grands vassaux, et de l'appui que leur accordait souvent l'Angleterre, que se compose, pendant trois cents ans, l'histoire de notre monarchie. Henri s'empare du château de Gournai, du mont Saint-Michel; et pour reconnaître les obligations qu'il a au duc de Normandie, il lui cède les villes de Gisors, de Chaumont, de Pontoise, et tout le Vexin. C'est alors que les Normands bâtirent les châteaux de Carrouge, de Pont-Orson et de Gisors, place si importante, qu'elle fut pendant plus de cent ans le sujet de presque toutes les guerres entre la France et l'Angleterre. Il céda à Robert, son frère, qui s'était armé contre lui, et à qui il pardonna, le duché de Bourgogne, et commença la première maison de ce nom. Son duché était composé de la Franche-Comté, de la Bourgogne actuelle, du Jura, et d'une partie de la Champagne. Le second royaume de Bourgogne comprenait le Dauphiné, le Lyonnais, la Bresse, le Bugeay, et une partie de la Provence. Ce royaume finit dans la personne de Rodolphe III, décédé sans enfants, en 1033; et de ses débris se formèrent les comtés de Provence, de Bourgogne, de Viennois et de Savoie. Baudouin, comte de Flandre, beau-frère du feu roi, fut préféré par lui, pour être le tuteur de son fils, à Anne sa femme, parcequ'elle était étrangère et peu considérée; et au duc de Bourgogne, parcequ'il avait trop de crédit en France, et qu'il avait autrefois prétendu à la couronne. A cette époque, le domaine qui appartenait immédiatement au roi de France, ne comprenait guère que Paris, Orléans, Étampes, Compiègne, Melun, Bourges; et les rois vivaient du produit de leurs terres, de la taxe des Juifs, et de quelques droits ou péages peu importants. Le reste de leurs provinces était en propriété à leurs vassaux, qui à la vérité leur en faisaient hommage, mais, à cela près, se conduisaient en maîtres dans leurs seigneuries, et y exerçaient toute la souveraineté. Les plus séditieux d'entre eux étaient les comtes de Corbeil et de Mantes; le seigneur du Puiset, en Beauce; ceux de Montfort, de Montlhéri, de Rochefort, dont les fiefs étaient situés dans l'étendue du domaine du roi, se secouraient mutuellement, et exerçaient des brigandages dans les campagnes environnantes. Ne pouvant vaincre simultanément toutes ces résistances, les rois se réunissaient à plusieurs de leurs vassaux contre un seul, et cherchaient à augmenter l'étendue des domaines de la couronne par des alliances, des acquisitions, des héritages, plus souvent par des conquêtes [1]. De là les petites guerres entre le roi et ses sujets, qui occupèrent les dernières années du règne de Philippe Iᵉʳ.

C'est alors que la France se couvrit de châteaux forts, que les princes de la deuxième race avaient déjà voulu détruire, et dont ils avaient prévu les dangers [2], et qui furent autant de moyens de brigandage que de défense, autant pour mettre à couvert la rapine que pour protéger la faiblesse. Cependant de l'excès même du mal naquit le remède. Cet esprit de vie aventureuse, tempéré par la religion, fit naître dans l'ame d'un certain nombre d'hommes, nés généreux, des sentiments de probité et d'honneur. Ils imaginèrent de mettre un terme à cette action de la force contre la justice, de la violence contre la faiblesse; et sans effort de génie, mais par le seul instinct du bien et du juste, ils imaginèrent l'institution de la chevalerie, qui ne consistait en autre chose qu'en l'amélioration du système établi, et à diriger vers la vertu les passions qu'il était impossible de calmer. Il s'éleva une classe d'hommes supérieurs aux autres, par leur courage, leur force, leur puissance, et surtout leurs vertus, qui opposèrent une nouvelle passion à toutes les autres, celle de l'héroïsme et de la vraie gloire. Semblables à ces héros ou demi-dieux de la fable, ils s'établirent d'eux-mêmes les vengeurs de l'opprimé, les défenseurs du pauvre et de l'orphelin, les protecteurs des voyageurs contre les châtelains pervers; ils offraient un asile chez eux aux pauvres et aux persécutés, et acquéraient, et par là une partie, et la plus belle, des droits de l'autorité royale, la protection du faible et la distribution de la justice. Encouragés dans leurs nobles efforts, par les ministres des autels et les princes, ils établirent des règles sévères à leur institution, des degrés de rang, une éducation forte, des devoirs austères.

Les peuples reconnaissants les récompensaient par leurs hommages; les femmes encourageaient leurs nobles efforts; les vieillards les bénissaient, et tous les êtres faibles les proclamaient leurs sauveurs. De cette institution naquit de la grace dans les mœurs, de la délicatesse dans les sentiments, de la propreté dans les costumes, une droiture, un désintéressement dans les transactions, qui agit à défaut de lois, et mieux que les lois, pour la régénération de tout l'ordre social. La poésie, fille des sentiments tendres, naquit bientôt pour chanter ces nouveaux héros; et du milieu de la barbarie parut l'aurore de temps plus prospères. Ce n'était point encore la civilisation, mais ce n'était plus la barbarie [1]. Les châteaux forts, seuls monuments de ces temps reculés, prirent un aspect moins barbare, sans perdre leur originalité.

Philippe Iᵉʳ réunit au domaine de la couronne le Gatinais, le Vexin français et le vicomté de Bourges; et le roi *jura bonnement*, dit une chronique manuscrite, *qu'il tiendrait les terres aux us et coutumes qu'elles avaient été tenues, car autrement les voudraient les hommes du pays faire hommage* [2]. Deux grands événements marquèrent les fastes de ce règne: le premier, la conquête de l'Angleterre, par Guillaume, duc de Normandie, principe de tant de guerres et de malheurs pour la France, qui ne finirent que sous Charles VII. Le second fut la croisade, événement à jamais mémorable par ses conséquences sur la constitution et les mœurs du pays, singulière manie du temps, qui précipita une masse énorme de la population hors de ses foyers pour occuper un pays lointain, et produisit un changement remarquable dans les mœurs, les habitudes et les institutions. Les propriétés changèrent alors de mains, se subdivisèrent, les villes s'embellirent et s'accrurent, la classe des artisans, ou

---

[1] *Voy.* Ducange, 29ᵉ *Dissertation sur l'Histoire de Saint-Louis et les guerres des Seigneurs.*
[2] Seudannis, t. I. Montesquieu, *Esprit des Lois*, l. XXX. Marculphe, l. I. Sonin, *de Lac. de cuiq.*, l. XXX, in-8°. Chaudereau, *Traité des Fiefs.*

Tempusque subibat
Quod puod tenebras, nec posset cernere humana.
Ovid., Met., l. IV, v. 399.

[2] Sixtus, *Catal. manusc. Codd. Brit.*, l. II, p. 67. *Art de Vérifier les Dates*, t. V, p. 503.

autrement des hommes utiles, acquit de la prépondérance, et les peuples purent s'affranchir et devenir propriétaires. Les campagnes ne furent plus troublées par des guerres intestines des grands vassaux, et l'autorité royale acquit en profondeur tout ce que les petites autorités perdaient. Les croisés allaient respirer l'air de l'orient, et revenaient avec cette sorte de grandeur dans les idées que donnent la connaissance des hommes et la vie aventureuse [1]. Les livres et la découverte de l'imprimerie ajoutèrent à ces heureux résultats. Les Arabes, en quittant le sol de l'Europe, y laissèrent leur agriculture savante, leur irrigation, leurs écoles, leurs connaissances dans la médecine et l'astronomie, leurs fabriques de papier de soie et leurs manufactures de verre, pendant que d'un autre côté les chrétiens revenaient de l'orient, en rapportaient les sciences et les constitutions de ces mêmes Arabes. Ainsi leur séjour chez nous, ou le nôtre chez eux, nous fut également profitable. La prise de Constantinople, qui suivit, et qui fit refluer en Europe les artistes et les hommes instruits de l'empire grec, compléta cette seconde éducation du genre humain [2]. Un goût nouveau dans les lettres et dans les arts, et une suite de monuments qui couvrit le sol, vinrent se joindre aux richesses déjà acquises en d'autres temps. Il s'éleva par-tout une classe indépendante de petits propriétaires, de négociants, de manufacturiers, qui, dans peu, posséda une grande partie des terres, se construisit des habitations agréables, et vécut dans une sorte d'aisance et de goût, souvent préférable au luxe malaisé des possesseurs de fiefs. C'est d'abord dans les villes qu'on vit se créer ce nouveau genre d'existence, d'où il se répandit bientôt dans les campagnes. Ces nouveaux propriétaires eurent pour clientelle toute la partie industrieuse du pays, qui ne s'appliquait pas uniquement à la terre, et qui dépendait particulièrement de ceux qui l'employaient. Ils eurent également pour appui et pour commensaux tous les gens de loi, artistes, médecins, lettrés, qui, vivant avec eux dans des rapports d'une intimité familière et de parenté, leur étaient plus véritablement attachés qu'aux seigneurs, devant qui ils étaient toujours dans une sorte d'infériorité et d'embarras. Mais cet heureux évènement eut besoin de six siècles pour se réaliser. Les deux premières croisades apportèrent de faibles changements aux usages admis ; elles diminuèrent peu l'arrogance et la fierté des seigneurs. Tout le règne de Louis-le-Gros se passa en guerres contre les terribles vassaux de la couronne, liés avec l'Angleterre. Les comtes de Blois, les sires de Baugency, de Montlhéry, de Coucy, les comtes de Corbeil, de Mantes, Amauri de Montfort, et Foulques, comte d'Anjou, en étaient les chefs. C'est pendant cette ligue séditieuse que Dammartin, Païen de Montgeai, Raoul de Baugency, Milon de Montlhéry, Hugues de Crécy, Gui de Rochefort, Bouchard de Montmorency, Dreux de Mouchy, Lionnet de Menn, interrompaient le commerce de Paris dans la Brie et la Beauce. L'histoire signale encore un certain Thomas de Marne ou de Marle, sire de Coucy, qui se saisit des châteaux de Crécy et de Nogent, qu'il fortifia pour ravager les campagnes de Sens et de Reims. Ce de Marle, le plus scélérat des rebelles, disent nos historiens, mit à contribution les églises d'Amiens, de Beauvais, de Laon, de Tours, et les pays circonvoisins. Il massacra Galdéric, évêque de Laon, lui coupa l'index de la main droite, et exposa son corps à la voirie.

Le château de Puiset en Beauce, qui avait été bâti par la reine Constance, bisaïeule de Louis-le-Gros, fut usurpé par Hugues, et le roi fut trois ans à en faire le siège. Celui de Gournay-sur-Marne, et celui de Sainte-Sévère dans le Berri, dont Hombaud était le seigneur, n'étaient pas moins redoutables.

Louis incendia le château de Livry, qui avait été fortifié par Étienne Garlande, Amauri de Montfort, et Thibaut, comte de Chartres, et le château de Saint-Brisson sur la Loire, dont le seigneur troublait le commerce et pillait les voyageurs ; il prit sur Hugues de Pompone le château de Gournay, et s'empara de ceux de Crécy, de Laon, de Nogent, de Coucy. Infatigable dans ses courses, il tourna ses armes contre la Normandie, assiégea les châteaux d'Eu, d'Évreux, de Bures, d'Alençon, et s'empara de la Roche-Guyon, au Vexin français, forteresse que la nature, plus que l'art, avait rendue presque imprenable ; mais il ne put jamais obtenir la reddition du fameux château de Gisors [3]. Enfin,

après s'être rendu maître de celui d'Audelys, il perdit une bataille dans la plaine de Brenneville, mémorable par la paix dont elle fut suivie, que lui fit acheter chèrement le pape Calixte, qui en fut le médiateur.

Un des sceaux de ce prince nous le représente à cheval, tenant la bannière déployée [1], pour marquer les expéditions militaires qu'il faisait continuellement pour arrêter les guerres civiles [2]. Tous ses efforts ne furent néanmoins que suspendre la violence des seigneurs contre l'autorité royale ; et il y serait difficilement parvenu, s'il n'eût employé contre eux un moyen plus redoutable que les armes, et qui lui valut la reconnaissance du pays ; ce fut l'établissement des communes de bourgeoisie [3], et l'affranchissement des serfs, dont il donna l'exemple et fonda l'institution. Louis VII, son successeur, dut cependant faire encore la guerre aux châteaux. Le comte de Clermont, son neveu, le comte du Puy, et le vicomte de Polignac, signalaient la rebellion dans l'Auvergne par le pillage et par d'épouvantables iniquités contre l'église. Louis VII porta ses armes dans cette province, et parvint, après un grand dégât, à s'emparer des châteaux de Polignac, de Pont sur l'Allier, et de Mont-Ferrand. Sous son règne parut cette milice de brigands à la solde de l'Angleterre, sous le nom de Cotereaux-Brabançons, routiers qui aidaient le comte de Châlons à ravager les terres de l'abbaye de Cluny, fondée en 910, sous les auspices de Guillaume Ier, duc d'Aquitaine et comte d'Auvergne. Ainsi la Bourgogne éprouva le même sort que l'Auvergne, aux sièges des châteaux de Châlons-sur-Saône et de Mont-Saint-Vincent. Ces brigands devinrent plus nombreux sous les règnes suivants.

Louis VII, poursuivant le système de son père, la diminution du pouvoir des nobles, commit deux grandes fautes dans cette ligue : la première, d'aller à la croisade, où il n'eut point de succès, et pendant laquelle les seigneurs reprirent de l'ascendant, malgré l'activité et la force de Suger, à qui la France doit ses premières institutions ; la seconde, de répudier, contre les conseils de ce même Suger, la reine Éléonore, à qui il rendait la Guienne et le Poitou, et qui, six semaines après, porta cet immense héritage à Henri, comte d'Anjou, duc de Normandie, et depuis roi d'Angleterre, qui vit alors entre ses mains la Guienne, le Poitou, la Saintonge, l'Auvergne, le Limousin, le Périgord, l'Angoumois, l'Anjou, le Maine, la Touraine et la Normandie, auxquels il ajouta encore la Bretagne par le mariage d'un de ses fils avec l'héritière de ce duché ; en un mot, la moitié de la France. Il ne fallut pas moins que les grands talents et les grands succès de Philippe-Auguste pour réparer cette faute. Ce prince étendit au loin ses conquêtes, et affermit à jamais l'autorité royale dans sa maison. Il s'empara, et de tout le Valois, en 1204, et de Senlis, la capitale, dont les comtes particuliers de la maison de Charlemagne avaient été en possession jusqu'au 11e siècle. Il obtint la propriété du Vermandois, et sa réunion à la couronne à la mort de Philippe, comte de Flandre et du Hénaut, qui en conservait l'usufruit. Il réunit l'Artois, du chef de sa femme Isabelle de Flandre ; détruisit cette milice d'aventuriers, de brigands soudoyés par l'Angleterre et le comte de Flandre. Bientôt il paya à la passion du temps son tribut, en s'armant pour une nouvelle croisade. Le roi d'Angleterre et le comte de Flandre amenèrent avec eux leurs chevaliers. Les Français portaient la croix rouge, les Anglais la croix blanche, les Flamands la verte. Après avoir rendu son nom célèbre, Philippe revient en France, attaque la Normandie, s'en empare, venge le meurtre du jeune et malheureux Arthur de Bretagne, réunit enfin à la couronne l'Anjou et le Maine, et ne laisse au roi d'Angleterre de possessions en France que la Guienne.

C'est dans cette guerre qu'un grand nombre de villes et de châteaux, qu'on avait peu connus jusque-là, devinrent célèbres par leur résistance ou leur fidélité. Tels sont les châteaux de Dammartin, de Senlis, de Béthisy, de Boves en Flandre ; d'Issoudun, de Levrou, de Grazai ; de Raoul, aujourd'hui Château-Roux en Berri ; de Buzançais, aux confins de la Touraine, sur l'Indre ; d'Argenton sur la Creuse, de Mont-Luçon dans le Bourbonnais ; les châteaux de La Rochelle dans le pays d'Aunis, de Chinon et de Loches dans la Touraine, et enfin les châteaux de

---

[1] HERRERA, *Essai sur les Croisades.* CHOISEUL, *Hist. des Croisades.*

[2] LENOIR, *Discours sur l'état des Sciences en France depuis le roi Robert Ier*, 175. MURATORI, *Ant. It.*, *Diss.* 33.

[3] SUGER, *Vie de Louis-le-Gros. Histoire de France.*

[1] *Monuments de la Monarchie française*, t. II, p. 47.

[2] NICOLAS VIGNIER, *Origine et demeure des anciens Rois*, in-4°, 1582. PAUL. ÆM. *Veronensis*, *Hist. de Reb. gest. Franc.*

[3] On ne trouve aucun document de la liberté des villes, de leurs droits, ni dans les formules de Marculphe, ni dans les capitulaires, ni dans les lois de la première race, jusqu'au 12e siècle, suivant l'opinion du Laboureur ; mais il existe cependant dans le midi plusieurs traces de la continuation, à peine interrompue, du gouvernement municipal.

Verneuil, d'Évreux, d'Angers, Gaillard, Sées, Barbacs, Arques, Gisors, Rouen, Falaise, Caen, Bayeux, Lisieux, et le Mont-Saint-Michel, furent enlevés aux Anglais pendant cette conquête, qui réunit la Normandie à la couronne, après en avoir été détaché pendant près de trois cents ans[1]. Mais l'attention est distraite dans ce moment par les événements cruels qui se passaient dans le midi de la France.

Sous le beau climat du Languedoc et de la Provence, où les charmes de la poésie et la délicatesse des mœurs auraient dû éloigner à jamais la fureur des guerres, différentes sectes religieuses, connues sous le nom générique d'Albigeois, de la ville d'Albi, où ils manifestèrent principalement leurs maximes, éveillèrent la cupidité et l'envie. Le fanatisme entreprit à cette occasion, non point de convertir, non point de réprimer de malheureux égarés, mais de commettre dans leur pays toutes les horreurs. En vain ces malheureux cherchèrent à se mettre sous la protection des comtes de Toulouse, de Foix et de Comminges, qui, sans embrasser leurs erreurs, voulaient cependant les sauver de leur ruine; en vain furent-ils même appuyés par toutes les forces du roi d'Aragon, qui vint au secours de l'humanité : une armée de fanatiques, croyant gagner le ciel par des crimes, se précipita dans ces paisibles contrées, et y mit tout à feu et à sang. A leur tête, le cruel Simon de Montfort signala ses talents, son courage et ses cruautés. Avec une poignée de monde, à la bataille de Muret, il défit l'armée entière du roi d'Aragon, des comtes de Toulouse et de Foix, qui s'étaient réunis à l'élite des chevaliers et de la noblesse du Languedoc. Dans la seule ville de Béziers, il passa au fil de l'épée soixante mille individus de tout sexe et de tout âge. Les monuments qui retracent ces guerres sanglantes sont les châteaux de Marmande, de Biron en Agénois, de Montagu, de Rabastens, de Gaillac, de Saint-Marcel, de la Guépie en Albigeois, de Puilaurens au pays de Fenouillèdes, de Saint-Félix, de Montferrand, d'Avignonet dans le Lauraguais, d'Avranches dans le pays de Foix; les châteaux de Penne, de Moissac, de Montauban et de Toulouse; les trois plus fortes places du comte Raymond, Toulouse, Narbonne, ainsi que les châteaux de Saint-Marcel et de la Guépie, furent détruits de fond en comble.

Cependant Philippe poursuivait le cours de ses conquêtes sur l'Angleterre, et méritait le titre d'Auguste, que lui a consacré la postérité, lorsque les souverains et les voisins de la France, inquiets des talents et du courage de ce monarque, se réunirent aux grands vassaux rebelles qui voyaient leur prépondérance se détruire, et s'avancèrent avec une armée de plus de deux cent mille hommes sur les frontières de France. On voyait parmi eux le roi d'Angleterre, l'empereur Othon IV, Guillaume de Hollande, les comtes de Flandre et de Bourgogne, les ducs de Brabant et de Luxembourg, les comtes de Bar et de Namur. Philippe réunit tous les chevaliers, et convoqua tous les gens en état de porter les armes. Il ne put néanmoins rassembler que trente mille hommes. C'est avec cette faible troupe, mais environnée de gloire et pleine d'enthousiasme pour son roi, qu'il s'avance dans la plaine de Bouvines, et qu'il se range en bataille. La victoire fut long-temps indécise. Le roi faisait des prodiges de valeur. Blessé à la gorge, renversé par le comte de Boulogne, foulé aux pieds des chevaux, il allait périr lorsqu'un seigneur de la maison de d'Estaing le couvrit de son corps. Galon de Montagu, qui portait la bannière royale, la hausse et la baisse pour avertir l'armée du danger du roi, en même temps qu'il écarte à grands coups de sabre la foule des ennemis. Enfin la victoire se déclare pour les Français; et cette armée ennemie, si considérable, se disperse dans une déroute complète, après avoir laissé sur le champ de bataille vingt mille morts, et la plus grande partie de ses chefs.

Philippe-Auguste est, de tous les rois de la troisième race, celui qui a le plus étendu le domaine royal, et véritablement fondé le pouvoir monarchique. Il réunit à la couronne le Maine, l'Anjou, la Touraine, le Berri, le Poitou, l'Auvergne, le Vermandois, l'Artois, et sur-tout la Normandie, la plus belle acquisition que pouvait faire un roi de France; ce pays de chevalerie, cette contrée d'hommes aventureux, qui, fiers de leur origine chevaleresque, portaient dans le monde entier leur caractère entreprenant. A peine avons-nous quitté le chef illustre

de cette province, Rollon, que ses successeurs réclament notre admiration : Guillaume-Longue-Épée, Richard-sans-Peur, auquel Hugues Capet dut en grande partie la couronne de France, et Robert-le-Diable, ainsi nommé pour son courage et son activité dans la guerre. Protecteur des opprimés, il rétablit dans leurs droits successivement le comte de Flandre, le roi de France, et les deux jeunes princes d'Angleterre chassés du trône par Canut. Ce fut un des princes les plus distingués de son temps, dont la gloire ne pourra être éclipsée que par celle de son successeur, Guillaume-le-Bâtard, conquérant de l'Angleterre, véritable fondateur de cette puissance. Bientôt Robert II va porter dans l'orient la valeur héréditaire à ses maîtres; il se distingue dans vingt batailles; il monte le premier à l'assaut de Jérusalem avec ses chevaliers, et refuse la couronne de ce royaume. Ses descendants, réunissant les deux couronnes d'Angleterre et de Normandie, font plusieurs fois trembler nos rois. L'acquisition de cette province accrut le domaine de la couronne, et rendit les rois de France supérieurs à tous les grands vassaux qui, jusqu'alors, allaient de pair avec eux. Elle fit plus : elle enrichit les annales de la patrie de souvenirs glorieux, et le nom de Tancrède durera aussi long-temps que celui des royaumes de Naples, de Sicile et de Grèce, que ces chevaliers aventureux allèrent conquérir.

Philippe, en visitant ses conquêtes, ne négligea rien de ce qui pouvait contribuer et au bien-être et à la gloire de la France. Il fit bâtir plusieurs édifices, et prit des mesures pour assurer la propreté des villes. C'est à lui qu'on attribue l'origine de nos grands chemins, et c'est par ses ordres qu'on commença à paver Paris en 1184.

Louis VIII, qui succéda à Philippe, poursuivit ses avantages et son système. Résolu de chasser les Anglais de France, il s'empara de Niort, de Saint-Jean-d'Angely, et de tout le pays en-deçà de la Garonne, outre le Limousin, le Périgord, le pays d'Aunis et La Rochelle. Il ne restait plus aux Anglais que la Gascogne et Bordeaux, lorsque le roi se laissa détourner de cette utile conquête, pour marcher contre les malheureux Albigeois, et mourut en faisant le siège d'Avignon. La couronne passa à Louis IX, ou autrement saint Louis, son fils aîné, et la régence à la reine Blanche, sa femme. Cette princesse habile sut consolider les entreprises du roi contre les grands vassaux, et, par adresse autant que par la force, elle les contint dans le devoir[1]. De ce nombre étaient toujours les comtes de Champagne, de Bretagne, de la Marche, de Flandre, etc. Le comte de Toulouse cependant se soumit au roi, et il fut convenu que sa fille épouserait Alphonse, frère du roi, et qu'à défaut d'héritiers de ce mariage, le comté de Toulouse passerait à la couronne, ce qui arriva, et cette puissante maison, jusque-là indépendante, se trouva anéantie. Le roi assiège et prend le château de Belleuse dans le Perche, et gagne une bataille contre les Anglais à Taillebourg; mais ces succès se perdent par la malheureuse entreprise d'une quatrième croisade, plus funeste que les autres. Louis fit à son retour deux traités : l'un, avantageux, avec le roi d'Aragon, qui cédait définitivement à la France ses droits sur les comtés de Narbonne, de Carcassonne, d'Albi, de Foix, de Cahors en Languedoc, sur les comtés de Forcalquier et d'Arles, et sur la ville de Marseille; l'autre, désastreux, avec le roi d'Angleterre, où, sans qu'on en sache la raison, ou plutôt uniquement par un sentiment de probité et de délicatesse, peu d'accord en général avec la politique vulgaire, il lui remet des provinces entières, telles que le Limousin, le Périgord, le Quercy, l'Agénois, et la partie de la Gascogne au-delà de la Garonne. Le faible Henri III dut être étonné de retrouver ainsi une augmentation dans ses états, lorsqu'il aurait dû, au contraire, perdre ceux qui lui restaient en France. Cette bonté même, de la part de Louis IX, aurait pu nuire au respect dû à son autorité, si la puissance royale n'avait été affermie entre ses mains par les efforts moins scrupuleux et les succès plus décisifs de ses prédécesseurs. Il faut avouer également que le caractère de probité, d'honneur, de justice, que Saint-Louis s'était acquis, en imposait à ses ennemis, et lui

[1] Rigord, et Guillaume-le-Breton, son continuateur. Ducasse, t. V, p. 1. *Chron. de Flandre, Chron. de Saint-Denys.* Guillaume de Neubrige. Mathieu Paris, Anglais, moine de Saint-Alban.

Polydore Virgile; ce dernier est pour les Anglais ce que Paul-Émile est pour les Français : l'un et l'autre ont débrouillé le chaos de l'histoire.

[1] Malgré les affranchissements de Louis-le-Gros, les institutions de Suger et de Saint-Louis, le vasselage se soutenait encore avec tous ses abus. On voit que, peu d'années avant cette époque, un seigneur de Châteaubriant fait donation à l'un de ses chevaliers de trois bourgeois, qu'il avait achetés lui-même d'un autre seigneur. (*Voy.* Ducange, au mot *Burgenses.*) Henry, comte de Champagne et de Brie, voulant gratifier un gentilhomme qui venait lui demander des secours, lui fait présent de son intendant Artaud, riche bourgeois, qui avait fait bâtir le château de Nogent. Le gentilhomme empoigne mon bourgeois bien étroitement, et ne le laisse onques aller qu'il ne lui ait baillé cinq cents livres. *Voy.* Joinville, *Histoire de Saint-Louis.*

attachait les peuples auxquels il donna de nouvelles lois, de nouvelles institutions, qui auraient suffi pour illustrer son règne.

Philippe-le-Hardi, qui lui succéda, réunit à la couronne les domaines considérables que possédait Alphonse, frère de Saint-Louis, et qui, à sa mort ainsi qu'à celle de Jeanne, sa femme, revinrent à la couronne : ils consistaient dans le comté de Poitou, cédé par Henri III, avec une partie de l'Auvergne et de la Saintonge, et le reste du grand fief de Toulouse, le marquisat de Provence. Ces dernières possessions étaient celles du célèbre comte de Toulouse, un des pairs laïques de France au commencement de la troisième race, et dont les descendants s'étaient rendus célèbres dans les guerres contre les ducs de Guienne, qui plusieurs fois voulurent s'emparer de leurs états, et contre les rois d'Angleterre. L'un d'eux, Raymond IV, fut un des chefs de la croisade de 1096, et fut aussi sur les rangs pour être roi de Jérusalem. Alphonse, un de ses successeurs, naquit en Palestine, fut baptisé dans le Jourdain, et augmenta ses états par son mariage avec la fille du comte de Provence. Les guerres cruelles contre les Albigeois, que le généreux Raymond vint soutenir contre le sanguinaire Montfort, ensanglantèrent cette province, et les seigneurs légitimes en furent long-temps dépossédés. Ils y revinrent enfin en 1218. Son fils Raymond VII lui succéda, et sa fille Jeanne, son unique héritière, mariée à Alphonse de France, comte de Poitiers, frère de Saint-Louis, fit passer le comté de Toulouse et le marquisat de Provence, en 1272, à la couronne, dont il ne fut plus séparé. Le marquisat de Provence consistait dans la moitié de la ville d'Avignon, le comtat Venaissin, et d'autres places assez importantes.

Ce prince consolida la marche de la civilisation par de nouvelles améliorations, et en rompant cette barrière qui existait entre les nobles et les roturiers [1]. Philippe-le-Bel, qui lui succéda, assura dans sa maison différents domaines, dont les principaux, la Champagne et la Brie, lui vinrent de son mariage avec Jeanne, unique héritière de ces pays. Il fut au moment de posséder toute la Flandre, qu'il perdit avec la bataille de Courtrai, en 1302 ; s'il eût réussi, de tous les grands fiefs indépendants de la couronne il ne serait plus resté que ceux de Bourgogne et de Guienne. Il réunit, par confiscation, les comtés d'Angoulême et de la Marche, et le Lyonnais, qui, depuis trois cents ans, n'avait pas même été sous la dépendance féodale de la France. Cette dernière conquête se fit par Louis, fils du roi, sur Pierre de Savoie, archevêque de Lyon, à qui il ne laissa que le titre de comte de Lyon. Le roi confisqua, au profit de l'état, les terres des templiers. Mais sa véritable conquête est d'avoir su régler les apanages des princes, de manière à ne plus laisser passer dans d'autres familles les terres que le roi donnait à leurs enfants. C'est lui qui ordonna, dit Dutillet, que le comté de Poitou, donné en apanage à son fils puîné, Monsieur, Philippe de France, qui fut roi depuis, sous le nom de Philippe-le-Long, retournerait à la couronne, défaillant les hoirs mâles, ce qui excluait les filles, et rendait ces concessions de simples majorats ou starosties, réversibles comme elles le sont en Pologne et en Hongrie.

On ne remarque aucun événement historique important sous les règnes de Louis X, Philippe-le-Long et Charles IV ; mais alors on arrive aux règnes des Valois, éternellement célèbres par leurs malheurs et ceux dont ils affligèrent la France. C'est sous Philippe VI, dit de Valois, que commencèrent les guerres cruelles avec l'Angleterre, qui durèrent plus de cent ans, et mirent le royaume à deux doigts de sa perte. La cause de ces funestes rivalités, qui jusque là n'avaient consisté que dans les droits plus ou moins assurés sur la possession de la Guienne et de la Normandie, provint alors des droits que le roi d'Angleterre prétendait avoir à la couronne de France, du fait d'Isabelle, fille de Philippe-le-Bel, dont Édouard III était petit-fils, tandis que Philippe de Valois n'était que son neveu. Le droit d'Édouard fut déclaré nul en raison de la loi salique, que l'on avait déjà mise en vigueur au sujet de Jeanne, fille de Louis-le-Hutin. Sans doute la prétention en était mieux fondée, puisque Édouard était mâle : mais il ne descendait pas d'un mâle ; et les droits de sa mère, si même ils n'avaient pas été en opposition avec l'usage admis dans l'État, ne venaient qu'après d'autres princesses en ligne plus directe. A ces causes de guerre se joignaient plusieurs autres griefs.

Édouard avait été humilié de l'obligation où il avait été de venir prêter foi et hommage dans la cathédrale d'Amiens pour la Guienne ; et il était excité à la guerre par Robert, comte d'Artois, dépossédé, par un jugement solennel, de son comté ; et à mesure qu'une trève de quelques années avait lieu entre ces terribles compétiteurs, un autre motif ou prétexte rallumait les passions d'ambition ou de vengeance. Il en fut ainsi au sujet de la succession au duché de Bretagne, et, plus tard, du meurtre d'Olivier de Clisson. Édouard et son fils, les princes les plus hardis de leur temps, conçurent le projet hardi de conquérir la France, et ne furent pas éloignés de réussir. Ils avaient affaire sans doute à des princes vaillants et à une noblesse distinguée, mais peu aimée du peuple, qu'elle blessait par son orgueil et ses dilapidations [1]. Philippe est battu, par sa faute, dans la malheureuse journée de Crécy, le 26 août 1346. C'est alors qu'on voit déjà paraître le prince de Galles, si connu sous le nom de prince Noir, de la couleur de son armure, et qui devait être si fatal à la France ! Édouard assiége Calais, et le prend après onze mois de siège.

Plus heureux en négociations qu'en guerre, Philippe réunit à la couronne un grand nombre de provinces. Le comté de Valois, l'Anjou, le Maine, les comtés de Chartres et de Montpellier, et sur-tout la Champagne et la Brie, provinces qui étaient déjà acquises sous le règne de Philippe-le-Bel, mais qui n'avaient pas encore fait partie du royaume. Ces provinces avaient toujours été un point d'achoppement pour nos souverains, par leur proximité de la capitale, et par la puissance des seigneurs qui les gouvernaient. Nous avons vu que le comté de Champagne était déjà, sous Hugues-le-Grand, une des six pairies laïques du royaume ; qu'il comprenait les cinq provinces de Champagne, de Brie, de Blaisois, de Beauce et de Touraine, et qu'il entourait ainsi la capitale. Ses seigneurs redoutables résistaient aux armées des rois de France réunies contre eux, et souvent les bravaient. Le comte Thibaut II battit à plate couture, à la journée de Meaux, en 1116, le roi Louis-le-Gros, réuni au comte de Flandre, qui périt de ses blessures. D'autres se distinguèrent aux croisades, et disputèrent aux rois Philippe-Auguste et Richard-Cœur-de-Lion les palmes de l'Idumée. Henri rendit les peuples heureux. On connaît le caractère aventureux, les amours, et sur-tout les poésies de Thibaut IV, comte de Champagne. L'héritage de cette province passa à la France par le mariage de Jeanne, unique héritière des comtes de Champagne, avec Philippe-le-Bel. Louis X, fruit de ce mariage, fut roi de France, de Navarre, comte de Champagne et de Brie, et ces deux derniers comtés furent définitivement réunis à la couronne sous Philippe de Valois, par le traité de 1328, qui donna à la jeune reine de Navarre l'Angoumois, plus à portée de ses états, et les comtés de Longueville et de Mortagne, près du comté d'Évreux.

Une acquisition non moins importante qui eut lieu pendant le règne de ce prince est celle de la belle province du Dauphiné, possédée depuis le commencement du 11ᵉ siècle par des comtes héréditaires, sous le nom de Dauphin de Viennois, et originaires de l'ancienne famille des comtes d'Albert, tige également des comtes de Forez. Long-temps vassaux des rois d'Arles et de Bourgogne, les Dauphins se rendirent entièrement indépendants à l'extinction de ce royaume ; mais ils eurent beaucoup de peine à défendre leur petit état contre les voisins redoutables qui les entouraient, et dont plusieurs, tels que les ducs de Savoie et de Bourgogne, menaçaient sans cesse de les envahir. Jusqu'en 1240, ils portèrent, dans leurs écussons, les armes d'Albon ; mais sous le dauphin Guigne VII, ils prirent le dauphin, comme les dauphins d'Auvergne. Le dernier dauphin, Humbert II, plongé dans le désespoir par la perte de son fils unique en bas-âge, qu'il eut le malheur de laisser tomber d'une fenêtre dans le Rhône, ne songea plus qu'à laisser ses états à un prince qui pût les défendre contre ses voisins formidables. Il était allié à la maison de France par sa femme, et, depuis long-temps, les seigneurs de son pays avaient de l'attachement pour cette puissance. Ce fut donc d'accord avec eux qu'il fit, en l'année 1342, donation de tous ses états, excepté quelques terres en Auvergne qu'il laissa à sa famille, à Philippe de France, second fils du roi, à condition que celui qui posséderait cette province se ferait appeler Dauphin du Viennois. Mais le roi, désirant incorporer cette province à la France, obtint, en 1349, la confirmation de la donation,

---

[1] Les premières lettres furent accordées à Raoul, argentier du roi, originaire de Crépi. Mais avant cette époque, la possession d'un fief, ou le mariage avec une fille noble, donnait déjà la noblesse, et beaucoup de grandes familles ne peuvent pas prouver d'autre origine.

[1] Le second continuateur de Nangis attribue les désastres qui suivirent la bataille de Poitiers aux vices du gouvernement, qui négligeait le bien public, et à l'orgueil et au luxe de la noblesse. ACHERY, *Spicilegium*, l. III, p. 114, édit. in-fol.

à la condition seulement que l'aîné des fils de France porterait, dès sa naissance, le titre et le nom de Dauphin.

Plus malheureux encore et plus imprudent que son père, le roi Jean perdit, avec quatre-vingt mille hommes, la bataille décisive de Poitiers, en 1356, contre le prince de Galles, qui n'en avait pas dix mille, et qui, placé dans une mauvaise position, demandait la paix, en offrant de restituer tout ce qu'il avait pris à la France. Pour comble d'infortune, le roi est fait prisonnier et conduit à Londres, et le royaume est de nouveau abandonné aux troubles de la Jacquerie, et à la conquête de ces éternels ennemis. Le roi Jean signa à Londres un traité honteux, que les États, assemblés en 1359, refusèrent de ratifier. Mais bientôt les Anglais attaquent l'Artois, la Champagne et la Bourgogne; ils s'avancent jusque sous les murs de Paris, et ne suspendent leurs conquêtes qu'à la signature du traité de Bretigny près de Chartres, où Charles, régent, depuis Charles-le-Sage, se soumet au traité de Londres, et accorde encore plus, laissant aux Anglais, en toute propriété, l'ancien duché d'Aquitaine. La France cédait alors le Poitou, la Saintonge, l'Agénois, le Périgord, le Limousin, le Quercy, la ville et le pays de Tarbes, l'Angoumois, le Rouergue, le Ponthieu, les villes de Montreuil, Calais, Vire, et s'obligeait à payer au roi d'Angleterre la somme énorme, pour ce temps, de trois millions d'écus d'or. Cette époque est une des plus désastreuses de notre histoire. La France était alors dans un état déplorable [1]. Le roi Jean revint. Il hérita du duché de Bourgogne, comme le plus proche parent de Philippe de Rouvre, dernier duc de la première maison de Bourgogne, mort à quatorze ans, le 21 septembre 1361. Il donna ce duché comme apanage et à condition de réversion, dont nous avons parlé plus haut, à Philippe, surnommé le Hardi, chef de la seconde maison de Bourgogne. Il s'intitulait premier pair de France, et on lui donnait par-là le pas sur les ducs d'Aquitaine et de Normandie.

Un nouvel ennemi des rois de France se présente à cette époque, et rend son nom fameux; c'est Charles-le-Mauvais, roi de Navarre. Mais un guerrier parut pour le combattre; c'est le célèbre Duguesclin. Il gagne la bataille de Cocherel, entre Évreux et Vernon, contre les troupes de Charles de Navarre, commandées par le captal de Buch, qui est fait prisonnier; mais Duguesclin lui-même tombe entre les mains de Jean Chandos, capitaine des troupes anglaises, qui fait reconnaître le comte de Montfort duc de Bretagne, avec l'hommage à la couronne de France. Charles V, surnommé le Sage, sait par sa prudence arrêter le cours de ces nouveaux désastres. Il fait la paix avec le roi de Navarre, en lui reconnaissant le comté d'Évreux, et lui donnant la ville de Montpellier en dédommagement des villes de Mantes et de Meulan. Le brave Duguesclin reprend sur les Anglais la Guienne, le Poitou, la Saintonge, le Rouergue, le Périgord, le Limousin, le Ponthieu; il est fait connétable de France. C'est dans une de ces expéditions, qu'il fit une alliance, ou fraternité d'armes, avec son compatriote Olivier de Clisson, l'ennemi le plus redoutable des Anglais. Charles conclut la paix, et la France conserva ses avantages. Elle avait perdu, sous le roi Jean, ce que Philippe-Auguste avait conquis, et le recouvra sous le sage Charles V. Ce prince, à la mort d'Édouard III, acheva la conquête de la Guienne, et fut au moment de s'emparer de toute la Bretagne, lorsque la mort vint arrêter ses généreux desseins, et livrer le royaume à des malheurs nouveaux.

Charles V acquit, par son habileté, le surnom de Sage, qui, à cette époque, voulait plutôt dire savant, *sapiens*. En montant sur le trône, il avait trouvé les affaires du royaume presque désespérées: il les releva par sa prudence, et les mit dans un état de prospérité qui fit l'admiration de l'Europe. Sans sortir de son cabinet, il reprit sur les Anglais tous les pays que ses prédécesseurs avaient perdus à la tête des armées les plus nombreuses. Édouard III, ce fier et redoutable ennemi de la France, disait avec étonnement en voyant les progrès de Charles, qu'*il n'y eut onc roi qui si peu s'armât, et qui tant lui donnât d'affaire*. Et cependant il laissa en mourant une somme fort considérable dans les coffres de l'État [2].

Nous touchons au moment le plus désastreux de nos annales, celui où la France va être gouvernée au nom du roi d'Angleterre, héritier et régent du royaume; où nos rois, n'ayant plus d'asile, plus de places de sûreté, transportaient leur sceptre mobile d'une ville à l'autre, et

voyaient se restreindre chaque jour l'espace resserré de leurs domaines. Telles furent les suites du règne d'un roi tombé dans l'enfance, et d'une femme corrompue. La régence, pendant la minorité de Charles VI, avait été disputée par les oncles du roi, et déférée par arbitrage au duc d'Anjou, et l'éducation du jeune prince au duc de Bourgogne. Ce dernier méritait cette distinction par ses hautes qualités. Il battit à Roxebert les Flamands, qui s'étaient révoltés, et rendit le roi témoin de cette victoire. On ne sait, sans cet événement, où se seraient portés les troubles qui désolaient le royaume, et sur-tout la capitale; jamais on ne fut plus près d'une révolution démocratique et générale. Bientôt il hérita, par la mort de Louis, comte de Flandre, dont il avait épousé la fille Marguerite, de cette même Flandre qu'il avait su dompter, et joignit au duché de Bourgogne les comtés d'Artois, de Flandre, de Nesles, de Nevers. C'est peu d'années après, que commença la rivalité des maisons de Bourgogne et d'Orléans, qui causa tant de mal à la France! Le duc d'Orléans, soutenu par les Armagnacs, auxquels il s'était allié, prétendait à la direction des affaires du royaume, et il exerçait une grande influence, mais ne pouvait lutter avec succès contre un prince aussi puissant et aussi considéré que Philippe-le-Hardi, qui se tournait alternativement vers l'un ou l'autre, ou plutôt les laissait agir sous ses yeux. Bientôt le duc d'Orléans est assassiné, et le duc de Bourgogne ose se déclarer l'auteur de cette mort. Sur ces entrefaites, Henri V, qui venait de monter sur le trône d'Angleterre, signale cet avènement par la mémorable bataille d'Azincourt, où périt la moitié de la noblesse française. Plus de huit mille gentilshommes, le connétable, les ducs d'Alençon, de Bar et de Brabant, le comte de Nevers, Louis de Bourbon-Préaux, l'archevêque de Sens succombèrent; et le maréchal Boucicaut mourut de ses blessures. Les Anglais emmenèrent quatorze mille prisonniers, parmi lesquels se trouvaient les ducs d'Orléans et de Bourbon, les comtes d'Eu, et de Vermandois. Cette bataille ne peut être comparée qu'aux désastres de Crécy et de Poitiers. Les Anglais vainqueurs pénètrent dans toute la France. Le malheureux Charles VI est laissé dans un tel abandon, qu'il reste six mois sans vêtements, sans linge, et sans un serviteur pour l'assister. L'infâme Isabelle de Bavière, aussi connue par ses vices que par nos malheurs, livre aux ennemis Tours et Paris, se retire avec le dauphin, depuis Charles VII, à Poitiers, et prend le titre de régente du royaume. La capitale, les principales villes du royaume, sont en proie aux horreurs des factions: le connétable d'Armagnac et quatre mille personnes de ses partisans sont massacrés dans Paris.

Cependant le duc de Bourgogne, honteux de l'état dans lequel la France est plongée, entend à des propositions d'accommodement; et c'est dans ce moment qu'il est massacré sur le pont de Montereau. La fureur anime son fils pour le venger. Ce prince avait les grandes qualités de son père, sa popularité, aucun de ses vices. La guerre recommence; Isabelle reconnaît le roi d'Angleterre héritier du royaume contre son propre fils, et force le roi de conclure le traité ignominieux de Troyes, le 21 mai 1420, où il est arrêté que Catherine de France épousera Henri V, et qu'après la mort de Charles VI, la couronne de France passera à Henri, qui prend dès-lors le titre de régent et d'héritier du royaume [1]. Il établit en cette qualité son séjour à Paris. Tout espoir de salut paraissait anéanti, lorsque la même année vit mourir Henri V et Charles VI, et la France fut à-la-fois délivrée de son plus dangereux ennemi et de son plus faible protecteur. Elle devait cependant essuyer encore bien des humiliations avant de retrouver le repos et l'indépendance.

Henri VI, enfant de neuf mois, est proclamé roi de Paris et de Londres. Le duc de Bedfort, son tuteur et régent du royaume de France, se joint à Philippe-le-Bon, duc de Bourgogne, qui brûlait de venger la mort de son père. Ils sont encore joints par le duc de Bretagne. Charles, à peine âgé de vingt ans, n'a plus qu'une poignée de braves à leur opposer, et lui-même n'a pas les qualités qui font changer la fortune. Son royaume est réduit aux provinces du Dauphiné, du Languedoc, de l'Auvergne, du Berri, du Poitou, de la Touraine, de l'Orléanais. Les Anglais et les Bourguignons occupaient tout le reste. Bientôt il perd

---

[1] Pétrarque en fait un tableau affligeant. *Mem.*, l. III, p. 341.

[2] *Art de vérifier les Dates*, t. VI, p. 56.

[1] Les lettres que l'on expédia à la chancellerie depuis cette époque jusqu'à la mort de Charles VI, portaient: « Par le roi, à la relation du roi d'Angleterre, héritier et régent du royaume. » A la mort de Charles VI, le duc de Bedfort, oncle et tuteur du jeune roi Henri, fit crier, dans Paris, par un héraut: « Vive Henri de Lancastre, roi d'Angleterre et de France! » et à la tête des actes publics on mit: « Henri, par la grace de Dieu, roi de France et d'Angleterre. »

la bataille de Crévaut près d'Auxerre, et celle de Verneuil, malgré les services des troupes étrangères, qu'il payait fort cher. Orléans, dernier rempart sur la Loire, extrême frontière d'un royaume dont la capitale est tantôt à Chinon, tantôt à Bourges, est assiégée. Le duc de Bourbon, qui voulait la délivrer, est battu, et le fameux Dunois[1], qui la défendait, offre de la rendre, après avoir fait l'impossible pour la défendre. C'est alors, que Charles VII, réduit au dernier degré du malheur[2] et du découragement, au moment de se retirer dans le Dauphiné, voit tout d'un coup, comme par un miracle, sa fortune changer, ses terribles ennemis se désunir, ses généreux défenseurs reprendre courage, et le forcer, pour ainsi dire, à passer pour un grand prince aux yeux de la postérité. Un singulier événement, fait pour produire dans ce temps un grand effet, semble annoncer au monde la protection divine. Une jeune fille, Jeanne d'Arc, dite la *Pucelle d'Orléans*, part de son village, et vient trouver Charles VII à Chinon, lui dit qu'elle est envoyée de Dieu pour faire lever le siège d'Orléans, et pour le faire sacrer à Reims. Ce pronostic merveilleux augmente la confiance parmi les vaincus, et intimide les vainqueurs. Jeanne d'Arc, en effet, se jette dans Orléans, dont elle fait lever le siège. Les Anglais perdent la bataille de Patay, et Talbot, leur chef, est fait prisonnier. Auxerre, Troyes, Châlons, Soissons ouvrent leurs portes au roi. Il est sacré à Reims; et, après quatre ans de succès balancés, il parvient à détacher le duc de Bourgogne du parti des Anglais, et à mettre ainsi un poids énorme dans la balance en sa faveur. Bientôt après il rentra dans Paris, et finit par reprendre toutes les places de la Normandie et toutes les provinces du midi et du centre de la France qu'il avait perdues, à l'exception de Calais, qui ne fut repris qu'en 1555. Jamais on n'avait éprouvé tant de malheurs et tant de succès. Charles VII semble n'être que le témoin des uns et des autres, et ne confier dans la main du sort, qui répara pour lui les maux qu'elle lui avait causés.

C'est ainsi que fut réunie à la couronne cette belle province de la Guienne, qui comprenait autant d'états que le reste de la France; qui avait, comme le royaume, sa capitale, ses armées, ses grands vassaux, et dont le chef fut au moment de placer la couronne de France sur sa tête. Nous avons vu qu'elle avait été séparée la première de la couronne à la formation du système féodal; elle fut la dernière qui s'y réunit, par la faute de Louis VII, qui se sépara d'Éléonore, héritière de ces mêmes états, et qui les fit passer au duc de Normandie, depuis roi d'Angleterre. Cette faute causa beaucoup de maux à la France. La Guienne alors comprenait la principauté ou le domaine du duché de Guyenne, proprement dit le duché de Gascogne; de la Saintonge et du comté de Poitou; et les familles des Armagnacs, qui, après les ducs de Bourgogne et de Bretagne, étaient les plus puissants feudataires de la couronne; les comtes de Comminges, de Fesensac, de Rouergue; les La Trémouille, qui gouvernèrent et illustrèrent le Poitou. Mais les états qui relevaient de ce duché et en faisaient, pour ainsi dire, partie, étaient encore plus illustres. Au premier rang étaient les comtes de Périgord, dont nous avons fait connaître la puissance et la fierté. Ils ne se démentirent point de ce noble caractère. En butte aux attaques des ducs de Guienne, dont ils secouèrent le joug en 1368, et à celles des rois de France jusqu'à la fin du même siècle, ils succombèrent dans cette dernière lutte, et furent malheureux. Leur duché fut confisqué au profit de la couronne, par arrêt du parlement, en 1396, et donné à Louis, duc d'Orléans, de la possession duquel il passa dans la maison d'Albret; les comtés de Limousin, dont les seigneurs furent moins puissants et moins hardis, et qui se fondirent également dans la maison d'Albret, en 1456; les vicomtés de Turenne, pays renfermés entre le Quercy, le Limousin et le Périgord, qui, sous Louis VII, étaient entièrement indépendants de la couronne de France, et qui, par la suite, passèrent en différentes maisons, jusqu'à celle de Latour-d'Auvergne; les comtés d'Auvergne, d'Angoulême et de Bigorre, qui avaient été réunis à la couronne, le premier sous Philippe-Auguste, en 1198, et les deux autres sous Philippe-le-Bel, en 1307.

C'est du règne de Charles VII que date véritablement la concen-

tration et la stabilité du royaume de France. C'est lui qui réunit toutes les grandes provinces que nous avons vues, sous le nom de pairies, au commencement de la monarchie, présenter l'aspect d'autant de royaumes indépendants. Depuis cette époque, la pairie ne fut plus qu'un titre que nos rois conférèrent à leurs familles et à des princes étrangers; plus tard, à de grands seigneurs dont ils érigèrent les terres en duché-pairie. Le baron de Montmorency en fut revêtu le premier. C'est à la fin du règne de Charles VII, lorsque la France était tranquille, et que l'on pouvait se livrer, comme disent les historiens, aux ébattements de la paix, que les mœurs, les habitudes se perfectionnèrent, et que les usages acquirent de la grace et de l'élégance. Nous allons jeter un coup-d'œil sur les habitations de ce temps, dont un si grand nombre orne encore nos campagnes.

ÉTAT DES ARTS ET DES MONUMENTS

PENDANT

LA CINQUIÈME ÉPOQUE GÉOGRAPHIQUE.

L'architecture, dégénérée en France sous les derniers princes de la maison de Charlemagne, reprit, à l'avénement de la nouvelle dynastie au trône. Pendant les 9e et 10e siècles, elle suivit à cet égard l'impulsion qui lui fut donnée par l'orient. Les empereurs Basile-le-Macédonien, Léon-le-Philosophe et Constantin-Porphyrogénète élevèrent des édifices magnifiques, où régnait le goût des proportions et des ornements, mêlé déja avec une sorte de délicatesse orientale. Le plan des édifices était encore romain, mais il était épuré et correct. C'est à l'imitation de ce style que s'élevèrent en Italie les églises de Saint-Miniato à Florence, en 1016; la grande église de Pise, sur les dessins de Burchetto, de Dulichini, architectes grecs de grande réputation dans ce temps. L'église était composée de matériaux que les Pisans, alors célèbres dans le commerce, avaient transportés de tous les côtés de l'orient. L'église de Pistoïa, en 1032, suivit bientôt. Celle de Saint-Martin à Lucques, en 1061, où le portique était enrichi de sculpture à la manière grecque, représentant l'histoire de saint Martin[1].

Le même style régnait en France. Sous le règne de Robert-le-Pieux, prince éclairé, et élevé par le savant Albert, abbé de Saint-Fleury-sur-Loire, on vit s'élever la cathédrale de Chartres, rebâtie en 1020 par son évêque Fulbert[2]. Les églises de Saint-Rieux à Saintes, Notre-Dame à Étampes, l'abbaye de Cluny; Saint-Hilaire, Notre-Dame et Saint-Aignan à Orléans; Saint-Hilaire à Poitiers, Saint-Cassian à Autun, Notre-Dame à Poissy. Les mêmes travaux continuèrent sous ses successeurs; tels que les églises de Saint-Remi à Reims, celle de la Charité-sur-Loire, en 1056.

La tranquillité qui suivit les ravages des Normands, une fois que ces peuples furent fixés en Neustrie, fut favorable aux arts. Un préjugé qui s'était établi, vers la fin du 10e siècle, sur la fin du monde, et qui avait fait négliger toutes les institutions, s'était évanoui. Chacun pensa à embellir son pays, en travaillant *au salut de son ame*[3]. Le clergé, déja très puissant, encourageait ces dispositions : il promettait en récompense la vie éternelle; et de toutes parts les dons vinrent pour la fondation des églises[4]; les princes eux-mêmes les favorisèrent. C'est à cette époque que les principaux ordres religieux furent établis[5]. Le style de l'architecture de ce temps, et qui dura jusqu'au milieu du 12e siècle, est une continuation du style romain, qu'on a depuis distingué en Angleterre sous les noms de saxon et normand[6]. On peut

---

[1] Bâtard du duc d'Orléans et de Marie d'Enghien, sœur d'un gentilhomme nommé Aubert de Cani; reconnu depuis, et élevé à l'égal des princes, et devenu la tige de la maison de Longueville, qui, ainsi qu'il a été observé, commença par un grand homme, et finit par un insensé.

[2] Villaret, t. XIV, p. 300.

[1] Ciampini, vol. I, p. 78; de Sacr. Ædif., p. 165, 166. Milizia, p. 129. Muratori, t. I, p. 2 et 68.

[2] Fleury, 189.

[3] *Pro remedio animæ suæ* est une formule qu'on retrouve souvent dans les fondations. La formule de Marculphe porte : « Pour empêcher mon ame d'aller avec les cochons. » Le roi Ethelwolf, dit Assérius, comme un homme sage, fit un testament. Or il divisa ses biens entre son ame et ses enfants : ce qu'il laissa à ses enfants, je n'en parle pas; mais ce qu'il conçera à son aine consistait... Asser., *Vita Alfredi*, p. 4. Les moines qui ont écrit la vie des rois ou des seigneurs parlent à peine de ceux qui ne laissèrent point de fondations.

[4] *Alacres ad ecclesias erigendas aut restituendas insurrexere.* Baronius, *Const. eccl.*, t. XI, p. 23; ann. 1003.

[5] Celui de Grammont, en 1078; des Chartreux, par saint Bruno, en 1084; de Citeaux, en 1098; de Fontevraut, en 1106.

[6] Il y a peu de différence entre ces deux genres. Les églises saxonnes étaient plus lourdes,

l'appeler en France le premier gothique ou gothique à plein-cintre. Il consiste dans une suite d'arcades appuyées sur des piliers ronds et massifs, ornés de chapiteaux de diverses formes et tous différents, d'une abside ou rond-point éclairé par une sorte de coupole ou lanterne, garnis de chapelles en saillies extérieures, comme autant d'alvéoles. La façade est ornée d'un frontispice ou portail à plein-cintre, très chargé de sculpture et d'ornements, et divisé en plusieurs compartiments, dont quelques uns règnent au pourtour de l'église. Le tout est surmonté d'une couverture très chargée de moulures; quelquefois, mais rarement, supportant un acrobate qui cache la naissance du toit. À l'intérieur règne, comme dans les plus anciens édifices, une galerie à jour, soutenue par de petites colonnes accouplées, unies par des arcades à plein-cintre, et quelquefois en fer-à-cheval. Les ornements consistent en des espèces de palmettes en feuillage encadrées dans des lignes parallèles de bas-reliefs représentant différents sujets de l'Écriture; des ornements en zig-zag, qui sont tous assez piquants, comme encadrement des figures. Les fenêtres sont en forme de trèfle ou d'arcades, soutenues, ainsi que la galerie intérieure, par de petites colonnes accouplées, d'une seule pièce, et surmontées de chapiteaux souvent très élégants. Telles sont les églises dont nous avons parlé, et celles de Saint-Hilaire à Poitiers, Sainte-Croix à Bordeaux; Saint-Étienne à Lyon, détruite depuis peu; la cathédrale d'Angoulème, et une partie des constructions en Auvergne, à l'imitation des églises plus anciennes de Notre-Dame-du-Port à Clermont, celle de Brioude et d'Issoire, Saint-Germain-des-Prés, la Charité-sur-Loire, l'abbaye aux Hommes et l'abbaye aux Femmes à Caen, fondées l'une et l'autre par Guillaume-le-Conquérant[1]; l'église de Reims, décrite par Flodoart dans l'état où elle était en 846, et telle qu'on en voit l'aspect sur un ancien sceau, donne l'idée de ces sortes d'édifices, qui étaient flanqués de tours et de tourelles à créneaux qui leur donnaient l'air d'une citadelle. Vers la fin du 11e siècle, et lorsque les croisades exercèrent tant d'influence sur les manières et les coutumes, on vit déjà poindre les premiers essais du style léger et élégant de l'architecture gothique.

Éclairés par les connaissances de tout genre qu'ils reçurent en Italie, à Constantinople, et dans toutes les villes de l'orient, les croisés revinrent avec un esprit général de réforme et un vif désir d'amélioration. Tout alors s'épura à-la-fois; et une sorte de goût plus raffiné s'introduisant dans les idées comme dans les usages, un changement heureux s'opéra sans effort dans tout ce qui tient aux agréments de l'ordre social[2]. La langue s'épura, les préjugés s'adoucirent, le fanatisme même se modéra. On sent que les arts ne durent point rester en arrière. C'est de cette époque que datent les plus beaux monuments du style gothique léger, qui présente tant de charmes, et qui est, dans son genre, aussi près que possible de la perfection. On a beaucoup écrit pour établir l'origine de ce genre d'architecture. Les uns l'ont attribué aux Goths, aux Arabes, aux Allemands. On l'a voulu trouver dans l'imitation des forêts, dans la copie des mosquées arabes[3] antérieures aux croisades, dans l'intersection des courbes[4]. Les divagations auxquelles on s'est livré à cet égard proviennent d'une première erreur, celle de croire que ce genre d'architecture était une invention particulière, un goût nouveau, tandis qu'avec un peu d'attention, on aurait vu qu'il n'était véritablement qu'un perfectionnement graduel du style qui dominait à cette époque, qu'un peu plus de légèreté, de précision, d'élégance, de grace, donné aux édifices alors existants; changement, je le répète, opéré dans les arts par le perfectionnement du goût, comme il l'était dans tout le reste des usages et des institutions.

L'arc ogive, ou autrement la voûte à tiers-point, qui forme le carac-

tère particulier de cette seconde espèce d'architecture gothique, fut employée, dans quelques édifices, vers le milieu du 11e siècle[1]; mais elle ne fut généralement adoptée et perfectionnée que dans les 12e et 13e[1]. Les changements qu'on remarque dans les édifices tiennent principalement à cette heureuse innovation, aux embellissements qu'elle amena. On voulut imiter en pierre les charpentes légères qui s'élançaient des murs et retombaient par des pendentifs ornés au milieu de la nef. La faiblesse des supports, des points d'appui, des piliers, pour établir une semblable voûte, dut faire chercher la nature de voûte qui offre le moins de poussée extérieure, et permettait d'employer des matériaux plus légers. La voûte croisée, déjà connue[2], fut alors adoptée généralement de préférence à la voûte à plein-cintre ou elliptique, et fut perfectionnée; et la facilité de sa construction[4], sa légèreté, se trouvèrent convenir parfaitement à l'élévation qu'elle devait atteindre. De cette heureuse innovation dut nécessairement découler la forme ogive et élancée des fenêtres, des portes et de toutes les parties des églises. Le plan des édifices resta absolument le même; les formes extérieures même ne variaient point; les églises consistaient toujours en de longues nefs en arcades, en forme de croix, terminées par un rond-point, et garnies, au pourtour, d'une galerie au-dessus des arcades, par laquelle on pouvait faire le tour de l'édifice. Les salles souterraines furent même toujours à plein-cintre pour leur conserver la solidité; ce qui prouve que l'arc ogive fut considéré comme un perfectionnement et une élégance. Les façades principales eurent de même trois entrées: une principale, au-dessus de laquelle était une fenêtre circulaire, nommée rose, en verres de couleurs. L'assemblage de ces parties en fuseaux, en torons, partant de la base des piliers, sans intermédiaire jusqu'au sommet de la voûte, décrivant par leurs nervures une courbe (non interrompue par des entablements, des frises, comme dans les ordres grecs), semblaient des gerbes de pierre, des berceaux immenses, des tentes créées par enchantement. Les ogives, formant de toutes parts des rayons divergents, et divisant la surface en angles saillants et rentrants, donnèrent à tout l'édifice un aspect d'élégance, de grace et de hardiesse, qui étonne et qui charme. Toute cette construction parut s'élancer dans les airs, se revêtir d'ornements de gaze transparents; un jeu admirable d'ombre et de lumière se répandit partout. Il sembla que ces édifices, jadis obscurs, devenaient transparents et à claire-voie. Les murs furent prodigieusement élevés; et on imagina alors de les soutenir par des contre-forts en arcs-boutants : assuré ainsi de leur solidité, on les perça de tous côtés par des fenêtres minces en haut, et seulement séparées par la place que devait occuper le contre-fort extérieur. Le jour trop éclatant qui en serait résulté fut tempéré par l'usage des vitraux de couleur, qui reçurent alors leur degré de perfection, et eurent l'avantage de n'introduire qu'une lumière douce et mystérieuse, et en même temps de représenter les sujets de tout genre qui contribuaient à la richesse et à l'embellissement des lieux saints; admirable combinaison de recherches d'effets de lumière, d'élégance, qu'il est impossible de trouver dans les ordres grecs, trop surbaissés et trop massifs.

L'extérieur ne fut pas aussi parfait, aussi agréable à la vue; et la multitude d'arcs-boutants nécessaires au soulagement de la pointe des plates-bandes et des ogives parait, autour des édifices, comme l'échafaudage ou les échelles qui n'auraient point encore été enlevés : mais cet effet désagréable est racheté par une multitude de petites parties saillantes et pyramidales qui distraient la vue de ces courbes horizon-

---

[1] moins grandes et moins magnifiques : elles étaient la plupart en bois, et décorées de peu d'ornements. Le style introduit par les Normands après la conquête, et dont tant de beaux ouvrages existent encore, prouve que la France avait en ce genre la supériorité : on y reconnaît déjà plus d'élégance et de noblesse. Ce n'est que sous Henri Ier et Étienne, en 1135 et 1151, qu'on commença à construire plus solidement. ORDER., *Vita S. Henr. eccl.*, l. X, p. 788.

[1] FLODOART, *Metropol. Rem. Hist.*, traduit par Nicolas Chercau, 1581, c. 5. ANQUETIL, *Hist. de Reims*, t. I, p. 351.

[2]
Now at last the sacred influence
Of light appears, and from the walls of heaven
Shoots far into the bosom of dim night
A glimmering dawn.
MILT., *Par. lost*, book 2, sub fin.

[2] Lord Aberdeen, Withington, M. Haggelt.
[4] Le docteur Milner et d'autres.

[1] A Saint-Germain-des-Prés, la chapelle de Saint-Denys, la Charité-sur-Loire. WITHINGTON, *Ant. of France*, p. 87. Il en était ainsi en Italie. Le dôme de Sienne, bâti en 1180. Et antérieurement, à Pise, aux ailes de côté de la nef, bâties en 1016 (MILIZIA, p. 140). Et à l'abbaye de Cluny, en 1093. DELLA VALLE, *Lettere Senesi*, vol. II, p. 17. *Orig. of goth. ant.*, SIDNEY HAWKINS, p. 125.

[2] La moindre élégance donnée naturellement aux arcades à plein-cintre des fenêtres ou portes des anciennes églises dut conduire à l'arc ogive. L'intersection des arcades croisées, déjà usitée, suffisait pour donner l'idée d'établir ainsi les voûtes; et en effet, on voit beaucoup d'exemples de ces intersections dans les ouvrages antérieurs au 11e siècle. L'arc ogive, ou, ce qui revient au même, le triangle équilatéral, usité dans les églises d'Italie des 10e et 11e siècles, formant la corde de cet arc ogive, enfin le mode même de le tracer, est décrit dans la première proposition d'Euclide, pour élever un triangle équilatéral sur une ligne droite donnée. Voy. *Archéolog.*, VIII, p. 192. CIAMPINI, vol. I, p. 52; vol. I, p. 340, 462.

[3] Plusieurs édifices antiques, et principalement la grande salle des thermes de Dioclétien, offrent un système complet de voûte croisée, qui prend naissance sur les colonnes de la même manière que les voûtes gothiques partent des piliers ou des torons adossés à ces piliers. On y ajoute seulement de larges nervures en saillie.

[4] Le moindre appui permet de construire une voûte à tiers-point, dont les claveaux se soutiennent, et rend inutiles les armatures des arcs à plein-cintre.

tales. Une profusion d'ornements, de figures, enchâssés dans des cadres et des compartiments, dédommage du défaut d'avant-corps, de péristyles et de colonnades qui font l'ornement des ordres anciens. Quoique n'ayant plus aucun rapport avec l'architecture grecque, quoique dépourvue de ces belles lignes horizontales formées par les architraves, les entablements, les corniches, elle ne laisse pas que d'avoir ses proportions particulières, et, pour ainsi dire, sa modinature. Obligée de renfermer un grand espace, et par conséquent de chercher des jours en hauteur, elle tendit constamment à s'élever, tandis que les temples anciens formaient un ensemble circonscrit, isolé, pouvant conserver leurs dimensions, et ne jamais souffrir d'altérations dans leurs formes. La perfection qui se remarque dans les ordres grecs par l'harmonie des parties surbaissées doit se chercher, dans le gothique, dans la proportion de la hauteur avec la grandeur de l'édifice, la hardiesse, par conséquent, des voûtes et des piliers, le jour et l'air qui circulent entre eux. L'architecture gothique a des beautés qui lui sont propres. Vouloir la juger d'après les règles qu'elle n'a pas suivies, c'est ne pas la connaître, et se mettre dans l'impossibilité de l'apprécier. C'est en la comparant à elle-même et aux progrès qu'elle a faits, qu'on lui fixe une place, et une place importante, dans l'ensemble des inventions des hommes et des productions du génie. En un mot, cette architecture est complète dans toutes ses parties, quoiqu'elle soit opposée aux règles sévères du beau; et on peut dire même qu'elle est d'autant plus parfaite dans son genre, qu'elle s'éloigne davantage des formes antiques et régulières.

Les premiers essais de ce style furent d'abord imparfaits et mêlés à l'ancienne construction. Tels furent les édifices construits vers le milieu du 12ᵉ siècle, comme les églises de Saint-Denys, par l'abbé Suger; les Templiers à Paris, Saint-Pierre à Chartres [1], l'abbaye de Fontevrault. Mais vers la fin du 12ᵉ siècle, on abandonna entièrement l'ancien style; ce ne fut cependant que dans le 13ᵉ siècle, sous saint Louis, que les grandes constructions du nouveau genre eurent lieu, et couvrirent la France d'une quantité d'édifices d'une grande élégance, qui illustrèrent les noms d'Engelram, Wautier de Meulan, Hugues Lebergier, Robert de Luzarches, Thomas de Cormont, son fils Regnault, Pierre de Montereau, Robert de Coucy, Jean de Chelles, Pierre et Eudes de Montreuil.

Alors on vit s'élever, sous la direction de ces habiles artistes, les églises des Quinze-Vingts, de Sainte-Catherine-du-Val; la Sainte-Chapelle à Paris, chef-d'œuvre d'élégance [2], présentant deux églises l'une sur l'autre, sans qu'on se rende compte de la manière dont elles sont soutenues; l'église de Notre-Dame à Mantes, Saint-Étienne à Troyes; les abbayes des Lis près de Melun, de Longchamp, de Maubuisson, de Poissy [3], de Royaumont; les ponts sur le Rhône; la cathédrale et l'église de Saint-Nicaise [4] de Reims, celles de Strasbourg [5], de Laon [6], de Beaumont et Saintes; celle d'Amiens, qui surpasse en élégance et en perfection tout ce qu'on connaît en ce genre en France et dans les autres pays [7]. En entrant dans cette église, on est frappé d'étonnement par la légèreté et l'élégance de tout l'ensemble, sa prodigieuse élévation [8], cette multitude de piliers en harmonie, la disposition heureuse des chapelles et sur-tout celle des colonnes, ces demi-cercles au fond du chœur, la multitude de roses en verres de couleur ornant les fenêtres. Cette église semble être une cage à compartiments légers, où le jour aborde de tous côtés; elle est toute en fenêtres, toute en lumière, comme un globe de verre suspendu dans l'atmosphère, comme un dais qui couvre majestueusement le Saint-des-Saints. Elle fut commencée en 1220, et achevée en 1288.

Ainsi que l'architecture religieuse, l'architecture civile gagna beaucoup pendant les trois premiers siècles après l'établissement de la nouvelle dynastie. Nos rois possédaient les maisons royales qui avaient

déja été occupées par les princes des deux autres maisons, et d'autres édifices qu'on y avait ajoutés. Ils habitèrent alors de préférence Paris et les environs, qui étaient leur domaine particulier, la résidence habituelle de leurs pères. Ils cherchèrent à l'embellir et à le rendre digne du titre de capitale, qu'il venait d'acquérir pour toujours. Philippe-Auguste le fit paver; il en recula l'enceinte et en augmenta les édifices. On distinguait alors le palais de la Cité. C'était le plus grand palais de nos rois. Mathieu de Paris dit que Henri III, étant venu visiter saint Louis en 1254, logea le premier jour au temple, et le lendemain au palais de la Cité [1]. Philippe-le-Bel y séjourna. Le *Louvre* [2], qui avait été bâti pour servir de maison de campagne à nos rois, et de forteresse pour défendre la rivière et tenir en respect les Parisiens, existait déja sous Louis-le-Gros, puisqu'il est dit que ce prince le fit entourer de murailles, de fossés et de tours, lorsqu'il cherchait à réprimer l'audace des grands vassaux de la couronne, qui interceptaient tous les passages des environs de Paris, et tenaient cette ville bloquée [3].

Les travaux immenses que Philippe-Auguste a faits à ce château lui ont acquis le droit d'en être regardé comme le fondateur. Il le fit flanquer de plusieurs tours : la plus considérable était au milieu de la cour; elle était ronde, environnée d'un fossé large et profond. On ne pouvait y pénétrer que par un pont-levis d'un côté, et de l'autre par une galerie qui aboutissait au grand escalier du château; de sorte que cette tour avait elle-même l'apparence d'un fort. Rigord la nomme la Tour-Neuve.

L'emploi des tours bâties par Philippe-Auguste se trouve confirmé par des monuments authentiques. Telles étaient la tour de la Librairie, la tour de l'Artillerie, la tour de l'Armoirie, la tour de la Fauconnerie, la tour de la Grande-Chapelle, etc., etc., et enfin la Grande-Tour, qui a été une prison d'État. Ferrand, l'un des trois comtes qui avaient préparé la ruine de la France et la perte du roi, fut le premier de tous les prisonniers d'état qui y ait été renfermé.

L'entrée de Philippe-Auguste dans Paris après la bataille de Bouvines, disent les historiens, ressemblait aux anciens triomphes des Romains : les prisonniers suivaient le char du vainqueur. Ferrand, comte de Flandre, était attaché dans un chariot tiré par quatre alezans, alors appelés ferrands [4]. Cette circonstance a fait prendre à la grande tour du Louvre une dénomination : le peuple la nomma la tour Ferrand et tour Ferrée. C'est ainsi qu'elle se trouve désignée dans plusieurs monuments.

Les principales actions des règnes de Charles V, de Charles VI et de Charles VII, se passèrent à l'hôtel Saint-Paul, alors hors de Paris, célèbre maison royale, qui retrace les sanglantes querelles des familles d'Armagnac et de Bourgogne, branches de celle de France; les massacres des princes, des grands officiers de la couronne; les attentats contre l'autorité royale; la démence de Charles VI; la conduite scandaleuse d'Isabeau de Bavière, son épouse, avec Henri IV d'Angleterre, pour lui déférer la succession du royaume au préjudice de son propre fils.

Charles V, encore dauphin, fit construire cette maison pour être l'hôtel des grands ébattements, ainsi qu'il est dit dans l'édit du mois de juillet 1364, pour l'union de cet hôtel au domaine de la couronne.

La quantité de bâtiments, de cours, de jardins renfermés dans son enceinte, en faisait, à cette époque, une des plus vastes maisons royales près de la capitale. Les hôtels de la Reine, de Beautreillis, de Puteymuc ou Petit-Musc, de la Pissotte, des Lions, l'hôtel du pont Perrin, la Bastille, s'y trouvaient compris. On peut encore apprécier son étendue par tous ces noms conservés dans le quartier qui s'est formé sur ses ruines.

La principale entrée du palais était du côté de la rivière, et régnait tout le long du quai Saint-Paul. La tour de Billy et celle des Tournelles, sur les deux rives de la Seine, servaient à sa défense du côté du midi. Charles V, en faisant bâtir la Bastille, forteresse d'une défense prodigieuse à cette époque, eut en vue la sûreté de Paris du côté de l'orient, à l'exemple de ses prédécesseurs, qui avaient fortifié cette ville avec le

---

[1] FÉLIBIEN, *Hist. de Saint-Denys*, IV, 7. *Hist. de Paris*, IV, 57.

[2] En 1249, par Pierre de Montreuil, sous saint Louis, qui éleva trente-cinq églises à-peu-près dans ce style. Voy. *Ann. des Bât.*, n° 2, p. 84.

[3] Par Robert de Coucy, en 1211.

[4] Par le même artiste ou son fils, en 1211.

[5] Par Ervain de Steinbach, en 1270.

[6] En 1112.

[7] *Aditus, columnæ, chori, fenestræ, altaria, in stuporem rapiunt spectatores.* *Top. Gall.*, p. 14.

[8] *Altitudine omnis alia excedens. Top. Gall.*, 14.

[1] *Histoire de Paris.*

[2] Piganiol de la Force.

[3] Duchesne.

[4] GUILLAUME, dit le Breton, *Hist. de Vitâ et Gestis Philippi Augusti.* DUCHESNE, t. V, p. 68.

Quatre ferrands ferrés
Tenaient Ferrand bien enferré.
Chronique du temps.

Louvre du côté de l'occident. Paris était alors environné de murailles, fortifiées de tourelles dont il reste des fragments, et de fossés très profonds, remplacés depuis par des rues qui en conservent les traces par leurs dénominations.

L'hôtel des Tournelles ne commença à devenir maison royale qu'après la conquête de Charles VII sur les Anglais. C'était la demeure du duc de Bedfort, qui l'avait rendu magnifique. Il était situé sur une partie de l'emplacement où, depuis, Henri IV a élevé les fondements de la place Royale. Charles VII en fit sa demeure particulière, pour effacer de son esprit les souvenirs déchirants que lui présentaient les murs ensanglantés de l'hôtel Saint-Paul, les malheurs de sa jeunesse et ceux de ses pères.

C'est Philippe-Auguste qui éleva dans le bois de Vincennes une maison de plaisance appelée, dans un acte de l'an 1270, *Royal-Manoir*. Le bois, qui fut environné de murs, en devint le parc. Ces murs étaient épais de quatre ou cinq pieds environ. L'abbé Lebœuf en a observé les restes, qui, de son temps, subsistaient encore entre le château et Saint-Maur. C'est à Vincennes que Philippe-Auguste, à son retour du Levant, l'an 1192, célébra les fêtes de Noël[1].

Philippe-le-Hardi, fils de saint Louis, donna des accroissements au parc. Charles, comte de Valois, frère de Philippe-le-Bel, jeta les premiers fondements du château qui existe aujourd'hui. Philippe de Valois et le roi Jean son fils firent élever le bâtiment jusqu'au troisième étage, et Charles V acheva l'entreprise de ses ancêtres.

Saint Louis y fit un pavillon, et rendit ce lieu célèbre par le séjour qu'il y fit et la justice qu'il rendit à ses sujets sous un chêne, qu'on montra long-temps après lui. Non loin de ce château était celui de Beauté, et un quart de lieue plus loin celui de Plaisance. Le château de Beauté communiquait avec celui de Vincennes; il avait une porte dans le bois même. On croit que c'est Charles V qui le fit bâtir. « Ce prince, dit son historien, édifia Beauté, qui moult est notable manoir[2]. »

Pendant que Charles, dauphin, assiégeait Paris, en 1357, et était logé en son hôtel du Séjour à Carrières, il émit une charte du roi Jean en faveur des habitants de Creteil, qui fournissaient le fourrage des chevaux à Carrières.

La maison royale de Charenton était une véritable forteresse, qui subsistait au 14e siècle avec distinction. Elle avait un capitaine particulier. Des historiens modernes ont marqué qu'en 1567, il y avait au pont de Charenton une forteresse inexpugnable[3].

Le bourg de Gonesse se glorifie d'avoir donné naissance à Philippe-Auguste. Il y avait sans doute dans ce lieu un palais royal, où la reine Alix fit ses couches[4]. On voit encore, cent ans après, Robert d'Artois, frère de saint Louis, tomber malade à Gonesse et y rester jusqu'à sa guérison, pour laquelle on fit des processions à Sainte-Geneviève de Paris.

Étampes, *Stampæ*[5], dans Frédégaire, est un des plus anciens domaines de nos rois de la troisième race. On croit que le château a été bâti par la reine Constance. Le roi Robert, son mari, s'y plaisait beaucoup. La cour y a séjourné sous plusieurs règnes. Louis-le-Jeune y assembla tous les grands du royaume pour délibérer sur le voyage d'outre-mer, et y créa régent du royaume Suger, abbé de Saint-Denys, ainsi que Raoul, comte de Vermandois.

Dourdan, également dans la Beauce, appartenait encore en propre à Hugues Capet. Hugues-le-Grand, duc de France, y mourut. La chronique de Morigny appelle Dourdan *Regium Municipium*, en l'an 1147.

Le château de Creil, sur la rivière d'Oise en Picardie, a été bâti par Charles V, et achevé par ses successeurs. La cour s'y réunit souvent pendant la maladie de Charles VI. Isabeau de Bavière, pour distraire ce prince, le conduisait aux châteaux de Beauté, de Plaisance et de Creil.

Corbeil était une maison royale qui fut réunie au domaine sous Louis-le-Gros. Adèle de Champagne, épouse de Louis VII, et Blanche de Castille, veuve de Louis VIII, y résidèrent. Louis VII était à Corbeil lorsque saint Bernard vint lui parler, en 1442, de l'incendie de Vitry en Champagne, dont il était cause. Saint Louis le fit rebâtir en 1258. Charles de France, comte de Valois, frère de Philippe-le-Bel, y fut marié à Marguerite de Sicile, fille de Charles II, roi de Sicile; et Philippe-le-Long, en 1306, avec Jeanne, fille d'Othon, VIe du nom, comte de Bourgogne. Cette princesse, et plusieurs autres de la famille royale, y firent leurs couches.

Melun, dans le Gâtinais, était une place très importante dès le temps de Hugues Capet. Bouchard, favori de ce prince, en était le comte et le seigneur. L'auteur du *Dictionnaire universel de la France* dit que Charles V fit bâtir le château; mais on a des preuves qu'il existait plus anciennement. Les rois Robert et Philippe y moururent, le premier en 1031, l'autre en 1108. Philippe-Auguste, en 1206, y assembla tous les grands du royaume pour délibérer sur l'excommunication que le pape avait lancée contre lui, et sur la guerre contre les Anglais. Louis-le-Gros y avait aussi, avant lui, assemblé les grands de l'état pour prendre des mesures contre Hugues, comte de Puiset[1]. Saint Louis y fit chevalier Charles de France, en 1246, et lui donna les comtés d'Anjou et du Maine. Le palais était à la pointe de l'île de Melun, et l'on peut se former une idée de son étendue. On nomme cette situation *Miclitanum castrum*, ou *Milidianum castrum*[2].

Quelque fortes que fussent ces places et ces habitations, elles n'étaient point supérieures aux semblables constructions des seigneurs, qui, ainsi que nous l'avons dit, s'étaient rendus par-tout indépendants, et avaient construit des châteaux ou véritables forteresses, dans lesquels ils exerçaient la souveraineté. Paris était tellement bloqué par eux sous le règne de Louis-le-Gros, que le roi ne pouvait aller de cette ville à Étampes sans une forte escorte[3]. Le château de Montlhéry, occupé par les seigneurs de Milon, de Gui de Troussel, empêchait la communication d'Orléans à Paris. Philippe Ier se disait vieilli des inquiétudes que lui avait causées ce château, dont Louis-le-Gros eut beaucoup de peine à s'emparer. Les châteaux de Joigny, Montereau, Raynaud de Tillier, de Gournay, de Gisors, de Gaillard, rappellent l'ambition et la puissance des comtes de Champagne, de Richard, duc de Normandie, et d'Eudes, comte de Blois. Chaque province avait ses forteresses particulières, qui s'élevèrent de son sein à différentes époques et pour différentes circonstances. La minorité de Guillaume-le-Bâtard fut la source de celles qui couvrirent la Normandie. La répugnance des seigneurs à la reconnaître fortifia en eux le désir de l'indépendance, et de ce genre d'autorité qui alors constituait le pouvoir de fait comme de droit. Alors s'élevèrent les châteaux de Carouges, Pont-Orson; Falaise, bâti sur un rocher, déjà célèbre sous les premiers ducs de Normandie, et que Talbot rendit par la suite imprenable; le château de Gaillard, taillé dans le roc, fut le boulevard de la Normandie contre la France, et celui de la France contre la Normandie lorsque Philippe-Auguste s'en fut rendu maître en 1203.

Les forteresses de la Navarre au pied des Pyrénées; celles de Saintes, de Taillebourg dans la Guienne, assises sur des rochers inaccessibles, où saint Louis remporta cette victoire célèbre sur les Anglais, l'an 1242, dont il est fait mention plus haut.

Les châteaux de Carleton, de Hennebon, de Blain, de Chantoneau, de Giron, de Josselin en Bretagne, presque tous bâtis sur des rochers escarpés, ou dans le fond des forêts, retracent les agitations de cette province depuis l'an 874 jusqu'à la fameuse bataille d'Auray, qui mit en possession du duché de Bretagne le comte de Montfort, connu sous le nom de Jean IV, après avoir vaincu Charles de Blois, seigneur de Guise, son compétiteur.

L'Auvergne, et les extrémités du Limousin et de la Marche, les plus rapprochées de cette ancienne province, offrent peut-être plus d'exemples de cette inaccessibilité des châteaux qui, dans nos antiquités, ont la réputation d'être inexpugnables. Ces sites monstrueux, traversés en tous sens par d'énormes roches, tantôt primitives, tantôt volcanisées, prêtaient singulièrement à cette résistance. C'est ainsi que sont assises

---

[1] *Histoire* de Didier de Paris.

[2] L'auteur du journal de Charles V assure que c'était le château le mieux assis qui fût en toute l'île de France. Quelques chartes du règne de Charles V sont terminées ainsi : *Datum in domo nostrâ Pulchritudinis.* Il y mourut en 1380. CHRIST. DE PISAN, *Hist. de Charles V*, p. 241. *Ordonn. Royal.*, p. 379. *Hist. de Paris*, t. V.

[3] *Histoire des grands Officiers*, t. VII, p. 433. *Histoire de Didier de Paris*, t. VI, p. 30.

[4] ROUILLARD, *Hist. de Melun.*

[5] DUCHESNE, t. III, p. 64 et 77; t. IV, p. 368.

[1] SUGER, *Vie de Louis-le-Gros.*

[2] AIMON, *Gest. Reg. fr.* DUCHESNE, t. III, p. 1. GLABER, t. IV. GUILLAUME-LE-BRETON, t. XV, p. 68.

[3] SUGER, *Vie de Louis-le-Gros.*

les forteresses de Montaigut, de Montrognon, de la Roche-Noire, de Issoire, Vatable, de Mirefleur, de la Tour, de Buron, de Tourniol, de Carlus, d'Aurillac; et, dans la Marche-Limousine, celles de Crozan et d'Aubusson. La situation du château de la Tour présente un aspect si affreux, au milieu des révolutions de la nature incendiée, qu'elle a fait dire par un de nos écrivains modernes : Qu'il n'y avait que l'assurance d'une position inattaquable, et la certitude d'une indépendance presque éternelle, qui aient pu fixer des hommes dans cette inabordable contrée.

Les guerres civiles contre les Albigeois ont rendu célèbres les châteaux de Marmande, de Biron en Agénois, de Montaigu ou Montagu, de Rabasteins, de Gaillac, de Saint-Marcel, de la Guépie en Albigeois; de Puilaurens et de Quéribus au pays de Fenouillèdes; de Saint-Félix, de Montserand, d'Avignonet dans le Lauraguais; d'Anucles dans le pays de Foix; des deux forts châteaux de Penne en Albigeois et en Agénois; de Moissac, de Montauban dans le Quercy, et de Toulouse, les trois plus fortes places de Raymond. Presque tous ces châteaux exigèrent du vainqueur, des sièges en règle, et l'emploi des grandes machines de guerre[1]. Toulouse, Narbonne et les châteaux de Saint-Marcel et de la Guépie furent ruinés de fond en comble. Cette guerre de Louis VIII, ou plutôt cette croisade contre ses propres sujets, rappelle les intrigues non interrompues des princes français avec les Anglais; la mauvaise foi des Thibaud, comte de Champagne; des Pierre de Mauclerc, duc de Bretagne; des Hugues de Serignem, comte de la Marche et d'Angoulême; des Philippe, comte de Boulogne, et des Enguerrand de Coucy.

Dans cette circonstance, le château de Montbreuil en Gatine fut assiégé par l'armée royale; celui de Berage fut emporté et rasé après un siège sanglant; celui d'Avignon ne céda aux armes de Louis VIII qu'après un siège et des pertes considérables du côté des assiégeants. Les châteaux de Belesme dans le Perche, de Champtoceaux en Anjou, et d'Oudon sur la Loire, furent également emportés sur le duc de Bretagne.

La secte des Albigeois n'était point détruite; le château de Quéribus, dans le pays de Fenouillèdes, en était le rempart, et le réceptacle des malfaiteurs qui se joignaient à eux. Pierre d'Auteuil en fit le siège; il s'empara de cette forteresse redoutable, et, dans cette même expédition, il réduisit les châteaux de Carcassonne, d'Aniort, de Minerve et de Termes, qui rappelle le nom d'un des plus braves et des plus magnifiques chevaliers du règne de saint Louis, Olivier des Termes.

Les châteaux du nord et de l'est de la France, ceux qui couvrent le mont Tonnerre, le Jura et les frontières de la Flandre, ne furent pas moins célèbres dans les guerres contre l'empire germanique. Ils furent l'origine de cette suite de forteresses inexpugnables qui s'élevèrent bientôt pour couvrir nos frontières, et étaient destinées à jouer un rôle dans de plus grands événements, lorsque la France, réunie dans son intérêt, aspirait à prendre son rang dans la politique européenne.

Ces habitations étaient encore telles que nous les avons dépeintes sous la deuxième race de nos rois, et composées de grosses tours soudées ensemble par des murs de face ou courtines[1]; mais elles avaient été agrandies, et la tour principale, ou donjon, formait alors un véritable château, composé de plusieurs corps de bâtiments, au milieu desquels était une petite cour qui servait à donner du jour aux pièces ou galeries, et à recevoir ceux qui avaient affaire au château. La porte d'entrée était ornée de sculptures et des armes du seigneur; et souvent de la représentation d'un de ses ancêtres à cheval, et armé de pied en cap, souvent aidé du patron auquel la famille avait confiance[2].

Les portes étaient très basses et très étroites. Lorsque Isabeau de Bavière, femme de Charles VI, tint sa cour à Vincennes, en 1416, il fallut rehausser les portes des appartements, à cause de la coiffure de la Reine et de ses femmes[4]. D'immenses souterrains renfermaient les provisions de guerre et de bouche, et communiquaient dans la campagne pour servir aux assiégés de moyen de sortir et d'augmenter leurs provisions. On voit encore dans plusieurs châteaux ces mêmes constructions qui s'étendent quelquefois à une lieue de longueur, et passent sous des montagnes.

Le donjon avait ordinairement quatre étages, auxquels on communiquait par de petits escaliers à vis, bâtis à l'extérieur dans de petites tours, ou pris dans l'épaisseur des murs, et seulement éclairés par les meurtrières. Le rez-de-chaussée et le premier étage étaient consacrés aux gens de service, à l'arsenal et à la garnison du château, comme dans les temps anciens[1]; ils étaient très obscurs, et les fenêtres disposées de manière à ne pas laisser pénétrer les flèches, pierres ou autres armes de jet que lançaient les assiégeants. Les second et troisième étages étaient mieux éclairés. Ils avaient de grandes fenêtres, et souvent des balcons extérieurs, où le seigneur paraissait et se faisait voir à ses vassaux. Le quatrième étage servait souvent de plate-forme d'où on dominait la campagne, et où était la cloche d'alarme : les appartements étaient en général mal distribués, sans dégagement, et dépourvus de toute espèce de commodité. C'étaient de grandes pièces voûtées, recouvertes en charpente grossière et à jour, à travers laquelle l'araignée filait ses gazes; où la chauve-souris venait voltiger autour du pilier, en forme de support, qui soutenait tout le milieu de l'édifice. Charles V fut obligé de faire mettre un grillage aux fenêtres de la tour du Louvre, parceque les pigeons entraient de tous côtés dans ses appartements. Les cheminées étaient immenses, et il n'y en avait qu'une seule pour tout le château dans la pièce principale : c'était un véritable foyer qui s'avançait en saillie, supporté par des piliers, et orné, au-dessus, des armes du maître, ou de quelque sujet grossièrement sculpté. C'était dans cette pièce que se tenaient le maître de la maison, sa famille, ses écuyers, et souvent tous ses gens. On l'appelait la salle ménagère[2]. Pour tout meuble, des tapis de nattes, quelques tapisseries grossières, des armes rangées en trophée près de la muraille ou au-dessus de la cheminée, quelques escabelles, un grand fauteuil pour la dame âgée ou le maître de la maison, des tables d'échecs, quelques coffres pour serrer les vêtements, car les armoires étaient peu en usage. Cette salle était ordinairement précédée d'une autre grande pièce qui servait de réception et d'audience à tous les vassaux, aux serfs et à tous les individus qui avaient affaire au seigneur; où se faisaient les prestations de foi et hommage pour les redevances, lesquelles se composaient souvent des formalités les plus ridicules. Au bout de cette salle était souvent une estrade où le seigneur se plaçait pour donner audience[3]. Ces deux salles étaient tendues de tapisseries, d'étoffes ou de cuir damasquiné, fort en usage jusqu'au règne de Louis XIV. Le parquet était garni de paille fraîche en hiver, en manière de litière, et de verdure en été; ce qui, au bout d'un moment, engendrait une grande malpropreté : tout ce qui tombait des tables formait bientôt une espèce de fumier, qu'on ne nettoyait qu'à certains jours de la semaine. Quelquefois cependant elles étaient carrelées avec des carreaux de faïence disposés symétriquement comme les anciennes mosaïques. Attenant à ces deux pièces était la chambre à coucher, garnie de lits de douze pieds de large, où couchait souvent toute la famille. Près de cette chambre était quelquefois un oratoire, nommé oriel, pris dans l'épaisseur du mur[4]. Tels étaient les châteaux de Coucy, de Jean de Saintré, de Mérargues, de Gageac, de Biron, de Murol. Il existe une description curieuse de l'intérieur de ces édifices dans un vieux recueil assez rare et très curieux. La voici :

« Dedans la sale du logis (car en avoir deux, cela tient du grand) la corne de cerf serrée et attachée au plancher, où pendoient bonnets, chapeaux, gresliers, couples et lesses pour les chiens, et le gros chapelet de patenostres pour le commun; et sur le dressoner ou buffet à deux étages la sainte Bible de la traduction commandée par le roi Charles-Quint y a plus de deux cents ans, les quatre fils Aymon, Oger-le-Danois, Mélusine, le calendrier des Bergers, la Légende dorée ou le roman de la Rose. Derrière la grand'porte, force longues et grandes gaules de gibier, et au bas de la sale, sur bois cousus et entravez dans la muraille demie douzaine d'arcs avec leurs carquois et flèches, deux

---

[1] Guillaume de Nangis. Mathieu de Paris. Rigord, Hist. des Albigeois. Chron. de Simon de Montfort.

[2] Description d'un siège dans le roman de Clarus, manuscrit de la Bibl., n° 7534.

[3] Marchandy, Gaule Poétique, t. IV, p. 293.

[4] Villaret, t. XIII, p. 423. Monstrelet, p. 39, col. 2. Pasquier, p. 578, s'est rappelé le passage de Juvénal :

Totaque compaginibus altum
Ædificat caput.
Juven., Sat. des Femmes.

[1] Turrim David qui ædificavit cum propriis manibus : mille clypei pendent in eâ, omnis armatus fortium. Linan., Cant., c. 4.

[2] Histoire des Maisons de Rouen, p. 37. Mémoires de l'Académie de Dijon, p. 107, année 1762.

[3] Math. de Paris, Vit. Abbat., p. 92, col. 1; p. 148.

[4] Le Grand d'Aussy, t. I, p. 244. Gaule Poétique, t. VII, p. 56.

bonnes et grandes rondelles, avec deux espées courtes et larges, deux hallebardes, deux piques de vingt-deux pieds de long, deux ou trois cottes ou chemises de maille dans le petit coffret plein de son, deux fortes arbalestres de palle avec leurs bandages et garrots dedans; et en la grande fenestre sur la cheminée, trois bacquebutes (c'est pitié, et faut à ceste heure dire harquebuses;) et au joignant la perche pour l'épervier; et plus bas, à côté, les tonnelles, esclotouères, rets, filets, pantières, et autres engins de chasse. Et sous le grand banc de la sale, large de trois pieds, la belle paille fresche pour coucher les chiens, lesquels, pour ouyr et sentir leur maistre près d'eux, en sont meilleurs et plus vigoureux. Au demeurant, deux assez bonnes chambres pour les survenants et estrangers; et en la cheminée de beau gros bois verd, tavlé d'un on deux fagots secs qui rendent un feu de longue durée[1]. »

Souvent un orme était planté devant le perron seigneurial, où la justice se rendait, et autour duquel on dansait le soir, d'où venait le mot *les jeux sous l'ormel*[2].

La chasse était l'occupation dominante des seigneurs et de leurs familles dans l'intervalle des guerres. Ils ne sortaient guère de leurs possessions que pour aller quelques jours à la cour des princes dont ils dépendaient, ou en pélerinage en certains jours de l'année, ou enfin aux foires qui se tenaient à certains jours, et où ils achetaient tout ce qui leur était nécessaire en vêtements et provisions qu'ils ne tiraient point de leurs domaines; car à cette époque, et long-temps encore après, les villes n'étaient point fournies de toutes les marchandises nécessaires : le luxe des vêtements était grand, et les plus riches étoffes de velours et de soie nous arrivaient du Levant et de l'Italie; mais rien n'était fabriqué en France. Les dentelles n'étaient point connues sous le règne de Charles VII, et les chemises étaient de serge. On remarque comme singularité que la reine eut deux chemises de toile[3]. Les diamants étaient bruts, et ne servaient qu'à orner les couronnes et les reliquaires. Agnès Sorel a été la première à les porter.

La campagne offrait à-peu-près l'aspect que présentent encore aujourd'hui les parties peu fréquentées de l'Espagne et de l'Italie. Autour des châteaux étaient bâties les chaumières des serfs et les maisons des individus dépendants du fief, et payés par le seigneur pour prélever les revenus et administrer le domaine. L'église du lieu était ordinairement attenante au château, et l'ecclésiastique qui la desservait était en même temps l'aumônier du seigneur. Pendant le mauvais temps, et durant les longues soirées de l'hiver, les chevaliers jouaient aux échecs, ou s'entretenaient de leur vie habituelle, autour du foyer. Là trouvaient des chevaliers étrangers qui étaient venus demander l'hospitalité, des troubadours et des pèlerins revenant de la terre sainte, des ecclésiastiques ayant été prêcher la foi chez les peuples lointains. Les femmes, qui, le reste de la journée, étaient restées enfermées dans leur intérieur à travailler à l'aiguille ou à surveiller les affaires du ménage, se mêlaient alors à la conversation et la rendaient plus agréable. Les mœurs de ce temps sont bien connues; nous ne les décrirons point, notre but n'étant que de présenter l'image de ces habitations et l'aspect général du pays.

Souvent les seigneurs habitaient les tours qui dominaient la porte d'entrée, et ne conservaient le doujon que pour se retirer en cas d'attaque. En effet, une grande partie des châteaux qui subsistent encore ne présente que cette partie de l'ensemble total, qui s'est conservée après la féodalité, comme plus commode, plus près des autres habitations et de la rivière. Les donjons restaient près des villes, comme souvenirs de ces temps passés, et par la difficulté de les démolir et de se servir de leurs matériaux.

Les abbayes étaient semblables aux châteaux, quant aux fortifications extérieures; elles étaient aussi entourées de murs, et défendues par des tours. Les ecclésiastiques, dans des temps de siège, paraissaient armés sur les murailles, et menaient en tout à-peu-près la même vie que les seigneurs, à l'exception du service religieux. Ils se faisaient même quelquefois la guerre entre eux pour la défense de leurs vassaux ou de leurs intérêts personnels[1]. Ils comptaient souvent parmi leurs vassaux et ceux qui devaient les seconder dans leurs différends de très grands seigneurs dont les fiefs relevaient de leurs abbayes, et étaient soumis souvent à des cérémonies bizarres[2]. Ces abbayes s'embellirent beaucoup, à la renaissance des arts, par les ornements en peinture et sculpture qu'on leur fit, le mobilier de tout genre qu'elles acquirent; mais elles conservèrent les anciens bâtiments, qui donnent ainsi une précieuse indication de ce qu'elles étaient.

Quant aux villes, elles n'étaient habitées, jusqu'à la fin de la seconde race et vers le commencement de la troisième, que par les desservants des cathédrales et des monastères, les ouvriers employés par eux, les marchands et un très petit nombre de bourgeois ou hommes libres, possesseurs de petits fiefs qui ne comportaient pas leur séjour sur leurs terres. A l'exception de quelques villes qui toujours furent commerçantes et industrieuses, telles que Narbonne, Arles, Marseille, Strasbourg, Lyon, Rouen, les autres présentaient le plus misérable aspect. Les maisons en étaient construites en bois : les unes s'élevaient à plomb sur le sol, composées de grands pans de bois, et ornées de moulures gothiques; les autres, et les plus nombreuses, se prolongeaient en encorbellement sur la rue, avec un toit énorme et des gouttières saillantes qui répandaient dans la rue, non seulement toute la pluie, mais toutes les immondices des maisons. On ne connaissait, dans la plupart, ni les égouts, ni les aqueducs. Il y avait à peine quelques fontaines. Les rues n'étaient point pavées; un très petit nombre étaient éclairées la nuit; les animaux les parcouraient et entraient dans les cours ou le rez-de-chaussée des maisons. Les blanchisseuses et les teinturiers établissaient leurs linges et leurs étoffes sur des poutres en travers des rues d'une maison à l'autre. Aucune police, aucune loi de voirie ne garantissait les habitations de tout ce qui pouvait les rendre désagréables : une excessive malpropreté rendait leur séjour malsain; et cependant il n'existait point, ou très peu, d'hospices publics pour les malades, ce qui perpétuait le mauvais air et les maladies qui en étaient la suite[3]. Il n'existait point encore d'auberges. Les voyageurs s'arrangeaient avec quelques habitants[4]. On voit à cet égard, de même que pour tous les autres usages, combien l'Angleterre était déjà supérieure à la France pour le bien-être des habitants des classes inférieures, ce qui était dû à la différence des gouvernements. En Angleterre, comme en Flandre, le peuple buvait de la bière, mangeait de la viande, était bien vêtu. En France, il mangeait du pain noir, seulement quelques morceaux de lard, et n'avait aucune propreté[5]. Il était en arrière du bonheur comme de la liberté et de la civilisation.

[1] *Les Contes et Discours d'Eutrapel*, par le feu seigneur la Hérissaye, gentilhomme breton. Rennes, 1597, petit in-8°, p. 123; conte intitulé : *du Temps présent et passé*.

[2] Le Grand d'Aussy, t. I, p. 244. Marchangy, *Gaule poétique*, t. VII, p. 56.

[3] Les personnes délicates portaient sur la chair des étoffes de soie ou de peau de martre. Guignes, comte d'Albon, demanda de conserver cet usage en se faisant religieux à Cluny. Voy. *Chron. Cluniac.*

[1] Mabillon, *Éloge de saint Adore*, p. 137.

[2] La maison de Montmorency, toute illustre qu'elle était, relevait de l'abbaye de Saint-Denys. Le seul monastère de Saint-Régnier avait dans ses domaines la ville de ce nom, treize autres villes de moyenne grandeur, et trente villages. Buller, *État des Seigneurs en France.* Marchangy, *Gaule Poét.*, t. VI, p. 228. Olivier de la Marche, t. III, *Hist. de Boucicaut*, c. 30.

[3] Sauvat, t. I, p. 184. Saint-Foix, *Essai sur Paris*, t. I. Lemoine, *Traité de la Police*, t. I. Le Grand d'Aussy, t. I, p. 256.

[4] Elles furent établies d'office en Angleterre. Black, *Act. of James I*, part. I, c. 26, et part. III, c. 61.

[5] Fortescue, *de Laud. Leg. Angl.*, c. 36; *On absolute and limited Monarch.*, c. 3.

DEPUIS LE RÈGNE DE CHARLES VII

JUSQU'A LA MORT DE FRANÇOIS IER.

Nous avons vu la royauté de France, réduite à l'occupation de quelques pauvres contrées, sortir de cet état d'abandon, de ses cendres même, avec un nouvel éclat, une nouvelle force. Il était réservé à un prince habile d'achever, par la politique, ce que le courage et la gloire avaient commencé. Louis XI vint au trône pour abaisser des rivaux encore dangereux, et réunir des provinces encore détachées et ennemies. La plus importante était la Bourgogne.

Louis XI réunit cette province, si long-temps rivale de la France, et peut-être plus avancée qu'elle en richesses, en sciences et en civilisation. On se rappelle les singulières destinées de ce pays, lorsque ses souverains étendaient leur empire des bords du Rhin aux côtes de la Méditerranée, et étaient au moment de donner leur nom à la France entière, en soumettant les faibles provinces qui portaient alors ce nom. On se rappelle que, divisée plus tard en deux parties, la Bourgogne cis et transpadane, cette dernière ne porta que le titre de duché, et ne comprenait plus que le pays situé entre la Champagne, la Franche-Comté, le Lyonnais et le Nivernais. Cet état, gouverné par des princes distingués, attendait, dans le bonheur et une administration sage, le moment de partages nouveaux et de plus hautes destinées; et, comme l'observe un historien ingénieux, le commencement et la fin de son histoire, qui, chez les autres nations, marquent en général les temps d'abaissement et de faiblesse, sont les deux époques célèbres de son existence. On compte, parmi ses premiers ducs, le chef de la race des Capets, Robert-le-Fort, et, après lui, plusieurs souverains distingués, Richard-le-Justicier, si redoutable aux Normands; Raoul, Hugues-le-Blanc, les deux Henri; Hugues, qui donna une charte à ses peuples; Eudes II, qui se signala contre les Maures d'Espagne; Eudes III, qui commanda l'avant-garde de l'armée française à la bataille de Bouvine, se précipita, avec ses Bourguignons, dans le plus fort de la mêlée, et décida le gain de la bataille. Sa belle veuve, Alix de Vergi, après avoir gouverné, pendant la minorité de son fils, avec une fermeté et un talent dignes des plus grands rois, alla terminer sa vie dans les travaux de la campagne, au lieu de se retirer dans un couvent, comme c'était alors l'usage, voulant être encore utile dans sa solitude.

Eudes IV, le dernier des princes de cette maison, étant mort sans enfants, la Bourgogne fut conquise par le roi Jean; et il semblait que ses destinées étaient pour jamais finies, lorsqu'elle reprit tout-à-coup un plus grand éclat et rivalisa avec les plus grandes puissances de l'Europe. Le roi Jean donna à son fils, Philippe-le-Hardi, le duché de Bourgogne, et, lui faisant épouser Marguerite de Flandre, réunit à cette province les duchés de Flandre, de Nivernais, de Rethel, et l'Artois. Son fils Jean-sans-Peur augmenta ces états des comtés de Hainaut et de Zélande, qui lui vinrent par sa femme, Marguerite de Bavière, et, réuni aux Anglais, gouverna la France pendant la démence de Charles VI. Sa cruauté fit ressortir davantage les aimables qualités de son successeur, Philippe-le-Bon, prince accompli, et que la Providence sembla donner à la terre au milieu d'un siècle corrompu, pour ne pas ôter toute consolation à la vertu. Sa sagesse, jointe à sa magnificence, rendit sa cour la plus distinguée de son temps. Il y attira les savants et les gens de lettres. Il encouragea le commerce et les arts, et jamais pays ne fut plus florissant. Il n'y avait, dit un historien, si

petite maison qui, grace au bon Philippe, ne bût en vaisselle d'argent. Les souverains étrangers lui donnaient le titre de grand duc d'occident, et il traitait d'égal à égal avec eux. Les fêtes qu'il donna pour le mariage de son fils avec Catherine de France, fille de Charles VII, paraissent être des descriptions de contes orientaux. Mais ses richesses venaient sur-tout de la possession des Pays-Bas, qui étaient déjà à cette époque plus avancés en relations commerciales, et par conséquent en prospérité. Son fils, Charles-le-Téméraire, détruisit, par sa violence, tout l'effet qu'avaient produit les bonnes qualités de son père. Emporté, vindicatif, ne souffrant aucune opposition, il déclare, sans aucune raison, la guerre aux Suisses, qui emploient tout pour l'apaiser, et, ne pouvant y réussir, déploient contre lui leur ancienne valeur, et font un carnage affreux de son armée. Enivré de rage, il en compose une nouvelle, et marche contre le duc de Lorraine, qui s'était joint aux Suisses contre lui; et, après de grands efforts de courage, il meurt dans la mêlée, laissant Marie de Bourgogne, sa fille unique, héritière de ses immenses états. Louis XI n'eut pas la politique de faire épouser cette princesse à son fils; mais il s'empara de la partie de ses états qui revenait à la couronne à défaut d'enfant mâle, et la Bourgogne et le Nivernais furent pour jamais réunis. La France s'enrichit alors et de ces belles provinces et des illustres familles qui s'y faisaient remarquer.

Louis XI eut bientôt un héritage non moins important : la Provence lui fut léguée par Charles du Maine, qui la tenait de René, ainsi que tous les droits aux royaumes de Naples et de Sicile. Cette province, embellie par tant de monuments de différents âges, sous le plus beau climat, habitée par un peuple vif et spirituel, présente, dans son histoire, un mélange singulier de liberté et d'indépendance dans les villes, et du système féodal, exagéré, dans les campagnes. Il semble que partout où le commerce et l'industrie peuvent s'exercer la liberté vient se fixer, et que là seulement règne l'arbitraire où la profession des armes est principalement en vigueur. Nous avons vu plus haut la Provence indépendante, sous des comtes héréditaires. Deux familles puissantes y jetèrent un grand éclat. La première fut celle des princes d'Aragon, qui acquirent ce pays en 1008, par le mariage de Raimond Béranger III, comte de Barcelone, avec Douce, seul rejeton de la seconde race des comtes de Provence. Cette province fut alors divisée en haute et basse. La première, connue depuis sous le nom de marquisat de Provence, comprenait toute la partie supérieure des bords du Rhône, ayant les Alpes au levant, la Durance au midi, l'Isère au nord, et le Rhône au couchant, et comprenait les villes de Cavaillon, Carpentras, Orange, Valence et Die. Elle fut cédée au comte de Toulouse, qui avait établi à main armée ses prétentions sur la totalité de l'héritage. L'autre partie, comprenant la véritable Provence d'aujourd'hui, fut donnée, par acte de l'an 1113, par la princesse, à son époux, et resta dans la maison d'Aragon jusqu'en 1245, que cette province passa dans la maison d'Anjou par le mariage de Béatrix, quatrième fille et héritière de Raimond Béranger, avec Charles de France, comte d'Anjou, frère de saint Louis. Les princes de la maison d'Aragon gouvernèrent la province avec sagesse; la cour du dernier, de Raimond Béranger II, était le siége de la politesse et du goût. C'est là que les troubadours brillaient, que la chevalerie déployait tous ses charmes, pendant que la barbarie régnait encore presque par-tout. Les muses provençales ont chanté ces temps heureux; et les châteaux de Signes, Pierrefeu, Avignon, Tarascon, en rappellent les souvenirs glorieux. Les prétentions de la maison d'Anjou sur la Sicile entraînèrent la Provence dans des guerres fréquentes, non point sur son territoire, mais dans des pays éloignés. Il est vrai que la douceur des souverains tempérait ce fléau. Charles II, Robert, la reine Jeanne, gouvernèrent avec douceur et avec sagesse; mais aucun règne n'égala celui de René, du bon roi René, dont le souvenir est encore si cher aux Provençaux! Ce prince, héritier de tous les états de Louis son frère, c'est-à-dire du duché d'Aragon, des comtés de Provence et de Forcalquier, du duché de Bar, qu'il tenait de son oncle le cardinal, du duché de Lorraine, qui lui venait de sa femme Isabelle, enfin des prétentions aux royaumes de Naples et de Sicile, perdit, par des circonstances fortuites et malheureuses, la plus grande partie de tous ces états; mais il s'appliqua d'autant plus à rendre heureux les autres. Deux seules passions le maîtrisaient, le goût pour les arts et sa sollicitude pour le bonheur de ses peuples. Il était occupé à peindre une perdrix lorsqu'on lui apprit la perte de Naples, et il continua tranquillement son travail. Sans la jalouse inquiétude de Louis XI, il aurait eu un règne entièrement paisible, et il aurait été heureux lui-même du bonheur de ses sujets. Incapable même de ressentiment, il se rencontra, vers la fin de ses jours, avec cet ennemi perfide; et, n'ayant point d'enfant, il disposa de ses états en faveur de Charles d'Anjou, comte du Maine, dont la faible santé n'annonçait pas un long règne. En effet, il ne régna que deux ans; et, à la persuasion de Palamède de Forbin, son ministre, dévoué à la France, il institua Louis XI héritier de tous ses états. Aucune réunion ne convenait mieux à ce pays. Elle lui donnait le rivage de la Méditerranée, les monuments les plus beaux de tous les âges, et un nombre considérable de familles illustres pour rehausser l'éclat du trône.

Le règne aventureux de Charles VIII prête beaucoup à l'histoire, et plus encore au roman; mais il a peu d'intérêt pour l'étude de la géographie politique. Le roi fait la guerre au duc de Bretagne, prend quelques villes; mais bientôt ce qu'il fait de mieux, c'est d'épouser sa fille, Anne de Bretagne, qui devait un jour apporter, par cette alliance, cette province à la couronne de France. Cette princesse avait été fiancée à Maximilien d'Autriche, qui était, depuis près d'un siècle, en possession de toutes les alliances importantes; et, de son côté, Charles VIII était au moment d'épouser Marguerite d'Autriche, fille de l'empereur Maximilien et de Marie de Bourgogne. La rupture simultanée de ces deux mariages fortifia la haine qui s'était établie entre les maisons de France et d'Autriche. Henri VIII, inquiet de l'augmentation de pouvoir que cette alliance donnait à Charles VIII, met le siège devant Boulogne; mais il le lève bientôt, et Charles VIII se livre tout entier à son projet favori de la conquête de l'Italie, qui devait être suivie de celle de Constantinople. Il réussit au-delà de ses espérances dans la première; mais il est bientôt obligé de l'abandonner, et de rentrer avec beaucoup de pertes dans ses états. C'est alors qu'il s'adonna à l'administration de son royaume, et à l'encouragement des lettres et des arts. C'est véritablement de lui qu'il faut dater leur renaissance. Il était occupé à rebâtir le château d'Amboise, sur des plans rapportés d'Italie, lorsqu'il mourut presque subitement des suites d'un coup qu'il s'était donné à la tête[1]. Quoique Louis XII, son successeur, eût désapprouvé la guerre en Italie, une sorte de tendance funeste et involontaire dirigeait les Français vers ce pays, qu'on a appelé avec raison leur tombeau. Louis XII ne put se garantir de l'esprit de son temps, sorte de croisade d'amour-propre, de gloire, et en même temps de partie de plaisir. Il s'y livra entièrement, et eut aussi, dans le principe, quelques succès; mais son union avec Ferdinand-le-Catholique nuisit beaucoup à sa fortune. Ce dernier l'avait toujours trompé, et continua à le tromper encore; tandis que d'autres, qui avaient toujours été fidèles, devinrent des ennemis dangereux. Réunis à Henri VIII et à Maximilien, ils attaquent la France. Les Anglais mettent le siège devant Térouane, qu'ils prennent après la journée de Guinegate, dite la journée des Éperons, où les Français furent mis en déroute, et firent usage d'éperons. La prise de Tournai suivit celle de Térouane.

Les Suisses attaquèrent pareillement Dijon: et sans un traité conclu habilement par Louis de La Trémouille, ils auraient occupé la plus grande partie de la Bourgogne. Louis XII, par son mariage avec Anne de Bretagne, unit cette province à la France. Il n'acquit point d'autres domaines; mais son excellente administration, son amour pour son peuple, l'économie qu'il apporta dans toutes les dépenses, la diminution des impôts, le firent adorer, et il ne fallut pas moins que toutes les qualités d'Henri IV pour balancer l'attachement des Français à cet excellent prince[1]. François Ier, qui lui succéda, donna, comme ses prédécesseurs, et plus qu'eux encore, dans ces guerres aventureuses qui précipitaient tous les états sur l'Italie. Il entre dans le Milanais, gagne sur les Suisses la célèbre bataille de Marignan, et excite la jalousie et l'ambition des puissants rivaux de sa puissance, de Henri VIII, du pape et de l'empereur d'Autriche. Il ne fallait plus qu'un prétexte pour une rupture avec ce dernier; elle eut lieu à l'occasion du duc de Bouillon qui venait de déclarer la guerre à Charles-Quint, et dont François Ier semblait appuyer les prétentions. Le roi a quelques avantages dans la Flandre, mais il ne les poursuit pas. Il est moins heureux en Espagne et en Italie, où l'amiral Bonnivet est battu par le connétable de Bourbon, qui avait passé du côté de Charles-Quint. Enfin le roi perd la fameuse bataille de Pavie, où il est fait prisonnier. Charles-Quint ne profite pas de ses avantages, et François Ier, à son retour dans ses états, ne songe qu'à se venger. Il refusa d'accomplir le traité qu'il avait fait dans les fers, et de restituer le duché de Bourgogne, qu'il avait cédé. La guerre recommença. Plusieurs années se passèrent sans événements importants. Mais, en 1536, Charles-Quint entre en Provence, tandis que son armée de Flandre pénètre en Picardie. Il est repoussé sur les deux points, et une trève a lieu en 1542. La guerre recommence dans le Luxembourg, le Brabant, la Picardie et le Piémont. Henri vient joindre ses troupes à celles de Charles-Quint. Le duc d'Orléans s'empara du duché de Luxembourg; le duc d'Enghien gagna la bataille de Cérisoles; mais Charles-Quint entra en Champagne, et Henri VIII en Picardie. Nouvelle trève. C'est à-peu-près dans ce temps que commença la guerre contre les huguenots, ou, autrement, ceux des Français qui avaient adopté les nouvelles doctrines religieuses qui partageaient le monde. Ce règne est brillant par les lettres et les arts, les conquêtes aventureuses; mais il ne marque point par l'importance géographique. Il vit cependant réunir à la couronne, par la révolte du duc de Bourbon, les duchés de Bourbonnais, d'Auvergne; les comtés de Clermont; les trois provinces dites de Forez, les comtés de Beaujolais et de la Marche. Chacune de ces provinces, depuis l'époque de sa séparation, avait eu quelques chefs distingués, et dont le souvenir existe encore parmi les habitants.

Les ducs de Bourbonnais, auxquels toutes ces provinces se trouvaient réunies, avaient élevé au plus haut point leur maison par les services rendus à l'état. Toujours compagnons, et souvent confidents intimes de nos rois, ils les accompagnaient dans toutes leurs expéditions. Archambaud VII, en 1170, suivit Louis VII à la croisade. Archambaud VIII accompagna saint Louis en Orient, et mourut dans l'île de Cypre en 1249. Louis Ier, duc de Bourbon, comte de Clermont et de la Marche, commandait l'arrière-garde à la bataille de Mons, en 1304. Son fils, Pierre Ier, fut tué à la bataille de Poitiers, en 1356. Louis II, l'un des plus illustres seigneurs de son temps, fut l'un des otages du roi Jean en 1360, et contribua beaucoup à la conquête de la Guienne. Jean Ier, prisonnier à la bataille d'Azincourt, mourut en Angleterre. Jean II se signala à la bataille de Formigny. Mais le plus puissant de tous ceux qui possédèrent cette province, et en même temps le plus malheureux, fut le célèbre Charles III, duc de Bourbon, connétable de France, dont la révolte et les malheurs forment les pages intéressantes de notre histoire. Victime de la haine et de l'amour de Madame, mère du roi, au moment d'être dépossédé d'une grande partie de ses biens, il suivit aveuglément son ressentiment, et écouta les propositions de Charles-Quint, contribua au succès de la bataille de Pavie, et vint mourir à l'attaque de Rome, en 1527. Prince doué des plus grandes qualités, et à qui peut-être il n'en manqua qu'une, celle de pouvoir résister aux injures.

Parmi les seigneurs qui gouvernèrent le Beaujolais, avant que cette province fût réunie au Bourbonnais, on cite le comte Humbert V, en

---

[1] « Avant de partir du monde, dans la vingt-huitième année de son âge, dit un ancien historien, si puissant et si grand roi, et en si misérable lieu, qui tant avoit de belles maisons et où faisait une si belle et si n'étant à ce besoin, finir dans pauvre chambre! »

[1] Sa devise était la peinture de son caractère et de sa vie. Elle représentait un roi des abeilles entouré de son essaim, avec ces mots : *Non utitur aculeo rex noster.*

1216, qui fut un des plus grands capitaines de son siècle, et mourut connétable sous saint Louis, en 1250. Parmi les comtes de la Marche, dont plusieurs furent des hommes très distingués, on remarque Jacques Ier de Bourbon, Jean-Jacques II, et sur-tout Jacques III d'Armagnac, cousin de celui qui périt si malheureusement à Lectoure, en 1473. Ce prince, mieux connu sous le nom de duc de Nemours, était petit-fils du célèbre comte d'Armagnac, victime des intérêts de la maison d'Orléans, pendant la rivalité des maisons de Bourgogne et d'Armagnac. Il avait de grandes qualités; mais il est encore plus connu par ses malheurs que par son mérite et l'atroce cruauté de Louis XI, qui le fit périr sur un échafaud, au-dessous duquel on plaça ses enfants, afin que le sang de leur père pût se répandre sur eux. Mais la réunion la plus importante du règne de François Ier fut la Bretagne, qui fut définitivement acquise à la France, quoiqu'elle ne lui ait été entièrement incorporée que l'année qui suivit la mort de François Ier, en 1547.

La Bretagne fut une des premières provinces qui se séparèrent de la France et se formèrent en états indépendants, et fut en même temps la dernière qui lui fut réunie. Plusieurs fois nos souverains furent au moment de s'en emparer ou de l'acquérir par des alliances; mais la politique en ordonna autrement. Nous avons parlé des deux premières races des ducs de Bretagne, qui fournirent des princes distingués, et dont la branche masculine s'éteignit dans la personne de Conan III, en 1148. Elle se continua par les femmes, et s'éteignit encore dans la personne du jeune Arthur Ier, prince le plus aimable de son siècle, cher encore au souvenir des Bretons, et si cruellement mis à mort par les mains de Jean, roi d'Angleterre, son oncle. Philippe-Auguste vengea ce crime horrible; et la Bretagne étant devenue, par la réunion de la Normandie à la France, un fief immédiat de la couronne, ses destinées, quoique encore indépendantes, furent cependant liées davantage aux événements de notre histoire. Ses ducs, tels que Jean Ier, Jean II, Arthur II, Jean III, accompagnèrent nos rois à la terre sainte, ou dans les guerres de Flandre, jusqu'à l'avènement à la possession du duché de Bretagne de Charles de Blois, par son mariage avec Jeanne-la-Boiteuse, en 1337. C'est alors que la Bretagne devint le théâtre de troubles civils entre Charles de Blois et le comte de Montfort, dont les rois d'Angleterre et de France soutinrent les prétentions. Cette lutte cruelle, qui dura près de trente ans, ne fut terminée que par la terrible bataille d'Auray, où Charles fut tué, et dont les conséquences furent la renonciation de Jean, pour lui et ses enfants, au duché de Bretagne, qui fut adjugé à Jean V, fils de Montfort, prince d'un rare mérite, aimé et estimé de ses peuples, auxquels il rappelait les beaux jours du roi Arthur. Son fils, élevé par le célèbre connétable de Clisson, suivit les traces de son père, et fut, comme lui, l'idole de ses sujets, qui lui donnèrent des preuves de leur amour. Ses successeurs, fidèles, comme lui, à la France dans les temps même les plus malheureux, ne séparèrent plus leurs intérêts de ceux de la monarchie : l'un d'eux, Arthur III, contribua beaucoup à relever le trône de Charles VII, négocia le traité d'Arras, et gagna la bataille de Fourmigny. Son neveu, François II, qui lui succéda, ne fut pas aussi distingué, et faillit perdre son duché, que Charles VIII attaqua lorsque le duc mourut, en 1485, ne laissant qu'une héritière qui allait disposer de cette belle province. Il était de la politique de nos rois de ne pas la laisser passer dans des mains étrangères, et de ne pas se susciter des ennemis si voisins et si dangereux. Aussi s'occupa-t-on de marier le roi avec cette princesse; mais la crainte que les tentatives de la France avaient inspirée, les lenteurs qu'elle mit dans les négociations, laissèrent l'occasion au comte de Nassau, ambassadeur du roi des Romains, de conclure le mariage, qui fut signé le 25 mai 1490. La princesse prit le titre de reine des Romains; et si le prince s'était présenté, nul doute que tout espoir était perdu pour la France de posséder cette belle province. Le duc d'Orléans et le prince d'Orange arrivèrent à Rennes sur ces entrefaites, et, joignant les menaces aux instances, l'appareil de guerre aux négociations habiles, déterminèrent le maréchal de Rieux et le chancelier de Montauban, conseils de la princesse, et la princesse elle-même, avec beaucoup de difficulté, et lorsque l'armée française était à une lieue de Rennes, à consentir au mariage avec Charles VIII. Un traité fut conclu avec les états de Bretagne, où tous les droits et privilèges de la province étaient garantis; et la princesse Anne, accompagnée d'une suite nombreuse, se rendit à Langeais en Touraine, où le roi se trouvait avec toute sa cour. Le mariage fut célébré le 13 décembre 1491. Le roi Charles VIII

étant mort cinq ans après sans avoir conservé les enfants qu'il avait eus de la reine, et la Bretagne pouvant encore passer dans une autre famille, la politique et un sentiment plus tendre, dit-on, engagèrent Louis XII, qui avait connu la princesse lorsqu'il était duc d'Orléans, à lui demander sa main. Enfin leur fille aînée Claude, ayant épousé François de Valois, premier prince du sang, qui succéda à Louis XII, sous le nom de François Ier, la Bretagne fut définitivement réunie à la France, et les états de Bretagne confirmèrent cette réunion en 1547. A ce duché se trouvait réuni, depuis l'an 1455, le comté de Penthièvre, dont les comtes descendaient des premiers ducs de Bretagne, et qui avait déjà été réuni à cette province en 1200.

ÉTAT DES ARTS ET DES MONUMENTS

PENDANT

LA SIXIÈME ÉPOQUE GÉOGRAPHIQUE.

Le retour aux formes grecques dans les arts, les progrès de la poésie et des bonnes études, ne doivent point être attribués uniquement à François Ier, comme on a coutume de le faire. Avant lui, Charles VIII et Louis XII avaient opéré cet important changement. Le séjour de l'Italie avait été pour ces princes ce que les voyages dans l'orient avaient été pour leurs prédécesseurs. Ils avaient eu l'occasion d'admirer cette foule d'édifices qui s'élevaient déjà sous le patronage des Médicis, du pape, et où brillait le génie du Bramante, de Michel-Ange, de Sansovino, Brunelleschi, et, depuis, de l'immortel Palladio. De retour dans leur patrie, ils avaient songé à nationaliser cette nouvelle production du génie, à orner un pays qui, devant être une des plus puissantes monarchies de l'Europe, n'avait plus besoin que de travailler sur lui-même, et de profiter des lumières de son siècle pour surpasser son siècle.

A l'avènement de Charles VIII au trône, les palais et châteaux royaux, ainsi que les habitations des particuliers, étaient encore bornés à l'enceinte des châteaux forts, des tours de défense, qu'on cherchait seulement à rendre plus commodes par quelques galeries intérieures, quelques dégagements dans des pièces ornées de fleurs, d'arbres fruitiers. Louis XI ne cherchait d'ailleurs que sa sûreté personnelle. « C'estoit, dit Brantôme, place imprenable[1], où le bon et fin renard « Louis XI renfermoit ses prisonniers, et les croyoit plus en sûreté qu'à « Vincennes, Loches et autres lieux. Tout à l'environ de la place du « Plessis-le-Parc (qui estoit le lieu où il se tenoit), dit Philippe de « Commines[2], il fit faire un treillis de barreaux de fer, ayant plusieurs « pointes et aussi quatre moyneaux tous de fer bien espais en lieu par « où l'on pouvoit bien tirer à son aise; et estoit chose bien triomphante « et coustait plus de vingt mille francs; et à la fin y mit quarante alba- « lestriers qui jour et nuit estoient en ces fossés avec commission de tirer « à tout homme qui en approcheroit de nuit jusqu'à ce que la porte fust « ouverte le matin. »

Les églises et autres monuments religieux n'éprouvèrent également que peu de changement sous ce règne, et dans tout le 15e siècle : le style gothique fut conservé avec quelques altérations : les fenêtres furent aplaties par le haut, l'imposte ornée succéda dans quelques unes à la voûte ogive, l'ogive même devint plus ovale, les colonnes furent multipliées, et les nervures élégantes qui couvraient les piliers s'élancèrent jusque dans les voûtes, sans temps d'arrêt, sans galeries intermédiaires, et retombèrent avec grâce vers le milieu de la voûte.

Il fallait un œil exercé pour sentir ces différences de style entre le 15e siècle et ceux qui l'avaient précédé; mais bientôt les différences devinrent plus marquantes, lorsque les formes grecques vinrent se mêler aux plans et aux encadrements gothiques : alors le pilastre succéda aux petits piliers; les rinceaux de feuillages participèrent des arabesques en usage en Italie; un plan plus vaste fut adopté pour les habitations particulières, et les églises furent décorées d'une profusion d'ornements de tout genre, qui ne laissait pas que d'en imposer à la vue. Le modèle de ce style, et de ce passage du gothique à la renaissance, se trouve parfaitement retracé dans le château de Gaillon, construit par

<hr>

[1] Brantôme.

[2] Philippe de Commines.

Georges d'Amboise, ministre de Louis XII, et par l'église de Brou, qui sert de sépulture aux ducs de Savoie; enfin, dans un temps plus rapproché encore, par l'église d'Auch. Le château de Gaillon a des tours jointes par des courtines, mais qui ne conservent plus l'aspect militaire, et l'idée qu'on attache à la nécessité de se défendre; elles sont couvertes d'ornements d'un goût charmant, qui réunissent l'ancien et le nouveau style. L'église de Brou semble revêtue, dans son intérieur, d'une draperie de dentelle. Les tombeaux, les chapelles, qui font l'ornement de ses bas-côtés, sont des chefs-d'œuvre de ce style connu en Angleterre sous le nom de *gothique fleuri*, et dont les chapelles d'Henri VII à Westminster, et plusieurs collèges à Cambridge et à Oxfort, offrent de piquants modèles. L'église d'Auch, bâtie en 1600, ne contient plus que l'enveloppe gothique, l'élévation des murs et des piliers, qui convient si bien aux édifices religieux. Mais les vitraux et les statues du chœur sont toutes de la renaissance. Les premiers travaux des princes de la maison de Valois se portèrent vers les lieux de leur naissance, qui étaient les bords de la Loire; et c'est ainsi qu'à différentes époques la France dut les ornements de son sol à différentes particularités qui semblent répartir aussi pour elle la sollicitude et le goût de ses monarques, et parvint à orner toute sa surface.

Charles VIII était né à Amboise, et voulut faire de ce lieu un palais enchanté. Il amena d'Italie des artistes distingués, et commença des travaux que la mort l'empêcha d'achever. C'est dans ce palais qu'il voulait déposer les meubles précieux, les statues et tableaux qu'il avait rapportés. Louis XII fit de même pour Blois, lieu de sa naissance [1]. Il fit élever les deux façades du château dans le nouveau style, et une galerie avec un bâtiment, sur la porte duquel il était représenté sur un cheval de bataille. Les jardins étaient ornés de fontaines, et les appartements du palais remplis de meubles précieux et ornés de riches étoffes. Les seigneurs, qui se modèlent presque toujours à l'exemple du roi, et qui commencèrent, sous Anne de Bretagne, à éprouver l'agrément d'une cour aimable et polie, élevèrent, dans les provinces et dans les villes même, un grand nombre d'édifices dans le nouveau style, qui fit totalement oublier l'ancien. La magnificence de ce temps ne pourrait s'imaginer, si elle n'était attestée par des témoins dignes de foi [2]. Bientôt le règne de François Ier vint effacer encore ces travaux. On vit s'élever, comme par enchantement, les châteaux de Chambord, Saint-Germain-en-Laye, Chenonces, Fontainebleau, Villers-Coterets, Madrid, Folembroy, la façade occidentale du Louvre, le collège de France, et le charmant château d'Anet, digne des vers de Voltaire, et de la belle personne à qui il était destiné [3]. François Ier avait amené en France Léonard de Vinci, André del Sarte, Primatizio, le maestro Rosso, Sébastien Sestio. Il y attendait Raphael; mais bientôt ces hommes habiles virent paraître près d'eux des artistes dignes de leur être comparés; la France, régénérée par les arts, les lettres, éclairée par les écrits que l'invention de l'imprimerie répandait avec profusion, ne voulut plus rien devoir qu'à elle-même. Philibert Delorme et Jean Bullant, Pierre Lescot, rivalisèrent avec les grands artistes de l'Italie; Pierre Bontemps, Germain Pilon, Ambroise Perret, et sur-tout l'immortel Jean Goujou, surpassèrent, pour l'élégance et l'exécution, tout ce qu'on connaît de la renaissance. Le tombeau de François Ier, dû à ces habiles artistes, est un chef-d'œuvre de goût et d'élégance [1]. Les travaux des arts n'étaient point bornés aux maisons royales : Écouen surpassait leur beauté [2]; et encore aujourd'hui, on est agréablement surpris, en voyageant en France, de trouver, presque dans toutes les villes, des bâtiments de cette époque, dont la grace, l'élégance, se font remarquer au milieu de toutes les maisons grossières et informes qui les entourent. Jamais peut-être il n'a été tant construit d'édifices qui, tous, aient un style d'élégance qui leur tient lieu de grandeur. Il faut avouer cependant que l'on était encore bien en arrière pour les commodités de la vie. Le château de Blois montre comme les princes étaient logés mesquinement [3]. Les chambres qu'ils occupaient sont sans dégagements, et précédées par de grandes salles où couchaient pêle-mêle et les gardes et les gens de service. L'usage était encore de couvrir de paille en hiver et de feuillages en été les planchers. Ces heureux changements dans les arts ne furent point assez favorables aux monuments religieux. Le peu qui furent élevés à cette époque montrent en quelque sorte la supériorité de l'architecture gothique pour ces sortes de bâtiments. En effet, le retour aux formes antiques dans les églises exposait à deux écueils. Si on voulait construire des temples semblables à ceux des anciens, et par conséquent très surbaissés, on perdait l'aspect imposant et le recueillement qu'inspirent les formes gothiques. Si on voulait conserver l'élévation des murs, des croisées et des voûtes, il fallait alors entasser des ordres les uns sur les autres, et couper par des étages multipliés en apparence des édifices qui ne devaient point avoir d'étages; c'est ce dernier plan qu'on adopta. On fut long-temps à lui donner la magie et la grandeur que l'on avait voulu atteindre. L'église St.-Eustache et la cathédrale de Dijon, construites en ce temps, sont un mélange plus curieux qu'agréable de ce nouveau style, appliqué aux anciens plans. Les grandes combinaisons de ce genre étaient réservées à une époque postérieure, lorsque l'Italie aurait réussi à placer en l'air ses immenses coupoles, surpassant ainsi en grandeur comme en pureté tous les monuments des siècles passés.

---

[1] Bernier, *Histoire de Blois*.

[2] « L'on voit généralement, dit l'archevêque de Marseille dans la *Vie de Louis XII*, par tout le royaume, bâtir de grands édifices tant publics que particuliers, et sont pleins de dorures, non pas les planchers tant seulement et les murailles qui sont par le dedans, mais les couvertures, les toits, les statues qui sont en dehors; et si sont les marches, meublées de toutes choses plus somptueuses que onques ne le furent. » (Claude Seyssel, *Vie de Louis XII*.)

[3] Hurtaut, l. I, p. 16. Ducerceau.

[1] Hurtaut et Piganiol de Lafosse.

[2] De Marquet, Denis Danet, in-12. Hurtaut, I, p. 268.

[3] Le cabinet d'Henri III, qui servait également à Louis XII, n'était séparé de l'escalier que par un rideau, et c'est en levant cette toile que le duc de Guise fut assassiné.

DEPUIS LA FIN DU RÈGNE DE FRANÇOIS IER

JUSQU'AU RÈGNE DE LOUIS XVI.

La géographie et l'histoire des arts présentent peu d'intérêt sous les quatre règnes qui suivent François Ier. Le royaume avait pris une fixité de constitution qui ne laissait plus douter de sa stabilité. Les souverains ennemis ou alliés de la France ne pouvaient mettre sur pied que des armées proportionnées aux siennes, et dont les succès et les revers ne décidaient tout au plus que du sort de quelques villes. Les guerres étaient devenues de grands duels, où chaque pays envoyait ses champions; ou plutôt des spéculations, où l'on mettait en jeu plus ou moins de capital pour en obtenir un intérêt: mais il n'y avait plus de ces entreprises qui menaçaient l'existence des têtes couronnées. Le dernier événement, dont le résultat eût pu entraîner de grandes conséquences, fut la bataille de Saint-Quentin, gagnée sous le règne d'Henri II, par les troupes de Philippe II. Les Espagnols ne profitèrent point de la victoire, et les affaires des Français se rétablirent bientôt par l'habileté et le courage des Guise, des Montmorency, des Coligny, des princes de Condé, et d'une foule d'hommes illustres qui couvrirent de leurs noms et de leur réputation les faibles règnes des derniers princes de la maison de Valois. Les succès étaient variés du côté de la Flandre, où le roi Henri II gagna cependant en personne, contre Charles-Quint, la bataille de Renti, et réunit, à la paix de Cateau-Cambrésis, les villes importantes de Metz, Toul, Verdun, et Calais, qui ne fut plus séparé de la France. Mais si la tranquillité extérieure était assurée contre des invasions dangereuses, il n'en était pas de même du repos intérieur. Un fléau cruel désolait ce pays. Les dissidences religieuses, qui depuis cent ans agitaient l'Europe, s'étaient concentrées dans l'intérieur du royaume. Les passions, profitant de ce nouvel appât, ou de ce nouveau prétexte, agitaient tous les cœurs. Quatre guerres civiles et quatre paix infructueuses eurent lieu dans l'espace de vingt ans. Le théâtre de ces événements se trouvait principalement sur les bords et au-delà de la Loire, où, depuis François Ier, la cour s'était toujours tenue de préférence. Quatre batailles célèbres se donnèrent entre les partis: celle de Dreux en 1562, celle de Saint-Denis en 1567, et celles de Jarnac et de Moncontour en 1569. Les protestants, alors nommés huguenots, furent battus dans toutes, et n'en devinrent que plus puissants. D'un autre côté, les Guise déployèrent de grands talents et un grand courage. On regrette de voir des hommes de cette trempe employer, contre leurs propres concitoyens, tant de capacité qui aurait pu être si utile à leur pays.

On regrette sur-tout de les voir tromper dans les plus horribles et les plus inutiles cruautés, et l'historien est heureux de traiter un sujet qui lui permet de ne point s'appesantir sur les détails de ces lugubres époques, et de ne faire qu'indiquer la Saint-Barthélemy, la cruauté et la corruption de la cour de Charles IX, les intrigues des Guise, la fameuse ligue, les guerres des trois Henri, l'influence de l'Espagne, l'ambition des deux Médicis, toutes circonstances qui ont peu de rapports avec le sujet que nous traitons. L'esprit, fatigué de ces récits pénibles, se repose avec délice sur le règne de Henri IV. Cet excellent prince, aussi habile politique que brave guerrier, parvint, par sa sagesse, à pacifier les troubles, à mettre de l'ordre dans les finances, à secouer le joug des étrangers, à détruire les partis intérieurs qui s'entendaient avec eux. L'histoire des guerres de ce prince n'offre point de grandes conceptions, parce que l'action est répandue sur tout le pays; mais les noms d'Ivri, d'Arques, de Fontaine-Française, qui rappellent les exploits du bon roi, seront toujours célèbres. Occupé également du bien-être et de la richesse de ses sujets, il créait des canaux, des édifices publics. Par une déclaration du 19 janvier 1552, il ordonna que les chemins royaux seraient plantés d'arbres des deux côtés, et une autre ordonnance régla la conservation des routes. Mais il fit plus: il en donna le soin à Sully, qui était le grand voyer de France, et à qui on rendait compte des travaux de l'administration. Le traité de Vervins mit fin à la terrible guerre entre la France et l'Espagne, et porta le premier coup à la puissance de la maison d'Autriche. Le roi s'apprêtait, pendant la paix, à reprendre l'ascendant que la situation heureuse de la France permettait alors d'espérer, et on ne sait pas, s'il eût vécu, jusqu'où il serait parvenu, avec le courage, l'économie et l'appui des hommes capables en tout genre. Le poignard du fanatisme détruisit en un moment toutes ces espérances. La France n'a point eu, dit le président Hainaut, de meilleur ni de plus grand roi que Henri IV. Il fut son général et son ministre. Il unissait à une extrême franchise la plus adroite politique, aux sentiments les plus élevés une simplicité de mœurs charmante, et à un courage de soldat un fonds d'humanité inépuisable. Henri IV, en rendant le repos à la France, en se préparant à l'agrandir par des conquêtes, qu'il aurait certainement faites sur les Anglais, lui apportait encore plus de provinces que ses trois prédécesseurs. Il unit au royaume les duchés d'Alençon, de Vendôme, d'Albret, de Beaumont; la vicomté de Rouergue, le Périgord, La Fère, Marle, Soissons, Limoges, Tarascon, et sur-tout le riche héritage de la plus grande partie de la Navarre, le royaume de Béarn, et le comté de Foix, qui s'était réuni sur sa tête par le mariage de Catherine de Foix, reine de Navarre, avec Jean d'Albret, son bisaïeul, en 1500. L'histoire des comtes d'Albret offre peu de grands événements. Leurs alliances avec les comtes d'Armagnac les mêlèrent aux troubles suscités par cette maison. Le comte Charles d'Albret commandait à la bataille d'Azincourt, en 1415, et s'y conduisit mal. On connaît la conduite des autres dans les guerres de religion en France. Les comtes de Béarn et de Foix furent plus distingués. Les premiers, par leurs secours et leurs alliances avec les rois d'Aragon, acquirent de la puissance et de la considération. On les voit briller aux croisades, et contre les Maures en Espagne, où trois d'entre eux périrent. Ils étaient de la première maison des vicomtes de Béarn. Les seconds commencèrent dans la personne de Pierre Gavares, qui épousa la sœur du dernier vicomte, en 1134. Les troisièmes, dans la personne de Gaston, de la maison de Moncade, dont le père, Guillaume de Moncade, grand sénéchal de Catalogne, et favori du roi d'Aragon Alphonse II, avait épousé Marie de Gavares, héritière des princes de la seconde race. Cette province du Béarn passa à la maison de Foix, en 1290.

Le nom des comtes de Foix rappelle les souvenirs de la vaillance, de la galanterie; et lorsque la France était encore barbare, leur cour, circonscrite dans une petite province, au fond des Pyrénées, brillait des lumières du goût, des lettres et des arts. « Là, dit la chronique, une suite de princes, sous le nom de Roger, commença cette maison, jusqu'à l'année 1290, où Roger-Bernard III, onzième d'entre eux, réunit le Béarn à ses états. « Alors commencèrent les Gaston de Foix, si célèbres par leur courage, leurs lumières, et aussi par leurs démêlés avec la maison d'Armagnac. Le plus célèbre d'entre eux, Gaston-Phœbus Ier, fut un des plus grands princes de son temps. Nous avons parlé de la réception magnifique qu'il fit dans sa cour à Charles VI. Un de ses successeurs, Jean, fut également distingué. Il réunit à ses états le Bigorre, qui avait eu long-temps ses comtes particuliers. Mais le plus célèbre de ses descendants, quoiqu'il ne soit pas parvenu à la souveraineté, fut Gaston de Foix.

A la mort de Henri IV, le gouvernement du royaume tomba entre les mains des favoris et des mignons de cour. L'autorité n'agit plus que sous l'influence de quelques grands seigneurs indépendants qui n'avaient plus la puissance réelle des anciens grands vassaux de la couronne, mais qui en manifestaient encore les prétentions; qui ne luttaient plus corps à corps avec l'autorité royale, mais qui la paralysaient, l'inquiétaient, et s'en rendaient maîtres par les difficultés qu'ils mettaient à sa marche. Réunis aux protestants, que l'on persécutait toujours indirectement, les mécontents de toute espèce formaient une masse considérable. La reine, Marie de Médicis, met sur pied trois armées, et a des succès contre eux. Cette guerre se termine par la mort du maréchal d'Ancre, le favori du roi. Il est remplacé par M. de Luynes, qui fait revenir le célèbre Richelieu, évêque de Luçon, qui avait été placé d'abord par la protection du maréchal d'Ancre, et s'était retiré après sa disgrâce. Cet homme habile prend de l'ascendant sur l'esprit du roi, et concilie ses différends avec sa mère. Il réunit les partis; il entreprend à-la-fois d'abaisser la maison d'Autriche, en encourageant le parti protestant contre elle en Allemagne, tandis qu'il met tout en œuvre pour détruire ces mêmes protestants en France. Il réussit à l'un et à l'autre. La ligue qu'il seconde entre la Suède, l'Angleterre, la Hollande et les princes d'Allemagne contre l'Autriche, met cette puissance en danger; et le siège de La Rochelle, si habilement conduit, termine ces dissensions intestines, ou du moins ne leur laisse plus la possibilité d'être dangereuses pour l'État. Pendant ce temps, Monsieur, frère du roi, et l'élite des grands seigneurs en France, de ceux qui pouvaient encore, comme le duc d'Épernon, donner chez eux asile à la reine mère, cabalaient pour renverser le cardinal. Celui-ci, plus ancré dans l'esprit du roi à mesure que l'on fait plus d'efforts pour le lui enlever, fait déclarer ses ennemis ennemis de lèse-majesté, et les poursuit à outrance. Le duc de Lorraine perd une partie de ses états pour avoir pris part à la révolte; et Montmorency, âgé de trente-sept ans, doué des plus heureuses qualités, blessé et pris au combat de Castelnaudary, a la tête tranchée. Monsieur, frère du roi, d'un caractère faible, et ne sachant pas diriger les mouvements qu'il encourageait, avait affaire d'ailleurs à un ennemi trop habile pour lui céder. Richelieu se fait rendre plusieurs places de l'Alsace et de la Lorraine. Il met sur pied six armées soldées, dont deux étaient destinées à faire la guerre en Flandre et dans les Pays-Bas, et une sur les frontières de la Champagne et en Lorraine. La révolte du comte de Soissons et des ducs de Guise et de Bouillon rendait ces mesures nécessaires. Le comte de Soissons parvient à gagner une bataille, mais il y est tué. Ce succès aurait nui au crédit du cardinal, sans la circonstance de la mort du comte. Désormais le théâtre de la guerre devait se trouver dans cette ligne intermédiaire entre les possessions françaises et les états de la maison d'Autriche, aux Pays-Bas et sur les frontières de la Champagne pour la conquête du Roussillon, qui fut acquis sous ce règne. Le règne de Louis XIII fut celui des favoris, mais des favoris hommes d'état; et ce prince, qui n'avait ni assez de force pour gouverner par lui-même, ni assez de faiblesse pour changer souvent de ministres, resta fidèle au cardinal de Richelieu, dont il reconnut sur-le-champ les grands talents, le génie et la forte volonté. C'est de la fin de ce règne que date la chute complète des grands vassaux, et que le roi commence à être l'état, ainsi que Louis XIV s'est permis de le dire. Ce prince n'avait que cinq ans à la mort de son père: la régence appartenait à la reine par le testament du roi, et elle lui fut confirmée par arrêt du parlement. Ici commence, à proprement parler, le règne de Mazarin, deux ans après qu'avait fini celui de Richelieu. Ces deux hommes d'état, doués, chacun, de hautes qualités, ont été fort utiles à la France, et ont illustré pour elle cet intervalle, que semble présenter l'histoire sous les règnes faibles. L'un, plus hardi, plus entreprenant; l'autre, plus adroit, plus souple, sachant attendre les événements qu'il ne peut décider, ils arrivent au même but par des moyens différents et adaptés au temps où ils vécurent. La fermeté de Richelieu termina les interminables troubles de la ligue; la persévérance, l'adresse de Mazarin, rendirent inutiles toutes les intrigues et les menaces de la fronde. L'un réunit à la France le Roussillon et l'Artois, et abaissa les existences qui menaçaient éternellement la dignité des rois et le repos des peuples; l'autre affermit les institutions en pacifiant l'Europe, en trouvant, par des alliances et des traités, plus que n'auraient produit les armes, et en préparant tout pour la gloire et les ressources du règne célèbre qui devait être le complément de son ouvrage. A peine arrivé au timon des affaires, il presse la conclusion des négociations de Munster, commencées deux ans avant; il fonde la base d'une nouvelle charte politique pour l'Europe, sans ralentir les préparatifs de guerre, qui furent toujours les meilleurs moyens de négociations. Le duc d'Enghien, depuis le grand Condé, gagne, à l'âge de vingt-deux ans, la bataille de Rocroy. C'est alors que l'on voit paraître avec tant d'éclat les noms des maréchaux Turenne, Gassion, La Ferté, Hocquincourt, Ranzau, La Meilleraie, et cette pépinière de grands hommes qui brillèrent le règne célèbre qui allait commencer. Les succès, durant la minorité de Louis XIV, furent variés, et le principal théâtre de la guerre était toujours en Flandre et sur le Rhin. Les opérations de Catalogne et des Pyrénées n'étaient qu'accessoires, quoique souvent décisives. Enfin la paix de Munster, signée le 6 août et le 24 octobre, établit et consolida la puissance française du côté de l'Allemagne. La France, par ce traité, eut définitivement les trois évêchés, la haute et basse Alsace, Brisach, et le droit d'avoir garnison à Philisbourg. Les intérêts du duc de Lorraine furent ajournés à la paix avec l'Espagne. Cette paix si désirée et si désirable était l'objet de la sollicitude du cardinal. Dès son entrée aux affaires, il avait projeté le mariage du roi avec l'infante d'Espagne, et espérait que la dot de la princesse serait la possession de la Franche-Comté et des Pays-Bas; ce qui aurait rendu la France assez puissante pour prétendre alors à la couronne d'Espagne, malgré la renonciation que l'on était obligé de faire en contractant ce mariage. De grandes difficultés empêchèrent cette réussite. Le roi d'Espagne n'ayant point d'enfants mâles, desirait laisser sa succession à un prince de sa maison, et ce prince se trouvait dans Léopold, fils de l'empereur Ferdinand III, qui sollicitait également cette alliance. Sa mère était la cadette d'Anne d'Autriche, mère de Louis XIV. La préférence accordée à la France causa par la suite la guerre de la succession. Enfin, après les succès de l'année 1658, et les campagnes habiles de Turenne, la paix se conclut entre la France et l'Espagne. Les conférences ont lieu entre le cardinal Mazarin et dom Louis de Haro, dans l'île des Faisans. D'après ce traité des Pyrénées, Louis XIV épousa l'infante Marie-Thérèse. Il garda, du côté des Pyrénées, le Roussillon et le Conflans; mais il étendit beaucoup nos frontières dans les Pays-Bas. Il acquit définitivement l'Alsace et la plus grande partie de l'Artois. Le cardinal mourut en 1661; et, dès ce moment, Louis XIV conduisit seul les affaires, et déploya cette dignité, cette sagesse, ce génie même, qui ont fait de son règne une des époques les plus glorieuses pour la nation française. Pendant qu'il obtenait une suite de victoires avec Turenne et Créqui, il mettait l'ordre dans les finances avec Colbert, et discutait toutes les questions de commerce et de marine au milieu d'un conseil où brillaient les noms les plus illustres de la magistrature. Il s'empare, en 1667, de presque tous les Pays-Bas. Il fait, en 1668, la conquête de la Franche-Comté en un mois. La renommée de tant de succès effraie l'Europe, et fait passer contre la France l'inquiétude que la maison d'Autriche lui avait inspirée jusque-là. Il en résulta le traité de la triple alliance entre l'Angleterre, la Suède et la Hollande. Par la paix d'Aix-la-Chapelle avec l'Espagne, le roi rendit la Franche-Comté, mais garda toutes les conquêtes dans les Pays-Bas. Il employa le temps qui suivit la paix à détacher de la triple alliance la Suède, et à se concilier l'empereur. Il marche contre la Hollande avec trois corps d'armée, l'un commandé par lui en personne, ayant sous lui M. de Turenne; l'autre commandé par le prince de Condé, le troisième par Chamilli. C'est dans cette campagne qu'eut lieu le passage du Rhin si vanté par les poëtes, le 12 juin, et que le roi s'empara, en deux mois, des trois provinces de Gueldre, d'Utrecht et d'Over-Yssel, et fut au moment d'entrer dans Amsterdam.

Les inquiétudes sur la puissance de Louis XIV armèrent de nouveau l'empereur et l'Espagne; et l'on voit avec étonnement ces deux puissances, alliées pour secourir leurs anciens sujets rebelles. Le roi fait face à tout, et lutte seul contre toute l'Europe conjurée. Il a trois armées, l'une en Flandre, l'autre en Allemagne, et la troisième en Roussillon. Le maréchal de Turenne bat les impériaux à plusieurs reprises en Allemagne. Cette campagne est une des plus savantes de ce grand général. Le prince de Condé gagne, avec cinquante mille hommes, la mémorable bataille de Senef en Flandre, contre l'armée du prince d'Orange de quatre-vingt-dix mille hommes. Les campagnes de 1676 et 1677 furent brillantes, quoiqu'on n'y vît plus le nom de deux grands capitaines des guerres précédentes. M. de Turenne avait été tué à Saslbach après la brillante campagne contre Montécuculli, et le prince de Condé s'était retiré. Mais les noms de Créqui, de Luxembourg, d'Humières, d'Estrade, brillaient encore. Il en était de même des ennemis; ils n'avaient plus Montécuculli, mais ils avaient le duc de Lorraine. La paix de Nimègue, à la fin de 1678, assura à la France la Franche-Comté, les villes de Valenciennes, Condé, Bouchain, Cambrai, Aire, Saint-Omer, Ypres, Cassel, Menin, Bavai, Maubeuge et Charlemont; enfin la frontière à-peu-près telle qu'elle est aujourd'hui.

L'inexécution de ce traité, la formation de la ligue d'Augsbourg, l'invasion de l'Angleterre par le prince d'Orange, obligent le roi à reprendre les armes en 1688. La fortune continua de lui être fidèle. Les batailles de Fleurus, de Steinkerque et de Nerwinde, gagnées par le maréchal de Luxembourg et M. de Boufflers, rappellent les beaux temps de ses armes; mais cependant on pouvait déja voir qu'il ne devait pas se soutenir ainsi. Les succès étaient variés en Catalogne et dans le royaume de Valence, sous les maréchaux d'Estrées et de Noailles. Bientôt le roi cessa d'aller en personne à la guerre, et la campagne de 1693 fut la dernière où il se rendit. Le traité de Riswick, en 1697, donna la paix à l'Europe. L'Espagne refusa d'y consentir; mais la prise de Barcelone, par le duc de Vendôme, la décida. Le roi sacrifia beaucoup à ce traité pour se rendre favorables la cour d'Espagne et les Espagnols, et acquérir des droits à cette succession sur laquelle tous les yeux étaient ouverts. En effet, trois ans après, en 1700, le roi Charles II fait un second testament, dans lequel il institue héritier de toute la monarchie espagnole Philippe de France, duc d'Anjou, second fils du Dauphin, et petit-fils de Louis XIV. Il mourut un mois après, et Philippe V est proclamé à Madrid le 24 novembre; mais bientôt cet accroissement de puissance réveilla toutes les jalousies en Europe, et ralluma la guerre de tous côtés. Elle éclata, et alors la fortune semble abandonner Louis XIV. Le célèbre Eugène, dont il avait dédaigné d'accepter les services, commandait les armées impériales; Marlborough commandait les Anglais. Le roi leur opposa des guerriers distingués; mais le prestige était détruit. Les deux campagnes de 1705 et 1706 sont fatales à la France. Les batailles de Hochstedt, de Ramillies et de Malplaquet font perdre au roi toutes ses conquêtes; il évacue le Milanais, le Piémont, la Savoie, toutes les places des Pays-Bas espagnols, et il voit le siège devant Lille. Le roi d'Espagne est obligé de se retirer à Burgos; et c'est au moment de s'embarquer pour le Mexique, que les batailles d'Almanza et de Villa-Viciosa, dues aux maréchaux de Berwick et de Vendôme, le rétablissent sur le trône. La prise de Gironne par le maréchal de Noailles, dont le père avait pris la même ville en 1694, consolide la couronne.

Le roi fait de vains efforts pour obtenir la paix; il offre tous les sacrifices, lorsque la victoire de Denain, en 1712, où le maréchal de Villars sauva la France, vint rétablir l'honneur de ce règne célèbre, et amena le traité d'Utrecht, suivi bientôt de celui de Rastadt, qui fixe les destinées de la France et de l'Europe, et laisse Louis XIV jouir d'une vieillesse tranquille. Elle l'eût été sans les scrupules religieux de ce prince, et les troubles qui éclatèrent dans le sein même de ses états. Les persécutions contre les protestants, l'exil d'une foule de ces hommes industrieux, sont une tache à la mémoire de ce grand monarque, que la gloire de son règne a beaucoup de peine à couvrir. On aurait eu trop à regretter si, pour prix de guerres aussi long-temps glorieuses, il ne fût rien resté à la France de ces grandes entreprises; mais elle eut des provinces qui complétèrent son étendue et arrondirent son territoire. Les rois avaient réuni ces acquisitions à leur couronne par des alliances, des héritages ou des confiscations: Louis XIV sembla dédaigner de les posséder autrement que par des conquêtes. Cette Flandre, si disputée, fut enfin réunie pour toujours à la France. Dès cette époque on ne verra plus ses comtes, si puissants comme alliés ou ennemis, sacrifier leurs intérêts à leur haine ou à leur dévouement. Leur histoire est fertile en événements glorieux.

Pendant qu'ils dominaient dans le nord de l'Europe, ils mettaient sur leurs têtes les couronnes de l'orient. Ce fut un des deux Robert qui prit Jérusalem à la première croisade, en 1093, et qui refusa d'y régner. Les musulmans le surnommèrent le fils de saint Georges, à cause de ses hauts faits d'armes. Ce fut Baudouin IX, l'un des chefs de la croisade de Constantinople, en 1204, qui fut élu empereur après la prise de cette ville. Ce comté comprenait la Flandre et le Hainaut. Lille en fut long-temps la capitale; et Baudouin V, qui en aimait le séjour, y fit beaucoup d'embellissements. Il s'y joignit, en 1303, le comté de Nevers, par le mariage de Robert III avec Yolande, héritière de ce comté. Bientôt ces divers états séparés se réunirent avec le duché de Bourgogne et d'Artois dans la personne de Louis II, et enfin du duché de Bourgogne dans la personne de Jean-sans-Peur, fils de Philippe-le-Hardi, duc de Bourgogne, et de Marguerite de Flandre. Le sort de cette province fut, de cette manière, joint à celui de la puissante maison de Bourgogne, et n'en fut séparé qu'à la chute de cette maison, après la mort de Charles-le-Téméraire; alors la Flandre continua d'appartenir à la maison d'Autriche. Elle passa, ainsi que l'Artois, à la France par les traités des Pyrénées en 1659 et de Nimègue en 1678.

Le Hainaut avait eu long-temps des comtes particuliers, qui furent aussi des princes distingués, les uns par leur courage, les autres par leur goût pour les arts; et l'un d'eux, Baudouin-le-Bâtisseur, embellit, fortifia et orna de beaux édifices les villes de Ath, Quesnoy, Bouchain, Braine-le-Comte, et sur-tout Valenciennes. Ce comté, après avoir été quelque temps réuni à la Hollande, le fut enfin à la Bourgogne, et depuis à la France.

Mais le règne de Louis XIV fut, comme celui de François Iᵉʳ, plus célèbre encore par les conquêtes sur l'esprit que par les conquêtes de provinces. Une réunion d'hommes de génie dans tous les genres illustra à jamais cette époque.

Au règne tant vanté de Louis XIV succéda le règne tant décrié de Louis XV, sans qu'au jugement de l'homme impartial il y ait eu beaucoup de raison dans l'exagération des éloges de l'un et des critiques de l'autre. Les dix dernières années du règne de Louis XIV sont aussi désastreuses et semblent appartenir à un gouvernement moins habile que les dix années de la régence pendant la minorité de Louis XV; et les accroissements de territoire par tant de sang répandu sous Louis XIV, ne sont guère plus considérables que ceux qui eurent lieu sous Louis XV par de simples traités. Mais ce qui marquera éternellement la différence de ces deux règnes, c'est la dignité de la nation, qui fut portée à son plus haut point sous le premier, et au rang le plus inférieur sous le second. Les revers de Louis XIV ne furent que des malheurs, ceux de Louis XV tournèrent à la honte. La bataille de Rosbach fit naître un sentiment de mépris pour la France, qui eut une influence sur l'avenir. Cette puissance ne fut presque plus consultée, et les partages de la Pologne se firent sans qu'elle voulût ou qu'elle pût y intervenir.

Louis XV, à l'âge de quatorze ans, prit les rênes du gouvernement. Un congrès s'assembla à Cambrai pour régler les conditions de la paix, et se sépara sans avoir rien conclu. D'abord alliée de la Prusse et de l'Angleterre en 1724, contre l'Autriche et l'Espagne, la France envoya des troupes en Allemagne sous le maréchal de Broglie, ayant sous ses ordres le maréchal de Saxe, contre le prince Eugène, si long-temps célèbre. Il prend Philisbourg, et, après quelques autres succès, il force l'empereur à la paix de Vienne, le 3 octobre, et met la France en possession du beau duché de Lorraine, qui fut accordé au roi Stanislas-Auguste Leczinski, dont Louis XV avait épousé la fille. Cette province lui fut donnée en indemnité de la couronne de Pologne et de la cession de la Toscane à François, duc de Lorraine, après la mort de Jean Gaston de Médicis. Ainsi les deux pays agrandirent leurs territoires, en même temps qu'ils servirent leurs alliés. Si la France, partant de cette époque, ne s'était plus mêlée des guerres suivantes, et eût fait acheter sa neutralité, elle se serait épargné des dépenses folles, et, ce qui est pis, la déconsidération qui suit toujours les revers. La mort de Charles VI vint troubler la tranquillité générale. Chaque souverain se trouva possesseur de droits à sa succession, qu'il désira faire valoir. L'électeur de Bavière, en vertu du testament de Ferdinand Iᵉʳ, frère de Charles V; Auguste III, roi de Pologne, aux droits de sa femme, fille aînée de l'empereur Joseph Iᵉʳ; le roi d'Espagne, aux droits de la femme de Philippe II, fille de l'empereur Maximilien II; Louis XV, comme descendant en droite ligne de la branche aînée de l'Autriche, par la femme de Louis XIII et celle de Louis XIV ; enfin le roi de Prusse, par des droits sur la Silésie. Ce dernier est le premier qui les fait valoir, et entre, sans autre formalité, en Silésie. La France, par suite de l'ancienne rivalité de la maison d'Autriche, se joint à la Prusse. Mais bientôt, d'auxiliaire devenue principale, elle éprouve des revers. La reine de Hongrie arme ses Hongrois. Le roi de Prusse conclut un traité particulier, et la France supporte seule le poids de la guerre. La négligence de Maillebois force l'armée à se replier en Bavière. La guerre avec l'Angleterre complique les circonstances. Les Français n'en profitèrent pas. Ils pouvaient faire une descente en Angleterre dans le moment où cette puissance avait toutes ses troupes sur le continent. On manqua cette occasion. Les forces anglaises étaient dispersées dans les mers. La flotte française dominait sur les côtes, et le prétendant pouvait aider par des soulèvements dans le pays. Cependant les succès du maréchal de Saxe ranimèrent les esprits. Il prit toutes les places des Pays-Bas, et procura au roi arrivé à l'armée le gain de la célèbre bataille de Fontenoy. L'année suivante, le maréchal de Saxe et le roi en personne prennent Louvain, Malines, Anvers, Namur, gagnent la bataille de Rocoux ; l'année d'après, celle de Lawfelt, et fixent enfin les conditions du traité d'Aix-la-Chapelle.

C'est ici que cesse la gloire de la France : déja épuisée d'hommes, elle a de la peine à y suffire, et porte tout le poids des malheurs du temps. La guerre se rallume d'abord avec l'Angleterre au sujet de quelques différends dans le Canada. Les flottes s'attaquent avant même la déclaration de guerre. L'Angleterre, pensant que le meilleur moyen de garantir ses possessions dans l'Amérique est de forcer les Français à combattre en Allemagne, profite habilement des négociations qui avaient été entamées avec la cour de Vienne, pour attirer le roi de Prusse dans son parti, et s'aider ainsi d'un puissant contre-poids. Le roi de Prusse, par le traité du 16 janvier, garantit à l'Angleterre l'électorat de Hanovre, et par conséquent se trouve obligé de marcher contre les Français qui s'avançaient contre cet électorat. Le roi de Prusse entre à Dresde. Les Français ont d'abord des succès ; ils gagnent la bataille d'Astembeck contre le duc de Cumberland ; mais bientôt ils se couvrent de honte à Rosbach, perdu par M. de Soubise, qui essaie en vain d'effacer ce revers par le succès du combat de Lutzelberg. L'année suivante, les succès sont variés sur mer ; la mésintelligence entre le maréchal de Broglie et M. de Soubise, l'incapacité de ce dernier, firent tout le mal. Enfin, la paix a lieu entre l'Angleterre, la France et l'Espagne, le 10 juin 1762, paix principalement avantageuse à l'Angleterre : mais si la guerre ne fut point favorable à ce règne, les négociations l'en dédommagèrent ; elles effectuèrent la réunion de la Lorraine, si importante à la France, à la sûreté de la monarchie, et vainement tentée par Louis XIII et Louis XIV à main armée. Cette belle province, qui s'étend des bords de la Meuse et du Rhin au cœur de la France, forme à elle seule une histoire pleine de grandeur et d'intérêt. Ses souverains furent, la plupart, des guerriers distingués. Toutes les guerres les voyaient servir ou commander, mourir dans les rangs des braves, ou gagner des batailles à leur tête. L'un d'eux, Thibaut, est blessé à la bataille de Bouvine ; un autre, Ferry IV, est tué à celle de Montcalier, en 1328 ; Raoul à celle de Crécy, en 1346, où il combattit en héros à la tête de la noblesse de la province.

Jean Ier est prisonnier à la bataille de Poitiers, en 1356, après avoir eu deux chevaux tués sous lui. Il l'est encore à celle d'Auray, en 1364, où Charles de Blois, son parent, perdit la vie ; et se distingue à Roseberg. Son fils, Charles, imita son exemple ; et, après lui, la Lorraine passa entre les mains du malheureux et bon René de Provence, par son mariage avec Isabelle, fille du duc Charles. De nouvelles destinées survinrent pour ce pays. Le célèbre Jean II, le prince le plus beau et le plus accompli de son temps, gagna la bataille de Farno, dans le royaume de Naples, et se distingua en Calabre et en tête de la ligue en France. René gagna la bataille de Nanci, en 1477, contre le terrible Charles-le-Téméraire, duc de Bourgogne, qu'il tua de sa main. Ce prince était un comte de Vaudemont, qui succéda au duché en épousant Yolande d'Anjou ; et cette province, qui était sortie de la maison de Lorraine par un mariage, y rentra de la même manière. Antoine, en 1509, à la bataille d'Agnadel, plus tard à celle de Marignan, se distingue ; son frère, le duc de Guise, reçoit vingt-deux blessures. C'est à cette époque que commencent les hauts faits, les entreprises aventureuses et les

malheurs des princes de ce nom, la gloire et la ruine de la maison de Lorraine. Charles III ou IV, en 1624, et sur-tout Charles IV, en 1673, furent des guerriers accomplis. Le dernier, dépossédé de son duché, passa au service de l'empereur d'Autriche, et trouva, dans la vie des braves, une seconde patrie et une nouvelle puissance. Il gagna plusieurs victoires contre les Turcs, et, depuis, contre les Français, et s'acquit la réputation d'un des premiers hommes de guerre de son temps. Son fils est rétabli dans ses états par la paix de Riswick, et embellit la Lorraine d'établissements utiles. « Je quitterais mon duché, disait-il, si je ne pouvais y faire du bien. » Il laissa son duché à François-Étienne, qui épousa la fille de l'empereur Charles VI, la célèbre Marie-Thérèse, et monta bientôt sur le trône impérial. Un traité, signé à Vienne, en novembre 1715, donna la Toscane au duc de Lorraine, qui céda au roi Stanislas le duché de Lorraine et de Bar, réversible, après sa mort, à la couronne de France. Ce prince tint sa cour à Lunéville, et rendit ses peuples heureux. Il fonda l'académie de Nanci, en 1750, et mourut à quatre-vingt-neuf ans, après n'avoir fait que du bien.

Dépendant en quelque sorte de cette province et réuni en même temps à la couronne était le duché de Bar, dont les seigneurs dataient d'une haute antiquité : ils portaient le titre de duc, depuis le milieu du 10e siècle jusqu'en 1034 ; et, dès cette époque, ils prirent le titre de comte. En 1355, ils reprirent la qualité de duc, qu'ils conservèrent. Plusieurs furent des hommes vaillants ; et l'un d'eux, Henri II, se trouvant dans l'armée de Philippe-Auguste à la bataille de Bouvine, fut sur le point de faire prisonnier l'empereur Othon, qu'il avait saisi par le cou. Il mourut en Palestine. Un autre fut tué à la bataille d'Azincourt. L'an 1431, ce duché fut réuni à la Lorraine, sur la tête de René, par la cession que lui en fit le cardinal de Bar, son grand-oncle. Les comtes de Verdun figurent aussi dans l'histoire comme des seigneurs indépendants, et soumis seulement à l'hommage depuis 973. Mais les plus distingués furent les seigneurs de Vaudemont, de la même maison que les ducs de Lorraine, et, en conséquence, de la même famille que le célèbre Rodolphe de Habsbourg, fondateur de la maison d'Autriche. Hugues II et Hugues III, comtes de Vaudemont, se distinguèrent dans les combats, l'un à la fameuse journée de Libérat, en 1187 ; l'autre près de Gaza. Henri Ier accompagna saint Louis à la croisade. Ils prirent, vers l'année 1390, le titre de Lorraine. Ce comté fut réuni à la Lorraine en 1473.

Louis XV réunit, de plus, la Corse, qui avait secoué le joug des Génois, et qui a toujours fait depuis partie intégrante de la monarchie.

Si le règne de ce prince ne fut point brillant par les succès des armes et la prépondérance, il marqua par les progrès des lumières et des sciences, que le roi favorisait, et qu'il cultivait lui-même avec succès. Les progrès que l'on fit dans la physique expérimentale, l'astronomie, la chimie, la géographie et les arts libéraux, furent dus en grande partie aux libéralités du roi. Des savants furent envoyés par lui pour étendre le domaine des sciences, Maupertuis au pôle arctique, La Condamine à l'équateur ; d'autres à la Californie, aux Philippines. L'entreprise de la grande carte de France, par Cassini, et l'Encyclopédie, sont deux monuments qui auraient suffi pour illustrer un règne. Ce fut une belle idée de constater ainsi à-la-fois l'état des richesses territoriales et le point où étaient parvenues toutes les connaissances humaines ; mais le travail, sans contredit, le plus considérable fut la confection de magnifiques routes et de ponts qu'il fit construire dans toutes les provinces, qui ornent à jamais la France et en rendent les communications si faciles pour le commerce. Avant le règne de ce prince, le quintal coûtait quatre-vingts livres de Bordeaux à Paris ; en 1787, il était déja réduit à huit francs. La construction des routes[1], considérées comme monuments, n'avait pas eu lieu en France depuis les Romains, à l'exception de quelques grands chemins conservés de ces peuples. Colbert en rétablit quelques uns imparfaitement sous Louis XIV ; Desmarets, qui lui succéda, et en avait seul l'inspection, avait formé le premier corps d'ingénieurs, et chargea de ce travail le duc de Noailles ; et le frère du cardinal Dubois, qui avait la charge des ponts et chaussées, s'en occupa

---

[1] Il est dit plus haut qu'Henri IV avait rendu plusieurs ordonnances pour la formation et l'entretien des routes, pour les planter d'arbres, et que Sully était le grand paveur de France.

depuis : mais aucun d'eux ne conçut un plan fixe et ne le mit à exécution. Les travaux qui furent faits ont de grands défauts ; mais ils constituent un grand système digne d'un grand empire.

Sans doute on pourrait se plaindre que ces routes droites sont monotones, qu'elles obligent à des ressauts fréquents dans les pays coupés de chaînes de montagnes, et qu'en général elles ne sont pas bien entretenues. En effet, il y en a qui ont cent vingt pieds de large, et cependant les piétons n'y trouvent pas de trottoirs. Souvent, pour éviter de suivre le contour du terrain, elles font descendre rapidement une hauteur et la remonter de la même manière, tandis qu'avec une légère inflexion on serait parvenu facilement au même point. Les routes françaises furent construites et réparées de deux manières : à prix d'argent, soit avec les fonds des impositions générales, soit par des contributions locales, ou par corvées. Les provinces où le premier usage était suivi furent le Languedoc, la Bresse, le pays de Gex, une grande partie de la Normandie, le Limousin, l'Angoumois, la haute Guienne, le Berri ; dans les autres régnait le régime abusif de la corvée, qui était surtout onéreux par la manière dont il était réparti et les abus qui s'y étaient introduits.

C'est ici que nous devons établir la véritable division de la France, et son organisation administrative. La France se divisait en seize districts, de parlements et autres cours souveraines, eu égard à sa constitution politique ; en trente-deux intendances ou généralités pour les finances ; en dix-huit archevêchés et cent treize évêchés quant à la constitution ecclésiastique, et en quarante gouvernements généraux de province : savoir, trente-deux grands et huit petits enclavés dans les grands, ayant chacun un gouverneur et un intendant. Cette dernière division comprenait les pays d'états qui avaient conservé leurs propres gouverneurs, et les pays d'élection, qui étaient anciennement administrés d'après la volonté du souverain. Les provinces étaient : 1° la Picardie, capitale Amiens ; 2° l'Artois, Arras ; 3° la Flandre, Lille ; 4° la Normandie, Rouen ; 5° l'île de France, Paris ; 6° la Champagne, Troyes ; 7° la Lorraine, Nanci ; 8° l'Alsace, Strasbourg ; 9° la Bretagne, Rennes ; 10° le Maine, le Mans ; 11° l'Anjou, Angers ; 12° la Touraine, Tours ; 13° l'Orléanais, Orléans ; 14° le Berri, Bourges ; 15° le Nivernais, Nevers ; 16° la Bourgogne, Dijon ; 17° la Franche-Comté, Besançon ; 18° le Poitou, Poitiers ; 19° l'Aunis, La Rochelle ; 20° la Marche, Guéret ; 21° le Bourbonnais, Moulins ; 22° la Saintonge et l'Angoumois, Saintes ; 23° le Limousin, Limoges ; 24° l'Auvergne, Clermont ; 25° le Lyonnais, Lyon ; 26° le Dauphiné, Grenoble ; 27° la Guienne et Gascogne, Bordeaux et Auch ; 28° le Béarn, Pau ; 29° le comté de Foix, Foix ; 30° le Roussillon, Perpignan ; 31° le Languedoc, Toulouse ; 32° la Provence, Aix. Les huit petits gouvernements étaient : Paris et ses environs, le Boulonnais en Picardie, le Havre-de-Grace en Normandie, Saumur entre l'Anjou et la Touraine, Metz, Toul, Verdun et Sedan.

Cette division, conséquence naturelle de l'agglomération successive des provinces à la couronne, avait le grave inconvénient de multiplier les ressorts de l'administration, de laisser subsister dans chaque circonscription des coutumes, des lois particulières, souvent des privilèges opposés, à priver enfin le pays de cet esprit national qui fait la force d'un état, et lui donne le moyen de supporter tous les sacrifices, ou pour sa défense ou pour son élévation. Depuis longtemps les hommes éclairés désiraient un système, un mode uniforme d'administration, d'ordre judiciaire, de finances, d'impôt, de douane ; mais aucun ne trouvait assez de fermeté dans le prince, et de patriotisme dans les classes élevées pour y parvenir. Tout le fardeau des charges publiques pesait sur la bourgeoisie et sur le peuple, et cependant c'était dans leurs rangs que naissaient tous les talents. De là ce malaise général, cette impatience d'un changement, ce mouvement des esprits qui, depuis long-temps, menaçait toutes les existences. La révolution n'avait pas encore éclaté, et depuis vingt ans elle était déja faite. Le besoin de s'affranchir de tant d'entraves, de ressaisir à-la-fois la dignité de son être et de son pays, tout portait à un élan national, qu'un autre élan aurait pu ralentir, mais jamais comprimer. Il aurait fallu à la tête des affaires ou un prince habile qui eût su distinguer les concessions qu'il fallait faire, ou un monarque tout-à-fait faible qui les eût acceptées toutes. Au lieu de cela, on adopta un système de promesses accordées et restreintes, de mécontentement après les concessions faites, et la tendance malheureuse de ne connaître dans la nation qu'une seule classe qui, depuis long-

temps ne faisait plus corps avec elle, qui n'en était plus connue ; qui, ayant changé le séjour de ses terres pour celui de la cour, avait, par un singulier contraste, gagné le pouvoir en perdant l'influence. C'est ainsi que se préparait le grand drame politique qui changea à-la-fois la face du pays, et donna un nouveau développement à l'industrie, aux sciences, aux lettres, et sur-tout aux arts, qui sont toujours dépendants des grands événements politiques.

ÉTAT DES ARTS ET DES MONUMENTS

PENDANT

LA SEPTIÈME ÉPOQUE GÉOGRAPHIQUE.

Nous avons laissé les arts dans tout leur éclat sous le règne de François Ier ; ils se soutinrent sous ses successeurs, Henri II, François II et Charles IX. Ils acquirent même un degré de grace, de perfection, que l'Italie aurait pu leur envier. Catherine de Médicis, qui régna sous le nom de ces princes, fit élever le château des Tuileries, sur les dessins de Philibert Delorme et de Jean Bullant [1] ; la colonne dorique près de la halle aux Blés ; et une chapelle sépulcrale de forme circulaire à Saint-Denis, chef-d'œuvre de Philibert Delorme, et dont il ne reste malheureusement plus de traces [2]. Les horreurs des guerres civiles qui déchirèrent les règnes de Charles IX et de Henri III suspendirent toute étude, tous progrès dans les arts. Le célèbre Jean Goujon tomba mort d'un coup de feu le jour de la Saint-Barthélemy, comme pour marquer l'état de barbarie où la France se trouvait plongée. Le règne glorieux et bientôt paisible de Henri IV vint ranimer le feu sacré ; il semblait que rien ne devait manquer à la gloire et au bonheur de ce bon prince ; des monuments distingués s'élevèrent. Androuet Ducerceau construisit le pont Neuf, l'hôtel Sully ; Jacques Desbrosses éleva l'aqueduc d'Arcueil, le portail [3] de Saint-Gervais, la grande salle du palais de Justice à Paris, et le magnifique palais du Luxembourg. Le style des bâtiments sous ce règne et sous celui de Louis XIII, qui vit commencer à s'élever le château de Richelieu par Lemercier, et celui de Pont-sur-Seine par Le Muet, l'hôpital Saint-Louis par Châtillon, était plus massif que sous François Ier, mais plus vaste, sur des échelles plus grandes. Les distributions des édifices sont mieux entendues, et ressemblent aux palais italiens bâtis depuis le règne des Médicis ; mais les ornements commencent à s'écarter du goût et de l'élégance du 16e siècle. Louis XIV devait tout surpasser par sa magnificence, et donner aux édifices qu'il élevait ce caractère de grandeur qu'il avait imprimé à toutes les actions de sa vie. A sa voix s'élevèrent les palais de Marly, de Sceaux, de Saint-Cloud, les Tuileries, Versailles, les portes Saint-Denis et Saint-Martin, l'hôtel des Invalides. Des statues colossales en bronze, des fontaines, embellirent les places publiques des villes ; quarante forteresses convirent les frontières de la France ; des ports de mer servirent d'abri, de protection à nos flottes ; des théâtres s'élevèrent pour représenter les chefs-d'œuvre de Corneille et de Racine ; les salles s'ouvrirent aux discussions des académiciens ; les universités, les collèges rivalisèrent autant par la beauté de leur architecture que par les noms des professeurs qui les illustrèrent : les collèges des Quatre-Nations et de la Sorbonne en sont d'illustres signes. Des hommes de génie présidèrent à ces grandes constructions. On voit paraître au premier rang les deux Mansard : l'un, François Mansard, déja célèbre par la construction de l'admirable château de Maisons dont on peut encore juger l'élégance, par le dôme du Val-de-Grace ; l'autre, Jules-Hardouin Mansard, doué peut-être d'un goût moins pur que le premier, mais d'une imagination plus vaste : c'est à lui qu'appartiennent la façade de Versailles du côté du jardin, l'orangerie, le grand escalier, la chapelle, enfin le dôme des Invalides. Blondel s'immortalise par la simple ordonnance de la porte Saint-Denis, Perrault par l'élégance et la richesse de sa colonnade. D'autres artistes moins célèbres ne manquent point de titres à la reconnaissance de la postérité. Tels sont les Antoine Lepautre, Libéral Bruant, Boffrand frères, Malète,

---

[1] Publié par Ducerceau. *Voy.* Roquefort, *Introduction.* Ce palais a été continué par Ducerceau sous Henri IV, et par Louis Levau et François d'Orbay sous Louis XIV. Il est fâcheux que ces artistes n'aient point suivi les dessins de leurs célèbres prédécesseurs.

[2] *Description de l'église de Saint-Denis*, par Guibert, p. 34.

[3] Hurtaut, t. III, p. 149.

Ange Levau. Mais vers la fin de ce beau régne le goût s'altéra ; et l'Italie, qui nous avait élevés à la renaissance du goût, nous entraîna dans sa décadence. Les écoles de Borromini et Guarini furent suivies de préférence aux régles des Michel-Ange et des Palladio. On ne voulut plus de lignes droites ; il fallut tourmenter tous les contours, altérer les formes, couper les frontons, les entablements, surcharger de guirlandes les chapiteaux, contourner les colonnes, établir de petits ordres grêles sur d'immenses et lourds soubassements, enfin chercher une fausse grace en s'éloignant de la véritable. Ce mauvais goût fut encore plus dépravé sous le régne de Louis XV, et envahit toutes les productions des arts : les tableaux, les statues, les meubles, les ornements de tout genre, affectèrent des formes contournées, capricieuses, triviales, mesquines. Les grandes salles italiennes du 16ᵉ siècle se changèrent en boudoirs et en petits cabinets ; et cependant le goût du grand se conserva encore dans les monuments publics. Quelques hommes supérieurs qui naquirent dans ces temps de décadence, soutinrent le goût. Servandoni éleva la façade de Saint-Sulpice en 1733 ; et, si on avait suivi ses plans, cet édifice eût été fort imposant. Gabriel éleva l'Ecole-Militaire et la colonnade de la place Louis XV, qui, avec de grands défauts, n'en sont pas moins des édifices distingués ; et le célèbre Soufflot conçut les heureuses inspirations qu'il devait bientôt réaliser, telles que la Bourse, le théâtre de Lyon, enfin la grande coupole de l'église Sainte-Geneviève ou autrement le Panthéon. Pendant ce temps, les jeunes architectes envoyés à Rome arrivaient dans cette capitale des arts sans préjugés ; et, se laissant plutôt guider par leur propre impulsion que par les usages qu'ils trouvèrent en Italie, ils se portèrent, avec une sorte de zéle et de religion nouvelle, vers les monuments des anciens. Ils découvrirent alors la fausse route que l'on suivait autour d'eux, et, comme d'un commun accord, comme par une impulsion simultanée entre eux, adoptèrent une meilleure marche, et préparèrent la seconde renaissance des arts, qui eut complétement lieu sous le régne suivant.

HUITIÈME ÉPOQUE GÉOGRAPHIQUE,

DEPUIS

L'AVÉNEMENT DE LOUIS XVI ET LA RÉVOLUTION

JUSQU'A NOS JOURS.

Nous sommes arrivés à la huitième et dernière époque, la plus courte de toutes en durée, mais la plus importante par les grands événements qui l'ont marquée. Le peuple français a vécu bien long-temps en peu d'années.

Une révolution puissante, dont la première impulsion partie de la France, a ébranlé ou renversé les trônes; rendu aux nations les franchises que l'arbitraire leur avait ravies; bouleversé toutes les limites des états et forcé les progrès de la civilisation : la liberté réveillant le peuple de France d'un long sommeil, et la gloire des conquêtes lui assujétissant l'Europe; puis les flots grondants de cette mer orageuse s'apaisant après une longue lutte, et rentrant peu à peu dans le lit d'où ils s'étaient élancés bouillonnants, mais non sans laisser d'heureuses traces de leur inondation : tels sont les principaux résultats que nous aurons à signaler.

Le règne de Louis XIV avait été le règne des belles-lettres; il avait préparé celui de la philosophie. La corruption des mœurs sous la Régence et sous Louis XV fournissait une ample matière aux ouvrages des moralistes. Mais c'était peu pour eux de découvrir les plaies de la société; ils voulurent en déterminer les causes, en indiquer les remèdes. Leur libre censure remonta à la source du débordement, et flétrit d'un juste mépris les auteurs de la dépravation : or du mépris à la haine il n'y a qu'un pas.

Déplorant la position fâcheuse dans laquelle les profusions du grand roi, les funestes essais de Law et les prodigalités de Louis XV avaient jeté la France, ils se livrèrent à la recherche d'une science inconnue jusqu'alors; et des traités savants d'*économie politique* signalant tous les vices de la machine gouvernementale, dessillèrent les yeux de ceux qui n'en éprouvaient que l'oppression.

D'autres, profonds penseurs, écrivains entraînants, osèrent, secouant le joug des vieux préjugés, demander à la nature quels sont les droits de l'homme; et la saine raison se révolta contre le système qui parquait les hommes, et les soumettait, victimes muettes, au caprice et à l'arbitraire d'un souverain.

Les chefs-d'œuvre du siècle de Louis XIV avaient inspiré le goût de la lecture; les ouvrages des philosophes trouvèrent des lecteurs : et une nouvelle force puissante, irrésistible, se manifesta bientôt : la force de l'opinion publique. Par elle, le règne des abus devait cesser, la nation devait recouvrer l'exercice de sa souveraineté. On put espérer quelque temps que cette heureuse révolution s'opérerait sans violence, car sur le trône venait de se placer un jeune roi, élevé dans de sages principes, doué d'excellentes qualités et d'une grande pénétration; mais sur-tout ami du peuple, ne desirant que son plus grand bonheur. Aussi l'enthousiasme se manifesta de toutes parts à l'avénement de Louis XVI au trône; les esprits sages et éclairés qui avaient souhaité des temps heureux pour la nation, crurent leurs vœux réalisés; et, pleins des plus douces espérances, ils saluèrent l'aurore de beaux jours. Leur espoir s'accrut, lorsqu'ils virent Lamoignon, Malesherbes, et Turgot réunissant le cœur de l'Hospital à la tête de Bacon, dépositaires de la confiance royale, supprimer la torture, les corvées, etc., et entreprendre hardiment la réforme des anciens abus; lorsqu'ils apprirent que les armées françaises allaient dans l'autre monde soutenir la cause des États-Unis, que Louis reconnaissait *libres du jour où ils avaient proclamé leur indépendance.*

Quelles causes funestes changèrent ces beaux jours d'une joie universelle en des jours de douleur et d'horrible frénésie? Avouons-le, l'influence d'une cour mal conseillée s'éleva contre la bonne volonté du roi ; les parlements paralysèrent les efforts de ses généreux ministres; l'entêtement de la plus grande partie de la noblesse, regrettant d'anciens priviléges, et peu disposée à se dessaisir de ceux dont elle jouissait encore, et la cupidité du haut clergé, refusant de faire le sacrifice d'une partie de ses immenses richesses : telles sont les causes qui hâtèrent une révolution consommée moralement avant de l'être matériellement. La résistance ne servit qu'à aigrir les esprits; les malintentionnés y trouvèrent un prétexte pour justifier des mesures acerbes. *Omnia dat, qui justa negat.* En vain, sous la conduite de Rochambeau, nos soldats soutenant la gloire du nom français, avaient entouré la couronne du roi de nouveaux lauriers; en vain les d'Estaing, les de Grasse donnaient à la marine française la supériorité sur les flottes anglaises; en vain le bailli de Suffren, triomphait dans la baie de Praya du commodore Jonhston, maltraitait la flotte de l'amiral Hughes à la hauteur de Sadras, au mouillage de Négapatam et en face de Guadeloup; leurs succès les couvraient de gloire, mais sans affermir la couronne sur la tête du roi. Le trésor allait s'épuisant toujours de plus en plus; l'habileté ou l'adresse de quelques ministres soutint pour peu de temps le crédit; mais enfin il s'épuisa aussi, et le gouvernement dut succomber par ses besoins. La masse entière de la nation, depuis long-temps *taillable et corvéable à merci*, était lasse de supporter seule tout le fardeau de l'État, dont les faveurs ne tombaient que sur des privilégiés, exempts d'avance de toutes charges. Elle ne refusait pas de payer de nouveaux impôts; mais elle voulait les consentir par ses députés; elle voulait que tous les Français y fussent soumis; elle voulait obtenir en échange une constitution qui lui garantît des libertés devenues un besoin.

Les états-généraux furent convoqués. L'espoir se releva de nouveau, mais pour tomber bientôt par la mauvaise volonté de la cour, et par l'entêtement de la noblesse et du haut clergé. Ils se croyaient encore tout-puissants; le *serment du Jeu de Paume* ne put les désabuser; ils dictèrent au roi un discours violent qui séyait mal à la douceur du monarque, et qui, contre leur espoir, ne produisit que la réponse courageuse de Mirabeau : « Nous sommes ici par l'ordre du peuple; nous n'en sortirons que par la force des baïonnettes. » Dès lors toutes les vaines prééminences de corps durent s'évanouir devant l'autorité des députés, qui s'étaient proclamés *assemblée nationale.* Immense était la tâche dont s'était chargée l'assemblée ! Mais on comptait parmi ses membres des hommes supérieurs dans toutes les parties de l'administration, et elle fournit sa carrière avec une rare habileté et une sagesse étonnante.

Sans les fautes réitérées du gouvernement, le pouvoir n'aurait point été déplacé, il n'aurait été que modifié. L'exil de Necker et d'autres mesures aussi impolitiques, forcèrent le peuple indigné à prendre les armes, et le premier acte de cet exercice fut la destruction de la Bastille. Nous ne dépeindrons pas l'enthousiasme qui animait ces bandes indisciplinées et mal armées, se précipitant aveuglément devant la bouche des canons, etc.: le cadre que nous avons embrassé nous interdit tout détail, et nous sommes heureux de n'avoir point à retracer les excès nombreux dont une populace armée souille trop souvent la cause même la plus légitime. Nous ne signalerons que les faits les plus saillants et leurs résultats.

Le roi n'avait pas la puissance pour réprimer l'élan du peuple; l'assemblée nationale pouvait seule, parlant au nom de la nation, se faire écouter, et elle calma l'effervescence en abolissant par ses décrets tous les abus qui soulevaient une juste indignation, la dîme, les corvées, les droits féodaux, etc. La sagesse des administrateurs aurait triomphé sans doute des nombreux obstacles qui semblaient devoir entraver toutes les opérations; le fameux repas du 1er octobre remit les armes aux mains du peuple. Alors on faisait courir le bruit de l'enlèvement du roi; il était encore l'idole de la nation, et le peuple appréhendait de le voir enlever à son amour : aussi le cri, à *Versailles!* retentit bientôt par tout Paris, et les femmes les premières y coururent en foule. Le palais fut assailli; mais la présence de la reine et du roi sur le balcon calma les flots de cette mer agitée, et le cri de *vive le roi!* sortit de toutes les bouches quand le monarque promit d'aller résider à Paris.

Cependant l'assemblée nationale continuait courageusement sa noble tâche, et par ses soins prévoyants, la France, divisée d'intérêts, ne devait bientôt plus former qu'un seul peuple de frères, supportant les mêmes charges, et concourant tous également au même but, à la gloire et au bien-être de la nation entière; les provinces et les bailliages étaient convertis en départements, en districts, en cantons et en communes. Les privilèges des castes tombaient; le régime municipal se relevait de toutes parts; on voyait aussi reparaître dans les tribunaux, après de longs siècles, ces douze jurés, *duodecim juratores*, qui n'avaient survécu qu'en Angleterre aux usurpations féodales.

Ces heureuses innovations, en resserrant de plus en plus les liens de la fraternité, préparaient l'élan noble et spontané qui fit lever en masse tous les Français quand l'étranger menaça la patrie. Et cette invasion n'était pas éloignée, car le 20 mai 1791 la déclaration de Mantoue organisait une attaque générale contre la France. Les nobles, en émigrant, l'avaient préparée.

En vain le roi, cédant aux instances de la cour, veut fuir de Paris; arrêté à Varennes, il est ramené dans la capitale, dont le morne silence dut être pour lui une leçon terrible.

Le grand travail de la constitution, qui n'avait été interrompu de temps en temps que pour pourvoir, par des mesures d'ordre, à la sûreté troublée, se termina enfin. Courageuse, éclairée, animée par-dessus tout de la passion de la loi, l'assemblée avait achevé en deux ans une immense révolution. Pourquoi une fausse délicatesse lui fit-elle confier à d'autres la conduite de son grand ouvrage?

Louis XVI jura de maintenir la constitution, et son serment fut encore accueilli avec joie; il était sincère, et l'on ne prévoyait pas qu'obsédé par de fâcheuses instances, il le rétracterait plus tard auprès des princes étrangers. La joie fut universelle en France; on vit sans inquiétude les puissances, coalisées par le traité de Pilnitz, marcher sur nos frontières. On se fiait dans l'expérience de Rochambeau, de Lukner, et de Lafayette. Mais la fortune ne répondit pas à la justice de la cause; et les premiers succès des coalisés leur inspirèrent le manifeste impolitique et insolent du prince de Brunswick. La nation entière avait applaudi à la révolution; les outrages faits à cette révolution retombaient d'aplomb sur la nation. Elle s'indigna; des tribuns ardents firent entendre au peuple qu'il devait renoncer à sa juste réhabilitation, ou au roi que les baïonnettes étrangères voulaient établir sur lui comme un despote; et le 10 août, en détrônant Louis XVI, laissa apercevoir dans un lointain obscur, que personne n'aurait cru si rapproché, et le décret du 22 septembre où la convention abolit la royauté, et la sentence inique, par suite de laquelle s'accomplit le 21 janvier, l'acte le plus révoltant de la cruauté et de l'injustice.

Cependant Danton, chef de l'attaque du 10 août, semblait annoncer toutes les horreurs dont la France allait être témoin et victime, par les mots qu'il répétait sans cesse : « Il faut faire peur aux ennemis. » L'infâme moyen par lequel il voulait les effrayer, c'était par ces massacres du 2 septembre, qu'aucune plume ne peut retracer sans horreur : *horresco referens.* Tous les esprits modérés s'élevèrent hautement contre ces horribles assassinats; mais les victoires de Dumouriez et de Kellermann ; le siège de Lille levé par le duc de Saxe-Teschen; Trèves, Spire et Mayence prises par Custine; la Savoie envahie par Montesquiou, le comté de Nice par Anselme, et sur-tout la retraite du duc de Brunswick, vaincu à Valmy : ces succès semblèrent justifier les cruautés qui les avaient précédés.

Dès lors la multitude s'empara du pouvoir qu'avait eu la classe moyenne, et les montagnards, qui la dominaient, prévirent que bientôt ils auraient vaincu les Girondins. Les vingt-six voix de majorité qui prononcèrent la sentence de mort contre Louis, leur assurèrent la victoire.

Avec la république proclamée le 22 septembre 1792, qui dans le calendrier nouveau devint le 1er vendémiaire, commencèrent des luttes nouvelles. Chaque parti voulut s'assurer le pouvoir, et la France paya de son sang et de ses malheurs ces guerres intestines et cruelles; car ce n'est pas des rois seulement que l'on peut dire : *quidquid delirant, plectuntur Achivi.* Le parti de la Gironde, ami de la loi, et abhorrant les violences, fut vaincu par l'insurrection du 31 mai. L'infâme Marat l'avait organisée; Henriot la consomma en ordonnant à ses canonniers de faire feu sur les membres de la convention, s'ils ne livraient pas les vingt-deux proscrits, illustres victimes dont la France vénérera toujours la mémoire. Quand on succombe pour la justice, on revit pour l'estime.

Les succès de nos armées firent seuls une heureuse diversion dans ces temps de trouble et d'agitation, et cicatrisèrent un peu les plaies de la France déchirée par l'ambition des partis. L'immortelle campagne de 1792 nous avait soumis la Belgique; en 1794 la révolution pénétra avec nos armées en Hollande; plus tard, elle franchit l'Italie et entama l'Allemagne.

La nécessité où se trouva la convention de défendre la France attaquée par tous les États de l'Europe, excita l'industrie et nous affranchit des tributs que nous payions aux nations voisines pour une foule de substances. Tout prit un nouvel essor. Douze millions de livres de salpêtre sortirent en neuf mois des magasins de la république; la poudre fut faite par des procédés plus simples; la France tira de son sol les bois, les chanvres et le goudron que lui fournissait le Nord. A ces améliorations matérielles se joignirent d'utiles institutions qui n'ont pas peu contribué au bonheur et à la gloire du pays.

L'uniformité des poids et des mesures fut proclamée; les loteries et les maisons de jeu furent supprimées; les hôpitaux furent améliorés et multipliés. Les savants Lagrange, La Place, Daubenton, Berthollet, Buache, Volney, Bernardin de Saint-Pierre, Sicard, La Harpe, furent chargés d'enseigner à l'*École normale* les sciences qui leur étaient familières; Monge créa à l'*École Polytechnique* la géométrie descriptive; Camus mit ordre aux archives du royaume, immense dépôt des vérités de l'histoire, des secrets des gouvernements, mine féconde que l'on devait bientôt exploiter avec tant de fruit; Chappe inventa le télégraphe, et l'on se demanda comment ce moyen ingénieux et simple de correspondre à travers les airs avait pu rester inconnu si long-temps. Le *Conservatoire des Arts et Métiers* fut créé, et l'histoire des inventions de l'esprit humain, écrite parmi les instruments de tous les arts, de toutes les professions, fit connaître et bénir les noms de ceux qui avaient ajouté aux sources de notre prospérité.

Ces divers établissements, ces inventions utiles, non moins que ses victoires, ont mérité à la convention la reconnaissance du pays. On ne lui refusera pas cette justice, que, si elle a couvert la liberté d'un voile lugubre, elle donna, par sa ferme résistance aux excès des dangereux propagateurs de la révolution, une nouvelle force aux nobles principes que son aurore avait proclamés. Elle disparut de la scène du monde qu'elle avait étonné, laissant au *Directoire exécutif*, aidé de deux conseils, le soin de diriger la république qu'elle avait fondée.

Ce fut le 27 octobre 1795 que les cinq premiers directeurs, placés au Luxembourg, dans un cabinet sans meubles, devant une petite table boiteuse, *l'un des pieds étant rongé de vétusté*[1], après avoir examiné toutes les difficultés de leur situation, le trésor épuisé, le crédit ruiné par une émission exorbitante d'assignats, la France sans croyance ni aux dogmes anciens, ni aux principes plus récents de la liberté, de

[1] Bailleul.

l'égalité et de la fraternité, ne désespérèrent cependant pas de la république, et jurèrent de périr ou de tirer la patrie de l'abîme où elle était plongée.

Aidé par le goût du travail, qui remplaça dans la multitude l'esprit de secte, soutenu sur-tout par d'excellents généraux et par des armées bien disposées, le Directoire marcha d'un pas ferme dans la route qu'il avait entrepris de suivre. Ses sages opérations organisèrent des armées pour résister aux nouvelles coalitions des étrangers; firent disparaître sans secousse le papier-monnaie, et le remplacèrent par le numéraire métallique. On lui a fait un crime du coup d'état auquel il recourut le 18 fructidor (4 septembre 1797) pour abattre le parti contre-révolutionnaire, que des échecs nombreux n'avaient qu'affaibli. On aurait dû peut-être lui reprocher seulement de n'avoir pas montré cette parcimonie d'arbitraire qui seule justifie la violence devenue nécessaire; les excès de sa victoire creusèrent son tombeau.

Ce coup d'état, en remplaçant le gouvernement légal par l'arbitraire de la dictature, prépara la nouvelle violence qui, le 18 brumaire an VIII, s'opéra au profit d'un homme, d'un homme seul, qui changea bientôt la France en un régiment, et ne fit plus entendre dans le monde, jusque-là agité par une si grande commotion morale, que les pas de son armée et le bruit de sa volonté[1]. Bonaparte, revêtu de l'autorité consulaire, était le maître des destinées de la France. L'éclat de ses victoires en Italie et en Égypte avait fait naître dans la nation, des cendres de l'amour de la liberté, l'amour de la gloire; le grand général était l'idole qu'on encensait de toutes parts. Il pouvait donner une nouvelle vie à la constitution de 1793, ou la modifier. Présentée par une main qui avait cueilli tant de lauriers, elle aurait été reçue avec enthousiasme; les haines se seraient apaisées; l'ordre et le bien-être qu'il rendit à la France, auraient été consacrés par la liberté; mais il ne vit que le côté matériel de la révolution; il n'avait pas assisté aux longs et pénibles efforts de son enfantement; il n'aperçut que des partis divisés, il voulut les réunir et sa main large et puissante resserra les nœuds de l'union, tant que dura le prestige de sa gloire. Avec l'évanouissement de ce prestige devait crouler toute sa puissance. Les nobles et le haut clergé rappelés par lui applaudirent à son despotisme; la masse entière de la nation reçut avec soumission le joug qu'il lui offrait couvert de gloire; l'amour des privilèges alimenta l'attachement des premiers; à défaut de la liberté, l'éclat des victoires enorgueillit la France.

Car alors, comme sous Louis XIV, les Français sortant de Notre-Dame ornée de drapeaux, oubliaient leur misère et leur servitude. Conquérants d'origine, ils avaient voué leur admiration à l'éclat des conquêtes, et toutes leurs histoires ne rapportaient guère que des faits d'armes. Comment n'auraient-ils pas tout pardonné au général qui se montrait l'émule de Charlemagne, qui effaçait tout ce qu'il y avait de grand, d'héroïque dans nos annales? Bientôt par ses exploits, ce que l'on avait regardé jusqu'alors comme merveilleux, allait devenir ordinaire. Vingt-cinq jours lui suffirent pour conquérir l'Italie. Semblable à l'aigle audacieux, il ne sembla s'élever sur les rochers des Alpes, séjour perpétuel des autans et des frimats, que pour tomber avec plus de justesse et de force sur sa proie étourdie de son vol rapide.

La victoire accompagnait nos troupes transportées des marais de la Hollande aux rochers granitiques des Grisons; en douze mois, elles battaient cinq armées impériales; une campagne n'était souvent qu'une bataille. De Vienne, leur chef envoyait une armée conquérir le trône de Naples pour Murat; il ordonnait de Berlin le blocus continental qui fermait à l'Angleterre tous les ports de l'Europe. Il dictait ses lois au Czar sur le radeau de Tilsitt. Il ne voulut plus voir les Bourbons régner en Espagne, et son frère Joseph fut proclamé roi de ce pays. Déjà Louis régnait en Hollande et Jérôme en Vestphalie.

Il fut un jour, où un empereur, sept rois et trente princes furent réunis dans son antichambre.

Tant de splendeur ne fut bientôt plus qu'un long rêve; il n'en reste pas plus de vestige que du sillage d'un vaisseau : car il n'est pas d'autre gloire durable que celle de donner le bonheur[2]. La gloire de l'ambi-

[1] Mignet.

[2]
> Hoc regna labant
> Magnificum et ingens, nulla quod capiat dies,
> Prodentur miseris.
> SÉNÈQUE, *Médée*, acte II.

tieux passe vite. La victoire abandonna les aigles de Napoléon, et la France humiliée sentit plus vivement l'absence de sa liberté. Un trop funeste essai l'avait dégoûtée du système républicain; elle dut voir un restaurateur dans l'héritier de ses anciens rois, lui présentant d'une main l'olivier de la paix, et de l'autre une constitution conforme à ses besoins.

La royauté avait perdu le pouvoir dont Louis XI l'avait investie en l'arrachant aux grands; le peuple n'avait pu l'exercer utile et glorieux : la nouvelle constitution en le partageant entre trois, assura la stabilité et la justice de son exercice. Mais si l'assemblée constituante avait trop resserré la prérogative royale, un roi législateur lui donna trop d'extension; et l'on put prévoir dès lors qu'un jour viendrait où l'abus de cette prérogative forcerait à modifier le pacte fondamental de l'état. Qui aurait prévu aussi que ce serait le frère de Louis XVIII qui en abuserait, et que forcé de quitter, pour la troisième fois, sa patrie, il irait finir ses jours sur la terre étrangère. Il crut qu'une conquête glorieuse ferait pardonner un excès d'autorité, et le peuple de Paris, armé pour la cause de la nation entière, a prouvé que désormais, il n'y a de gouvernement possible en France, que celui de la charte, loyalement accompli.

Entraînés par la marche rapide des fréquentes vicissitudes du pouvoir, nous en avons suivi la chaîne jusqu'à nos jours; nous devions retracer les différentes formes de gouvernements qui ont régi la France; il nous reste à parler de sa situation géographique, et des changements introduits dans les mœurs par les grands événements qui se sont succédés avec tant de rapidité.

Sauf la division départementale, il y a peu de différence entre la France de nos jours et celle de 1792.

Alors, aux trente-deux provinces et aux huit petits gouvernements que nous avons dénombrés précédemment, succédèrent quatre-vingt cinq départements; les noms pris de la nature des lieux, du cours des fleuves et des chaînes de montagnes, tendirent à effacer jusqu'aux souvenirs de la féodalité. Pour mieux opérer la fusion du peuple, consolider l'idée de nationalité, on ne respecta pas les anciennes limites, et souvent le même département fut formé de deux ou trois fractions de provinces différentes.

La Picardie et le gouvernement du Boulonnais formèrent les deux départements de 1° Somme, chef-lieu, Amiens; 2° Aisne, chef-lieu, Laon. L'Artois forma à peu près le département du Pas-de-Calais, chef-lieu Arras. La Flandre celui du Nord, chef-lieu, Lille. La Normandie et le gouvernement du Havre en formèrent cinq : 1° celui de Seine-inférieure, chef-lieu, Rouen; 2° d'Eure, chef-lieu, Evreux; 3° du Calvados, chef-lieu, Caen; 4° de l'Orne, chef-lieu, Alençon; 5° de la Manche, chef-lieu, Saint-Lô. L'Ile de France et le gouvernement de Paris furent divisés en quatre départements : 1° celui de Seine, chef-lieu, Paris; 2° de Seine-et-Oise, chef-lieu Versailles; 3° de Seine-et-Marne, chef-lieu, Melun; 4° d'Oise, chef-lieu, Beauvais. La Champagne et le gouvernement de Sédan en formèrent aussi quatre : 1° celui des Ardennes, chef-lieu, Mézières; 2° de la Marne, chef-lieu, Châlons; 3° de l'Aube, chef-lieu, Troyes; 4° de la Haute-Marne, chef-lieu, Chaumont. La Lorraine et les trois évêchés de Metz, Toul et Verdun furent divisés en quatre départements : 1° de la Meuse, chef-lieu, Bar-le-Duc; 2° de la Moselle, chef-lieu, Metz; 3° de la Meurthe, chef-lieu, Nancy; 4° des Vosges, chef-lieu, Épinal. L'Alsace en forma deux : 1° celui du Haut-Rhin, chef-lieu, Colmar; 2° du Bas-Rhin, chef-lieu, Strasbourg. La Bretagne, cinq : 1° du Finistère, chef-lieu, Quimper; 2° des Côtes-du-Nord, chef-lieu, Saint-Brieuc; 3° du Morbihan, chef-lieu, Vannes; 4° d'Ille-et-Vilaine, chef-lieu, Rennes; 5° de Loire-inférieure, chef-lieu, Nantes. Le Maine fut divisé en deux : 1° celui de la Mayenne, chef-lieu, Laval; 2° de la Sarthe, chef-lieu, le Mans. L'Anjou et le gouvernement de Saumur formèrent le département de Maine-et-Loire, chef-lieu, Angers. La Touraine, celui d'Indre-et-Loire, chef-lieu, Tours. L'Orléanais en forma trois : 1° celui de Loir-et-Cher, chef-lieu, Blois; 2° d'Eure-et-Loir, chef-lieu, Chartres; 3° du Loiret, chef-lieu, Orléans. Le Berry, forma ceux 1° de l'Indre, chef-lieu, Châteauroux; 2° du Cher, chef-lieu, Bourges. Le Nivernais forma celui de la Nièvre, chef-lieu, Nevers. La Bourgogne fut divisée en quatre : 1° de l'Yonne, chef-lieu, Auxerre; 2° de la Côte-d'or, chef-lieu, Dijon; 3° de Saône-et-Loire, chef-lieu, Mâcon; 4° de l'Ain, chef-lieu, Bourg. La Franche-Comté, en trois : 1° de la Haute-Saône, chef-lieu, Vesoul; 2° du Doubs, chef-lieu, Besançon; 3° du Jura, chef-lieu, Lons-le-Saunier. Le Poitou, en trois aussi : 1° de Vendée, chef-lieu, Roche-sur-Yon, puis Napoléon, enfin Bourbon-Vendée; 2° des Deux-Sèvres, chef-lieu, Niort; 3° de la Vienne, chef-lieu, Poitiers. L'Aunis et la Saintonge réunies formèrent celui de la Charente-inférieure, chef-lieu, la Rochelle. La Marche, celui de la Creuze, chef-lieu, Guéret. Le Bourbonnais, celui de l'Allier, chef-lieu, Moulins. L'Angoumois, séparé de la Saintonge, celui de la Charente, chef-lieu, Angoulême. Le Limousin forma les deux départements de la Haute-Vienne, chef-lieu, Limoges, et de la Corrèze, chef-lieu, Tulle. L'Auvergne, deux aussi : 1° du Puy-de-Dôme, chef-lieu, Clermont; 2° du Cantal, chef-lieu, Aurillac. Le Lyonnais, forma deux départements : 1° du Rhône, chef-lieu, Lyon; 2° de la Loire, chef-lieu, Montbrison. Le Dauphiné en forma trois : 1° de l'Isère, chef-lieu, Grenoble; 2° de la Drôme, chef-lieu, Valence; 3° des Hautes-Alpes, chef-lieu, Gap. La Guyenne fut divisée en cinq départements : 1° de la Gironde, chef-lieu, Bordeaux; 2° de la Dordogne, chef-lieu, Périgueux; 3° de Lot-et-Garonne, chef-lieu, Agen; 4° du Lot, chef-lieu, Cahors; 5° de l'Aveyron, chef-lieu, Rodez. La Gascogne en forma trois : 1° celui des Landes, chef-lieu, Mont-de-Marsan; 2° du Gers, chef-lieu, Auch; 3° des Hautes-Pyrénées, chef-lieu, Tarbes. Le Béarn forma celui des Basses-Pyrénées, chef-lieu, Pau. Le comté de Foix, celui de l'Arriège, chef-lieu, Foix. Le Roussillon, celui des Pyrénées-Orientales, chef-lieu, Perpignan. Le Languedoc fut divisé en neuf : 1° de Haute-Garonne, chef-lieu, Toulouse; 2° du Tarn, chef-lieu, Alby; 3° de Tarn-et-Garonne, chef-lieu, Montauban; 4° de l'Aude, chef-lieu, Carcassonne; 5° de l'Hérault, chef-lieu, Montpellier; 6° de la Lozère, chef-lieu, Mende; 7° du Gard, chef-lieu, Nîmes; 8° de l'Ardèche, chef-lieu Privas; 9° de la Haute-Loire, chef-lieu, le Puy. La Provence forma trois départements : 1° des Bouches-du-Rhône, chef-lieu, Aix et plus tard Marseille; 2° du Var, chef-lieu, Toulon et plus tard Draguignan; 3° des Basses-Alpes, chef-lieu, Digne. Enfin la Corse forma le département de la Corse, chef-lieu, Ajaccio.

Si à ces quatre-vingt cinq départements on joint celui de Vaucluse, chef-lieu, Avignon, formé du comtat Vénaissin et de la principauté d'Avignon, reconquise sur le Pape pendant la révolution, et le pays d'Alger, conquête récente, qui, quoique séparé par un large bras de mer, est en quelque sorte partie intégrante du pays par la facilité des communications et l'importance de la possession, on aura à-peu-près la France de nos jours. Il n'y aura de trop que les forteresses de Philippeville, de Marienberg, de Sarrelouis, de Landau, le duché de Bouillon et une partie du pays de Gex, laissés à la France par le traité de Paris du 30 mai 1814, et dont elle fut dépossédée après le retour de Napoléon et la sanglante bataille de Waterloo. L'étroite alliance de la Belgique a, depuis quelques années, réparé en partie cette diminution de territoire qui laissait la France à découvert. Un peuple ami vaut mieux que les places les plus fortes. Mais il y a loin de cette France à celle que gouvernait Napoléon.

La Convention et le Directoire l'avaient augmentée de onze départements, dont neuf en Belgique : 1° des Deux-Nèthes, chef-lieu, Anvers; 2° de l'Escaut, chef-lieu, Gand; 3° de la Lys, chef-lieu, Bruges; 4° de la Dile, chef-lieu Bruxelles; 5° de Jemmapes, chef-lieu, Mons; 6° de Sambre et Meuse, chef-lieu, Namur; 7° des Forêts, chef-lieu, Luxembourg; 8° de l'Ourthe, chef-lieu, Liège; 9° de la Meuse-inférieure, chef-lieu, Maëstrick. Un dans la Savoie, celui du Mont-Blanc, chef-lieu, Chambéry; et dans la Suisse, celui du Léman, chef-lieu, Genève.

Bonaparte, consul et vainqueur une seconde fois de l'Italie, la divisa en douze départements, qu'il réunit à la France. Le Piémont en forma cinq : 1° de la Doire, chef-lieu, Ivrée; 2° du Pô, chef-lieu, Turin; 3° de la Stura, chef-lieu, Coni; 4° de la Sésia, chef-lieu, Verceil; 5° de Marengo, chef-lieu, Alexandrie : les états de Parme et de Plaisance formèrent le département du Taro, chef-lieu, Parme; l'Étrurie forma les trois départements de l'Arno, chef-lieu, Florence; de la Méditerranée, chef-lieu, Livourne, et de l'Ombronne, chef-lieu, Sienne. Les états de l'Église formèrent les deux départements du Tibre, chef-lieu, Rome, et de Trasimène, chef-lieu, Spoleto. Augereau, Masséna, Serrurier, Moreau, Ney, Lannes, Soult, Oudinot, Gouvion-Saint-Cyr, Brune, Junot, etc., etc., et beaucoup d'autres guerriers dont la valeur immortelle a tant contribué à la gloire de la France, servirent aussi à son agrandissement.

Depuis 1793 jusqu'à 1810, il ne s'écoula peut-être pas une année sans qu'une portion de terrain fût enlevée aux ennemis, ou vînt accroître l'étendue de la république et de l'empire.

La France, composée en 1804 des cent neuf départements que nous avons indiqués, en comptait cent trente en 1810. La Ligurie avait fourni les quatre départements de Gênes, chef-lieu, Gênes; de Montenotte, chef-lieu, Savonne; des Apennins, chef-lieu, Chiavari; et des Alpes-Maritimes, chef-lieu, Nice. Quatre avaient été formés des pays conquis sur la rive gauche du Rhin, 1° de la Roër, chef-lieu, Aix-la-Chapelle; 2° de Rhin-et-Moselle, chef-lieu, Coblentz; 3° de la Sarre, chef-lieu, Trèves; 4° du Mont-Tonnerre, chef-lieu, Mayence. Le Valais avait formé celui du Simplon, chef-lieu, Sion.

Enfin la Hollande, réunie après l'abdication de Louis Bonaparte, ajouta à l'empire treize départements, 1° celui des Bouches-de-l'Escaut, chef-lieu, Middelbourg; 2° des Bouches-du-Rhin, chef-lieu, Bois-le-Duc; 3° du Zuiderzée, chef-lieu, Amsterdam; 4° des Bouches-de-la-Meuse, chef-lieu, La Haye; de l'Yssel-Supérieur, chef-lieu, Arnheim; 6° des Bouches-de-l'Yssel, chef-lieu, Zwol; 7° de la Frise, chef-lieu, Lewarden; 8° de l'Ems-Occidental, chef-lieu, Groningue; 9° de l'Ems-Oriental, chef-lieu, Aurich; 10° de l'Ems-Supérieur, chef-lieu, Osnabruck; 11° des Bouches-du-Weser, chef-lieu, Brême; 12° des Bouches-de-l'Elbe, chef-lieu, Hambourg; 13° enfin, du département de la Lippe, chef-lieu, Munster.

L'empire français avait ainsi acquis sa plus grande étendue, de la Baltique au Garigliano, de l'Adriatique à l'Océan, et embrassa du 54° au 41° degré de latitude, et jusqu'au 24° de longitude. Sa surface fut de trente-six mille lieues carrées, divisées en cent trente départements, sans compter les douze départements que formaient ses possessions en Amérique et dans l'Océan indien : cinq dans l'île de Saint-Domingue, quatre dans les îles Barlovento ou Caraïbes, la Guadeloupe, la Martinique, la Guyane et Cayenne, Sainte-Lucie et Tabago; et trois dans les Indes-Orientales. Sa population excéda quarante-deux millions d'habitants. C'était autant à-peu-près que Charlemagne avait possédé[1], et les frontières de ce vaste empire étaient, comme le sien, entourées de princes tributaires, qui étaient également intéressés à le défendre. D'admirables ouvrages tendaient à réunir toutes ces parties; une route s'exécutait du Weser à Hambourg à travers les sables de la Westphalie et du Hanovre; les Alpes abaissaient leurs sommets sous des travaux gigantesques; on traversait en voiture et au trot ces hauteurs qu'à peine on pouvait passer autrefois à dos de mulets; des ports, des forteresses se construisaient par-tout; les monuments de Rome sortaient de la poussière; les Marais-Pontins étaient desséchés, et toutes les branches de l'industrie allaient fleurir par le concours de tous les efforts. L'influence de la France s'étendait jusqu'aux frontières de la Russie; elle occupait la Prusse, la Pologne, les états d'Allemagne, toute l'Italie, le Portugal, l'Espagne; et bientôt, non content de cet immense pouvoir, le chef de tant de peuples, qui pouvait y jouir en repos de tant de gloire, rassemble, sur les bords du Niémen, la plus belle, la plus considérable armée qu'on ait vue réunie. Avec un ordre admirable, et toutes les ressources du génie, il franchit le fleuve, et, par une suite de victoires, il arrive au cœur du monarchie russe, seule puissance qui fût encore en état de lui résister. Il fut un jour où l'on emballait les archives à Saint-Pétersbourg et où l'on bombardait Cadix. Qu'est devenu cet immense empire? Le passé en est un rêve ou une histoire fabuleuse. Hélas! des malheurs dont on sent encore les suites ne prouvent que trop de combien nous sommes tombés! Il n'est point du sujet de cet ouvrage de retracer cette suite de désastres et de maux non interrompus qui ont amené les dernières catastrophes. Chaque jour a vu arracher quelques branches de cet arbre gigantesque qui s'élevait aux nues, et l'a réduit au tronc dont elles étaient sorties. Après la perte de plusieurs millions d'hommes, des plus beaux établissements; après deux invasions cruelles, le paiement de tributs onéreux, la perte d'objets d'art précieux, la France est réduite au territoire qu'elle possédait avant la révolution, et n'a conservé de tous ses efforts, de tous ses malheurs, qu'un sentiment fier de sa dignité, qui lui permet d'espérer de retrouver un jour une prépondérance relative à sa force, et, en attendant, de jouir d'un repos fruit de tant de travaux, et d'institutions fruit d'une si longue et quelquefois si douloureuse expérience!

[1] Car le nord de l'Espagne aussi avait formé pendant quelque temps trois départements.

La France dut ses éclatants succès à l'amour de la liberté, qui chez elle est un peu l'amour du pouvoir ; à l'action unitaire qui dirigea tous les efforts en commun ; à son organisation administrative, qui simplifiant les ressorts de la machine gouvernementale, fit agir, comme par enchantement, et le centre et les extrémités les plus reculées, avec une spontanéité admirable. Tout se liait dans cette organisation, et la chaîne n'éprouvait aucune interruption. Depuis le grand-juge, jusqu'au simple juge de paix du plus petit canton ; depuis le ministre de l'intérieur, jusqu'au dernier sous-préfet, jusqu'au dernier commissaire ; depuis le ministre de la guerre jusqu'au plus humble sous-officier ; depuis le ministre des finances jusqu'au receveur du plus petit hameau, tout recevait la même impulsion ; et le clergé, mis en dehors de l'administration temporelle, n'y apporta plus d'obstacles.

Les mœurs aussi avaient gagné aux grandes commotions qui avaient agité le monde ; les progrès des lumières les avaient épurées. La régularité de Louis XVI avait forcé le vice à se cacher au moins sous les dehors d'une politesse raffinée ; il avait cessé d'être nuisible par le mauvais exemple. L'agitation que les commencements de la révolution rendirent générale, avait porté toutes les pensées vers les intérêts publics ou privés ; les chemins de l'illustration n'étaient plus fermés à ceux que la naissance n'avait pas faits nobles ; et à la frivolité, caractère distinctif de la nation française, succédèrent la gravité et la réflexion qui ont rendu surannées des peintures de mœurs presque récentes.

ÉTAT DES ARTS ET DES MONUMENTS

PENDANT

LA HUITIÈME ÉPOQUE GÉOGRAPHIQUE.

Sous le règne de Louis XV, l'architecture, ministre docile des mœurs, et véritable expression de la société, avait dû, comme nous l'avons dit, se prêter avec tous les arts qui forment son cortége, à toutes les sortes de rapetissements ; les dimensions s'étaient amoindries ; le beau avait été remplacé par le joli, et les superbes galeries par d'élégants boudoirs. Encore quelque temps, et c'en était fait des véritables arts devenus désormais sans emploi et par suite abandonnés. Le génie ne trouvant plus, dans la création des chefs-d'œuvre, des sources d'aisance, sinon de fortune, allait s'éteindre tristement, et la France ne devait bientôt plus avoir à offrir aux yeux des autres nations jalouses, ni tableaux d'histoire, ni statues de marbre, ornements hors de mesure avec les habitudes du temps.

Louis XVI le prévit, et plus heureux dans la conservation des arts que dans celle de sa couronne, il en ralluma le flambeau presque éteint. En instituant des expositions publiques, il fit briller de nouvelles espérances aux yeux des artistes.

Plus d'un genre de talent sommeillait ; tous se réveillèrent alors. Rome, l'antique souveraine des nations, déchue de sa souveraineté, avait recueilli les savants et les artistes de la Grèce, fuyant leur patrie après la ruine de l'empire d'Orient ; en sauvant le feu sacré des sciences et des arts, elle était devenue de nouveau la capitale du monde, le centre des lumières. Tous ceux qui se sentaient quelque goût pour les arts, y allèrent puiser, comme à une source vive, les immuables principes des hautes études ; tous quittant les sentiers tortueux et trop battus des écoles du 17e siècle [1], rentrèrent à l'envi, mais avec discernement, dans les routes larges et régulières de l'antiquité.

Le respectable Vien, son élève David, et dans un degré inférieur, Vincent et Regnault, animés d'un zèle infatigable, relevèrent l'école française du mauvais goût où elle était tombée. Propagateurs zélés des maximes et de la manière des anciennes écoles, ils servirent puissamment à ramener les artistes et le public aux saines doctrines, qui savent unir à la recherche du beau, l'imitation du vrai ; la grace à la correction ; la belle manière de peindre à la justesse du dessin, à l'énergie de la couleur [2]. Judicieux observateurs des règles, sans en être les dociles esclaves, ils voulurent rester dans ce milieu qui concilie tout ce qu'il y a de beau dans toutes les manières de voir et de faire, et n'exclut que celle de l'exagération et des fausses prétentions. Tel fut l'heureux fruit des modèles que ces maîtres savants exposèrent aux

[1] Garnier.
[2] Quatremère de Quinci.

regards surpris : le *Serment des Horaces*, *Socrate buvant la ciguë*, *l'Enlèvement des Sabines*, etc. de David ; et quoique d'un genre moins pur, cependant d'une belle manière, l'*Éducation d'Achille*, de Regnault ; le *Président Molé saisi par des factieux*, de Vincent.

Drouais, Girodet, Gérard et leurs dignes émules, marchant avec une louable persévérance et un rare bonheur sur les traces de ces grands maîtres, firent espérer à la France que d'épaisses ténèbres ne succéderaient pas aux beaux jours qui la réjouissaient, et que le flambeau des arts ne s'éteindrait pas avec la vie des artistes qui avaient su former de si brillants élèves.

L'architecture n'était pas restée en arrière de ce mouvement.

Rondelet mit le comble à la gloire de Soufflot et y associa la sienne par l'exécution, aussi prompte que savante, de la double colonnade, et de la triple coupole qui couronne si élégamment la basilique de Sainte-Geneviève. Gondoin, dans la construction de l'école de Chirurgie, unit la pureté des ordonnances à la beauté des plans et à l'entente judicieuse des convenances. Heurtier, quoique forcé de renoncer à ses plans par le caprice bizarre des comédiens qui craignaient d'être appelés *troupe des Boulevarts*, fit admirer dans la construction du théâtre des Italiens, le beau galbe des colonnes, les profils purs, l'ordonnance simple et élégante à la fois, l'ensemble harmonieux uni à la sévère exécution des détails. Legrand et Molinos créèrent dans le théâtre de Bordeaux un modèle de ces sortes d'édifices, égaux à ceux d'Italie en grandeur et supérieurs pour le goût. Wailly et de Peyre commencèrent l'Odéon, que Chalgrin orna d'un attique, et qu'il prolongea par l'addition d'un rang d'arcades. Ce même Chalgrin entreprit, dans l'église de Saint-Philippe du Roule, de rendre à nos églises la forme des temples anciens, et les belles lignes horizontales de l'intérieur des basiliques. Rousseau dans l'hôtel de Salm, reproduisit en petit les merveilles de Palmire et de Balbec ; Celerier, dans l'hôtel des Orvillers, eut une idée heureuse en plaçant son ordre dorique au-dessus d'un soubassement supposé. Brogniard, dans la construction du couvent et de l'église des Capucins, actuellement collége Bourbon, et Girardin, dans celle de l'hospice et de la chapelle Beaujon, substituèrent aux ornements superflus la beauté de l'harmonie des proportions. Ledoux, donnant un libre cours très facile à son imagination, couvrait les murs qui entouraient Paris de monuments, dont l'ensemble ne manque pas de grandeur, quoique les dessins abondent en défauts.

Cependant Lenoir le Romain ouvrait le marché Beauveau ; Legrand et Molinos, la Halle aux Draps ; et Poyet, au milieu du cimetière des Innocents, converti en un vaste marché, élevait une fontaine magnifique. Le ciseau de Pajou, de Lhuillier, de Mezières et de Daujon, heureusement inspirés par les sculptures de Jean Goujon, suppléait les ornements de deux faces ; et dans un lieu dont chacun redoutait naguère les fétides exhalaisons, on se pressa en foule pour admirer la belle fontaine de construction quadrangulaire, percée de quatre arcades soutenues sur des pilastres corinthiens et surmontées d'un entablement et d'un attique dont les bas-reliefs sont dignes du ciseau des plus grands maîtres.

De son côté, Peronnet jetant sur les rivières des voûtes surbaissées, appuyées sur du moindre piliers, fit voir que l'élégance n'est point incompatible avec la solidité.

Les soins prévoyants du monarque ne s'étendaient pas avec moins d'intérêt sur les provinces. En beaucoup d'endroits, des établissements utiles attestaient et le talent des artistes et une tendance nouvelle vers tout ce qui pourrait être utile et grand.

Tel était l'état des arts au moment de la révolution ; et ce grand mouvement qui avait semblé, en anéantissant les fortunes, en ouvrant, en livrant le pays à des gens intéressés et étrangers, devoir anéantir tous les efforts du génie, lui fut favorable.

Ce feu qui s'était allumé dans tous les cœurs, cette ambition de se distinguer qui était devenue l'ame de toutes les positions, de tous les caractères ; cette passion du mieux, ce besoin de gloire parmi plus haut peut-être à nos artistes qu'à toutes les classes. Les études furent plus approfondies, et une salutaire défiance de soi-même fit redoubler les efforts.

Tous les travaux qui s'exécutèrent pendant cette époque sont marqués par un sentiment de sagesse et de grandeur, et sur-tout, ce qui est préférable, par l'utilité et le bon sens. Mais pour construire, il faut le génie secondé par des mains habiles et exercées : tout le monde au contraire peut détruire ; et les ravages vont loin, quand une espèce de frénésie s'empare de la multitude. Or elle ne fut pas contente de voir anéanties les prérogatives des nobles et du clergé; la haine s'exerça aussi contre les châteaux, contre les églises et les couvents qu'avaient habités ces heureux privilégiés. Aveuglée par son indignation, elle porta sa main destructrice sur ces magnifiques édifices et anéantit en quelques jours l'ouvrage de plusieurs siècles, les chefs-d'œuvre qu'avaient enfantés les plus habiles artistes, brillants assemblages de ce que les arts avaient créé de plus beau. Graces soient rendues aux sages administrateurs, dont la prudence sauva du zèle farouche des Vandales modernes les superbes basiliques que nous pouvons admirer encore! Honneur à M. Alexandre Lenoir, qui, par la création du *Musée des monuments français*, arracha à une destruction inévitable quelques précieux fragments des créations des premiers âges et de la renaissance!

Ce fut au milieu de ces ruines qui offensaient également la raison et le goût, que l'architecte Gisors disposa, pour le conseil des Cinq-Cents, le palais Bourbon. Lemot en construisit la tribune, dont on admire encore l'élégance. Son ciseau sculpta les statues de Lycurgue et de Numa. Plus tard il devait enrichir la ville de Paris de la statue en bronze d'Henri IV, et Lyon, sa patrie, de la statue en bronze aussi de Louis XIV. Mais sur-tout il exécutait dans le tympan du fronton du Louvre, la belle composition du Parnasse. Pouvait-on plus heureusement décorer le péristyle du palais destiné à devenir le séjour des Muses et de leurs ouvrages?

Le Directoire sans cesse obligé de faire face aux factions du dedans et aux coalitions de l'étranger, ne put pas faire beaucoup pendant la courte durée de son règne. Mais sa chute qui, du général Bonaparte, fit un consul, d'abord pour dix ans, puis à vie, enfin un empereur, fut le signal de l'ère nouvelle où tous les genres de talents purent se produire et enfanter de grandes choses.

Soumis comme le reste de la France à celui dont le génie puissant sembla long-temps celui de la patrie, les arts s'unirent pour ajouter à la gloire de son nom et pour satisfaire ses goûts de grandeur. La peinture, par un enrôlement volontaire, alla promener ses pinceaux à la suite des armées, se traîna sur les champs de bataille, parcourut les bivouacs et les camps, et suivit la victoire depuis les cataractes du Nil jusqu'aux embouchures de l'Oder et du Tage.

L'architecture prodigua les plus riches décorations aux palais qu'habita Napoléon. Hourtier se distingua par la chapelle et le théâtre des Tuileries, par la grande galerie de Fontainebleau et le pavillon de l'Etang. Thiébaut déploya son talent dans le palais de la Malmaison et de l'Élysée. Chalgrin, dans les embellissements du Luxembourg et dans la construction du magnifique escalier, sembla accomplir l'œuvre de Desbrosses. Trente millions furent affectés à la reprise en sous-œuvre des travaux du vieux Louvre, d'après les plans anciens. Et si l'on admira le talent que déploya Raimond pour rendre les salles dignes des précieux objets qu'elles devaient renfermer, on ne fut pas moins frappé de la modestie du consul tout-puissant qui renonça alors à l'idée bien séduisante d'attacher à ce monument le cachet de son règne par une conception nouvelle. Plus tard, Lepeyre et Gondoin élevèrent à la gloire de la grande-armée et de son chef la colonne Vendôme; noble imitation de celle des Antonins à Rome, elle perpétuera à jamais les exploits de la glorieuse campagne de 1805. Percier et Fontaine donnèrent le dessin de l'arc de triomphe du Carrousel. Trop fidèle copie de celui de Septime-Sévère, il est plus remarquable par sa richesse et l'élégance des détails que par l'effet de sa masse, trop petite peut-être pour la place qu'il occupe. Cartelier, dans la *Capitulation devant Ulm*; Espercieux, dans la *Victoire d'Austerlitz*; Deseine, dans l'*Entrée à Vienne*, Claudion, dans l'*Entrée à Munich*; Ramey, dans l'*Entrevue des deux Empereurs*; et Lesueur, dans la *Paix de Presbourg*, perpétuèrent dignement le souvenir de hauts faits.

Bientôt après Chalgrin fit jeter la première pierre de l'arc de l'Étoile, monument colossal, chargé de rappeler à la postérité le traité de Tilsitt et les victoires qui l'avaient amené. Il est réservé à nos jours de voir terminé, après trente ans, cet arc aux proportions gigantesques, dont les détails répondront sans doute à la beauté grandiose de la masse. Bonnard, dans le monument du quai d'Orsay, reproduisit avec bonheur le souvenir des deux ordres d'architecture du Colysée. Lamandé et Dillon construisirent les beaux ponts qui prirent plus tard le nom des batailles célèbres d'Austerlitz et d'Iéna.

Vignon donna le plan du temple de la Gloire, aujourd'hui la Madeleine; Boizot sculpta les statues de la fontaine du Châtelet, et Brogniard, en 1808, fit commencer ce superbe palais de la Bourse, que Labarre acheva sur ses dessins. Cependant dans tous les quartiers de Paris s'élevaient des fontaines; Blondel construisait des marchés; Poidevin, Happe et Vautier des abattoirs publics; et l'on voyait se compléter sur les bords de la Seine ce beau système de quais qui, sous ce rapport du moins, assure à Paris la supériorité sur Londres et sur la plupart des grandes villes de l'Europe.

Les diverses parties du vaste empire que gouvernait Napoléon ressentirent, comme la capitale, l'influence de son génie ami des arts.

Les beaux bassins d'Anvers, de Flessingue et de Cherbourg; les ouvrages hydrauliques de Dunkerque, du Havre, de Nice et de Venise; d'immenses marais desséchés; les ponts de Tours, de Turin, de Bordeaux, de Rouen, etc.; les greniers d'abondance, les marchés et les abattoirs publics par-tout multipliés; les canaux de Saint-Quentin, de l'Ourcq et d'Arles, et mille autres monuments fastueux ou utiles figurent parmi les innombrables créations du règne de Napoléon.

Mais un édifice sur-tout, dû tout entier à la conception de ce règne, était destiné à marquer, dans la grande échelle du progrès des arts, l'état de l'architecture et de son brillant cortège sous l'empire. Cet édifice, c'était le palais du roi de Rome. L'heureux emplacement que l'on avait choisi à l'extrémité du Champ-de-Mars, l'immense espace qu'il devait couvrir, tout faisait attendre un monument digne de la hauteur où étaient parvenus les arts, digne du puissant monarque dont le génie n'aimait que le sublime. Mais les travaux furent commencés trop tard; et, à peine sortis de terre, ils durent être abandonnés. Ils devenaient sans destination, et la restauration ombrageuse goûta un plaisir secret à les anéantir.

Napoléon tomba; ses rapides conquêtes avaient appris aux rois coalisés à frapper au cœur des empires. Trop bien instruits par ses leçons, ils arrivèrent bientôt dans la capitale de la France. Paris, qui depuis le règne de Charles VII n'avait pas vu l'ennemi en armes errer dans son enceinte, fut tout surpris de voir les Russes, les Autrichiens, les Anglais et les Prussiens venir lui enlever les objets d'art qui en avaient fait une nouvelle Athènes. Fruits de la conquête, ces précieux chefs-d'œuvre disparurent avec les revers. La dette immense contractée envers l'étranger ne laissa pendant long-temps que peu de fonds pour encourager les arts; cependant beaucoup de temples reconstruits, agrandis ou embellis; les statues de nos anciens rois relevées de toute part dans nos cités; les images de nos grands hommes par-tout multipliées; les hauts faits de notre histoire reproduits sur la toile; les enceintes des villes reculées et pourvues de marchés et d'abattoirs; les merveilles de l'industrie appelées à s'ouvrir de nouvelles sources et de plus nombreux canaux à la prospérité publique, sont des preuves éclatantes de la protection accordée par Louis XVIII et Charles X aux arts utiles.

La mort a frappé presque tous les grands maîtres, auteurs de la nouvelle renaissance des arts à la fin du 18e siècle; mais d'excellents élèves, formés par leurs soins, ne laisseront point s'éteindre le flambeau sacré, sur-tout sous le règne d'un roi pour qui l'amour des arts fut toujours un culte.

FIN DE L'INTRODUCTION AUX MONUMENTS HISTORIQUES DE LA FRANCE.

DESCRIPTION DES PLANCHES.

FRONTISPICE.

Par l'ouverture d'une fenêtre d'architecture arabe, improprement appelée gothique, on aperçoit des monuments des différents âges, dont le sol de la France est enrichi, et dont la réunion forme pour ainsi dire le sommaire de l'ouvrage. Sur le devant de la composition sont les statues de Turenne et de Duguesclin, placées sur des piédestaux entourés d'armes, de bas-reliefs antiques, et de divers ornements gothiques. Dans le fond, sur les bords de la mer, on découvre des pierres levées, monuments des anciens Gaulois. Près de là le temple de Nîmes groupé avec deux clochers du moyen âge. A droite est la belle fontaine des Innocents, dont les figures et les bas-reliefs sont du célèbre Jean Goujon; et, vis-à-vis de cette fontaine, la colonne de la place Vendôme, un des plus beaux monuments du siècle, élevée à la gloire des armées françaises, et exécutée en bronze sur le même plan que la colonne trajane à Rome.

Nous avons voulu placer ainsi dans un seul dessin, sous un même point de vue, le plan, l'ordre et les éléments divers dont cet ouvrage devait d'abord être composé.

La multiplicité des planches nous a forcé de nous arrêter plus tôt que nous ne l'avions pensé. Nous aurions eu un vrai plaisir à suivre les diverses vicissitudes de l'architecture, et à revenir avec elle presque au point de notre départ; mais nous aurions alors plus que doublé le nombre des livraisons annoncées, et que nous avons été forcé de dépasser.

Du reste, les ravages du temps et des hommes nous faisaient une loi d'arracher le plus promptement possible à l'oubli les anciens monuments de la France. Ceux qui sont plus récents ont moins à redouter les efforts de la destruction. Nous aurons payé notre tribut à la patrie; nous applaudirons aux efforts de ceux qui tenteront d'acquitter le leur en donnant une suite à cet ouvrage.

MONUMENTS ANTÉRIEURS A LA DOMINATION ROMAINE.

PLANCHE I.

MONUMENT CELTIQUE DE LA PRESQU'ILE DE QUIBERON.

PIERRE DEBOUT PRÈS DE QUIBERON.

A la vue des monuments celtiques, deux questions se renouvellent sans cesse : Dans quel temps ont-ils été élevés, et dans quel but? Nous ne savons point de réponse à la première. Leur grossièreté, leur simplicité attestent qu'ils sont fort anciens, et antérieurs à l'invasion des Gaules par les Romains. Mais à quel siècle doit-on les faire remonter? Nous aimons mieux ici avouer notre ignorance que de nous livrer à des suppositions que rien ne justifierait.

Quant à la destination de ces monuments, elle n'est peut-être pas encore connue certainement; mais des conjectures plus ou moins vraisemblables peuvent, jusqu'à un certain point, être admises.

Ainsi ces *peulvans* ou *men-hirs* qui s'élèvent isolés au milieu des sables de la presqu'île de Quiberon, n'ont-ils pas été placés là par nos pères pour attester quelque victoire? Sans doute si les chants des hardes armoricains avaient été conservés comme les poèmes d'Homère et d'Ossian, ils nous auraient fait connaître quelque action éclatante dont cette presqu'île aurait été le théâtre; ils nous auraient appris la victoire que les Vénètes auraient voulu éterniser, comme autrefois Hercule et Bacchus avaient indiqué par des colonnes leur marche victorieuse; comme Josué voulut perpétuer, par l'érection de douze pierres, le passage du Jourdain[1]. Nous aurions lu sans doute dans ces chants nationaux : Si vos enfants un jour que signifient ces pierres, vous leur répondrez : C'est un souvenir du triomphe des Vénètes contre une peuplade ennemie.

Et cet énorme *ladère*, haut de vingt-cinq pieds, qui s'élève seul à une certaine distance, ne couvre-t-il pas les restes de quelque Vercin-gentorix ou Viridorix? Jacob éleva une pierre sur la sépulture de Rachel[1]; les Grecs en élevèrent près d'Orchomène, sur les corps des guerriers morts en combattant[2]; sur la terre d'Érin, çà et là quatre pierres revêtues de mousse marquèrent la sombre demeure de la mort[3] : pourquoi nos pères n'auraient-ils pas honoré de la même manière les chefs que leur ravissait la guerre? La grosseur de la pierre ne combat nullement cette conjecture; ils n'étaient pas assez habiles sculpteurs pour représenter, comme les Romains, des Griffons sur les tombeaux; mais ils n'abhorraient pas moins la violation de la sépulture; et si Horace, pour détourner ses concitoyens des horreurs de la guerre civile, termine le tableau des désastres d'une invasion en représentant un vainqueur impitoyable violant le tombeau de Romulus[4], nos pères auraient répondu à l'offre d'une nouvelle patrie par ces mots conservés dans l'histoire : Les os de nos pères y seront-ils? il n'est donc pas étonnant qu'ils aient couvert d'un poids énorme un trésor si précieux.

PLANCHE II.

PIERRE DEBOUT DU CHAMP D'OLENT,

OU PLUTOT DOLENT.

Nous disons, *ou plutôt Dolent*, et il nous semble que ce mot a dû s'écrire ainsi originairement : car il n'est pas douteux qu'il ne soit composé de *Dol* et de *ent*, chemin, c'est-à-dire, *chemin de Dol*. Non loin de Dol, en effet, se trouve le champ dans lequel s'élève cet énorme ladère, haut de vingt-neuf pieds, et à-peu-près semblable à celui de Quibe-

---

[1] Josué, chap. IV, verset 20.

Colonne de droite :

[1] *Genèse*, chap. XXXV, vers. 19—20.
[2] Pausanias, l. VII, chap. XXII.
[3] Ossian, *Fingal*, chap. V, VI *et passim*.
[4]
>   Quæque carent ventis et solibus ossa Quirini,
>   Nefas videre! dissipabit insolens. (*Victor.*)
>
> Horace, *Épode XVI*, vers 13.

ron. Eut-il la même destination ? on peut le supposer raisonnablement; mais d'autres conjectures en pourront faire une espèce d'idole, et elles ne seront pas sans fondement. Les témoignages d'une foule d'historiens et de voyageurs se réunissent pour prouver que dans l'origine presque tous les peuples ont rendu les honneurs divins à des pierres. Pausanias[1] le dit positivement des Grecs; Winkelmann[2], des Arabes et des autres peuples de l'Orient. Jupiter Ammon était figuré par une colonne conique[3]; le soleil, par une pierre de la même forme[4]; la bonne Déesse, envoyée de Pessinunte à Rome dans un temps de calamité, et reçue avec les plus grands honneurs, n'était qu'une pierre[5]; les habitants de Sicyone adoraient Jupiter sous la forme d'une pyramide, et Diane sous celle d'une colonne[6]; à Mégare, une pierre pyramidale était l'image d'Apollon Carin[7]; à Tespis, une pierre brute représentait l'Amour, une colonne conique, Bacchus[8], et une pierre grossière, Mars[9]. Du temps de Titus, Vénus n'était encore à Paphos qu'une simple pierre pyramidale[10]. A ces nombreux témoignages, nous pourrions encore ajouter ceux de Tertullien (*Apologet.*, 16), de Solin (chap. XXV), de Pomponius Mela (XI — 1), et de Pline (XXXVII — 21).

Pourrait-on supposer que les Celtes seuls n'aient pas vénéré les pierres? Mais Ossian, dans le poème de Fingal, dit, au chant sixième[11], que *le roi de Craca sortit de la forêt où il adressait alors ses vœux à la pierre du pouvoir, au milieu du cercle de Brunco*. Et d'ailleurs il est constant que dans le 10ᵉ siècle[12] encore, les pères du concile de Nantes renouvelaient la défense de vénérer les pierres, défense faite dans le 5ᵉ et dans le 6ᵉ siècle par d'autres conciles, et reproduite dans les capitulaires de Charlemagne. L'espèce d'effroi qui fait hâter le pas du paysan et de la paysanne, tandis que les deux visiteurs, immobiles échangent tranquillement des questions et des réponses, exprime assez heureusement l'impression que n'a pas cessé de produire sur les habitants la vue de ces grossiers obélisques. Toujours ils y attachent quelque chose de merveilleux; les vieilles femmes ont vu, le soir, à la clarté de la lune, trois fées filer au pied de cette pierre; les vieillards ont aperçu un géant d'un aspect effrayant rôder aux environs; quelques jeunes filles seules, sur la foi d'un berger, ont eu la force de gravir au sommet de cette colonne, et d'y déposer quelques flocons de laine attachés avec des rubans. La frayeur a fait battre bien fort leur cœur; mais que n'auraient-elles pas osé, dans l'espoir d'être bientôt mariées? Ce fait, que nous avons pu vérifier en plusieurs endroits de la Bretagne, nous a presque porté à soupçonner que quelques unes de ces pierres ont été pour nos pères l'image grossière de la déesse Fréga, la Vénus des Grecs et des Romains.

MONUMENT CELTIQUE A ESSEY PRÈS DE RENNES.

Le monument d'*Essey*, qui fait le second sujet de cette planche, s'élève entre le village qui porte ce nom et celui de *Marcillé*, à sept lieues sud-est de Rennes en Bretagne. Situé au milieu d'un champ qui dépend de la métairie de Rouvry, il est composé de quarante-deux pierres d'un schiste rougeâtre; son plan est un parallélogramme rectangle, divisé en deux parties : la première, qui sert d'*atrium*, a treize pieds dix pouces de long sur huit pieds quatre pouces de large, dans œuvre; elle est décorée d'une façade formée par trois pierres taillées, dont deux servent de montant et l'autre de sommier. De cette pièce on entre dans la seconde par une ouverture en forme de porte : cette seconde pièce a quarante-trois pieds deux pouces de long sur onze pieds quatre pouces à une extrémité, et dix pieds huit pouces à l'autre. Elle est divisée dans sa longueur, sur un seul de ses côtés, par trois grandes pierres plates, qui servent de cloison et forment quatre cellules. Les murs de tout l'édifice sont construits de pierres brutes énormes, plantées verticalement,

[1] Liv. VII — 22.
[2] *Histoire de l'Art*, liv. I.
[3] Quinte-Curce; liv. IV — 7.
[4] Hérodien, *de Solis figuré*.
[5] Tite-Live, liv. XXIX — 11.
[6] Pausanias, liv. XI — 9.
[7] *Ibid.*, liv. I — 44.
[8] Suidas.
[9] Minutius Félix.
[10] Tacite, *Histoires*, liv. II — 3; et Maxime de Tyr, *Dissertation* 38ᵉ.
[11] Édition de 1777, pag. 116.
[12] *Concilia antiqua Galliæ*, tom. III.

et recouvertes par des quartiers de rocher posés de l'un à l'autre côté, sans ciment, sans attache, mais que leur poids énorme rend d'une solidité inébranlable. L'une de ces pierres a dix-neuf pieds quatre pouces de longueur, six pieds deux pouces d'épaisseur, et huit pieds quatre pouces de large; les autres ont à-peu-près les mêmes dimensions : ce qui donne à cette fabrique un aspect colossal et presque surnaturel. Les pinceaux ne sauraient rendre la couleur sombre et mystérieuse et le deuil religieux qui environnent ces roches sacrées, que les habitants du lieu appellent *Roches aux Fées*. Et comment ne pas reconnaître dans cette dénomination le synonyme de séjour des Druides ou des Druidesses? car, quelle que soit l'étymologie de *fée*, ce mot ne signifie que *devineresse* ou *illustre*. C'est là aussi le sens de *druides* que l'on doit tirer, avec Vossius[1], de *dru* ou *trou*, *foi*; d'où *drutin* ou *trudin*, dieu des anciens Germains. De toutes les étymologies du mot *druides*, c'est celle qui nous paraît la meilleure, car nous ne saurions penser avec Pline que ce nom vienne du grec Δρυς, *chêne*.

Mais quel pouvait être l'usage de cette grotte? Était-ce un temple? mais les Druides regardaient comme une impiété de renfermer les Dieux dans une enceinte de murs[2]. Cependant à l'aspect de ces roches, une terreur secrète frappe l'imagination; la pensée, rapide comme l'éclair, se reporte vers quelque chose de mystérieux. Pour nous, en pénétrant sous cette lourde voûte, et en mesurant des yeux la profondeur de la vaste salle, nous avons cru y voir des Druides doués d'un génie supérieur[3], maîtres de Pythagore[4], se livrer à la contemplation des plus hautes vérités. Leurs âmes s'harmonisaient avec la solitude de ces demeures souterraines; et, loin de tout bruit, ils méditaient sur l'unité de la Divinité, force vitale de la nature, sur l'éternité des âmes. Plus tard, leur voix grave prêchait aux Gaulois réunis ces dogmes sublimes; et convaincus par leur autorité, nos pères ne refusaient pas de prêter, à condition qu'on leur rendrait dans l'autre vie[5]; ou bien, ardents aux combats, ils affrontaient avec intrépidité la mort, qui pour eux était le commencement d'une vie meilleure....

Genus ignavum redituræ parcere vitæ[6].

PLANCHE III.

PIERRES LEVÉES PRÈS DE TIRLEMONT ET DE POITIERS.

Ces pierres levées sont, de tous les monuments celtiques, ceux qui jusqu'alors ont le plus embarrassé les antiquaires. Elles sont pour la plupart plates, brutes, sans proportion, d'une grandeur énorme, placées sur de petites éminences et élevées sur d'autres pierres perpendiculaires également brutes et massives qui tiennent lieu de colonnes. Leur longueur est de neuf à vingt-cinq pieds; leur largeur, de six à dix-huit pieds; et leur épaisseur, d'un à trois pieds, sans qu'elles soient toutes également orientées. Aussi les conjectures se sont multipliées à l'infini. Entre tant d'opinions différentes, le choix est difficile, hasardeux même.

Nous exprimerons la sensation que nous avons éprouvée à l'aspect de la pierre levée de Poitiers. Elle fut préparée, il est vrai, par la lecture de ces vers de Lucain :

Et vos barbaricos ritus, moremque sinistrum
Sacrorum, Druidæ, positis repetistis ab armis.

« La guerre a cessé; mais les Druides ont repris leurs cérémonies barbares, leurs affreux sacrifices. » Ces vers avaient réveillé dans notre esprit toutes les cruautés des prêtres gaulois; nous étions frappé des sacrifices humains, et sur-tout de ce mannequin d'osier rempli d'hommes, et auquel les Vacies ou Semnothées mettaient le feu. La vue d'une pierre levée nous fit soupçonner un nouveau genre de supplice; nous nous représentâmes au haut de cette pierre un malheureux, méprisable tout-à-l'heure, mais digne de pitié, maintenant que la justice

[1] Suétone, édition d'Amsterdam, 1751, p. 520, note 3ᵉ.
[2] Tacite.
[3] Justin, l. XV.
[4] Diogène de Laërce, l. VIII.
[5] Val. Maxime, lib. II, cap. vi, n° 10.
[6] Lucain.

allait le frapper. Debout sur ce roc élevé, il semblait recueillir en vain toutes ses forces pour affronter la mort avec courage; la vue des piques et des épées plantées en terre par la poignée, et dont la pointe aiguë allait percer sa poitrine et déchirer son corps, le glaçait d'épouvante.

Défiguré par la pâleur et immobile, il paraissait mort avant d'être tué. Un semnothée monta derrière lui, et, par un léger effort, le précipita comme un fardeau sur les pointes acérées. Ces exécutions affreuses ont été souvent renouvelées du reste dans des temps plus rapprochés !

PLANCHE IV.

MONUMENT CELTIQUE PRÈS DE SAUMUR.

L'imagination est effrayée des difficultés qu'il a fallu vaincre pour mettre en mouvement et élever les masses énormes de ce grand *dolmen*. Composé d'une quarantaine de pierres, dont trente verticales et dix horizontales, il renferme plusieurs chambres, séparées dans l'intérieur par d'autres pierres placées perpendiculairement.

Comme le monument d'Essey (pl. II), il servit sans doute de demeure aux Druides, et quelque étonnant que puisse paraître le travail de sa construction, il n'offre pas, relativement aux huttes rondes de chaume et d'argile des Gaulois, une différence plus frappante que les palais de nos rois comparés aux habitations ordinaires. Mais plus heureux, il est encore intact, et on cherche en vain la place d'une foule de palais et de temples construits bien des siècles après et souvent réparés.

PLANCHE V.

MONUMENT CELTIQUE A LOCK-MARIA-KER.

Les constructions d'Essey et de Saumur sont plutôt des *allées couvertes* que des *dolmens*. Ce dernier nom désigne plus particulièrement des tables ou autels, et convient parfaitement au monument de Lock-Maria-Ker. On en voit de semblables dans une foule de contrées; ils doivent leur durée à la masse des pierres qui les composent; souvent la force de vingt chevaux ne pourrait pas les déplacer. Presque tous les antiquaires s'accordent à reconnaître pour des autels ces espèces de tables formées d'une pierre horizontale inclinée sur deux ou trois, ou même cinq pierres posées de champ. Celles dont les soutiens étaient plus élevés servaient peut-être aux purifications par le sang, usitées chez les Celtes. La victime était immolée sur la table, et son sang tombant par une fente ou par un trou pratiqué dans la pierre supérieure, arrosait et purifiait le criminel placé dessous. Dans d'autres, une rigole rejetait le sang sur les côtés dans une espèce de cuve ou de bassin également en pierre. Et il est à remarquer que ces autels étaient presque tous composés de pierres brutes que le fer n'avait ni aplaties ni taillées. Les Druides craignaient-ils donc, comme les Juifs, que le fer ne souillât la table de l'autel. *De lapidibus quos ferrum non tetigit, et de saxis informibus et impolitis*[1].... *Si enim levaveris cultrum super eo, polluetur*[2].

L'esprit s'indigne à la pensée des sacrifices barbares que les Semnothées accomplissaient sur ces autels. Car ce n'était pas seulement des animaux qu'ils immolaient; souvent pour prolonger la vie d'un homme malade, ils firent aux Dieux le sacrifice de la vie d'un autre homme: ils choisissaient, il est vrai, les malfaiteurs; mais quand ceux-ci leur manquaient, l'innocent était immolé[3]: souvent aussi les prisonniers faits à la guerre expirèrent sur ces autels sous le couteau du sacrificateur. Aussi Tacite s'est-il écrié avec indignation : *Barbaræ aræ, apud quas tribunos ac primorum ordinum centuriones mactaverant !* « Autels de la barbarie, auprès desquels avaient été sacrifiés nos tribuns et nos premiers centurions. » Plût à Dieu, du reste, que cette coutume barbare ne se retrouvât que chez les Gaulois; mais l'histoire atteste qu'elle régna chez presque tous les peuples. Abraham construisit un bûcher pour honorer Dieu par le sang de son fils; Jephthé immola sa fille au

Seigneur; les Arcadiens immolaient des enfants aux fêtes dites *Lycœa*[1]; les Carthaginois sacrifiaient leurs propres enfants à Saturne, et ceux qui n'en avaient pas en achetaient[2]. Après la défaite de Cannes, on immola à Rome un Gaulois et une Gauloise, un Grec et une Grecque[3]; et les Espagnols ont trouvé l'usage des sacrifices humains établi dans le Mexique.

On a prétendu trouver sous la pierre de ce dolmen une inscription. En vain y a-t-on cherché quelques lettres d'un des alphabets connus. Il nous semble que ce qui aura paru former un caractère, n'est que quelque aspérité du granit.

PLANCHES V—VI.

CHAMP DE CARNAC.

De tous les monuments druidiques, l'*Alignement de Carnac* est sans contredit, sinon le plus curieux, du moins le plus extraordinaire.

Il serait impossible de rendre les sensations diverses que nous a fait éprouver la vue de ces milliers de *peulvans*, différents de forme et de hauteur, disposés dans un désordre apparent, et formant cependant onze files parallèles qu'il est facile de suivre.

Qu'on se représente plus de douze cents pierres brutes plantées en terre par l'extrémité la plus mince, avec des sommets de forme variée, et couvertes de lichens d'un vert pâle semblant se confondre avec la noire bruyère qui çà et là contraste avec la teinte brillante du sable et le terne azur du ciel; à droite des pierres branlantes[4], à gauche de petits dolmens; à l'extrémité un demi-cercle parfaitement arrondi et d'un diamètre de 250 pieds environ. Qu'on se figure cette *cohorte de géans pétrifiés*[5] posés là seuls avec le sable qui les porte et la voûte du ciel qui les enveloppe, et l'on n'aura qu'une faible idée de ce monument étrange.

Notre œil trompé a cru y voir de loin des pans de murailles, des forts démolis; en approchant, nous avons reconnu notre erreur; mais nous sommes tombé dans le découragement, lorsque nous avons voulu nous expliquer la destination de ces innombrables *Peulvans*. En vain nous avons interrogé les traditions du pays, elles ont été évidemment altérées par les observations des curieux qui depuis longtemps visitent ce champ célèbre. Nous avons été tout étonné d'entendre parler du *Camp de César* ! car César n'a jamais dû y camper, et d'ailleurs les restes de ses camps n'offrent rien de semblable à ce que nous avions sous les yeux. On nous a parlé encore de ducs de Bretagne qui, dans des temps difficiles, étaient venus chercher derrière ces pierres un abri contre les poursuites d'un ennemi vainqueur. Cette tradition peut être vraie; mais elle n'explique en rien l'usage primitif de cet assemblage de *Ladères*.

Aussi, long-temps nous avons erré au milieu de ces ruines apparentes, cherchant à nous expliquer la direction, l'inclinaison, la mobilité de ces pierres; les conjectures, les probabilités sont venues enfin à notre aide, et dans ce demi-cercle de l'extrémité septentrionale, nous avons cru voir appuyés contre les piliers les défenseurs de la Gaule, réunis en un sénat auguste, et délibérant sur les mesures les plus propres à soustraire Vannes au joug de la servitude. Nous avions lu dans Homère que les héros grecs se réunissaient auprès de pierres brutes, dans un cercle sacré[6]; Chalgrin nous avait représenté les Perses debout auprès de grosses pierres, projetant la guerre contre les Mèdes. Nous nous rappelions le cercle de pierres qui avoisine la colonne d'Annibal près du petit Saint-Bernard, et la tradition qui affirme que ce fut dans ce cercle qu'Annibal expliqua aux généraux

---

[1] *Deutéronome*, ch. 20, v. 5—6.
[2] *Exode*, ch. 20, v. 25.
[3] CÉSAR, *de Bello Gallico*.

[1] PORPHYRE, *de Abst.*
[2] PLUTARQUE, *de Superstit.*
[3] TITE-LIVE, liv. XXII — 57.
[4] Ce sont ordinairement deux pierres dont l'une verticale en supporte une autre horizontale, et tellement en équilibre qu'une impulsion assez forte peut l'agiter. Les habitants des hameaux voisins les désignent sous le nom de *pierres aux Vierges*. Elles ont dû servir à la divination.
[5] M. de FRÉMINVILLE.
[6] HOMÈRE, *Iliade*, chant XVIII, v. 503.

Οἱ δὲ γέροντες

Εἵατ' ἐπὶ ξεστοῖσι λίθοις, ὧρ' ἐπὶ κύκλῳ.

Εἰδόντες δὲ κύκλον ἐπὶ ξεστοῖσι λίθοισι.

Odyssée, chant VIII, v. 6.

Carthaginois son plan et ses ressources contre l'Italie. Notre esprit s'est reporté au temps où César assiégeait Vannes, le dernier rempart de la liberté gauloise. Nous avons cru entendre un *Jarl* célèbre prononcer des paroles qui auraient réjoui la grande âme de Vercingentorix; et la brise légère qui soufflait dans ce désert nous a paru le murmure approbateur de l'ombre du héros.

Puis, à la vue des mille figures géométriques que formaient ces ladéres, un Eubage, une longue baguette à la main, s'est offert à notre esprit; mille jeunes gens, fils des plus célèbres familles et résolus à un noviciat de vingt ans, semblaient arracher de ses lèvres l'explication des phénomènes célestes. Sa voix grave leur enseignait les principes des sciences physiques et y mêlait les préceptes d'une pure morale; il les exhortait à l'amour de la patrie et de la justice et à la haine du vice. Et quelle vive impression devaient produire sur les esprits les paroles du Druide qui tiraient une nouvelle force du lieu où il les proférait : car près de là un dolmen frappait les regards, et sur ce dolmen, une heure avant peut-être, avait coulé le sang d'un malfaiteur.

Bientôt après, un énorme ladère, remarquable par sa forme triangulaire, et isolé comme pour fixer plus particulièrement l'attention, attira nos regards. Le fer ou la pierre avait dégrossi ses trois faces. Les nombres de Platon, les trois principes de Pythagore, le Jéhovah triangulaire des Juifs, les trépieds sacrés des Delphes et la Trinité auguste des Chrétiens frappèrent notre esprit d'une vénération religieuse pour l'image sacrée qu'ont adorée tous les peuples.

Si un chêne s'était offert à nos yeux, la solitude se serait peuplée en un clin d'œil. Chaque pierre de ces longues allées, serait devenue un pilier auquel se seraient adossés et les Druides à la figure grave et les Jarls à l'air martial. Nous aurions vu le grand Pontife, vénérable par une couronne de cheveux blancs, par sa longue robe blanche et sa ceinture d'or, cueillir avec la gravité du mystère, le gui sacré; coupée par une serpette d'or, cette plante aurait été reçue dans une robe blanche et tous les Druides l'auraient distribuée au peuple dont elle devait guérir tous les maux *omnia sanans*[1]. Nous aurions assisté au sacrifice de deux jeunes taureaux blancs non encore soumis au joug, et au festin qui aurait suivi le sacrifice.
Notre imagination anima ce désert d'un chêne et y fit croître le *sélage*, que le Druide, purifié par une ablution et un sacrifice, cueillait, la main enveloppée de sa robe, dans la crainte d'y toucher. La curiosité nous avait porté à monter sur quelques unes des pierres, et nous avions remarqué avec étonnement que le sommet calciné semblait attester l'action du feu. Un tableau tout nouveau vint alors nous frapper. Nous
Nous crûmes voir la vaste enceinte éclairée par une infinité de feux, et tout-à-coup, à un signal du pontife, répété par les Eubages et les Semnothées, un peuple innombrable dont les flammes éclairaient les costumes variés, se prosterner humblement pour adresser à la Divinité un solennel concert d'adoration.

Respect à ces énormes ladères, monuments sacrés de la religion de nos pères!

[1] PLINE.

PLANCHE VII.

TUMULI OU TOMBELLES PRÈS DE TIRLEMONT.

Ce genre particulier de monuments ne présente véritablement quelque intérêt que sous le rapport historique, mais aucun sous celui de l'art; il serait donc en quelque sorte étranger à notre ouvrage, ainsi que les *pierres celtiques*, si nous ne nous étions fait un devoir de ne rien omettre de ce qui peut appartenir aux antiquités de la France.

Ces tertres ou éminences de terres, de forme pyramidale, sont désignés en France sous le nom de *Tombelles*, ce qui répond au *Tumuli* des Grecs et des Romains. On en voit deux semblables aux environs de Sens, près de l'ancienne abbaye de Saint-Martin et des vestiges d'un camp retranché des Romains, et dans la cité de Limes près de Dieppe; mais leur forme est moins grande et moins régulière que celle des trois élévations ici représentées.

Il est assez généralement reconnu que ces amoncellements de terre ne sont autre chose que des tombeaux élevés aux guerriers morts dans les combats. Les guerriers de Teutha, a dit Ossian[1], sont maintenant oubliés dans leur propre pays, et l'on ne pourrait pas même retrouver leurs tombeaux dans la bruyère. Les années et les tempêtes les ont détruits, et les tertres qui les couvraient sont réduits en poussière. Cette opinion se trouve suffisamment justifiée par les fouilles qu'on a faites sous ces tombelles; on y a découvert des amas d'ossements jetés sans ordre les uns sur les autres, avec des lances, des fers de flèches et d'autres débris d'armes. Ces monuments semblent donc prouver évidemment qu'il s'est livré quelques batailles dans ces endroits ou dans les environs.

Il serait bien difficile d'assigner à ces tombelles une époque précise; cependant tout porte à croire qu'elles sont moins anciennes que les monuments druidiques dont nous avons parlé, et antérieures à la domination romaine.

Leur surface, tantôt en forme de boule, tantôt ovale, tantôt géminée, tantôt conique, comme celles que représente la planche septième, et leur hauteur qui varie depuis douze jusqu'à vingt et vingt-cinq pieds, étaient vraisemblablement proportionnées à la grandeur de l'action ou au nombre des morts; elles transmettaient ainsi à la postérité la mémoire d'une grande action, quelquefois aussi le souvenir de guerriers illustres : car dans des fouilles sous ces *tumuli*, on a souvent trouvé des ornements en bronze et en or, et des colliers d'ambre et de jais, ainsi que des morceaux de pierres magnésiennes, auxquelles les Celtes attachaient une vertu particulière.

En Angleterre, où ces tombelles sont assez fréquentes, le peuple allume autour de grands feux, la veille du premier jour de mai. Les trois *tumuli* représentés sur la planche septième ont entre eux un espace égal; ils sont situés près des portes de Tirlemont, au quartier de Louvain sur la Ghète, partie autrefois du département de la Dyle.

[1] CATHON et COLMAL, pag. 236.

MONUMENTS DES ROMAINS.

PREMIÈRE ÉPOQUE.

On peut diviser approximativement en quatre époques l'histoire de l'art chez les Romains. Sous le règne d'Auguste et de ses premiers successeurs (première époque), les constructions réunissaient la simplicité et la majesté; sous les Antonins (deuxième époque), elles devinrent un peu plus ornées, mais également nobles; plus chargées sous les prédécesseurs de Dioclétien et sous ce prince (troisième époque), elles eurent encore un beau côté, celui de la sculpture. L'architecture et la sculpture avaient presque entièrement perdu leur style et leur pureté sous Constantin (quatrième époque). Un grand luxe d'ornementation souvent mauvais, et un mélange de sujets chrétiens et païens marquèrent cette dernière époque de l'architecture dite du bas-empire. Telles ont été, quand les inscriptions ou les traditions véridiques nous ont manqué, les bases généralement avouées sur lesquelles nous avons fondé le classement des monuments. Mais nous ne nous le dissimulons pas; toutes nos conjectures, quelque probables qu'elles nous paraissent, ne sont peut-être pas la vérité. L'authenticité des inscriptions n'est pas toujours incontestable; la perfection plus ou moins grande du travail, le style même d'un monument n'est pas toujours un indice absolument infaillible de son âge. Il y a eu bien certainement des architectes d'un génie médiocre sous Auguste; il s'en est peut-être trouvé sous Dioclétien qui auraient été dignes de vivre dans le beau siècle des arts. Est-il constant que tel ou tel monument n'est pas l'ouvrage d'un de ces hommes d'exception? Quoi qu'il en soit, nous avons fait une œuvre consciencieuse; nous n'avons rien épargné pour rendre nos recherches aussi complètes qu'elles le pouvaient être. Sur-tout nous n'avons conjecturé qu'avec défiance et circonspection, persuadé de la vérité de ces vers de Lucrèce :

> Sæpè adopinamur de signis maxima parvis,
> Et nos in fraudem induimus [1].

Guidé par le desir de connaître le vrai, nous n'avons rien négligé pour y parvenir. Si nous sommes tombé dans l'erreur, nous aurons droit à l'indulgence :

> Dabit veniam facilè, cui veniá est opus [2].

[1] Lucrèce, ch. ii, vers 815.
[2] Sénèque, Agamem., act. II, scèn. ii.

PLANCHE VIII.

MONTAGNES DE GERGOVIA

ET CONSTRUCTION ROMAINE PRÈS DE CLERMONT.

Cette vue est plus intéressante sous le rapport de l'histoire que sous celui des monuments. Elle rappelle l'action glorieuse pour les Gaulois, dans laquelle César, pour la première fois, essuya un échec considérable. C'est dans ce lieu même qu'après avoir perdu Lucius Fabius Pétréius, centurion de la huitième légion, quarante-cinq autres centurions et sept cents Romains, il fut obligé de céder la place à Vercingentorix, chef des Auvergnats, et se retira devant lui. Cet heureux barbare, à la tête d'un peuple, frère des Romains, issu comme eux du sang troyen,

> Arvernique ausi Latio se fingere fratres,
> Sanguine ab iliaco populi [1].

flétrit un moment les lauriers du conquérant des Gaules. Mais bientôt après, vaincu à *Alesia* (Alise-Sainte-Reine, département de la Côte-d'Or), il paya par six ans d'une dure captivité, et par l'opprobre d'être enchaîné au char du vainqueur, la trop grande confiance qui l'avait porté à déposer ses armes aux pieds de César. Il le croyait généreux, il ne trouva en lui qu'un général jaloux et vindicatif.

Le devant du dessin est orné d'une construction antique fortifiée dont on voit l'extérieur; la vue est terminée par des montagnes d'un aspect pittoresque. Gergovia était bâtie sur l'une d'elles; et l'armée de Vercingentorix, campée isolément par cantons sur la cime des autres, présentait, au rapport de César, un aspect formidable.

C'est dans une maison de campagne, voisine de Clermont, et appelée le *château de Salles*, que se trouve la fortification antique, n° 2, dont la construction en petites pierres carrées, entre-mêlées d'assises de briques, porte entièrement le caractère des monuments romains, et occupe la place où, suivant les commentaires de César, était campée son armée.

[1] Lucain, ch. 1er.

Les montagnes de Gergovia sont situées à une lieue et demie au sud de Clermont, qui n'existait pas alors. Ce ne fut que beaucoup plus tard que de la réunion de l'antique Augustonemetum ou Urbs Arverna, avec le château-fort appelé Clavemons, et pris par Pepin dans son expédition contre Waifre, duc d'Aquitaine, la ville reçut le nom de Clermont. On rencontre fréquemment, en fouillant la terre, des débris d'anciennes armures, de lances, de flèches et de vases antiques.

PLANCHE IX.

RUINES DU MONUMENT DE LA TURBIE,

PRÈS DE MONACO.

Ces ruines, que le temps et la main des hommes dégradent chaque jour, et qui bientôt peut-être auront entièrement disparu, appartiennent à un de ces monuments que les Romains érigèrent vers la fin de la république, pour attester une victoire célèbre. Si l'emplacement n'était pas trop éloigné de la Sorgue, *Vindelicus Amnis*, on y retrouverait la tour élevée vers l'an de Rome 632, par Domitius Ænobarbus, et par Fabius Maximus, vainqueurs des Allobroges. Les trophées qui, suivant Ifredi, décoraient le côté du nord et celui du sud, seraient une présomption de plus; car Florus dit positivement : *Saxeas erexére turres, et desuper exornata armis hostilibus trophæa fixére* [1]. Mais il dit aussi que ces tours furent construites aux lieux même où l'on avait combattu, *ipsis, quibus dimicaverant, in locis*, et le village de la Turbie ne se trouve point auprès du Var, ni de l'Isère, ni de la Sorgue, ni du Rhône. *Varus victoriæ testis, Isaraque et Vindelicus amnis, et impiger fluminum Rhodanus.* Ce que nous pouvons seulement conclure de ce passage de Florus, c'est que le monument de la Turbie fut un de ceux que les Romains, à qui l'honneur de vaincre ne suffisait plus, érigèrent pour insulter à la défaite des ennemis. *Cùm hic mos inusitatus fuerit nostris. Nunquàm enim populus romanus hostibus domitis victoriam suam exprobravit* [1].

Cet édifice n'offre plus qu'un reste confus de décombres. Déja très

[1] Florus, liv. III, n° 3.
[2] Loco citato.

endommagé par les Lombards et autres peuples du nord qui s'emparèrent de la partie de la frontière où il est situé, il fut entièrement démoli et réduit à l'état où on le voit maintenant par les Français commandés par le maréchal de Villars, lors des guerres du Piémont. Suivant les anciennes descriptions, il était composé de deux soubassements carrés; au milieu du premier était la porte par où l'on entrait dans le monument; le second était décoré, de chaque côté, de trophées qui servaient à accompagner un grand cadre dans lequel était l'inscription. Au-dessus s'élevaient deux étages circulaires ornés de colonnes; le premier ordre était dorique, et le second ionique : ils portaient un attique surmonté de gradins couronnés par la statue d'Auguste. Ce monument avait été élevé pour éterniser le souvenir des victoires remportées par cet empereur sur les nations voisines qu'il avait subjuguées et soumises à l'empire romain.

L'inscription citée par Pline, livre III, chapitre 24, portait :

Imperatori Cæsari, divi F. Aug. Pont. Max. XIV tribunitiæ potestatis, S. P. Q. R., quod ejus ductu, auspiciisque gentes Alpinæ omnes, quæ à mari supero ad inferum pertinebant, sub imperium Pop. Rom. sunt redactæ, gentes Alpinæ devictæ, Triumpilini, Camuni, Venostes, Vennonetes, Isuarci, Breuni, Genaunes, Focnuates; Vindelicorum gentes quatuor, Cousuanetes, Virucinates, Licates, Catenates, Abisontes, Rugusci, Suanetes, Calucones, Brixentes, Lepontii, Viberi, Nautuates, Seduni, Veragri, Salassi, Acitavones, Medulli, Ucini, Caturiges, Brigiani, Sogiuntii, Ebroduntii, Nemalones, Edenetes, Esubiani, Veamini, Gallitæ, Truillati, Ectini, Vergunni, Eguituri, Nementuri, Oratelli, Nerusi, Velauni, Suetri.

Les Triumpilini, les Camuni, les Vennonetes, les Isuarci, les Rugusci, les Suanetes, les Calucones et les Viberi, étaient des peuplades de la Rhétie; dans la Vindélicie étaient renfermés les Breuni, les Genaunes, les Abisontes, les Cousuanetes, les Virucinates, voisins de l'Isère; les Licates, que Strabon appelle très pétulants; les Catenates et les Medulli, sur les hauteurs qui dominent le confluent de l'Isère et du Rhône; les Venostes, les Lepontii, aux sources du Rhône, et les Nantuates auprès du lac de Constance, étaient des peuples d'Helvétie; les Focunates, les Brixentes, les Seduni, les Veragri, les Salassi, les Acitavones ou Centrones; les Caturiges, voisins d'Embrun, les Brigiani, les Sogiuntii, les Ebroduntii, que remplacent peut-être les habitants d'Yverdun, les Nemalones, les Esubiani, les Veamini, les Gallitæ, les Truillati, les Ectini, les Vergunni, les Eguituri, les Nementuri ou Nemeturi, les Oratelli et les Nerusi habitaient les Alpes grecques et les Alpes pennines; la Gaule narbonnaise renfermait les Ucini, les Edenetes, que Cerealis place sur le territoire de Draguignan, et les Suetri ou Suoltori; les Velauni habitaient, suivant Bellefontaine, le Vélay et le Vivarais.

PLANCHE X.

VUE D'UNE PORTE TAILLÉE DANS LE ROC A BESANÇON.

C'est une ville très ancienne que Besançon; long-temps ses habitants se sont dits frères des Latins, issus comme eux de la race fugitive des Troyens. Sans leur accorder une origine aussi reculée, nous reconnaîtrons dans *Vesontio*, appelée quelquefois Chrysopolis, peut-être à cause de ses nombreuses constructions romaines à la teinte dorée, une ville très ancienne. Elle aussi envoya son contingent à l'armée redoutable que Brennus rendit maîtresse de Rome, et dispersa ensuite sur les côtes de l'Asie mineure. Loin de dégénérer, les habitants de Besançon soutinrent avec gloire la réputation de bravoure que leurs pères s'étaient faite; et dans le 5ᵉ siècle, on les vit lutter avec courage contre les Vandales, contre les Bourguignons et contre les Huns; dans le 13ᵉ ils soutinrent les attaques réitérées des Allemands; plus tard, des ducs de Bourgogne et des Anglais. Devenus Français par les conquêtes de Louis XIV, ils furent fidèles aux obligations que leur imposait ce titre, lorsqu'en 1815 l'étranger envahit la France.

La gravure de la planche que nous allons décrire représente une construction romaine qui remonte au règne d'Auguste; c'est une ouverture taillée dans le roc, à la partie gauche septentrionale de la ville, auprès d'un ermitage qu'on appelait Saint-Léonard, près de la rivière du Doubs. Elle communiquait à la partie de Besançon construite sur une colline, nommée anciennement *Mons Cælius*, séparée par le fleuve du mont Brigitte ou Brégille. Elle servait de conduit à un aqueduc qui portait dans la ville les eaux d'une source salubre que les Romains avaient découverte à Arcier. Les restes du canal se voient encore çà et là depuis la porte Rivotte jusqu'auprès d'Arcier. Ce n'est que plus tard que cette ouverture est devenue une porte. On a tort de l'attribuer à Jules César. Occupé à la poursuite d'Arioviste, il ne fit pas un assez long séjour à Besançon pour y construire un aqueduc. Nous aimons mieux l'attribuer à Marcus Agrippa, le bras droit d'Auguste. On sait qu'avant de passer le Rhin, il séjourna quelque temps à Besançon avec ses légions. Comme tant d'autres généraux, il les aura exercées pendant ce séjour à procurer à la ville des eaux saines et abondantes.

La tour qui s'élève sur le roc passe pour être d'une construction fort ancienne; mais il serait difficile d'en préciser l'époque.

PLANCHE XI.

PIERRE DE COUARD ET TEMPLE DE JANUS
A AUTUN.

La pierre, dite *de Couard*, vestige extrêmement dégradé, paraît être les restes d'un monument pyramidal. La curiosité, sans doute, a porté à y percer les larges ouvertures qu'on remarque sur ses faces, mais sans qu'on ait pu obtenir aucun nouvel indice sur sa première destination. Le peu de régularité de sa construction, qui est une espèce d'*opus incertum*, donne lieu de penser que ce qui reste n'est autre chose qu'un massif qui servait probablement de noyau à un revêtement plus régulier; de plus, la proportion des figures placées près de ce monument indique qu'il était d'une petite dimension, en le comparant sur-tout à la pyramide de Cestius et aux autres monuments d'une semblable forme qui existent encore.

Sur la même planche, au-dessous du monument que nous venons de décrire, se trouve la vue extérieure de l'édifice indiqué sous le nom de temple de Janus; il n'a rien de bien remarquable, si ce n'est qu'il est beaucoup moins riche que le temple du même nom qui se voit à Rome. Les trois grands arcs du haut paraissent avoir été faits pour la solidité de la construction; ces voûtes étaient sans doute originairement pleines, et le peu de régularité des ouvertures porte à croire qu'elles ont été faites pour quelque destination particulière donnée depuis à ce monument. Au premier étage, on remarque deux petits arcs qui semblent être engagés de la moitié dans d'autres plus grands, genre particulier de construction qu'on retrouve souvent à Rome, principalement sur le Mont-Palatin, au palais des Empereurs, dont on voit les ruines dans les *Horti Farnesiani*.

Aucune autorité ne permet de déterminer l'époque de la construction de ces monuments, qui paraissent cependant être d'une grande antiquité, et qui remontent peut-être à une époque antérieure à Auguste. La simplicité de ces édifices dénote assez l'enfance de l'art.

PLANCHE XII.

VUE INTÉRIEURE DU TEMPLE DE JANUS,
PLAN ET DÉTAILS.

Le fond présente deux grands arcs, entre lesquels est une niche, destinée sans doute à recevoir une statue; au-dessus sont de vastes fenêtres percées en abat-jour, surmontées de voûtes de décharge. Dans les endroits du mur où le revêtement est dégradé, on remarque une construction en petites pierres carrées unies avec beaucoup de soin; généralement employée dans les monuments antiques des Gaules, elle se retrouve encore à l'amphithéâtre de Chenevières, aux aqueducs de Jouy sur la Moselle, près de Metz, et à tous les monuments de Fréjus et de Nice; nous aurons successivement à parler des uns et des autres. Dans le plan, les parties ombrées marquent ce qui existe encore en élévation du temple de Janus, et celles qui sont ponctuées indiquent le reste, dont on retrouve en terre quelques vestiges.

Les chapiteaux corinthiens portant les numéros 1 et 2 sont de marbre blanc, et ont été trouvés dans des fouilles faites à Autun, sans qu'on puisse assigner à quel monument ils ont appartenu.

PLANCHE XIII.

VUE DES RUINES DE LA PORTE DORÉE A FRÉJUS.

Cette ville fut une des premières et des principales colonies des Romains dans les Gaules. Sa situation maritime parut si importante à Jules César, que ce conquérant commença à y construire un port qui fut terminé par Octave (César Auguste); elle devint bientôt un des principaux entrepôts et magasins de l'armée romaine, ce qui la fit appeler *Forum Julii* (marché de Jules César), d'où, par corruption, on fit *Fréjus*. Elle porta aussi le nom de *Colonia Octavianorum ou Octavanorum*, soit parcequ'elle devait sa fondation aux Octaviens, soit parce que la colonie était composée de soldats romains de la huitième légion. La ville avait quatre portes, une du côté de l'Italie, appelée Porte-Romaine, une à l'opposé, qui était la porte des Gaules, située encore dans l'ancien jardin des Cordelières; une troisième maintenant à demi-fermée, et enfin celle-ci, qui était à l'entrée du port, et qui fut nommée *Porte-Dorée*, parcequ'on y voyait de grands clous dorés scellés dans les murs. Ces clous retenaient de gros anneaux qui servaient à amarrer les vaisseaux. La porte était composée de trois arcades, dont il ne reste maintenant que la principale; elle est renfermée dans l'enceinte d'un ancien couvent de religieuses. L'édifice est construit en petites pierres, dont plusieurs assises sont alternativement soutenues par des cordons de ces grandes briques que l'on remarque dans tous les monuments bâtis par les Romains. On voit sur le devant une grande quantité de cannes ou roseaux, plantes très abondantes dans ce pays, ainsi qu'à Rome; et dans le fond à droite, les anciennes constructions et fortifications romaines qui servent presque entièrement de ceinture à la ville de Fréjus.

PLANCHE XIV.

AQUEDUCS ANTIQUES DE GARGALLON,

DANS LA FORÊT DE L'ESTERELLE, PRÈS DE FRÉJUS.

Quid loquar aërio pendentes fornice rivos,
Quò vix imbriferas tolleret Iris aquas?

s'est écrié le poète Antilius Numatianus à la vue de ces superbes aqueducs, qui attestent à-la-fois et le génie et la grandeur des Romains. Pendant près de cinq cents ans ils se contentèrent des eaux du Tibre, des puits et des sources de Rome [1]; mais l'aisance les rendit bientôt plus difficiles, et ils allèrent chercher des eaux plus abondantes ou plus saines jusqu'à une distance de quinze lieues. Ce qu'ils avaient fait pour la capitale, ils le firent pour les grandes villes qu'ils soumirent, et Fréjus qui ne leur offrait que des eaux malsaines, dut être la première des villes de la Gaule gratifiée d'un aqueduc. Aussi le fait-on remonter au temps du triumvirat d'Octave, de Lépide et d'Antoine. On en trouve douze arcades sur le chemin d'Antibes, élevées de trente-quatre pieds, quelques unes même de cinquante-quatre. Depuis la base jusqu'à la naissance du cintre, elles sont, en certains endroits, éloignées de quarante-trois pieds les unes des autres, et soutiennent un reste de conduit encore couvert, de la hauteur de près de six pieds. Mais c'est surtout dans la forêt de l'Esterelle que l'on admire ces ruines imposantes, qui ont traversé plus de dix-huit siècles. Leur aspect sévère contraste singulièrement avec les charmes du *Gargallon* ou *Vallon-Agréable*, tout couvert d'arbres, et principalement de pins. La terre y est revêtue d'une verdure perpétuelle. Pour donner plus de solidité à l'aqueduc, et pour qu'il résiste à l'action des vents qui, à certaines époques, soufflent dans ce pays, les pieds-droits des arcades ont été renforcés par des éperons ou contre-forts très vigoureux, ce qui donne un caractère particulier à cette partie de l'aqueduc.

Si on le suit dans les détours qu'a nécessités l'inégalité du terrain, on le voit s'abaisser graduellement jusqu'à fleur de terre, s'enfoncer dans un rocher percé au ciseau, et reparaître ensuite sur de nouveaux piliers

[1] FRONTIN, des *Aqueducs*, liv. I", ch. 1".

jusqu'à ce qu'il aille chercher les eaux de la Siagne, l'*Aëro* des Romains, au village de Mons. Ce lieu n'est éloigné de Fréjus que de sept lieues; mais l'aqueduc, par ses fréquents circuits, a près de quinze lieues de longueur.

PLANCHE XV.

AQUEDUCS ANTIQUES A JOUY,

ET DÉTAILS DU MÊME MONUMENT.

La ville de Metz, que les Romains appelèrent *oppidum Mediomatricum*, ne prit que plus tard le nom de *Metæ*, mais elle fut toujours célèbre et puissante. Embellie par les Romains d'un amphithéâtre et d'une naumachie dont on voyait encore, dans le siècle dernier, les ruines imposantes, elle fut, sous les fils de Clovis, la capitale du royaume d'Austrasie. Long-temps disputée à la France par l'Autriche, elle fut assiégée et bombardée par Charles-Quint, qui fit tirer sur elle plus de dix-sept mille coups de canon; mais sa puissance formidable échoua contre le courage des habitants et la prudence du duc de Guise: ce qui donna lieu aux faiseurs de calembourgs d'adresser à l'empereur ce petit vers:

Siste viam Mætis; hæc tibi Meta datur.

Le traité de Munster, en 1648, réunit définitivement à la France Metz et son territoire.

C'est à Jouy, petit village à deux lieues de Metz sur la route de Nancy, que se trouvent les restes précieux que représente la planche. On attribue ordinairement à Drusus, fils de Livie, qui devint femme d'Auguste, la construction de ce bel aqueduc, destiné à porter dans Metz des eaux saines et abondantes. Ces fragments, situés dans une vallée agréable où coule la Moselle, forment une suite de seize arcades, dont les ouvertures sont inégales; il y a de plus une pile et quatre tronçons. On compte six arcades avant celle qui sert de porte au village, et sous laquelle passe la route de Metz à Nancy; les autres sont dans une prairie.

Cet aqueduc traversait la Moselle, et conduisait les eaux d'une petite rivière, nommée Gorse, de l'autre côté du vallon. La construction en est très solide: elle est composée de petites pierres taillées en forme de briques et posées *plein sur joint*. On parle dans le pays d'une carrière où l'on voit encore une quantité prodigieuse de ces petites pierres toutes taillées avec le même soin, ainsi que de petites haches avec lesquelles se faisait ce travail. Les fragments qui sont au-dessous de la vue de cette partie des aqueducs offrent en grand les détails de la construction. On y remarque les archivoltes des arcs, leurs pieds-droits et leurs impostes.

PLANCHE XVI.

VUE GÉNÉRALE ET PLAN DE L'AQUEDUC DE JOUY

AU-DELA DE LA MOSELLE.

Cette planche représente la suite d'arcades de l'aqueduc qui est sur la rive gauche de la Moselle en venant de Metz, et les autres fragments de cet immense monument de la grandeur romaine, qui, situés sur la rive droite de la rivière, attestent que l'aqueduc la traversait. D'ailleurs, quand les eaux de la Moselle sont basses, on aperçoit les fondations des piles. En supputant les deux extrémités de l'édifice, on trouve qu'il avait environ cinq cent soixante-dix toises de longueur. Quelques piles ont jusqu'à soixante pieds de hauteur. L'épaisseur des pieds-droits était de douze pieds; mais les ouvertures des arcs et la largeur des pieds-droits variaient, et avaient tantôt quatorze et tantôt quinze pieds. Cette vue générale offre un tableau pittoresque et neuf; le monument, dans sa conservation, devait présenter un spectacle très agréable par les réflexions que ses arcades devaient produire dans les eaux du fleuve. Des coteaux variés et une campagne riche et cultivée ornent la scène et terminent l'horizon.

PLANCHE XVII.

VUE DE L'AQUEDUC DE JOUY ET TOMBEAU DE DRUSUS.

La première partie de cette planche représente le développement des arcades enclavées dans les maisons du village de Jouy. La vue est prise dans la prairie voisine de l'aqueduc, le spectateur ayant derrière lui la Moselle.

Après avoir élevé ce bel aqueduc, Drusus, célèbre par ses victoires éclatantes sur les Allemands, entreprit, avec le secours de ses légions, un ouvrage encore plus considérable; ce fut un canal qui joignait le Rhin à la mer, et qui fut appelé *Fossa Drusiana*. On voit encore des ruines qui annoncent la grandeur de cette construction. Au milieu de ses triomphes et de ses nobles occupations, Drusus étant tombé de cheval se rompit la cuisse, et mourut à l'âge de trente ans, emportant les regrets d'Auguste et de Livie, et de tout le peuple romain.

A la vue de cet immense ouvrage et des autres constructions si nombreuses et si importantes dont les Romains ont couvert et l'Italie et la Gaule, et toutes les autres provinces de leur vaste empire, on est souvent effrayé des dépenses énormes qu'elles ont occasionées, et on se figure que le peuple devait être surchargé d'impôts pour que les empereurs et leurs généraux pussent exécuter de pareils ouvrages. Il est essentiel de rappeler ici que les constructions ne se faisaient pas alors comme maintenant par des ouvriers libres. Tous les grands édifices de Rome, comme ceux de la Gaule, ont été élevés par des légions en quartier d'hiver [1]. Le général utilisait ainsi leurs bras; au printemps, ces habiles maçons échangeaient la truelle contre le glaive et la lance, et servaient par leurs exploits l'empire qu'ils avaient embelli d'aqueducs, d'amphithéâtres ou de naumachies. Quant aux matières nécessaires pour la construction, des esclaves coupables de délits étaient condamnés à les extraire des mines. Les expressions *servi damnati in opus publicum*, *ad metallum*, *ad opus metallicum*, répétées si souvent dans les auteurs latins, ne laissent aucun doute sur ce point. Plaute fait parler ainsi un maître irrité à son esclave coupable :

> Indè ibis in latomias lapidarias,
> Ibi cùm alii octonos lapides effodint,
> Nisi quotidianus sesqui opus confeceris,
> Sexcento plago nomen indetur tibi.

Que l'on ne s'étonne donc pas de l'immense quantité de pierres tirées des mines pour ces ouvrages, puisqu'un seul esclave devait, sous peine de recevoir six cents coups de fouet, détacher en un jour douze mesures de pierres, c'est-à-dire à-peu-près neuf de nos pieds cubes.

Quant au nombre des esclaves employés à cette extraction, il devait être immense si, comme Claude, les empereurs romains y faisaient condamner tous les esclaves coupables [2], ou même, comme Caligula, des hommes libres [3] qu'il stigmatisait d'avance.

Le tombeau de Drusus, tel qu'on le voit sur la partie inférieure de la planche, se trouve au milieu des fortifications de la ville de Mayence, où il n'a fallu rien moins que la participation et l'aveu de l'ingénieur qui présidait aux travaux pour obtenir qu'on levât ce dessin dans un lieu d'un si difficile accès. On ne pense pas que ce monument ait jamais renfermé les cendres de ce conquérant; on croit plutôt qu'il fut érigé à sa mémoire dans le pays où il perdit la vie, tandis que ses restes furent transportés à Rome pour être réunis à ceux de sa famille. Ce mausolée, qui n'est plus maintenant qu'une tour revêtue de grandes pierres très dégradées, quand il était couvert de ses ornements, devait avoir quelque rapport avec ceux d'Auguste et de Cécilia Métella, qui existent encore à Rome; mais il n'offre plus que le massif de sa construction. Seulement on est porté à croire que sa décoration devait être très riche, à en juger par l'importance du personnage en l'honneur duquel il fut érigé.

---

[1] *Ne tamen segnem militem attineret, ille inchoatum antè tres et sexaginta annos à Druso uggerem coercendo Rheno absolvit, etc.* TACITE, *Annales*, liv. XIII, n° 53.

[2] *Quorum operum perficiendorum gratiâ, quot ubique essent custodiæ, in Italiam deportari etiam scelere convictos nonnisi ad opus damnari præceperat.* SUÉTONE, *Néron*., ch. 31.

[3] *Multos honesti ordinis, deformatos priùs stigmatum notis, ad metalla, aut ad viarum munitiones, aut ad bestias condemnavit.* SUÉTONE, *Caligula*, ch. 27.

PLANCHE XVIII.

RUINES D'AQUEDUCS ROMAINS PRES DE LYON.

Aller chercher des eaux à huit lieues de Lyon, et par l'inégalité du terrain, les faire alternativement monter et descendre pour les verser, après un cours de treize lieues, dans la naumachie, dans le palais des empereurs et dans diverses maisons de plaisance; opérer, à l'aide du seul *chorobate*, un nivellement où la perfection même de nos instruments rencontrerait encore des difficultés; guider les eaux, comme le cavalier dirige le coursier le plus docile, le long de la pente des collines; là où la profondeur de la vallée ne permettait pas d'élever des arcades, les rassembler par des travaux de plomb en forme de scyphous renversés, dans un réservoir de chasse, pour les faire remonter par une pente bien calculée dans un réservoir de fuite; c'est là certainement l'œuvre d'un peuple qui a le sentiment du beau et du grand, dont le génie frappe et étonne !

On chercherait en vain dans tout autre monument de ce genre la délicatesse et le brillant de celui-ci. Ce ne sont plus seulement des assises de moellons interrompues régulièrement par deux rangées de briques, et une bande de ce beau ciment auquel le vin ou le vinaigre donnait cette excellente qualité que l'on admirera toujours. Il y a plus ici : en divers endroits un parement de petites pierres quartzeuses et granitiques taillées en losanges et appareillées avec une précision extraordinaire, les unes noires, les autres blanches, forme une espèce de mosaïque bien remarquable. Les bandeaux des archivoltes sont décorés de grandes briques de dix-huit à vingt pouces, dont plusieurs semblent avoir acquis au feu l'espèce d'émail qui les teint diversement. L'élévation considérable de cet aqueduc et sa grande épaisseur attestent l'immense quantité d'eau qu'il conduisait.

PLANCHE XIX.

RUINES DE L'AQUEDUC ANTIQUE DE SAINT-JUST,
PRÈS DE LYON.

Cette vue représente une suite d'arcades du bel aqueduc antique qui conduisait les eaux dans la ville de Lyon. Deux ruisseaux appelés l'un *Janon* et l'autre *Gier* en fournissaient la plus grande partie. On rencontre des portions de cet aqueduc pendant l'espace de treize lieues; nous en avons déjà donné des fragments dans la planche précédente; mais celle-ci offre la plus grande quantité d'arcades réunies et non interrompues. Le vallon que traverse la partie ici représentée est très riant et orné de vignes, d'arbres et d'habitations champêtres qui le rendent très pittoresque.

On remarque dans le massif des pieds-droits des grands arcs, une galerie transversale, voûtée, qui est alternativement ouverte ou murée d'une manière inégale; l'arc de celles de ces voûtes qui sont pleines est rempli par de petites pierres noires et blanches, taillées en losange, et donne lieu d'admirer ce que les Romains appelaient *Opus reticulatum*. Dans différentes parties on rencontre la même bâtisse coupée en assises, d'environ trois pieds, par une ligne horizontale de deux briques l'une sur l'autre qui en marque les divisions. Les bandeaux des archivoltes sont décorés également par de grandes briques de couleurs variées qui en forment les claveaux. Cette construction est si agréable à l'œil et si riche, qu'on n'en rencontre peut-être aucune en Italie ni en France qui lui soit comparable.

PLANCHES XX ET XXI.

VUE DE LA TOUR MAGNE A NISMES.

Ce n'est pas sans quelque crainte que l'on s'arrête au pied de cette tour, appelée *Magne* ou *Grande;* il y a quelque chose d'effrayant dans cette construction de cent dix-sept pieds de haut dont l'étage supérieur porte à faux sur un soubassement presque entièrement creusé, espèce de cône tronqué sans voûte. Quel était-il donc ce peuple qui semblait se jouer de toutes les règles de l'art, et dont les ouvrages, immortels comme son nom, résistent aux outrages du temps, et aux outrages plus terribles encore de la main des hommes!

Élevée sur un soubassement octogone, la tour également à huit pans réguliers, portait un ordre de pilastres très serrés avec des chapiteaux toscans ou doriques. Le corps de l'édifice est construit en petites pierres taillées comme des briques; les pilastres et les plinthes sont seuls en pierres de taille. Des puits ou vides semi-circulaires pratiqués sur chacune des faces semblent n'avoir pas eu d'autre usage que d'alléger la masse que le stylobate avait à soutenir.

Cet édifice fut-il, comme l'a pensé Deirou, un phare; ou un temple gaulois, comme l'a cru Astruc; ou bien fut-il une tour d'observation et de défense? Ces hypothèses, long-temps agitées, ont dû céder toutes à la conjecture plus vraisemblable et généralement adoptée maintenant, que c'était un tombeau du genre des *Septizonium*. Sans doute la statue ou le sarcophage était déposé dans la coupole qui couronnait la tour en forme de dôme.

Le silence des traditions est ici complet; l'histoire sert mieux celui qui lui demande quelles ont été, depuis dix siècles, les destinées de cette tour; elle nous la montre servant de fort aux Sarrasins et aux Francs leurs vainqueurs; de point d'observation contre les incursions des Anglais; de défense dans les temps malheureux des guerres de religion.

Maintenant, ruine précieuse, elle offre aux visiteurs, outre les merveilles de sa construction et de sa stabilité, un des plus beaux points de vue que l'œil puisse embrasser. On ne se lasse pas de planer de ce lieu sur la ville entière, avec son antique cathédrale, sa maison carrée plus antique encore, et son cirque, dont les proportions immenses ressortent noblement auprès des fabriques qui l'environnent, et dont il ne laisse remarquer que la petitesse. Les belles campagnes du Languedoc couronnent de la manière la plus heureuse la vue admirable dont jouit le spectateur du haut de la tour Magne. La planche XXI offre le plan des deux étages supérieurs de cette tour.

1. Plan de la porte antique située au sud-est dans les murailles de Nîmes.

2. Plan de la partie supérieure de la même porte.

Il est à-peu-près prouvé que cette porte est de la plus haute antiquité, et que sa construction date de quinze ans avant notre ère.

3. Plan des deux étages supérieurs de la tour Magne.

PLANCHE XXII.

VUE DE L'AQUEDUC ROMAIN APPELÉ PONT DU GARD.

Le fameux aqueduc antique, généralement connu sous le nom de pont du Gard, dont nous donnons ici la gravure, est placé entre deux collines, et servait à porter les eaux de la fontaine *Airan* et de la rivière d'*Eure* dans la ville de Nîmes. Cette vue offre la partie opposée au pont moderne qu'on traverse pour aller de Nîmes au pont St-Esprit: construit en 1747, il est adossé au premier rang d'arcades à la face orientale de l'aqueduc antique, de manière que la partie ruinée des petites arcades qui se voit à la droite du spectateur, lorsqu'on vient de Nîmes au pont Saint-Esprit, se trouve, dans cette vue, à sa gauche: elle est prise à une distance convenable, au milieu de la rivière, sur un des rochers dont le lit du torrent est rempli; aucune construction moderne n'interrompt l'ensemble de cette belle façade, qui se trouve doublée et agrandie par sa réflexion dans les eaux limpides du Gardon. L'effet de ce tableau est si majestueux et si imposant, que l'imagination ne peut aller au delà.

Cet édifice et celui du Colisée à Rome sont peut-être les deux monuments, parmi ceux de l'antiquité, qui étonnent le plus vivement les voyageurs, en donnant la plus haute idée de la magnificence et de la grandeur romaine. Aussi Théodore de Bèze, à la vue de ce triple pont qui élève fleuve sur fleuve, s'est-il écrié :

> Montibus impositos cantavit Græcia montes;
>   Pyramidum ostentat barbara Memphis opus.
> Plus est quód cernis, triplicis conjungere pontis
>   Fornicibus montes sic potuisse duos.
> Et plus est, victam quo se natura fatetur,
>   Imposuisse ipsis flumina fluminibus.

La distance où l'on est de l'aqueduc permet de bien juger de son ensemble et de son immense proportion; de là on jouit véritablement de sa situation pittoresque. La couleur chaude et dorée du monument, la fraîcheur et la limpidité des eaux, les tons variés des rochers couverts de mousse, dont l'humidité du lieu entretient la nuance foncée et verdâtre, ajoutent au charme de la vue; le site qui l'entoure se trouve encore embelli par la nature d'une heureuse variété d'arbres et de roches dont le mélange, les oppositions et l'effet ne laissent rien à desirer. Enfin l'édifice, quoique bien éclairé, se détache d'une manière colorée sur l'horizon toujours brillant de ce beau climat; l'œil suit, à travers les arcades, le cours de la rivière qui serpente au milieu de plusieurs îles, et le point de vue se termine, de droite et de gauche, par les plus riants coteaux. Ce monument est, sans contredit, le plus célèbre en ce genre parmi ceux que nous ont laissés les Romains, car on ne peut lui comparer aucun des aqueducs dont on voit les restes près de presque toutes les anciennes villes de la Gaule méridionale, telles que Fréjus, Antibes, Lyon et autres. En considérant cette construction, aussi étonnante qu'elle est hardie, on est sur-tout frappé de sa hauteur prodigieuse, formée d'un triple rang d'arcades; on en admire aussi la solidité dont l'appareil et la pureté des refends n'ont éprouvé aucune dégradation après tant de siècles! Les arcades du milieu ont plus de quarante pieds d'ouverture, et l'on remarque dans les assises, des pierres d'une si grande dimension qu'on peut à peine concevoir que la force humaine ait pu les élever. On arrive par les rochers jusqu'au conduit des eaux qui surmonte les petites arcades, et dans lequel un homme debout peut marcher de l'une à l'autre extrémité.

Les différentes sensations qu'on éprouve à l'aspect de cet immense travail, aussi imposant qu'il est extraordinaire, nous engagent à transcrire littéralement ici le récit de J. J. Rousseau dans ses Confessions (Ire partie, livre VI). Les expressions dont il se sert pour bien rendre son éblouissement et sa surprise, sont vraiment dignes de son génie et de sa brillante imagination, et donnent la mesure de la juste idée qu'on doit en prendre : écoutons-le. « L'aspect de ce simple et bel ouvrage me « frappa d'autant plus qu'il est au milieu d'un désert où le silence et la « solitude rendent l'objet plus frappant et l'admiration plus vive; on « se demande quelle force a transporté ces pierres énormes si loin de « toute carrière, et a réuni les bras de tant de milliers d'hommes dans un « lieu où il n'en habite aucun. Je parcourus les trois étages de ce superbe « édifice, que le respect m'empêchait presque d'oser fouler sous « mes pieds. Le retentissement de mes pas sous ces voûtes me faisait « croire entendre la forte voix de ceux qui les avaient bâties; je me per- « dais comme un insecte dans cette immensité; je sentais, tout en me « faisant petit, je ne sais quoi qui m'élevait l'ame, et je me disais en sou- « pirant : Que ne suis-je né Romain! Je restai là plusieurs heures dans « une contemplation ravissante: je m'en revins distrait, rêveur.... »

PLANCHE XXIII.

ÉLÉVATION GÉOMÉTRALE, COUPE ET DÉTAILS DU PONT DU GARD.

N°s 1 à 6. Détails en grand des moulures, cordons et impostes de l'élévation.

N° 7. Coupe de l'édifice sur son épaisseur.

N° 8. Élévation et proportion des trois rangs d'arcades formant l'aqueduc construit par les Romains sur les rochers, et traversant la rivière du Gardon.

PLANCHES XXIV ET XXV.

ARC DE TRIOMPHE ET PONT DE SAINTES.

Ces planches offrent la vue perspective de l'arc de triomphe et du pont de Saintes, prise des fouilles des bains antiques situés sur la rive droite de la Charente. Car la ville de Saintes, qui n'est aujourd'hui qu'une sous-préfecture, fut autrefois une ville puissante. César changea son nom de *Mediolanum* en celui de *Civitas Santonum*, que remplaça plus tard le nom actuel. Des bains publics, un amphithéâtre et le bel arc que nous allons décrire attestent le soin des premiers vainqueurs à orner leur conquête. Le triomphe des Romains fut celui des arts et de la civilisation; mais Saintes, comme presque toutes les autres villes, fut la proie de divers vainqueurs, et ceux-là ne marchaient que le fer et la flamme à la main. Les ruines qui couvrent son sol sont les indices de la fureur des Visigoths, des Normands et des Français eux-mêmes, lorsque le spécieux prétexte de la religion arma leurs bras et les porta à s'entre-déchirer.

Sur le premier plan de la gravure gisent çà et là des tronçons de colonnes, des chapiteaux et des tuiles creuses destinées à la conduite des eaux. Les fouilles faites en 1812 produisirent encore d'autres découvertes, et outre plusieurs ornements en argent et en cuivre, et quelques petites pierres gravées, on découvrit trois hypocaustes très bien conservés, et deux baignoires de pierres calcaires de trois pouces d'épaisseur. La longueur de ces baignoires était de six pieds six pouces, sur deux pieds six pouces de largeur et deux pieds de profondeur. La vue de cette planche est tout-à-fait pittoresque par la réunion du pont et de l'arc, des premières maisons de la ville et des arbres pleins de vigueur qui enveloppent ces constructions.

Les précieux restes d'amphithéâtre que nous offrent d'autres parties de la France, nous ont fait négliger les ruines trop dégradées de celles de Saintes : son arc est bien mieux conservé.

Élevé, dans l'origine, à l'extrémité du pont jeté sur la Seugne, il se trouve aujourd'hui au milieu du pont de la Charente, qui a envahi le lit abandonné depuis long-temps par la Seugne. Composé de deux arcades dont les trois pieds droits sont ornés de six pilastres corinthiens couronnés par un entablement à modillons, il est surmonté d'un attique en rapport avec la hauteur de l'édifice.

Son élévation, qui n'est que de trente-neuf pieds, et qui ne doit pas avoir excédé quarante-cinq pieds, puisque les pieds droits ne sont pas engagés de plus de six pieds dans le pavé du pont, ou peut-être des raisons de légèreté et de solidité ont pu déterminer l'architecte à sortir de la proportion ordinaire donnée aux arcades, qui ont le plus souvent sous clef deux fois leur largeur; le même système se représente dans les pilastres; ils n'ont guère que quatre diamètres. Les archivoltes des arcs se rajustent à la largeur des pilastres, et deux petites colonnes corinthiennes, dont une à chaque angle, n'ayant qu'environ six diamètres de proportions portent le grand entablement au-dessous de l'attique. Les pilastres et les colonnes sont cannelés, ce qui les détache de la construction lisse de la masse générale. Cet édifice, dans son ensemble, offre une conception neuve, comme presque tous ceux qui ont été élevés par des architectes grecs et romains dans les Gaules. La partie inférieure de la planche, donne les détails du chapiteau, de sa base, de l'entablement et d'une partie de la frise avec ses modillons. C'était sur cette frise qu'on lisait l'inscription :

C. IVLIVS. C. IVLI. O. IVANEVNI. F. RVFVS. C. ICLI. GEDEMONIS. NEPOS. EPOTSOROVIDI. I. PRON. SACERDOS. ROMAE. ET. AVGVSTI. AD. ARAM. QVAE. EST. AD. CONFLVENTEM. PRAEFECTVS. FABRUM. D.

L'attique aussi portait, dit-on, une triple inscription, annonçant que l'arc était dédié à Tibère, à Germanicus et à Drusus; mais il n'en reste que quelques traces indéchiffrables.

Les restes de créneaux construits sur l'attique ont été évidemment ajoutés dans des temps postérieurs, et étaient destinés à garder le passage de la rivière. Car tous les témoignages s'accordent à attester que cet arc qui se trouve aujourd'hui au milieu de la Charente, entre le pont de la rive gauche et celui de 1665, bâti sur la rive droite, était autrefois à la tête du pont. Cet emplacement était conforme au raison-

nement profond d'élégance et de solidité qui a toujours dirigé les Romains dans la conception de leurs monuments. L'édifice avait plus de grandeur et de majesté, parcequ'il était plus près de l'œil, et sa construction étant fondée sur une base plus ferme, il était moins exposé aux dégradations qui pouvaient survenir par le ravage des eaux.

La noble simplicité et le style sévère de cet arc en font remonter l'érection à la belle époque de l'architecture. D'ailleurs, la vingt-troisième année de la puissance tribunitienne de Tibère, le deuxième généralat de Germanicus et le pontificat de Drusus, indiqués dans l'inscription de l'attique, se rapportent évidemment à une année antérieure à 779, époque de la retraite de Tibère dans la Campanie. Il avait alors perdu son fils Germanicus en Syrie, et son fils Drusus à Rome. *Orbatus utroque filio*, dit Suétone, *quorum alter Germanicus in Syriâ, Drusus Romæ obierat; secessum Campaniæ petiit.*

PLANCHE XXVI.

PONT DE SAINT-CHAMAS.

Le monument de Saint-Chamas est un pont triomphal, bâti sur la petite rivière de la Tolubre, et orné de deux arcs à chaque extrémité. C'est encore un de ces monuments originaux dont le sol de la France est décoré en plus grande quantité qu'aucun pays de l'Europe. La tradition du lieu est qu'il fut bâti par Auguste, et le style de l'édifice ne dément pas cette origine, quoique, à vrai dire, la plupart des édifices attribués à cette époque appartiennent avec plus de vraisemblance au temps des Antonins.

Toutefois voici l'inscription qu'on lit encore dans la frise :

L. DONNIUS · C. FLAVOS · FLAMEN · ROMÆ ET ·
AUGUSTI · TESTAMENTO · FIEREI · JUSSIT · ARBITRATU
C. DONNEI · VÆNÆ · ET CATTEI RUFFI.

Cette inscription dit bien que le monument fut ordonné par le testament de Donneius Flavus, prêtre de Rome, et d'Auguste, sous la conduite de Donneius Væneus et de Caffens Ruffus. Mais elle ne désigne point que Donneius Flavus existât du temps d'Auguste, et on sait que tous les empereurs furent depuis qualifiés du nom d'Auguste.

Du reste, le caractère des ornements, des chapiteaux et des profils est si beau, que l'on peut sans difficulté l'attribuer à la meilleure époque de l'architecture dans les Gaules. Il est surmonté de quatre lions d'une exécution détestable; ils remplacent les lions antiques, dont trois ont été renversés et brisés par un seul coup de tonnerre. Il n'en est pas de même des aigles très beaux et très bien conservés qui sont dans la frise des avant-corps de pilastres.

On peut remarquer que le talon de l'architrave n'est point orné comme les moulures de la corniche. Il est à présumer que c'est un repos ménagé à dessein entre le chapiteau et la frise, qui est extrêmement ornée par les rinceaux et par l'inscription.

Le rapport de la largeur de l'arc avec sa hauteur n'est pas dans la proportion ordinaire de l'antique. Quelques raisons particulières ont vraisemblablement déterminé cette particularité, qui augmente la largeur de l'édifice sans néanmoins nuire en rien à sa grace.

PLANCHE XXVII.

VUE LATÉRALE, PROFIL, PLAN ET DÉTAILS DU PONT DE SAINT-CHAMAS.

Pour que l'on puisse se mieux représenter le monument de Saint-Chamas, nous avons, sur cette planche, dessiné la petite rivière de la Tolubre qui coule sous le pont; elle est presque à sec, et laisse à découvert les rochers qui servent de base au pont, qui est d'une seule arche. L'arc pose sur un imposte à fleur d'eau. La construction en pierre appelée de Hassissane (carrière voisine) est très régulière, et les assises parfaitement jointes et unies. On remarque, sur les deux faces latérales, des rinceaux dans la frise; les mêmes rinceaux se prolongent dans toute la partie de l'entablement opposé à la façade où est l'inscription : les pilastres sont en saillie sur le mur du pont et posent sur les rochers.

Le plan explique l'ensemble de l'édifice. Au bas sont en grand les détails de la corniche, de la frise, de l'imposte et de l'archivolte, les chapiteaux et les bases. On remarque que dans ces dernières on a substitué entre les deux tores une ligne droite au lieu d'un congé. Un petit filet renfoncé détache également le dernier tore de la plinthe ; les cannelures des pilastres sont convexes, engagées dans des concaves.

PLANCHE XXVIII.

VUE GÉNÉRALE DU PONT DE SAINT-CHAMAS.

Cette planche fait juger de l'ensemble du pont triomphal de Saint-Chamas, qui se détache sur un fond très riche en arbres, en fabriques, en rochers et en montagnes dont les formes variées terminent l'horizon de la manière la plus piquante et la plus agréable.

PLANCHE XXIX.

TEMPLE DE DIANE A NISMES.

Etait-ce un temple, ou un de ces *nymphœum*, bains publics, où les Romains se plaisaient à figurer les grottes des nymphes, et où ils prodiguaient tous les trésors de l'architecture ? La solution serait bien difficile. Si l'on adoptait l'opinion la plus générale, on le regarderait comme un temple consacré au culte de Diane. Sa proportion est médiocre, mais la beauté de son plan et la pureté de l'exécution de ses différentes parties le placent au premier rang. A droite, sont trois colonnes engagées et cinq niches carrées, surmontées de corniches et de frontons alternativement triangulaires et circulaires. Il est facile de remarquer que les colonnes, au nombre de six, séparaient les niches, et que le temps en a fait disparaître la moitié. Trois entre-pilastres déterminent la largeur de l'édifice, dont la partie gauche est presque entièrement ruinée ; mais cette dégradation sert à faire découvrir une galerie latérale et voûtée qui pouvait être destinée à l'entrée des prêtres et des sacrificateurs, ainsi qu'au service intérieur du sanctuaire, dans le milieu duquel deux pilastres en dedans forment un renfoncement. De chaque côté des pilastres sont deux niches rondes et deux ouvertures pratiquées dans l'épaisseur de la muraille, qui ménageaient la communication avec l'autre galerie qu'on ne peut voir.

Une voûte à plein cintre avec des avant-corps saillants sur chaque colonne couvrait tout le temple. La corniche, très simple, est sans modillons, et n'a d'autres ornements que des denticules. Les chapiteaux des colonnes et des pilastres sont composites et d'une belle exécution ; les fûts sont d'un seul morceau, et les bases sont supportées par un piédestal très simple.

On a disposé dans l'intérieur du temple, à différentes époques, une grande quantité de fragments, provenant des anciens bains et d'autres fouilles. Ce grand nombre de tombeaux, d'autels, de rinceaux, de bas-reliefs, de corniches et d'inscriptions, tous en marbre, forment de ce monument un muséum local, peut-être unique au monde. La nature elle-même semble s'être prêtée à embellir pittoresquement ce lieu enchanteur ; les girofflées, les plantes parasites, les figuiers sauvages interrompent sans artifice les lignes de l'architecture, et cet heureux mélange produit un si bon effet, qu'on est tenté de croire qu'il aurait été composé à dessein. La couleur actuelle du monument, dont le blanc du marbre forme la teinte dominante, est agréablement variée par des tons roux et des gris légers ; il se détache en clair sur le ciel d'un bleu pur et brillant, et la vivacité des ombres est adoucie par la transparence des reflets, due à la matière dont est construit l'édifice ; enfin le spectateur, entièrement isolé et enfermé dans le temple, peut se croire transporté dans les plus beaux temps et sous le ciel heureux de la Grèce.

PLANCHE XXX.

PLAN DU TEMPLE DE DIANE A NISMES.

L'inspection du plan de cet édifice célèbre fera mieux connaître l'absence des parties qui empêchent dans la vue pittoresque de juger de l'effet que produisait l'ensemble dans l'état de conservation. Ce plan a semblé si bien combiné et d'une conception si heureuse au célèbre Palladio, qu'il en a fait une étude particulière, et l'a publié dans ses ouvrages. On ne connaît, en effet, soit en Italie ou en Grèce, aucun monument qu'on puisse comparer à celui-ci ; la seule fontaine Égérie à Rome y a quelque rapport pour la forme ; mais la décoration et la richesse de son architecture l'emportent tellement, que cette comparaison ne sert qu'à rendre plus précieuse à la France la possession du temple de Diane.

Il est facile de juger que les deux galeries latérales qui communiquaient au sanctuaire étaient exclusivement consacrées au service du culte et au passage des sacrificateurs. Le public, dans l'intérieur de la nef, ne voyant aucun apprêt ni le passage d'aucun ministre de la déesse, était d'autant plus recueilli et frappé de ce qui se passait dans le fond du sanctuaire, qui était disposé comme une espèce de théâtre. Le plan est accompagné de quelques détails en grand, tels que la coupe en longueur sur le milieu du temple, le chapiteau des colonnes, ainsi que leur base, leurs pilastres et d'autres parties d'ornements.

Nous ferons observer que les deux teintes employées sur le plan servent à marquer la différence qui existe entre le plan du temple tel qu'on l'a toujours présenté jusqu'à présent, et celui qui a été levé depuis les fouilles faites en 1818 au-devant du monument, par les soins de MM. Grangent, C. Durand et S. Durand. La teinte claire indique les parties nouvellement découvertes.

PLANCHE XXXI.

RESTES D'UN AMPHITHÉATRE ROMAIN A FRÉJUS.

Triste destinée des choses humaines ! Fréjus, entrepôt célèbre des denrées de l'Italie et des blés de l'Afrique, berceau du fameux triumvirat, qui changea, sous des monceaux de proscrits et de morts, le gouvernement de la république romaine ; Fréjus, le siége des principaux officiers de l'empire, embelli par des monuments remarquables, ravagé plus tard par les Maures et les peuples du nord, abandonné par la mer, vit bientôt fuir aussi ses habitants, chassés par les épidémies produites par les eaux stagnantes et pestilentielles de son ancien port.

Le Forum de Jules César n'est plus, comme l'a dit le chancelier de l'Hôpital, qu'une petite ville,

Indè Forum Juli, parvam nunc venimus urbem,
Apparent veteris vestigia magna theatri;
Ingentes arcus et thermae et ductus aquarum;
Apparet moles antiqui diruta portûs,
Atque ubi portus erat, siccum nunc littus et horti.

Ce sont les vestiges de cet ancien amphithéâtre que représente la planche que nous décrivons. La circonférence intérieure n'avait pas plus de deux cent quatre-vingts pieds. L'état de dégradation de ces ruines permet à peine de reconnaître sa forme elliptique et ses quatre entrées. L'arène, exaucée par les décombres, est fort inégale ; cependant on remarque encore les trois massifs séparés par deux voûtes qui soutenoient les gradins, et les arrachements des escaliers qui menaient aux étages supérieurs.

Des voûtes régnaient tout autour de l'amphithéâtre ; mais en beaucoup d'endroits elles sont fort endommagées, et menacent même ruine. Si l'on en croit quelques auteurs, la frise était ornée de sculptures ; maintenant toute cette partie est entièrement tombée, et l'on ne peut s'appuyer d'aucune donnée pour en composer la restauration.

PLANCHE XXXII.

VUE DE LA PORTE D'ARROUX A AUTUN.

La porte d'Arroux est sans contredit le plus beau monument d'Autun. Percée, comme celle de Saint-André, à laquelle elle servit probablement de modèle, de quatre arcades, mais sans les avant-corps d'une légère saillie qui couronnent les deux guichets, elle est surmontée d'un entablement beaucoup plus riche, et d'une galerie d'arcades avec pilastres corinthiens.

Elle est bien supérieure par la beauté et la finesse du travail des chapiteaux, des pilastres cannelés, et d'une partie de la corniche conservée.

L'appareil en pierres de taille est de la plus grande précision; les assises en sont tellement unies, qu'en bien des endroits elles échappent à la vue, et nulle part on ne pourrait faire entrer dans les joints même la lame d'un couteau.

Les quatre arcades sont couronnées par un magnifique entablement. Quelle richesse dans les détails de la corniche, dont, par une particularité assez singulière, le tailloir au-dessous de la cymaise est denticulé, ce qui fait que les modillons se trouvent sous les denticules.

PLANCHE XXXIII.

VUE GÉNÉRALE DE L'ARC D'ARROUX A AUTUN.

Quel prix nouveau cette porte si admirable dans ses détails tire de sa position! Car les anciens artistes grecs et romains ont toujours exposé d'une manière heureuse et pittoresque les façades des nombreux édifices qu'ils ont construits dans les Gaules. A cette distance, on peut juger de l'heureux effet que produisait la galerie ouverte qui couronne le monument, en laissant voir au travers de ses arcades le rappel des contours du riant coteau qui lui sert de fond [1]. Construit au bord de la rivière d'Arroux, cet arc servait de porte à la ville; il y avait vraisemblablement un pont au même endroit où est construit le pont moderne qui orne le devant de la composition, et qui se lie si heureusement avec l'édifice.

PLANCHE XXXIV.

PLANS ET FRAGMENTS DES PORTES D'AUTUN.

Cette planche donne les détails de la porte d'Arroux, la seule qui ait été achevée. La porte Saint-André ne présente que des masses ébauchées, et la différence sensible qu'elle offre consiste en ce que les deux petites arcades des extrémités étaient dans deux avant-corps d'une légère saillie, comme on peut le remarquer dans son plan.

Les fragments figurés dans le cul-de-lampe sont le grand entablement qui couronne les arcades du premier ordre, avec les détails de la corniche, des modillons et d'autres ornements.

Sur le second plan, on voit l'entablement du petit ordre supérieur avec son chapiteau et ses détails; on y retrouve aussi groupés les impostes et archivoltes des deux ordres.

1. Plan de la porte d'Arroux.
2. Plan de la porte Saint-André. (*Voir la pl. LXVIII.*)

[1] La rangée d'arcades du côté de la ville est entièrement détruite.

DEUXIÈME ÉPOQUE.

PLANCHE XXXV.

VUE DE L'ARC DE SAINT-REMI EN PROVENCE.

A moitié chemin d'Orgon à Tarascon, au pied de cette triste chaîne des Alpines, dont la monotone continuité fatigue le voyageur, était l'antique *Glanum*, aujourd'hui Saint-Remi, dans le département des Bouches-du-Rhône.

Cette planche représente la façade orientale d'un arc de triomphe que les Romains ont élevé là, comme ils en ont élevé en mille endroits différents, pour durer plus long-temps que leur règne, aussi long-temps que leur nom.

Cet arc est remarquable par la simplicité de son plan et l'excellente exécution des figures en bas-relief qui en font partie; les ornements sont aussi du meilleur goût, et fixent son exécution au règne des Antonins.

Il est formé d'une seule arcade, de chaque côté de laquelle sont deux colonnes engagées dans le mur principal; ces colonnes sont cannelées et annoncent la proportion de l'ordre corinthien; elles sont ruinées inégalement à différentes hauteurs, suivant leurs assises, et la plus élevée atteint à peine le niveau de la clef de l'arc.

Des dalles modernes couvrent en talus la superficie dégradée du monument, et ont été mises pour arrêter les nouvelles dégradations du temps. Des *Victoires* ailées, portant des étendards, surmontent l'archivolte, dont le bandeau est orné de pommes de pin, de lierre, de raisins, de branches d'olivier et d'autres productions qui naissent sous cet heureux climat.

Les impostes sont très riches; ils servent de chapiteaux aux pilastres qui se rajustent avec le bandeau de l'arc. Les moulures de ces pilastres se profilent en retraite sur toute l'étendue de l'édifice, et la petite frise est ornée d'instruments et d'ustensiles antiques, à l'usage des sacrifices et de l'agriculture. Les caissons hexagones qui remplissent la voûte, malgré leurs moulures enrichies d'oves, et les différentes espèces de rosaces qui les garnissent, ne sont peut-être pas en rapport avec la grace et l'élégance des autres parties de l'arc.

Le dernier tore des bases des colonnes pose sur une plinthe très élevée, supportée elle-même par un piédestal de même largeur, lequel est terminé par un congé et un tore très saillants, portant sur un socle qui se profile sur toutes les faces du monument. Des figures d'esclaves de différent sexe, enchaînés deux à deux, sont placées dans chaque entre-colonnement; les franges qui ornent le bas de leurs tuniques et de leurs manteaux désignent que ce sont des chefs de barbares, et tout porte à croire que l'architecte romain a voulu personnifier ainsi les provinces soumises par les armes romaines. Ces figures sont du reste remarquables par leur exécution délicate, la belle ordonnance des plis et l'élégance des contours; enfin les fruits sculptés sur l'archivolte, ainsi que les ornements de dessous, sont aussi bien traités que les figures; on peut donc comparer ce beau monument aux plus parfaits de ceux qui furent élevés à Rome sous Titus et Trajan.

Il est à regretter qu'aucune inscription ne nous apprenne le motif de son érection.

PLANCHE XXXVI.

DÉTAILS DE L'ARC ET DU TOMBEAU DE SAINT-REMI.

On voit au haut de la planche les figures d'esclaves qui ornent les entre-colonnements de l'arc de Saint-Remi. Ces esclaves des deux sexes sont attachés les mains derrière le dos à des trophées d'armes. Les franges qui ornent le bas de leurs tuniques et de leurs manteaux désignent que ce sont des chefs de barbares. La sculpture de ces figures n'est point inférieure à celle de la colonne Trajane et de l'arc de Titus.

Au-dessous, à droite et à gauche, sont les fragments des quatre victoires qui volent sur les archivoltes. La frise des impostes est ornée d'instruments et d'ustensiles antiques à l'usage de l'agriculture, tels que

ces flûtes à double corps dont il est question dans Phédre et dans Térence, et qu'ils appellent *tibia dextra et sinistra*, des *pedum* ou houlettes, des tyrses, des corbeilles, des couteaux de victimaires, etc.

Au bas on voit le plan de l'arc. Les bas-reliefs qui sont au-dessus du plan appartiennent à la frise d'un tombeau érigé également à Saint-Remi par les Romains, et peu éloigné de l'arc que nous avons décrit. Des tritons ailés, avec des massues sur une épaule, soutiennent une couronne dont le milieu est fruste; derrière sont des griffons marins. Dans le second bas-relief, des chimères marines, dont les queues s'enroulent, confondues avec celles de deux tritons, autour d'une draperie, semblent s'élancer sur un troisième triton placé au centre de la frise, vu de face, les bras élevés sur la tête, et dont la double queue s'enroule également dans la draperie qui réunit les quatre autres figures. La sculpture de ces bas-reliefs est très inférieure à celle de l'arc, et lui est bien postérieure.

PLANCHE XXXVII.

ARC DE TRIOMPHE ANTIQUE A CAVAILLON.

L'ancienne ville des Cavares, la *Cabellio* des Romains, n'offre pas seulement aux voyageurs une situation agréable sur les bords de la Durance, au pied de grands rochers qui en ceignent une partie en la couronnant d'une manière pittoresque. Les débris, quoique bien mutilés, d'un arc antique, attestent que les Romains voulurent y éterniser quelque victoire par un de ces monuments qu'ils ont prodigués sur le sol de la France plus que par-tout ailleurs.

Cette planche donne le fragment principal de ce beau monument, dont on découvre d'autres parties dans plusieurs jardins voisins; les planches suivantes serviront à les développer successivement.

L'entablement est entièrement disparu, et deux pilastres corinthiens sont engagés dans la muraille. Les chapiteaux en sont assez bien conservés, principalement celui qui est à gauche, où l'on voit encore des perles dans les astragales. Le montant du pilastre est richement orné par des rinceaux d'un très bon style; l'archivolte de l'arc est décoré avec le même goût, et deux Victoires, dont la sculpture paraît avoir été très belle, remplissent les équançons; on ne peut douter que cet édifice n'ait été élevé à une époque florissante de l'architecture, peut-être vers le siècle d'Adrien.

PLANCHE XXXVIII.

VUE INTÉRIEURE
ET DÉTAILS DE L'ARC DE CAVAILLON.

N° 1. Cette vue de l'arc est prise intérieurement; elle est la continuation de la précédente, et la terre, dont elle est dégagée, permet d'y voir le soffite de l'archivolte, ainsi que l'imposte sur lequel elle retombe; on peut juger de là combien cet arc, quoique peu considérable, était riche en ornements, et élégamment décoré dans toutes ses parties. La portion ici représentée est située dans un jardin contigu à celui dans lequel on voit le fragment qui est le sujet de la planche précédente, mais dont le terrain est beaucoup plus élevé. Un petit ermitage s'aperçoit au travers de l'arcade, et termine agréablement le point de vue.

N° 2. Il est difficile d'imaginer une ruine assise sur un sol plus inégal et plus divisé; cette seconde vue en est la preuve, elle offre encore d'autres détails qui ne se trouvent pas dans les planches précédentes, et présente un autre côté de l'édifice, ainsi que la prolongation des pilastres; le terrain environnant est inculte, et contraste pittoresquement avec ces belles ruines.

PLANCHE XXXIX.

PLAN ET DÉTAILS DE L'ARC DE CAVAILLON.

On peut aisément juger, par la simplicité du plan et par son peu d'étendue, que cet ancien édifice était beaucoup plus remarquable par l'élégance et la richesse de ses ornements que par sa proportion. Aussi, pour ne négliger aucune de ses parties, avons-nous fait accompagner le plan du trait géométral des quatre soffites du bandeau de l'arc qui retombaient sur les imposts; ce qui permet de supposer le bon effet de leur ensemble. On doit sur-tout remarquer le goût qui a présidé à la division des compartiments, à la distribution, à la variété et à la richesse des ornements, qui sont nombreux sans profusion, et recherchés sans excès; enfin, les panneaux, les moulures et les filets, décorés de denticules, d'oves et de perles, qui sont agréablement disposés et d'un travail parfait.

N° 1. Détails en grand du soffite de l'arcade.
    2. Détails de l'imposte.
    3. Plan de l'arc et soffites du bandeau.

PLANCHE XL.

TEMPLE ANTIQUE,

APPELÉ NOTRE-DAME DE LA VIE A VIENNE.

Quelques richesses qu'offre le musée de Vienne, leur vue peut-elle consoler l'amateur des arts de l'état de dégradation barbare où sont réduits les précieux restes d'un temple élevé dans l'origine en l'honneur d'Auguste peut-être? Peut-on ne pas gémir à la vue de ces belles colonnes mutilées, engagées de la majeure partie de leur diamètre, et presque perdues dans une masse de maçonnerie, réduites, à force de dégradations, à l'état de simples pilastres, sans que l'on ait même respecté leur saillie? Des trous marqués dans la frise et l'architrave annoncent qu'une inscription en caractères de bronze ornait cette façade du temple; on peut cependant remarquer que la corniche, la frise et l'architrave ne sont point terminés, et que l'on n'y a point taillé les ornements qui devaient décorer leurs moulures; on peut facilement s'en convaincre en montant dans la maison qui est à gauche de l'édifice. On y voit encastrées dans les murs d'un grenier de grandes parties de fronton et de corniche, et ces ornements sculptés avec beaucoup de richesse, annoncent que le monument n'a pas été entièrement achevé.

PLANCHE XLI.

VUE D'UN TEMPLE ANTIQUE,

APPELÉ NOTRE-DAME DE LA VIE A VIENNE.

Cette planche représente, comme la précédente, le temple antique devenu depuis chapelle, sous le nom de Notre-Dame de la Vie, et appelé par le peuple *Prétoire de Pilate*. Il paraît à-peu-près constant que ce fut à Vienne que fut banni par Tibère, ce sévère intendant des Romains en Judée, et le peuple n'a pas manqué de lui assigner un prétoire, un tombeau, une maison. Les historiens ont fait justice de ces opinions ridicules, qui furent cependant si fortes autrefois, que les magistrats de la ville avaient fait écrire sur le fronton de cet édifice : *C'est ici la pomme du sceptre de Pilate*. La *Cella* se trouvant entièrement bouchée, on ne peut décider quelle en était la profondeur.

Une chose fort remarquable, et qui confirme l'opinion déjà émise que les Romains terminaient la plupart de leurs ouvrages sur place, c'est que la façade de l'édifice n'a jamais été finie, quoique l'inscription y fût attachée, comme on le voit par les marques des clous qui en fixaient les lettres. L'entablement, la corniche et les modillons sont absolument lisses et sans ornement, tandis que l'extrémité opposée est très ornée; cette portion du monument se trouve engagée dans

une maison adhérente au derrière de l'édifice; et l'on voit dans le grenier de cette maison une grande partie de fronton dont le travail est extrêmement soigné. Les bâtiments voisins sont peu importants, l'un, à droite de la composition, est un hôtel moderne, et l'autre, à gauche, une construction gothique d'un style assez pittoresque.

PLANCHE XLII.

TOMBEAU ANTIQUE PRÈS DE VIENNE,

PLAN ET DÉTAILS DU MÊME MONUMENT.

A trois ou quatre cents pas de Vienne, en sortant par la porte d'Avignon, on rencontre sur la droite, au milieu d'un champ, un monument connu sous les noms divers d'*aiguille*, de *pyramide* ou de *tombeau de Pilate*. C'est assez dire que l'on ignore absolument quelle en fut la destination. Il est carré et composé de quatre arcades ouvertes; à chacune est une colonne engagée d'un tiers dans le mur. Ces quatre colonnes portent un entablement qui se profile autour de l'édifice en formant une saillie sur chacune d'elles. Un obélisque ou aiguille surmonte l'édifice, dont la hauteur totale est de soixante et treize pieds. Ce tombeau n'a point été terminé, comme on peut le remarquer aux clefs des arcs et aux chapiteaux qui ne sont que massés, et figurent assez des cônes tronqués et renversés. La simplicité de l'entablement, quoique sans triglyphes, ainsi que la proportion courte des colonnes semble indiquer que l'ordre devait être dorique, quoique les bases soient attiques : il n'y en a que trois de finies; celle qui est à droite, en regardant le grand chemin, n'est encore qu'ébauchée, comme les chapiteaux. En fouillant ce monument, on l'a trouvé vide, sans sarcophage ni urne; ce qui a fait présumer que ce n'était qu'un cénotaphe. Mais aucun indice ne peut véritablement faire conjecturer à la mémoire de quel personnage il a été élevé. Ne vaut-il pas mieux, dans ce cas, avouer franchement son ignorance, que de risquer à accréditer une erreur. Sur quelles preuves pourrait-on s'appuyer pour prétendre qu'il fut élevé à un Vernerius, fondateur présumé de Vienne, ou à Pilate, ou à Septime, ou à Alexandre Sévère? Sur la droite, on distingue une partie de la cathédrale, dédiée à saint Maurice. Un riche paysage, orné d'arbres, de fabriques et de rochers, encadre le monument.

PLANCHE XLIII.

ARC CORINTHIEN D'UN THÉATRE ANTIQUE A VIENNE.

Heu quantùm mutata!

nous sommes-nous écrié en entrant dans les rues tortueuses, bordées de maisons mal bâties d'une ville que Martial a appelée *belle*.

Fertur habere meos, si vera est fama, libellos,
Inter delicias pulchra Vienna suas.

Et Ausonne *opulente :*

Accolit Alpinis opulenta Vienna colonis.

L'antique oppidum *Allobrogum*, bâtie en deux ans par un Vernerius banni d'Afrique, et nommée Vienne, *quod biennio perfecta fuerit*, dit Adon; bâtie par des Crétois, dit Étienne de Byzance, et rappelant par son nom Bianna la plus belle de leurs filles entraînée par les eaux rapides du Rhône; le siége du préfet des Gaules, la capitale de l'empire des Bourguignons, réunie à la France en 1448, par Louis XI, mauvais fils, mauvais père, mais grand roi et profond politique, n'est plus aujourd'hui qu'une simple sous-préfecture du département de l'Isère.

Heu quantùm mutata!

s'écrie-t-on sur-tout, lorsqu'en se dirigeant vers la salle de la Comédie, on trouve dans son architecture moderne un contraste frappant avec le goût exquis de l'arc corinthien que représente la planche que nous allons décrire.

Ce magnifique fragment, qui a dû appartenir à un théâtre, si nos conjectures ne nous ont pas trompé, se compose d'un entablement dont il ne reste que les dernières moulures de la corniche, la frise entièrement lisse, l'architrave assez bien conservée, et deux grands pilastres corinthiens cannelés. Les chapiteaux sont d'un goût exquis et du plus beau travail; quatre rosaces remplacent les petites volutes qui décorent ordinairement le milieu des chapiteaux de cet ordre. Une archivolte, dont le bandeau a peu de largeur, est supportée par un grand imposte, qui sert d'entablement à un petit pilastre engagé dans le milieu du pied-droit. Dans l'intérieur, on voit un second arc qui donne sur la cour, avec une colonne corinthienne de trente-trois pieds de proportion. surmontée d'une architrave et d'un masque tragique dans la frise; c'est le sujet de la planche suivante.

Dans le fond on voit, à travers les arbres, un mur antique, couronné d'une large cimaise; c'est entre ce mur et les bâtiments des anciens bains que se déchargeaient les eaux de l'amphithéâtre, après avoir servi aux naumachies. On nomme ce local la maison des canaux, parceque les conduits des bains qui étaient construits dans les environs y répondaient: il reste encore de ces canaux dans les caves de la maison dont l'arc fait partie. Les eaux tombaient dans le grand égout, et de là allaient se perdre dans le Rhône.

PLANCHE XLIV.

PORTIQUE INTÉRIEUR D'UN ANCIEN THÉATRE A VIENNE.

Ce magnifique fragment d'un édifice des plus pompeux est maintenant dans l'état de dégradation le plus déplorable. Une partie de son entablement est mutilée et coupée par les solives d'un grenier à foin; cet indigne usage auquel on l'emploie atteste notre ancienne négligence et le peu de respect que nous avons toujours eu pour les restes de la magnificence romaine, et de l'état florissant des arts aux siècles où les Gaules rivalisaient avec la Grèce et l'Italie. Situé dans un renfoncement obscur, ce portique sert maintenant de passage pour aller à la nouvelle comédie de la ville. Les restes de ce beau monument se composent de quatre colonnes à demi engagées dans la muraille, qui formaient un angle intérieur du portique; elles sont surmontées d'un entablement dont la partie à droite est moins mutilée; ses avant-corps saillants sur chaque colonne ont leur entablement coupé à la moitié de la corniche; des masques tragiques du plus beau caractère décorent la frise, dont la partie renfoncée est ornée de palmettes et d'autres ornements grecs du travail le plus recherché. L'architrave, dont les divisions sont en talus, est ornée, dans les moulures, par des cannelures, des rez-de-cœur et des perles. Les chapiteaux sont du corinthien le plus pur et les colonnes cannelées à côtes; les bases sont ruinées ou engagées en terre. Il serait bien à desirer que l'on s'occupât du déblaiement de ce beau fragment d'un théâtre qui devait offrir dans son ensemble une composition si neuve et une ordonnance si majestueuse.

PLANCHE XLV.

FRAGMENTS ANTIQUES

ET PLAN DU PORTIQUE D'UN ANCIEN THÉATRE DE VIENNE.

Le haut de cette planche offre le plan de ce qui reste de l'ancien théâtre dont nous avons donné la description et la gravure. Au-dessous est représentée la porte d'un jardin pratiquée dans un mur moderne. Sur le couronnement de cette porte on a placé deux masques antiques d'une très forte proportion, provenant du théâtre dont le plan est au-dessus. Ces masques étaient dans la frise du portique, sur les avant-corps qui couronnaient chaque colonne, comme ceux qu'on y voit encore. Les autres fragments qu'on a placés sur cette planche ont été trouvés dans des fouilles faites à Vienne, et les figures qu'on a fait entrer dans le paysage donnent avec exactitude le costume des femmes de ce pays ou des environs.

PLANCHE XLVI.

VUE DES RUINES

DU PÉRISTYLE D'UN TEMPLE A RIEZ.

….Sunt fata deûm, sunt fata locorum [1],

peut-on dire avec Stace, à la vue de la petite ville de Riez, l'antique *Albecum Reiorum Apollinarium*, aujourd'hui bien petite ville, qui n'offre plus que quelques ruines de sa grandeur passée. Elle n'a pas même à se glorifier d'avoir donné le jour à des personnages célébres; car si l'on se rappelle le nom d'un de ses enfants, l'abbé Abeille, auteur de *Coriolan*, c'est moins par le mérite du poëte que par l'improvisation d'un plaisant du parterre. Voyant l'actrice hésiter de répondre au premier vers:

Vous souvient-il , ma sœur, du vieux roi notre père?
— Ma foi, s'il m'en souvient, il ne m'en souvient guère,

ajouta le spectateur au milieu des applaudissements d'une bruyante hilarité.

Mais, à défaut d'illustrations, Riez offre aux amateurs d'antiquités les ruines d'un péristyle et un temple circulaire qui méritent d'être visités.

La planche que nous décrivons offre les restes du péristyle d'un temple en marbre blanc, qui paraît n'avoir été composé que de quatre colonnes corinthiennes, à en juger par les fragments qui sont en terre, et le retour des architraves sur les angles.

L'architrave est très orné et le soffite très recherché. Les chapiteaux sont d'un beau travail et les fûts d'un seul morceau, malgré la hauteur des colonnes. Les bases sont composées de trois tores, dont deux égaux et le dernier plus fort et plus saillant. Le manque d'autorités empêche de déterminer la forme de la *cella*; les profils des membres de l'architrave sont en talus, comme nous le verrons encore dans d'autres monuments. C'est au bord d'un chemin et d'une prairie que s'élèvent ces précieuses ruines, qui ont peut-être fait partie d'un temple de Diane. L'ordre corinthien et la beauté du travail semblent en faire remonter la construction au temps d'Auguste ou des Antonins.

PLANCHE XLVII.

VUE INTÉRIEURE ET EXTÉRIEURE

D'UN TEMPLE CIRCULAIRE A RIEZ.

Non loin des ruines que représente la planche précédente, au milieu des champs, huit colonnes antiques de granit, surmontées de leurs chapiteaux en marbre blanc, soutiennent les murs modernes d'une chapelle circulaire dans laquelle s'exerçait autrefois le culte catholique. La partie antique de cet édifice ressemble beaucoup aux temples qui étaient anciennement consacrés à Vesta. Sa construction doit être classée dans les beaux temps de l'architecture, à en juger par la perfection des chapiteaux, qui paraissent avoir été sculptés par un ciseau grec. Le travail des feuilles et des ornements qui les accompagnent est ferme et très prononcé, mais sans aucune sécheresse; il fait regretter l'entablement, dont quelques fragments auraient été sans doute également précieux. Il existe encore au milieu du temple une pierre élevée en forme d'autel, mais on ne peut décider si elle est antique ou moderne. Entièrement recouvert par des constructions modernes, cet édifice n'est actuellement employé à aucun usage; il est en quelque sorte abandonné et fermé par une simple grille qui en interdit l'entrée.

La gravure qui est au-dessous de celle-ci donne la vue pittoresque de la chapelle, qui renferme le temple antique dont nous venons de donner la description. Érigée peut-être dans le 4e siècle, quand les chrétiens, sortant des catacombes où les persécutions les avaient forcés de se cacher, purent exercer librement leur culte, elle est couronnée d'une petite lanterne. Le point de vue donne la situation du petit édifice au

___

[1] Il est une destinée fatale aux lieux ainsi qu'aux Divinités.

milieu de la campagne; on aperçoit dans le lointain la colonnade du temple carré décrit précédemment.

PLANCHE XLVIII.

VUE DE L'ARC D'ORANGE.

Que la ville d'Orange ait été ou non construite par les Phocéens, fondateurs de Marseille, sous le règne de Tarquin, il n'en est pas moins évident que cette ville est très ancienne, et que les Romains qui la nommèrent *Arausio Cavarum* ou *Secundanorum*, ou encore *Arausionensis Urbs*, se plurent à l'embellir de tous les monuments dont ils décorèrent les villes célèbres. Mais le plus remarquable sans contredit est ce magnifique arc de triomphe, un des plus beaux et des plus grands de l'Europe, composition originale, dont on ne rencontre aucun autre exemple dans l'antiquité. La conception en est aussi neuve que celle du pont triomphal de Saint-Chamas; on y admire à quel point les architectes anciens ont su réunir la sévérité de l'architecture au goût pittoresque et aux moyens adroits de se procurer des ombres de l'effet le plus heureux et le plus piquant. Quatre colonnes à demi-engagées dans le mur principal de la façade semblent n'avoir une douce saillie, qu'afin d'éviter qu'aucune ombre portée un peu étendue ne dérobe à la vue aucune partie des riches trophées qui les environnent. Sur les montants des grands et des petits arcs sont sculptés des rinceaux d'un goût pur et d'un travail parfait; ces montants se lient aux impostes, qui sont ornés de frises, décorées de têtes de satyres et de guirlandes. Les archivoltes se détachent du mur par des moulures toutes remplies d'ornements, et par des bandeaux sur lesquels sont représentées les productions terrestres de ces contrées. Les colonnes cannelées se joignent harmonieusement avec ces riches travaux, et s'unissent à des chapiteaux corinthiens ornés jusque dans les volutes et sur les tailloirs, ce qui sert à les détacher du fond. Le grand entablement, dont le travail ne le cède en rien à la magnificence du reste, est couvert d'un fronton dont on ne peut trop admirer l'élégante proportion; une large corniche le surmonte, en couronnant de la manière la plus heureuse toutes les parties inférieures de l'édifice, et en servant de base à un attique sur lequel est sculpté un sujet de bataille. De chaque côté du fronton sont représentés des ornements maritimes, et au-dessous, après le grand entablement, des trophées formés d'armures provenant d'une victoire sur terre, descendent jusque sur les petits archivoltes. Peut-être sur la plate-forme de l'attique était le triomphateur dans son char, et sur les piédestaux les soldats qui l'accompagnèrent dans son triomphe; mais le temps, et sur-tout la main des hommes, ont considérablement dégradé ce précieux monument. Les princes d'Orange l'avaient enfermé dans un édifice composé de plusieurs salles, et la place des escaliers et des planchers qu'ils y avaient établis se voit encore sous les arcades. Ce ne fut qu'au commencement du 18e siècle qu'un prince de Conti, propriétaire de la principauté d'Orange, fit démolir les constructions barbares sous lesquelles le bel arc avait disparu, et lui rendit sa première apparence. Depuis des architectes, encouragés par la société des arbalétriers d'Orange, ont mis tous leurs soins à consolider les parties respectées; et en affermissant les masses, ils ont eu assez de goût pour ne pas chercher à rivaliser, dans la confection des détails, avec les architectes grecs ou romains, premiers auteurs du monument.

PLANCHE XLIX.

BAS-RELIEFS DE L'ARC D'ORANGE.

Ce premier morceau de sculpture, placé sur l'attique du côté de la ville, représente une bataille, et offre beaucoup de mouvement dans sa composition. Élevé à plus de soixante-dix pieds, on ne peut en observer que les masses, les détails se perdent à la vue. C'est un combat de cavaliers contre des hommes à pied, mais paraissant armés à la légère, et offrant l'apparence de troupes régulières; ils ont des casques, des cuirasses, et se défondent avec des épées courtes ou des poignards. On pourrait conclure de là qu'il s'agit d'une victoire remportée non sur des barbares, mais sur des guerriers faisant partie d'une nation civilisée, et connais-

sant l'art militaire. Les deux derniers chevaux de ce bas-relief offrent quelque ressemblance avec ceux du groupe de cavaliers dont les chevaux sont couverts d'écailles, dans le tableau de Raphaël, représentant *Attila*, au Vatican.

Le second bas-relief est également un combat de cavaliers contre des fantassins. La victoire paraît vivement disputée; un grand nombre de cavaliers et de chevaux semblent hors de combat; on reconnaît distinctement que la bataille est engagée avec des barbares; ces peuples sont presque nus, avec de simples tuniques; ils ont en général la tête nue et sans casque: quelques uns ont seulement des boucliers ronds ou angulaires, et ont entièrement la manière de combattre des nations du nord. Mais ces barbares sont-ils des Cimbres défaits par Marius, ou d'autres septentrionaux qui ont fait tant d'irruptions dans ces beaux pays, où les douceurs du climat et les productions de la terre les attiraient sans cesse. Ces traditions sont tellement problématiques, que plusieurs attribuent à Trajan, vainqueur des Daces, les trophées du Capitole, connus sous le nom de *trophées de Marius*. Ces différentes opinions, vivement combattues de part et d'autre, doivent rendre très circonspect à décider sur la dénomination des monuments antiques élevés dans les Gaules, puisqu'à Rome même on n'est pas d'accord sur la dédicace des plus connus.

PLANCHE L.

VUE LATÉRALE DE L'ARC D'ORANGE.

Le fronton est surmonté de deux femmes terminées en corps de poisson et tenant des rames. Ces ornements et les éperons de navires, les ancres, les rames, les aplustres, les chéniscques et les tridents représentés de chaque côté du fronton de la façade, ne laissent pas lieu de douter que l'arc n'ait été élevé pour perpétuer le souvenir d'une victoire navale. D'une autre part, les combats représentés sur l'attique attestent qu'il a dû éterniser une victoire sur terre. Ces données nous serviront tout-à-l'heure à combattre plusieurs opinions émises sur la destination de ce monument, et nous aideront peut-être à faire des conjectures probables, sinon vraies. Dans un cintre en arrière-corps, sous le fronton, on voit un buste avec des rayons, qui peut être celui de Jupiter ou d'Apollon; deux cornes d'abondance de chaque côté coupent en saillant le bandeau de l'arc. La frise est ornée de dix figures de gladiateurs combattants ou renversés. Dans les entre-colonnements, entre l'architrave et les deux premières assises, y compris le chapiteau, sont des trophées d'armes semblables à ceux que l'on connaît sous le nom de trophées de Marius, et composés d'un labarum et d'une tunique surmontée d'un casque, avec un bouclier de chaque côté. Au-dessus sont des buccines et des faisceaux; on remarque à droite et à gauche des enseignes portant des sangliers. Au-dessous sont des esclaves barbares attachés deux à deux, mais très dégradés par le bas. Les bases des colonnes ont trois tores saillants l'un sur l'autre, au lieu d'avoir un congé entre deux.

PLANCHE LI.

PLAN ET DÉTAILS DE L'ARC D'ORANGE.

Les planches précédentes ont représenté la façade en grand, le sujet de l'attique et un côté de l'arc d'Orange; mais la dimension, quoique sur une assez grande échelle, n'a pas permis de développer suffisamment certaines parties dont cette planche offre les détails.

N° 1. Imposte du grand arc;
     2. Imposte des petits arcs;
     3. Caissons;
     4. Entablement au-dessus du fronton;
     5. Fragment de l'arc du côté de la ville;
     6. Grand entablement et fronton;
     7. Autre caisson;
     8. Corniche de l'attique latéral;
     9. Plan général de l'arc.

Le fragment n° 5 est la seule partie un peu conservée, du côté qui regarde la ville, au-dessus du petit arc à gauche du spectateur; le reste n'est plus composé que de restaurations modernes, construites à différentes époques, pour la solidité du monument. Ce fragment offre dans son ensemble tout ce qui est au-dessus de la petite arcade à gauche, ainsi que nous l'avons dit plus haut, composé de bas-reliefs, de trophées, des deux colonnes, et d'autres ornements qui les accompagnent. On voit très distinctement dans la frise du grand ordre un combat de gladiateurs ; ces gladiateurs sont presque nus, n'ayant qu'un bas de tunique qui leur cache les cuisses, en laissant la partie supérieure du corps découverte ; ils n'ont pour toute arme qu'un glaive pour attaquer et un bouclier ovale pour se défendre.

PLANCHE LII.

VUE GÉNÉRALE DE L'ARC D'ORANGE.

Pour donner une idée complète de ce beau monument, il ne manquait plus que la vue de l'ensemble. Nous l'avons prise en arrivant de Mornas. Un petit pont et un arbre ornent le premier plan d'une manière très pittoresque. On juge de ce point de vue éloigné la proportion admirable de cet arc. Sa couleur, légèrement dorée, est si pure, si claire, qu'elle ne porte aucune empreinte de l'intempérie de l'air. Le fond offre l'aspect caractéristique des rochers secs et nus de la Provence en contraste avec les fabriques de la ville, avec l'église et sa campanille. La muraille immense de l'amphithéâtre termine cette vue à l'extrémité de l'horizon.

La tradition du pays, en conservant à ce monument le nom d'*Arc de Marius*, le désigne comme élevé pour perpétuer le souvenir de la victoire de Marius sur les Cimbres et les Teutons, l'an de Rome 652 ; mais elle n'est pas appuyée sur des preuves plus plausibles que l'opinion de Lietbert, qui le prétend élevé en l'honneur de César, vainqueur des Marseillais.

Undè Arausiæ, in arcu triumphali Massiliense bellum sculptum habetur ob signum victoriæ Cæsaris[1].

Il est bien certain que l'érection des arcs de triomphe est postérieure à cette époque, où l'on commença seulement à élever des tours ornées de trophées. Innovation qui ne devait mener aux arcs qu'avec les progrès de l'architecture.

Le nom *Mirio* ou *Mario*, lisiblement tracé sur un des boucliers des trophées de droite de la face méridionale, paraît n'être, comme ceux de *Dacurd* ou *Dacuro*, de *Udillus* et de *Sacrovir*, tracés sur des boucliers voisins, que le nom d'un des chefs vaincus. La célébrité attachée alors à ces noms faisait espérer qu'ils seraient aussi connus des derniers descendants ; mais le temps qui se joue de la faiblesse des hommes, et qui détruit les monuments où ils ont prodigué leurs talents et leurs richesses, nous a donné, en respectant cet arc et ensevelissant seulement dans l'oubli les motifs de son érection, une leçon non moins imposante de notre impuissance à perpétuer le souvenir de nos hauts faits.

Le champ des conjectures est vaste, et ceux-là sur-tout en ont reculé bien loin les limites qui, dans la femme que l'on voit à droite du grand bas-relief de l'attique du côté méridional, portant son doigt à l'oreille, ont voulu voir la sibylle Marthe, dont Marius reportait les oracles à ses soldats. Mais la vue de ces combats de cavaliers et de fantassins, de ces élégants trophées composés d'armes offensives et défensives, et d'une foule d'ornements maritimes ; la vue de ces prisonniers les mains attachées derrière le dos ; l'aspect sur-tout de l'admirable harmonie, de la belle exécution de toutes les parties de cet arc, ne semblent-ils pas en rapporter l'érection au 2ᵉ siècle, et lui attribuer pour destination de perpétuer le souvenir des victoires de différents généraux romains sur les Germains rebelles, peut-être même des victoires récentes de Marc-Aurèle sur les Quades et les Marcomans.

Du reste, quelque plausible que nous paraisse cette opinion, nous ne disconvenons pas que long-temps encore on pourra dire :

> . . . . . *Adhuc sub judice lis est.*

[1] Fleur des Psaumes.

PLANCHE LIII.

VUE DU THÉÂTRE D'ORANGE.

Outre son arc magnifique, Orange offre encore aux amateurs un monument romain beaucoup moins élégant, mais non moins précieux, puisqu'il est le seul de ce genre que possède la France. Long-temps sans doute les chefs-d'œuvre de Plaute, de Térence et de Sénèque y furent représentés. Le père trop rigide se sera peut-être adouci à la représentation du *Heautontimorumenos*, le malheur de l'innocent *Hyppolite* aura modéré les transports du jaloux ; le *Sosie d'Amphitrion* et le *Soldat fanfaron* auront excité le rire, et le *Trinummus*, avec la gaîté, aura insinué dans l'esprit des spectateurs l'amour de l'équité.

On est frappé d'étonnement et d'admiration à la vue de ce haut mur parfaitement conservé, qui coupant le demi-cercle formait le fond de la scène. C'est lui que représente cette planche avec ses cent huit pieds de haut, et ses trois cents de large. Sa grandeur fait son ornement. L'architecte n'a pas même orné de triglyphes l'ordre dorique qui règne dans la partie inférieure. Seulement une longue rangée d'arcades figurées empêche que le second étage ne paraisse nu. La corniche qui surmonte les arcs supporte un vaste entablement couronné par une seconde corniche saillante. Au milieu de cet entablement règne une longue gouttière qui rejetait sur la place les eaux de la toiture de la scène. Les deux files de corbeaux que l'on remarque au haut et au bas de l'entablement, servaient peut-être à recevoir les perches destinées à soutenir les bannes de toile qui, pendant les représentations, garantissaient les spectateurs des ardeurs du soleil. Les trous qui percent les corbeaux de la ligne supérieure semblent justifier cette conjecture. Cependant, comme la corniche, si elle a existé dès l'origine, devait empêcher de ficher les perches dans les trous des corbeaux, on peut croire qu'à Orange comme au Colysée de Rome, ces perches passant par des ouvertures pratiquées dans la corniche même, étaient reçues ensuite sur les corbeaux.

Aux deux côtés de cette vaste muraille, on remarque, dans deux bâtiments avancés, des corridors et des escaliers, dont deux marches sont ordinairement taillées dans la même pierre, et des salles spacieuses destinées sans doute aux acteurs et aux machinistes.

L'intérieur est loin d'être aussi bien conservé. Les constructions des princes d'Orange, qui avaient voulu faire de ce théâtre un bastion avancé de leur château édifié sur la hauteur, et sur-tout les cavités pratiquées dans les murs par les artisans qui y ont long-temps séjourné, ont considérablement dégradé tout ce qui formait la scène. À peine aperçoit-on les traces des trois rangs de colonnes superposées qui l'ornaient ; les gradins adossés à la pente de la colline sont presque entièrement détruits ; mais il en reste encore assez de vestiges çà et là pour qu'un œil exercé puisse en suivre la forme circulaire, et deviner les coupes géométrales des diverses parties de ce curieux théâtre. Nous les offrons dans la planche suivante.

PLANCHE LIV.

PLAN DU THÉÂTRE D'ORANGE.

Nᵒ 1. Élévation géométrale de la façade extérieure du côté du nord.

2. Coupe sur la longueur au travers de la scène et des gradins.

3. Élévation de l'enceinte du théâtre du côté du levant.

4. Élévation du mur de la scène.

5. Plan du troisième étage.

6. Coupe intérieure du théâtre.

7. Plan du niveau du rez-de-chaussée.

8. Plan du deuxième étage.

9. Plan au niveau des premières galeries.

Le voyageur, en parcourant les gradins du théâtre et en élevant la voix, peut aisément juger combien les architectes anciens connaissaient les lois de l'acoustique. Les paroles prononcées même à demi-voix résonnent de la manière la plus sonore.

PLANCHE LV.

TEMPLE DE NISMES, APPELÉ MAISON CARRÉE.

Ce temple, d'une conservation extraordinaire, est un des plus beaux monuments de l'antiquité. Tout y est si élégant, le caractère des profils si beau, l'exécution des ornements si soignée, que Legrand, Clérisseau et d'autres n'ont pas hésité à y reconnaître le ciseau des artistes grecs. Six colonnes corinthiennes soutiennent un fronton de la proportion la plus pure, si l'on veut comparer son élévation avec sa largeur. La *cella* est composée de trois colonnes en profondeur, dont la dernière est engagée dans la muraille. Les autres isolées forment, par leurs entre-colonnements à jour, un portique ouvert de trois côtés, et d'un effet très agréable, sur-tout vu d'un des côtés du temple. La porte d'entrée, qui est très belle et très ornée, est surmontée d'une tablette entièrement lisse, encadrée par un filet et un talon. Les chapiteaux des colonnes, décorés de feuilles d'olivier, supportent le magnifique entablement, dont la frise portait une inscription, comme on le voit par la trace des clous qui en attachaient les lettres en bronze. La corniche dont les modillons, par une particularité assez remarquable, ne sont pas d'un nombre égal dans les deux rampes, sans que cette imparité produise un effet désagréable, forme autour du fronton un cadre très riche. Un bel escalier se profilant sur les deux stylobates qui l'encadrent, conduit au péristyle.

PLANCHE LVI.

VUE LATÉRALE DU TEMPLE DE NISMES.

C'est sur-tout sous ce point de vue que ce beau monument se présente de la manière la plus imposante. Onze colonnes de front en composent l'ensemble; les trois colonnes isolées de la *cella*, à travers lesquelles on voit le ciel, et celles qui leur correspondent dans la partie opposée, donnent une légèreté admirable à l'édifice, et contrastent de la manière la plus frappante avec la muraille dans laquelle les huit autres sont engagées. Car ce temple est un de ceux que Vitruve appelle des pseudo-périptères, et dont les colonnes latérales sont engagées dans le mur. Ce mur est orné de refends dont la conservation et la pureté des angles étonnent. Le bas se termine par de grandes dales de champ comme dans les temples grecs. Les moulures attiques des bases des colonnes se prolongent en se retirant sur la muraille, et chaussent le temple de la manière la plus heureuse. Le stylobate, surmonté d'un listel, se prolonge jusqu'à l'escalier. La frise, dont la cimaise est ornée de têtes de lions, est enrichie avec une rare magnificence par le rinceau d'un fini précieux qui la parcourt dans toute sa longueur.

Il serait toutefois difficile de motiver les deux avant-corps saillants, comme deux pontres que l'on remarque de chaque côté de la porte.

PLANCHE LVII.

VUE DE LA FACE OPPOSÉE AU PÉRISTYLE
DE LA MAISON CARRÉE A NISMES.

Cette partie intéressante d'un des plus beaux temples qui nous restent de l'antiquité n'avait jamais été donnée dans aucun ouvrage. Clérisseau même, qui a multiplié les vues et les détails de ce monument, a négligé de l'y comprendre : on doit sans doute en attribuer la cause à la difficulté de dessiner ce point de vue. Les constructions modernes qui l'avoisinent en sont tellement rapprochées, que les artistes qui auront voulu entreprendre ce travail se seront vus forcés d'y renoncer; nous n'en éprouvons que plus de satisfaction de pouvoir l'offrir au public. Le caractère tout-à-la-fois ferme, élégant et mâle de cette façade fait une opposition piquante avec la légèreté du péristyle de la partie opposée, et c'est véritablement de ce côté que l'on peut mieux juger de la proportion parfaite de l'entre-colonnement et de l'admirable conservation de l'édifice. Ici la belle frise en rinceaux n'est point interrompue par une inscription, et s'accorde harmonieusement avec le fronton.

PLANCHE LVIII.

PLAN, COUPE ET DÉTAILS
DE LA MAISON CARRÉE A NISMES.

Cette planche, offrant le plan, les coupes et les détails du beau temple que nous venons de décrire, complète ce que nous avions à dire de ce magnifique édifice, et aidera puissamment à conjecturer l'époque où il fut construit.

Nº 1. Coupe du portique du temple.
2. Grand entablement latéral du temple, et détail du modillon.
3. Coupe sur la largeur du portique du temple.
4. Profil de la porte du temple et de l'architrave qui est au-dessus.
5. Base des colonnes du temple.
6. Plan du temple.
7. Chapiteau des colonnes du temple.
8. Soubassement du temple.

En vain a-t-on cru découvrir par la trace des clous que l'inscription le dédiait à Caïus et à Lucius César, fils d'Auguste; en rendant hommage à tout ce qu'a d'ingénieux cette manière de deviner des inscriptions détruites, nous aimons mieux prendre un guide plus sûr, et ne consulter que le caractère du monument. Or, ici l'architecture, quoique belle et magnifique, n'a pas la noble simplicité des temps d'Auguste; les ornements un peu prodigués attestent une époque plus reculée, où l'ornementation embellissait l'élégante simplicité, sans y nuire par une surcharge désagréable. Dès lors tout nous paraît se réunir pour confirmer l'opinion d'un grand nombre d'architectes et de voyageurs éclairés qui ont pensé que ce temple avait été élevé à *Plotine*, épouse de Trajan, par l'empereur Adrien. Il lui devait son adoption, et il apprit sa mort à Nîmes, l'an 123, comme l'attestent et Xiphilin et Spartien. Ç'aura été pour honorer sa mémoire qu'il aura érigé ce temple, bien improprement appelé *Maison Carrée*, puisqu'il forme un parallélogramme de soixante-douze pieds de longueur sur trente-six de largeur.

PLANCHE LIX.

VUE DU GRAND AMPHITHÉATRE
APPELÉ LES ARÈNES A NISMES.

Ce magnifique amphithéâtre, connu vulgairement sous le nom des Arènes, est un des mieux conservés et des plus solidement construits de ceux que les Romains ont élevés dans leurs colonies. On l'attribue communément dans le pays à Adrien ou à Antonin, et la beauté de son architecture ne dément pas cette tradition.

Cet édifice a éprouvé bien des changements et des destinations depuis son origine. Élevé dans les plus beaux temps de l'empire romain, il ne servit d'abord qu'aux spectacles, aux jeux et aux combats de gladiateurs, soit entre eux, soit contre les bêtes féroces. Mais vers le 5ᵉ siècle, les Vandales s'étant emparés de Nîmes et en ayant chassé les Romains, saccagèrent la ville, et endommagèrent beaucoup les Arènes ainsi que les autres monuments.

Les Visigoths, à leur tour, l'arrachèrent aux Vandales peu de temps après, et de capitale qu'elle était, ils en firent une ville frontière, en transportant le siége de leur empire à Toulouse. Ils fortifièrent Nîmes, et firent de son amphithéâtre une citadelle, en bâtissant à ses extrémités deux fortes tours : alors on l'appela le château des Arènes. Malgré ces fortifications, les premiers rois francs s'en emparèrent; les Sarrasins, à leur tour, la prirent sur eux, et la gardèrent jusqu'au règne de Charles Martel, époque à laquelle Nîmes resta enfin à la France.

D'après les différents assauts auxquels fut exposé le château des Arènes, on ne doit point être étonné des énormes dégradations qu'il a souffertes; on remarque même qu'une de ses façades, qui était vraisemblablement la plus exposée, est très mutilée, tandis que l'autre est très bien conservée; on aperçoit très bien aussi sur les pilastres et les arcades les dégradations occasionées par les coups du bélier et des autres machines de guerre de ce temps-là. On voit également qu'on y a mis le feu, car les pierres paraissent noircies et calcinées par les flammes qui ont empreint sur les murs les traces de leur couleur violette et de leur ondulation.

L'amphithéâtre est ovale par son plan, et son architecture est d'ordre dorique romain, ainsi que celui de Marcellus à Rome; mais il est sans triglyphes, gouttes ni métopes; la frise est lisse, et l'architrave a des moulures. Le monument est composé de deux rangs d'arcades les unes sur les autres, percées à jour, et séparées en bas par des pilastres; et au second ordre, par des colonnes portant leurs entablements en saillie, surmontés d'un petit attique dans lequel sont sculptés les modillons percés destinés à soutenir les pieux auxquels s'attachaient les bannes qui couvraient le monument; les principales entrées sont décorées de têtes de taureaux sculptées au-dessus des arcades. On a donné différentes explications de cet ornement. Les uns y ont vu l'indication des sortes de combats qui avaient lieu dans les arènes; les autres une espèce d'armoiries données par les empereurs à la ville de Nîmes; d'autres enfin y ont vu une flatterie en l'honneur d'Auguste qui, né dans une maison dont la façade était ornée de têtes de taureaux[a], ne pouvait voir qu'avec plaisir sa naissance rappelée par ces sculptures. On pourrait encore y trouver le témoignage des cérémonies qui auraient accompagné l'érection du monument, sur-tout d'un *taurobole*.

PLANCHE LX.

PLAN ET DÉTAILS DES ARÈNES DE NISMES.

Ce plan est divisé en plusieurs parties qui expliquent la construction des différents étages, des galeries pour y communiquer, des escaliers, des vomitoires, et enfin la restauration complète des gradins jusqu'au sommet de l'édifice.

Ce vaste monument pouvait contenir dix-sept ou dix-huit mille spectateurs. Il passe pour avoir été bâti du temps des Antonins. Les pierres ont souvent dix-huit ou vingt pieds de longueur; elles sont de la plus grande dureté, et ont été tirées des carrières de Barutel et de Roquemalier.

Ces arènes, ainsi que celles d'Arles, ont été long-temps encombrées, de chétives maisons formant une espèce de village; elles sont maintenant nettoyées, et on a pu facilement les étudier dans tout leur détail et restaurer les parties endommagées ou détruites. On y a peut-être mis trop de talent, car il est difficile, en certains endroits, de distinguer ce qui est moderne de ce qui était ancien. Ailleurs on n'a pas été aussi heureux, mais les efforts des architectes n'en sont pas moins dignes d'éloges.

Avec quelle admiration mêlée de joie et de douleur on reconnaît, en parcourant cette enceinte, le lieu semé de sable (*arena*) où combattaient les *arenarii*, luttant d'adresse et de force contre d'autres hommes, ou disputant leur vie à des bêtes féroces! Le *podium* était protégé contre les assauts des bêtes par une espèce de canal (*euripus*) et des grilles de fer (*ferrea clathra*), ou bien aussi par ces forts rouleaux cylindriques découverts depuis peu d'années au Colysée de Rome. Percés d'un axe sur lequel ils roulaient à la moindre impulsion, ils n'offraient aucun appui aux tigres ou aux lions, et les rejetaient constamment dans l'arène. En errant dans ce lieu réservé aux premiers dignitaires, on croit retrouver ces anciens sénateurs qui offrirent à Cinéas l'aspect d'une auguste assemblée de rois; on tremble d'approcher du trône (*suggestus*) où siégeait sous un dais (*cubiculum*) l'empereur du monde. Derrière étaient les bancs des chevaliers, et dans la partie la plus élevée, la masse du peuple.

En parcourant les larges issues (*vomitoria*), les étroits passages (*viæ*), en gravissant les marches (*scalæ*) pour monter aux sièges les plus élevés, on croit encore sentir les doux parfums qui sortaient çà et là de la bouche des nombreuses statues (*signa*).

Assis sur un siège de pierre, à la vue plongeant sur l'arène, on s'imagine voir les gladiateurs brandir avec force des épées de bois pour faire admirer leur adresse; puis au signal de la trompette on les voit se revêtir de leurs armes, se disposer deux à deux, se mettre en posture, s'attaquer, se repousser réciproquement, se frapper d'estoc et de taille, et sur-tout s'attacher à défendre leur flanc qui est blessé, et l'on est

presque tenté de crier *habet*. Le malheureux abaisse ses armes; et les yeux élevés vers les sièges du peuple, il semble implorer sa grace: sera-t-on assez cruel pour étendre le pouce? Ah! non, fermons-le, qu'il soit sauvé; que nos yeux ne voient pas le croc fatal (*uncus*) tirer son cadavre dans le *spoliarium*; que le vainqueur reçoive une palme et une épée de bois; qu'il aille la suspendre dans le temple d'Hercule, et qu'il ne soit plus exposé à rougir de son sang l'arène où tant de fois il a été vainqueur.

PLANCHE LXI.

DÉTAILS DES ARÈNES DE NISMES.

Cette planche contient les principaux détails en grand de l'amphithéâtre de Nîmes. En voici la désignation particulière:

Nᵒ 1. Profils et détails du premier ordre de l'amphithéâtre.

　2. Profils du second ordre.

　3. Détails et coupe des arcades et modillons des voûtes du plafond du premier ordre.

　4. Piédestal et base du second ordre.

　5. Détails des profils extérieurs situés au-dessus du second ordre de l'amphithéâtre.

　6. Coupe et détails des mêmes profils.

PLANCHE LXII.

PLAN DE LA VILLE ANTIQUE DE NISMES.

Déterminer la véritable époque de la fondation de la ville de Nîmes, serait une témérité; elle se perd dans la nuit des temps, et se couvre, comme presque toutes les origines un peu reculées, du voile fabuleux des siècles héroïques.

On attribue donc aussi sa fondation, comme celle de plusieurs villes de la Grèce, à l'un des Héraclides qui aurait eu pour nom *Nemausus*.

Après l'avoir honorée de cette fiction, ce qu'on peut croire de plus raisonnable, c'est qu'elle ne fut bâtie qu'après Marseille, la plus ancienne des villes de la Gaule, à laquelle on donne aussi une origine grecque, et que l'on recule jusqu'à six cents ans environ avant l'ère vulgaire, ou près de cent cinquante ans après la fondation de Rome.

Pour arriver encore à quelque chose de plus certain, ne portons l'origine de Nîmes qu'à un siècle environ avant l'établissement dans ses murs d'une colonie par Auguste, et personne ne pourra lui contester le rang qu'elle prend alors dans l'histoire.

N'ayant pas pour objet, dans la description de nos planches, d'établir de dissertations historiques, et de rechercher l'étymologie des mots, mais seulement de nous occuper des choses, nous nous bornons à ce simple exposé, et nous passons à ce qui a directement trait à cette planche.

On a tracé sur ce plan l'enceinte des murailles antiques qui ne subsistent plus, et la position des anciens monuments dont les ruines subsistent encore, ou que la tradition a fait connaître. La ville moderne et quelques embellissements commencés ou projetés ne sont ici figurés que comme accessoires; et seulement pour indiquer où les monuments antiques qui n'existent plus étaient situés, ils sont marqués d'une teinte noire.

Deux séries de chiffres différents, romains et arabes, servent à désigner les monuments et à indiquer leur situation sur le terrain que la ville occupe, et dans les grandes divisions antiques et modernes qui ont été établies.

Chiffres romains. I. Porte d'Uzès ou des casernes. — II. Porte antique, dite aussi porte d'Arles, de l'ancien château ou du Capitole où fut bâti le fort. — III. Porte des Carmes, où était la porte Rades ou Royale, dite aussi Porte Romaine. — IV. Porte et tour Vinatière. — V. Porte Posquière, dite de Saint-Thomas, puis des Augustins. — VI. Porte Saint-Gilles ou de Pertus; à côté était celle des Arènes. — VII. Porte de la Couronne (enseigne). — VIII. Porte ancienne ou du Champ-de-Mars, dite aussi porte de France et porte Couverte. — IX. Porte Saint-Antoine ou de Garrigues. — X. Porte de la Madeleine; au-dessus est la

---

[a] *Natus est Augustus, M. Tullio Cicerone et Antonio coss. IX kal. Octatus, paulò ante solis exortum, regione Palatii, ad capita bubula.* Suét., *Vie d'Auguste.*

tour dite à tort du Capitole. — XI. Porte de la Bouquerie. — XII. Position de l'ancienne Porte, dite du chemin des Jacobins ou des Prêcheurs. — XIII. Porte d'Alais.

Chiffres arabes. — 1. Maison Carrée. — 2. Place du Temple. — 3. Chapelle des Quatre-Chevaliers. — 4. Place du Marché. — 5. Amphithéâtre. — 6. Basilique de Plotine. — 7. Temple de Plotine. — 8. Hôtel-de-Ville. — 9. Place de la Salamandre. — 10. Jésuites. — 11. Dominicains. — 12. Cathédrale et temple d'Auguste. — 13. Place de la Belle-Croix. — 14. Bénédictins. — 15. Évêché. — 16. Capitole antique. — 17 Doctrinaires. — 18. Ursulines.

Les parties d'ornements qui sont à la gauche de ce plan, proviennent des ruines du temple de Diane, dont la planche XXIX offre la vue.

PLANCHE LXIII.

FRAGMENTS DE BAS-RELIEFS ANTIQUES

ENCHASSÉS DANS LES MURS DE NARBONNE.

Narbonne est peut-être la seule ville au monde dont l'enceinte offre une aussi riche décoration. Le voyageur est surpris lorsque, suivant dans les fossés les murs extérieurs qui ont environ une lieue de circuit, il voit le haut de la muraille orné d'une suite continue de fragments en marbre blanc, qui forment un cordon tout autour de la ville, et présentent une variété étonnante de bas-reliefs, qui doivent avoir appartenu à de magnifiques monuments. On est cependant moins surpris, quand on réfléchit que cette ville, une des premières colonies romaines, était la capitale de ces belles régions, et avait donné le nom de Narbonnaise à cette vaste partie de la Gaule méridionale. Les auteurs anciens rapportent qu'à l'exemple de Rome elle était décorée d'un capitole, d'un amphithéâtre, de cirques, de temples, de thermes et de palais, dont beaucoup étaient en marbre blanc. Cette magnifique cité eut le malheur d'être entièrement consumée par un incendie sous l'empire de Tibère. Antonin-le-Pieux, touché de compassion pour ses habitants, la fit entièrement reconstruire à ses dépens, et réédifia les superbes monuments dont elle était auparavant ornée. Narbonne resta sous la domination romaine jusqu'en l'année 413, qu'Ataulphe, roi des Visigoths, la surprit et s'en empara. Peu de temps après, ayant épousé Placide, sœur d'Honorius, il resta paisible possesseur de la ville et de la province entière, qui fut appelée *Septimanie* ou *Duché de Gothie.* L'an 719 les Sarrasins, sous la conduite de Zama, l'emportèrent d'assaut, la ruinèrent de fond en comble, détruisirent entièrement ses beaux monuments, après en avoir égorgé les habitants. Tous ces fragments renversés demeurèrent enfouis dans la terre jusqu'au 16e siècle, que les citoyens de la ville, devant recevoir la visite de François Ier, imaginèrent de décorer leurs murailles de ces riches débris, et durent ainsi faire une action bien agréable aux yeux de ce prince, qui fut le père des lettres et des arts.

PLANCHE LXIV.

FRAGMENTS ENCHASSÉS DANS LES MURS DE NARBONNE.

Les différents fragments, presque tous en marbre, qui sont représentés dans cette planche, et qui généralement paraissent être de la seconde et de la troisième époque de l'art, feront toujours gémir sur la destruction des beaux édifices qu'ils décoraient à Narbonne. On trouve ici une variété singulière d'objets; on y voit des bacchantes, des génies, des victimaires, plusieurs frises ornées de toutes sortes d'armures antiques, et autres objets inconnus.

On ne peut douter que si des personnes curieuses et puissantes faisaient exécuter des fouilles dans la ville et autour de ses murailles, on ne trouvât des objets très intéressants pour l'antiquité. Cette opinion est d'autant plus plausible, que l'on est certain que les murailles extérieures et différentes fortifications intérieures ont été en partie construites avec les matériaux des édifices antiques de la ville de Narbonne.

DESCRIPTION DES PLANCHES.

79

TROISIÈME ÉPOQUE.

PLANCHE LXV.

MONUMENT MITHRIATIQUE

A BOURG-SAINT-ANDÉOL.

Cette petite ville est située sur la rive droite du Rhône, et à deux lieues et demie de celle de Viviers. Son nom antique était celui de *Gentilibus*; mais saint Andéol y ayant souffert le martyre sous le règne de l'empereur Sévère, et les reliques du saint y ayant été découvertes en l'année 855, la ville quitta son nom de Gentilibus pour prendre celui de Bourg-Saint-Andéol. En 1562, elle fut prise par le baron Des Adrets, et reprise sur lui par les catholiques : elle retomba une seconde fois entre les mains des protestants en 1577. A peu de distance de Saint-Andéol, on trouve, près de la fontaine de Tournes, le monument ici représenté. On y voit taillé dans le roc le dieu Mithras, sous la figure d'un jeune homme, coiffé d'un bonnet phrygien et couvert d'un manteau volant. Il dompte un taureau sur lequel un chien s'élance, et est secondé par un énorme serpent qui se replie sous la victime comme pour l'enlacer. Au-dessus, à droite et à gauche du jeune homme, on distingue à peine deux têtes. Il serait difficile de dire ce qu'elles représentaient. Les habitants du pays croient que ce monument a été érigé en l'honneur d'un certain *Turnus*, qui aurait tué un énorme serpent et donné son nom à la fontaine de *Tournes*. Mais il est facile de reconnaître ici le dieu Mithras, connu chez certains peuples de l'antiquité comme le dieu du Soleil, et représenté ordinairement sous la figure d'un jeune homme, la tête couverte d'un bonnet phrygien, tenant le genou sur un taureau terrassé, et lui plongeant un poignard dans le cou, symbole de la force du soleil lorsqu'il entre dans le signe du Taureau. Il paraît constant, par le témoignage de plusieurs écrivains anciens, que les mithriaques étaient une espèce de société mystérieuse, à laquelle on n'était associé qu'après de rudes épreuves, renouvelées à chaque grade que l'on voulait obtenir. Épreuves physiques pour les grades de *soldat*, de *lion*, de *corax*; épreuves morales pour ceux de *Perse*, de *Bromius*, de *hélios* et de *père*. Un grand-maître, nommé le *père des pères*, était le chef suprême de cette association, que Plutarque dit avoir été connue des Romains, même du temps de Pompée [1]. Il paraît cependant constant, par d'autres témoignages, que le culte de Mithras, venu des Persans, ne s'introduisit chez les Romains que vers le 2ᵉ siècle; de là il passa dans les Gaules, où il fut adopté. Une inscription très fruste paraît avoir porté la dédicace de ce monument *au dieu Mithras, seul dieu invincible*.

PLANCHE LXVI.

VUE D'UNE COLONNE ANTIQUE PRÈS DE CUSSI,

AUX ENVIRONS DE BEAUNE.

Ce monument, vraisemblablement érigé en mémoire de quelque bataille gagnée, est encore une de ces constructions dont on ne rencontre aucune semblable hors de la France. Celle-ci, quoique inférieure aux colonnes trajane et antonine pour la dimension et la pureté du style, offre cependant une conception neuve et pittoresque. Son socle, lisse et sans aucun ornement, est composé de quatre portions circulaires rentrantes, formant un carré dont les angles sont coupés. Par une adroite opposition, le piédestal octogone qui supporte la colonne est de la plus grande richesse, ce qui laisse briller très avantageusement ce piédestal; il est surmonté d'une corniche décorée de trois modillons sur chacun de ses pans; et de petits frontons couronnés d'ornements, alternativement triangulaires et circulaires, encadrent huit

---

figures en bas-reliefs, dont nous donnerons séparément la gravure sur une plus grande échelle. Le fût de la colonne est orné, à sa naissance, de caissons en losanges alongées, dont le milieu est occupé par des rosaces variées, et au-dessus, des feuilles retombantes disposées en écailles de poisson continuent de décorer le fût jusqu'à son extrémité. D'après cette disposition, on peut conclure que ce monument est d'une construction qui ne peut remonter au-delà d'Aurélien, et qui peut facilement lui être postérieur. Le chapiteau manque, mais la diminution de la colonne fait préjuger qu'elle avait neuf ou dix diamètres. A deux lieues de là, près d'une ferme nommée Auvenet, on voit un chapiteau servant de margelle à un puits, qui était vraisemblablement celui de cette colonne. Nous en donnerons la gravure avec les détails et le plan du monument.

PLANCHE LXVII.

FIGURES ET FRAGMENTS

DE LA COLONNE DE CUSSI.

La partie supérieure de cette planche représente les huit figures qui décorent le soubassement de la colonne de Cussi. Voici la description de chacune d'elles :

Nº 1. Jeune homme nu avec une portion de manteau sur l'épaule gauche; ses jambes sont croisées, et il a auprès de lui un animal dont la forme est tellement dégradée qu'on ne se permettra pas d'en désigner l'espèce.

Nº 2. Figure de femme dont la partie supérieure est nue, et l'inférieure couverte d'une draperie; elle tient dans sa main gauche une urne d'où semble découler de l'eau, et sa tête est surmontée d'un croissant; ces emblèmes font présumer que l'artiste a voulu représenter la divinité d'une rivière.

Nº 3. Dans cette figure, la massue et la dépouille du lion de Némée ne laissent aucun doute sur l'intention du sculpteur. Hercule paraît se reposer sur une pierre; le caractère vigoureux du dessin est parfaitement conforme à la fermeté de l'attitude du héros.

Nº 4. Ce personnage paraît être un captif; ses poignets sont fortement serrés par des liens; sa tunique est en désordre, et laisse voir en retombant son épaule droite et son bras nu. Le mouvement de sa tête un peu inclinée répond à l'humilité de sa situation présente. Cet esclave paraît désigner la nation vaincue.

Nº 5. On reconnaît ici très facilement Minerve, désignée par le hibou qui l'accompagne et le casque qui couvre sa tête; cette déesse n'a ni son égide, ni sa longue tunique, elle est simplement couverte depuis la ceinture jusqu'aux pieds par un grand manteau.

Nº 6. On reconnaît Junon à la noblesse et à la majesté de son attitude; sa tête est couverte de son manteau, et elle est vêtue en dessous de la grande tunique nommée *indusium*. Elle tient de la main droite une patère, et de la gauche son sceptre : le paon qui l'accompagne achève de la caractériser.

Nº 7. Jupiter tient son sceptre de la main droite, et son pied gauche pose sur le globe terrestre; son attitude, sans être aussi forte que celle d'Hercule, indique par sa fermeté et son élégance le souverain des dieux; une barbe courte couvre son menton. Le style du dessin est très élevé; une draperie de peu d'étendue couvre sa cuisse gauche, et empêche le dieu de paraître entièrement nu.

Nº 8. Ganymède présente un vase à l'oiseau de Jupiter, qui paraît se nourrir du mets qu'il contient. Le dessin de la figure est simple, et ses formes gracieuses comme dans la première jeunesse; sa tête est élégamment ornée d'un bonnet phrygien.

Au-dessous des figures qu'on vient de décrire ont été placés des fragments qui proviennent sans doute de cette même colonne. Le chapiteau creusé qui sert de margelle à un puits est dépendant de la ferme d'Auvenet, distante d'une lieue et demie de Cussi; ce devait être celui

[1] Τελετάς τινας ἀπορρήτους τελοῦσιν, ὧν ἡ τοῦ Μίθρου καὶ μέχρι δεῦρο διασώζεται.
Vie de Pompée, tom. I, p. 631.

qui couronnait la colonne de ce nom; il est orné à ses angles de volutes et de feuilles de laurier très fermement refendues. Au milieu de chaque face sont sculptées de grandes têtes. La première représente Apollon entouré de ses rayons; la seconde, sur le retour, paraît être celle d'un faune avec des cornes de bélier; la troisième offre une tête d'un grand caractère avec la barbe; la quatrième est entièrement effacée.

La colonne était terminée par un couronnement en forme de calotte qui servait à l'écoulement des eaux. Sur cette même planche nous en donnons la figure vue par-dessus et par-dessous.

PLANCHE LXVIII.

PORTE SAINT-ANDRÉ A AUTUN.

Quand a été construite cette porte? Ne serait-ce pas un arc destiné au triomphe de deux conquérants? Qui répondra à ces questions? Le temps a respecté l'édifice, mais il a enseveli le souvenir de sa destination.

L'aspect de cette porte nous a porté à croire qu'elle a été faite sur le modèle de la porte d'Arroux, mais par des ouvriers moins habiles, et dans une époque où l'architecture penchait vers sa décadence. Il y a cependant quelque chose de bien remarquable dans ce monument percé de quatre arcades, dont deux grandes pour l'entrée et la sortie des voitures, et deux petites couronnées de deux avant-corps en saillie, le tout surmonté d'un entablement qui porte une galerie d'arcs et de pilastres ioniques composites non cannelés. Nous nous sommes demandé si l'élégante galerie, dont la voûte est détruite, et dont les murs de face ont été consolidés, mais non heureusement restaurés par de larges barres de fer qui interrompent désagréablement les lignes de la construction primitive, n'avait pas eu d'autre but que de donner à l'édifice de la légèreté et de la grace? Nous croirions volontiers qu'elle servait à continuer le chemin de ronde qui devait régner le long des remparts; mais ce chemin de ronde a-t-il existé? Nouveau problème aussi insoluble que les précédents.

Qui dira encore ce que fut autrefois le petit monument circulaire qui se voit à côté de la porte? Était-ce un temple ou une tour, ou une cage d'escalier?

PLANCHE LXIX.

MONUMENT DE MITHRAS,

ET DÉTAILS D'UN ZODIAQUE ANTIQUE A ARLES.

Le monument de Mithras, représenté ici, est d'une forme particulière extrêmement rare à rencontrer; il représente la divinité du soleil: la tête manque, et le corps revêtu d'une longue tunique à l'orientale est serré par un serpent qui l'enveloppe spiralement; entre ses replis sont sculptés en relief les signes du zodiaque qui posent sur son corps. On croit voir désignée l'influence du soleil sur la terre, représentée par le serpent Python, sur les astres et la nature entière. On distingue, dans les détails de cette planche, un groupe des Gémeaux, dont l'un s'appuie sur une lyre; le signe de la Balance, désigné par un jeune homme qui la porte; du reste les autres signes: le Capricorne, le Taureau, le Cancer, la Vierge, le Bélier, le Scorpion et le Lion, ne diffèrent point de la forme générale. Ce torse est en marbre blanc; il fut découvert en 1598, dans les fondations d'un moulin près du Cirque; et sur la fin du 17ᵉ siècle, les consuls d'Arles l'achetèrent pour la somme de vingt-sept livres quatre sous, et le firent placer, avec une inscription, dans l'hôtel-de-ville. Il est maintenant au musée Sainte-Anne.

PLANCHE LXX.

FRAGMENTS ANTIQUES

AUX MINIMES DE SAINT-HONORAT A ARLES.

Avant de donner l'explication de cette planche, nous dirons un mot de l'édifice dans lequel ont été dessinés les fragments qui la composent.

Les Minimes de Saint-Honorat furent construits dans le commencement du 7ᵉ siècle, par saint Virgile, archevêque d'Arles, et son église fut placée sous l'invocation de ce saint. Il y avait dans l'intérieur une chapelle consacrée à Notre-Dame-des-Graces, et on rapporte que Charlemagne, en allant combattre les Sarrasins, fit vœu à cette chapelle que, s'il venait à mourir dans cette expédition, son corps serait inhumé dans les catacombes de Saint-Honorat. Il ne périt pas, mais au retour de l'armée, le fameux Roland, son neveu, ayant été tué dans les défilés de Roncevaux, son corps fut inhumé aux catacombes, avec ceux d'Astolphe de Langres, et de Samson de Bourgogne. Le muséum établi autrefois dans l'église de Saint-Honorat a été transporté depuis peu d'années dans celle de Sainte-Anne, sur la place du Marché.

Le bas-relief, sous le n° 1, décorait le devant d'un sarcophage, et paraît être un ouvrage du 3ᵉ siècle. On remarque à gauche une chasse au sanglier, dans laquelle cet animal furieux est vivement assailli par des chiens et un homme qui paraît armé d'un pieu, et dont la figure est revêtue d'une tunique courte, à manches serrées. Un cavalier en courant semble regarder l'issue de cette lutte, ainsi qu'un homme à pied qui paraît effrayé. Sur la droite, des cerfs poursuivis par des chasseurs fuient avec effroi; un d'eux est saisi aux cornes et arrêté par un chasseur, tandis qu'un autre est enveloppé dans des filets. Ceux qui font une étude particulière des costumes antiques, remarqueront que plusieurs de ces figures ont les jambes couvertes de bandes tournées transversalement et arrêtées sur les genoux avec une courroie. Une autre figure, sur un cheval, a la tête couverte d'un vêtement que les anciens appelaient *cucullus*, et qui est encore en usage dans les ports de la Méditerranée.

Les fragments indiqués n°ˢ 2 et 3 sont très frustes, comme on peut le remarquer, ce qui nous empêche d'en donner la description précise; cependant le caractère des figures simplement drapées, et sur-tout le reste d'un masque scénique qu'on aperçoit à gauche du premier morceau, peuvent faire conjecturer que ce sont des muses; mais il est difficile d'expliquer la présence de l'enfant ailé sculpté au bas de ce même morceau.

PLANCHE LXXI.

SARCOPHAGES ET AUTRES FRAGMENTS ANTIQUES

A ARLES ET A MARSEILLE.

N° 1. Le tombeau, dont ce bas-relief faisait partie, était autrefois placé dans l'église de l'abbaye Saint-Victor de Marseille, et renfermait le corps de saint Mammon, évêque de cette ville, contemporain de Charlemagne.

Un médaillon, sur lequel est une inscription latine, est posé sur un tronc de palmier, et soutenu par deux esclaves, l'un jeune et l'autre vieux, qui paraissent enchaînés; deux victoires posent leurs mains sur le haut du cadre et semblent le retenir. De chaque côté, des centaures des deux sexes portant une corne d'abondance, une lyre, un *plectrum*, une branche de lierre peut-être, un vase à boire et le haut d'une houlette, sont attelés à des chars conduits par des enfants qui se tiennent debout sur leur dos. Ce monument, dont le bas-relief semble représenter une marche vers l'immortalité, est du nombre des sarcophages antiques qu'on employait dans le moyen-âge aux tombeaux des personnages distingués, en se bornant à changer les inscriptions.

N° 2. Ce second sarcophage, aussi en marbre blanc, représente le combat de deux centaures contre un lion; l'un d'eux, armé d'une massue, attaque par-devant l'animal furieux, et l'autre par-derrière lui lance une grosse pierre qui semble devoir l'écraser. Ce morceau se distingue par la perfection de la sculpture, et par beaucoup de vivacité dans l'attitude des combattants. Il est de même que l'autre au musée de Marseille, et il était sculpté sur la face principale du tombeau de Flavius Memorius.

Nᵒˢ 3 et 4. Deux pierres antiques servant autrefois de termes et de bornes, avec ces inscriptions en chiffres et caractères romains.

IN.F.P.XXII. (*in fronte pedes* XXII.)
IN.F.P.Q.XXIII. (*in fronte pedes quadrati* XXIII.)

Nᵒˢ 5, 6, 7. Trois beaux fragments de sculptures représentant des armures antiques; ces sculptures ont beaucoup de rapport avec celles qu'on voit sur l'arc d'Orange; on y distingue des boucliers, des casques, des épées, des poignards, et même des harnais de chevaux, et au milieu du plus grand des trois, une cuirasse qui paraît percée de coups. Il serait difficile de conjecturer à quel monument ils peuvent avoir appartenu.

Nᵒ 8. Petit tombeau dessiné dans l'antique cimetière d'Arles, appelé Arles-Camps (Champs-Élysées); ce petit sarcophage paraît avoir été construit pour un architecte ou maître maçon.

Nᵒ 9. Fragments de corniche dans les ruines du théâtre d'Arles.

PLANCHE LXXII.

BAS-RELIEF ET AUTEL ANTIQUES.

Nᵒ 1. Ce bas-relief en marbre blanc, dessiné à Marseille, offre une figure de femme, portant sur son épaule ses dieux lares ou pénates; elle entre dans une nacelle en marchant sur une planche: un jeune nautonier la soutient sous le bras, et lui aide à monter dans la barque. La sculpture de ce bas-relief paraît être de la fin du 3ᵉ siècle, et le sujet en est assez difficile à deviner. On pourrait cependant conjecturer que la figure de la femme représente Lara, naïade du fleuve Almon. Jupiter aimait passionnément Juturne, sœur de Turnus; mais ayant été traversé dans ses amours par Lara, ce dieu puissant commanda à Mercure de la conduire dans les enfers. Mercure devint lui-même épris de la belle naïade, et les dieux lares furent le fruit de leur union.

Nᵒ 2. Autel de marbre blanc dessiné à Vienne. Ce monument est carré, mais on n'en peut voir que trois faces, la quatrième étant tournée du côté de la muraille.

La face principale, nᵒ 3, représente d'une manière très vive les amours de Jupiter métamorphosé en cygne, et de Léda. L'Amour tirant de l'arc semble leur décocher un de ses traits.

Nᵒ 4. Deux Amours, dont l'un élève une coupe qu'il tient dans sa main, et l'autre semble jouer avec une chèvre.

Nᵒ 5. Un berger est occupé à traire une vache; il est assis au pied d'un arbre près de sa cabane champêtre. L'autel, dont la corniche et la base sont richement ornés, est surmonté d'une couronne de roses, dont on ne distingue plus que les coups de trépan qui refouillaient les fleurs. Il peut être classé dans la même époque que le bas-relief précédent.

PLANCHE LXXIII.

CHAPITEAU ET SARCOPHAGE ANTIQUES.

Nᵒˢ 1 et 2. Ces deux fragments de chapiteau ont été dessinés, l'un au musée de Vienne, et l'autre à celui de Grenoble. Deux serpents, se repliant autour d'un trépied, forment, par les sinuosités de leurs queues, les volutes du chapiteau, auquel une tête d'Apollon sert de rosace. On peut présumer que de pareils chapiteaux ornaient les colonnes d'un temple dédié à cette divinité, et l'idée de leur composition est très originale et très caractéristique. On retrouve ici le génie des anciens, et le soin particulier que les artistes prenaient à cette époque pour décorer leurs monuments d'attributs et d'ornements convenables à leur destination.

Nᵒ 3. Ce tombeau, en marbre blanc, orne l'autel du baptistère de la Major ou cathédrale de Marseille. On rapporte que le Puget y fut baptisé, et qu'il donna lui-même le dessin de l'autel. Le sarcophage est orné

au milieu de deux pilastres qui encadrent un bas-relief composé de trois figures. Un personnage, revêtu de la toge, est assis sur une chaise portée par des jambes de lion; il tient dans sa main un rouleau de papyrus, et on a à ses pieds plusieurs liés ensemble par un ruban. A chaque extrémité du monument, on voit deux figures d'hommes debout, dont l'un, revêtu de l'indusium et de la toge, tient également un rouleau dans sa main; l'autre, avec la barbe et à demi nu, n'est couvert que d'un simple manteau, à la manière des anciens philosophes. Les trois bas-reliefs sont liés par des connelures en spirale. Cette sculpture paraît être de la fin du troisième siècle.

PLANCHE LXXIV.

FRAGMENTS ET MONUMENTS ANTIQUES
A MARSEILLE ET A ARLES.

1. Fragment d'un siège en marbre blanc.

2. Partie latérale d'un tombeau sur laquelle est représentée un sphinx. On trouve très souvent, aux côtés des sarcophages, des figures symboliques sculptées là pour protéger les cendres des morts: car dans tous les temps on a eu une juste horreur pour la violation des tombeaux. Tantôt ce sont des sphinx, tantôt ce sont des griffons, symboles de la prudence et de la vigilance.

3. Tombeau antique. Dans une niche carrée, soutenue par deux pilastres, on voit le buste d'un homme d'un moyen âge, revêtu d'une tunique et d'une toge. A côté de lui est une femme avec un voile sur la tête. L'inscription grecque indique que ce tombeau fut élevé à Télesphore.

4. Deux hommes revêtus d'une simple tunique font un ballot qu'ils serrent fortement en tournant la corde avec un morceau de bois.

5. Autel triangulaire antique, accompagné de ses deux faces latérales. Ce monument est entièrement dans le style étrusque; sa forme pyramidale et ses ornements sont d'une excellente manière: deux sphinx supportent l'autel sur la face principale duquel est sculptée, d'un relief très doux, la figure d'Apollon tenant sa lyre. Les bas-reliefs des deux autres côtés représentent, l'un une femme avec une lance à la main, qui pourrait être Junon, et l'autre une femme tenant d'une main un arc, et de l'autre prenant une flèche dans son carquois; celle-ci paraît représenter Diane. L'exécution de ces figures est bonne.

6. Cadran solaire antique. On voit tracés sur ce cadran, qui est posé perpendiculairement, trois cercles divisés en douze parties par des lignes qui aboutissent au centre. Au milieu est le trou où était placé le style ou gnomon, qui par la projection de son ombre indiquait l'heure du jour; la tête est portée par deux pattes de lion, entre lesquelles est une rosace.

PLANCHE LXXV.

FRAGMENTS ET SARCOPHAGES ANTIQUES
DESSINÉS A ARLES ET A MARSEILLE.

1. Ce monument fait maintenant partie du muséum de Marseille. Il a été extrait des souterrains de l'abbaye de Saint-Victor dans la même ville, et il renfermait les reliques de ce martyr. Dix Génies sont occupés à forger des armes; les trois à la droite du spectateur perfectionnent, sur une enclume, un casque de forme grecque; deux tiennent un bouclier rond sur lequel est sculptée la louve allaitant Rémus et Romulus; une figure de sphinx, les ailes déployées, enveloppe le bas du bouclier et lui sert de support; le troisième groupe représente trois Génies forgeant une pièce d'armure qui paraît être celle qui couvrait les jambes du guerrier. Enfin les deux derniers semblent tremper au feu un bouclier; ils ont à leurs pieds une cuirasse qui est à terre.

2. Figure de griffon ailé représentée sur la partie latérale du tombeau.

3. Ces deux fragments, placés pour remplir la lacune que laisse le second sarcophage, ont été tirés du muséum de Vienne, et offrent des détails agréables.

4. Ce tombeau a été dessiné à Arles, dans la chapelle découverte de

Saint-Honorat. Le sujet vraiment national pour la province représente ce que l'on appelle dans le pays *la cueillette des olives*. Onze Génies sont employés à ce travail. A la gauche du bas-relief, un d'eux monté sur un olivier cueille les olives, et un autre les reçoit dans un petit panier; plusieurs sont occupés à porter ces paniers et à les vider dans de grandes corbeilles. Enfin d'autres font l'huile en écrasant dans une cuve les olives avec une meule qu'ils font tourner de champ. La sculpture de ces bas-reliefs peut être classée dans la troisième époque.

PLANCHE LXXVI.

VUE EXTÉRIEURE DES ARÈNES D'ARLES.

Ce bel et immense édifice est tellement encombré de masures et de petites rues attenantes, que son élévation se trouve masquée sur presque toute sa circonférence; le dessinateur a éprouvé les plus grandes difficultés pour représenter un aussi grand nombre d'arcades, parceque la vue n'ayant pas de reculée n'en peut embrasser qu'une à-la-fois. Cet amphithéâtre paraît avoir eu soixante arcades dans son ovale, dont l'enceinte approchait de cent quatre-vingt-quatorze toises, et la hauteur de dix-sept. On estime qu'il pouvait contenir vingt-cinq mille spectateurs : il devait donc l'emporter beaucoup sur celui de Nîmes, tant par la proportion que par la richesse de l'ordre, qui devait être corinthien, à en juger par la proportion des colonnes et le caractère des bases. Ces colonnes sont supportées par de riches pilastres en avant-corps, mais qui présentent par-tout la plus grande dégradation. Il ne reste aucun vestige qui puisse indiquer s'il était surmonté d'un attique et d'une corniche, ou de quelque autre amortissement. Sur les quatre entrées principales sont élevées de grandes tours carrées qui en faisaient une citadelle pour défendre la ville, et servir de retraite aux habitants pendant les sièges qu'elle a soutenus lors des invasions des Francs, des Goths, des Visigoths et des Sarrasins; on sait que cette malheureuse cité a été alternativement la proie de ces peuples, ce qui fait qu'elle n'offre par-tout que des monuments de dégradation et de ruine.

PLANCHE LXXVII.

VUE INTÉRIEURE DES ARÈNES D'ARLES.

Cette vue, prise dans l'intérieur de l'amphithéâtre, présente une suite assez considérable des arcades du premier rang des galeries, qui étaient au-dessus des gradins et qui y communiquaient; mais ce vaste monument, quand on en a pris le dessin, était entièrement encombré de chétives maisons, et formait un village de mauvaises masures bâties en partie avec les matériaux de cet édifice : aussi cet intérieur n'offre-t-il que des vestiges enclavés dans les maisons. Les loges des animaux, qui étaient construites sous les gradins, servaient alors de caves ou de celliers à toutes ces habitations, dont l'ensemble annonçait la plus grande misère, et formait comme un quartier à part.

Depuis peu de temps l'intérieur est purgé de ces taudis, et le dépouillement presque complet permet de deviner les différentes parties de ces arènes. Il est bien reconnu qu'elles n'ont pu servir aux naumachies; car l'aqueduc dont on voit les ruines près de l'amphithéâtre ne pénétrait pas dedans, et les eaux n'auraient pas trouvé d'écoulement. Les fouilles ont mis à découvert un soubassement terminé par un gros tore sur lequel reposent le revêtement du podium et les dalles qui servent de parapet, ainsi que de larges et profondes entailles dans lesquelles étaient peut-être fixées des barres de fer destinées à préserver les spectateurs des assauts des lions et des tigres.

PLANCHE LXXVIII.

VUE DES RUINES D'UN ANCIEN THÉÂTRE A ARLES.

Les deux colonnes qui occupent la majeure partie de cette planche sont à-peu-près ce qui reste de l'immense théâtre d'Arles; elles sont en marbre blanc et d'ordre corinthien ; une assise d'architrave ruinée et un fragment de frise mutilée les couronnent. Le tailloir des chapiteaux est très orné, et le travail des feuilles, des tigettes et des caulicoles très prononcé. Une statue colossale est assise sur un socle, et accompagnée de chaque côté de figures qui paraissent avoir été des Victoires ou des Renommées. On voit sur le devant un fût de colonne avec son astragale qui porte un reste d'autel orné d'une couronne d'olivier et d'une patère. Au pied de cet autel sont entassés quantité de fragments de corniches, de frises et de pilastres qui enrichissent le devant de la composition : tous ces vestiges proviennent vraisemblablement de l'intérieur du même théâtre. L'emplacement actuel est la cour de l'ancien couvent de la Miséricorde. Les deux arbres qui s'élèvent au milieu de ces ruines donnent à ce lieu un caractère pittoresque et piquant.

PLANCHE LXXIX.

ARC DU PREMIER ORDRE DU THÉÂTRE D'ARLES.

Ce portique est le fragment d'un théâtre très considérable, dont nous venons de parler en décrivant le sujet de la planche précédente. Les triglyphes et le chapiteau-pilastre qu'on voit ici annoncent que l'ordonnance du monument était d'ordre dorique; mais l'entablement a quelque chose de particulier et de très remarquable : les modillons de la corniche sont aussi riches que ceux de l'ordre corinthien; une large partie lisse les sépare des moulures qui terminent cette partie de l'entablement; et la frise, au lieu de triglyphes et de mutules, est ornée de rinceaux en feuilles d'acanthe. Des figures humaines, terminées en ornements, forment le milieu des enroulements, et des oiseaux ainsi que des quadrupèdes occupent artistement les vides que laissent les contours des rinceaux. L'architrave, que les Grecs et les Romains ont en général rendue très simple, est ornée avec profusion ; un large listel et un talon la couronnent, et au-dessous sont des triglyphes. Les métopes ou entre-triglyphes sont alternativement remplis par des patères et des taureaux à mi-corps, qui semblent s'élancer hors de l'architrave. Il est difficile de décider si la singularité de cet entablement provient du goût de l'architecte, ou bien si on ne se sera pas servi de deux parties, l'une d'ordre corinthien, et l'autre d'ordre dorique, qu'on aura mises l'une sur l'autre; les moulures qui surmontent l'architrave pourraient autoriser cette conjecture.

PLANCHE LXXX.

MONUMENT ANTIQUE

CONNU SOUS LE NOM DE TOUR DE ROLAND.

On remarque généralement en France comme en Italie que beaucoup de monuments antiques ont servi de remparts, et sont devenus la base de tours et de fortifications pour la défense des villes; ce qui n'a pas peu contribué à l'état de dégradation où nous les voyons maintenant.

Cette planche donne les fragments de trois rangs d'arcades qui faisaient partie d'un théâtre; ils servent de fondement à une tour vulgairement connue sous le nom de *Tour de Roland*, sans que l'on sache le rapport qu'il peut y avoir entre ce fameux paladin et cet édifice. On y distingue une corniche dorique, enrichie de triglyphes, de patères, de rinceaux et de modillons, réunion d'ornements qui annonce une époque inférieure; mais le tout est remarquable par sa forme pittoresque et la richesse de sa couleur. Il faut sortir de la ville pour voir l'ensemble de cette tour, dont le soubassement est enrichi de beaux fragments antiques, qui font partie de sa construction, et paraissent avoir appartenu au théâtre.

PLANCHE LXXXI.

COLONNES ANTIQUES
SUR LA PLACE SAINT-LUCIEN A ARLES.

Ces deux colonnes de granit, engagées dans un mur moderne, y sont fixées par deux bandes de fer; elles paraissent avoir fait partie d'un monument considérable, et l'on présume que le lieu où elles sont situées était l'ancien forum. On aperçoit encore sur la frise et sur l'architrave la marque des clous qui servaient à attacher les lettres d'une inscription. Quelques savants ont prétendu qu'elle était en l'honneur de Constantin; mais cette manière de lire les inscriptions est si problématique, que nous ne nous permettrons point de l'adopter. Le style de l'architecture peut seul indiquer quelques conjectures à ce sujet. Le goût et le travail médiocre des profils annoncent une décadence très marquée; il est facile de s'en convaincre en considérant la petitesse du tailloir et la pesanteur des talons qui couronnent les modillons: la hauteur du fronton, qui s'élève d'une manière démesurée dans un si petit espace, en est encore une preuve. Les chapiteaux sont composites; ils n'ont qu'un seul rang de feuilles; le reste du vase est cannelé et couronné d'un tailloir très orné, d'un très fort quart de rond avec des oves, et d'un rang de perles, sans que l'on y remarque aucun indice de caulicolles, de tigettes ni de volutes. Le peu d'étendue de ce vestige ne permet de rien avancer de plus positif sur son ancienne destination.

Sunt fata locorum!

Arles n'est aujourd'hui qu'un chef-lieu de sous-préfecture du département des Bouches-du-Rhône! Arles, autrefois si puissante et si célèbre, que quelques écrivains n'avaient pas balancé à lui donner pour fondateur un fils de Priam; d'autres même un fils de Noé! Ericus, plus modéré, reconnaît que sa fondation se perd dans la nuit des temps :

> Urbs Arelas, fundatoris cognomine primi :
> Hoc daxisse ferunt incerto tempore nomen.

Si nous en croyons Festus Aviénus, les Grecs qui l'habitèrent d'abord l'appelèrent Théline :

> Theline vocata, sub priore sæculo,
> Grajo incolente.

Ce nom, du reste, qui semble venir de θηλή, *mamelle*, fut rappelé plus tard par Honorius, qui l'appela *Mater omnium Galliarum.*

L'air y était sans doute plus sain autrefois, et les fétides exhalaisons des marais voisins n'en chassaient pas les habitants.

De nombreux édifices décoraient cette ville, qui long-temps put passer pour la première des Gaules, et que le poète Ausone a appelée la Rome de ce pays :

> Gallula Roma, Arelas.

Son marché célèbre réunissait à-la-fois les trésors de l'Orient, les parfums de l'Arabie, les animaux de l'Afrique, et les armes qui se fabriquaient dans toutes les Gaules. Saccagée plusieurs fois dans les luttes sanglantes des Goths, des Allemands, des Burgondes et des Romains, elle se releva avec gloire, et fut, pendant une partie du 13ᵉ siècle, une république assez puissante. Louis XI la réunit à la France avec le reste de la Provence.

PLANCHE LXXXII.

BAS-RELIEF ANTIQUE A AIX.

Le sculpteur a réuni dans une même composition les amours de Léda et son accouchement. Léda, nue sur les bords de l'Eurotas qui y est personnifié, se défend, en se couvrant de sa draperie, des attaques d'un cygne. On sait que Jupiter, pour arriver à son but, s'étant changé en cygne, métamorphosa Vénus en aigle, et que, feignant de fuir l'aigle, il se précipita sur le sein de Léda, qui conçut deux œufs, d'où naquirent, de celui de Jupiter, Pollux et Hélène, et de l'autre, qui fut fécondé par Tyndare son époux, Castor et Clytemnestre. De l'autre côté du bas-relief, Léda sur son lit est accouchée; elle est soutenue par deux femmes; et des deux figures d'hommes présentes, celui qui est nu et porte

le costume héroïque, c'est-à-dire le baudrier et le manteau, est vraisemblablement Tyndare qui semble être surpris; et l'autre, qui est un vieillard couvert d'un grand manteau, et qui s'avance avec empressement, paraît être Thestius, père de Léda. Ses enfants sortis de la coquille sont à terre, au pied du lit, et l'artiste a omis d'y représenter Clytemnestre. Ce morceau en marbre blanc pourrait être un ouvrage de la fin du troisième siècle; il est dans une des salles de la municipalité d'Aix, où il a été transporté d'Arles.

PLANCHE LXXXIII.

VUE DU TOMBEAU DE SAINT REMI.

Cet édifice est situé auprès de l'arc de triomphe du même nom, mais sur un alignement différent, ainsi qu'on peut le voir dans la planche LXXXV. Il paraît, au surplus, lui être bien postérieur, car le caractère des profils, une certaine sécheresse d'exécution dans les chapiteaux et les autres ornements, et les rainures qui bordent les contours des figures pour mieux les faire ressortir, annoncent une époque peu reculée; cependant l'ensemble offre une idée piquante et pittoresque dans la disposition générale. La composition des trois étages est heureuse et très neuve par sa variété; le soubassement est entièrement plein et composé de deux parties, dont l'une, lisse, sert de socle; l'autre, au contraire, présente un contraste agréable par la richesse des bas-reliefs, des pilastres et des ornements qui la décorent.

Le second étage, moins orné, commence à prendre de la légèreté par le percé des quatre arcades qui y sont ouvertes. L'entablement est très bien rempli par les tritons qui sont sculptés dans chaque frise. Le troisième étage, qui est une rotonde sous laquelle sont représentés les deux personnages pour lesquels avait vraisemblablement été érigé le monument, et dont les têtes enlevées il y a quelques années par un Anglais ont été remplacées par des têtes modernes, est entièrement à jour, ce qui augmente encore la légèreté de l'édifice, et le termine de la manière la plus heureuse.

L'œil est désagréablement affecté en voyant le porte à faux de l'entablement qui surmonte les arcs et qui tombe à moitié des colonnes angulaires et sur leurs rosaces. Cette faute serait tellement grave si elle avait été commise dans la première conception de l'ouvrage, qu'on serait tenté de croire que la totalité de l'étage avait été originairement exécutée sans colonnes, mais qu'ensuite on aurait ajouté sur les angles les quatre qui y sont engagées, pour lier cet étage à la rotonde, et y ajouter ainsi un rappel de sa richesse. On lit sur le bas de l'architrave d'une des façades, et d'un chapiteau à l'autre, cette inscription :

SEX M. IVLIEI C F PARENTIBVS SVEIS.

Sans prétendre expliquer quelle était cette famille de *Julii*, nous croyons qu'on doit lire :

SEXTUS ET MARCUS JULII CURAVERUNT FACIENDUM PARENTIBUS SUIS.

La colonnade circulaire qui termine ce tombeau a quelque analogie avec celle du monument de Lysicrate, connu sous le nom de *Lanterne de Démosthène*; mais les colonnes de l'édifice grec sont à moitié engagées dans une muraille qui bouche leurs entre-colonnements, et leur proportion est celle de l'ordre corinthien, tandis que les colonnes ici sont isolées sur le ciel, et d'une proportion très courte. Le toit qui les surmonte, et qui est décoré de feuilles renversées, laisse à son extrémité une surface plane, qui fait supposer qu'il était autrefois couronné d'un ornement pyramidal, ainsi que celui de la lanterne de Démosthène.

PLANCHE LXXXIV.

PLAN ET DÉTAILS DU TOMBEAU DE SAINT REMI.

On a disposé sur cette planche quatre bas-reliefs et divers détails en grand du tombeau de saint Remi, dont la planche suivante donnera la vue perspective. Quelques savants ont fait d'ingénieux efforts pour rapporter les sujets des bas-reliefs aux personnages à qui ce tombeau fut élevé ; nous aimons mieux croire que le sculpteur chargé d'orner le monument y aura sculpté quelques épisodes des temps fabuleux et héroïques, et nous pensons que le bas-relief désigné sous le n° 1, *côté septentrional*, représente un combat de cavaliers acharnés, peut-être sous les murs de Thèbes ; celui du n° 2, *côté oriental*, un combat d'Amazones sur le bord d'un fleuve, indiqué par une figure qui le représente placée dans l'angle à gauche au bas de la composition. Sous le n° 3, *côté méridional*, est une chasse au sanglier, peut-être celui de Calydon, et sous le n° 4, *côté occidental*, une mêlée de fantassins qui combattent vivement auprès du corps d'un guerrier, les uns pour s'en emparer, les autres pour le défendre : nous y verrions presque les Troyens et les Grecs se disputant le corps de Patrocle. Le n° 5 est le dessin des chapiteaux de la colonnade de la rotonde qui compose le dernier ordre du monument. Le n° 6 est une des frises qui régnent sur chacun des bas-reliefs ornant le soubassement du tombeau ; des figures d'enfants soutiennent des guirlandes sur lesquelles sont des masques de faunes scéniques de caractères très variés. Le n° 7 est le chapiteau du second ordre qui soutient le grand entablement. Le n° 8 offre une tête de Mercure qui orne les archivoltes des quatre grands arcs de l'ordre principal du monument. Le n° 9 est un des chapiteaux-pilastres angulaires du soubassement où sont placés les bas-reliefs désignés ci-dessus. Le plan géométral du tombeau occupe le milieu du bas de cette planche. Les deux panneaux d'ornements qui forment bordures à ses extrémités sont les soffites des bandeaux de l'arc de triomphe représenté sur la planche XXXV ; le travail en est pur, délicat et des plus recherchés.

PLANCHE LXXXV.

VUE GÉNÉRALE DE L'ARC DE TRIOMPHE
ET DU TOMBEAU DE SAINT REMI.

Après avoir offert séparément les deux monuments de saint Remi, nous avons pensé qu'on ne verrait pas sans intérêt leur situation pittoresque et l'effet qu'ils produisent ensemble lorsque le voyageur, en arrivant, les considère à côté l'un de l'autre. L'arc n'a aucune symétrie avec le tombeau, et avance sensiblement sur son plan, ce qui, joint à la différence du style et de l'exécution, prouve clairement que, dans l'origine, ils n'avaient aucun rapport entre eux. Mais à la vue de cet arc élevé pour perpétuer des souvenirs de gloire, et qui domine un mausolée, l'esprit, frappé de la puissance de la mort à qui tout est dû, se rappelle ces vers du cardinal de Bernis dans son ode aux rois :

> Que les émules d'Alexandre
> Bravent sur des palais en cendre
> Et la fortune et ses revers ;
> Bientôt on les verra descendre
> Dans les tombeaux qu'ils ont ouverts.

Des rochers âpres et dénués de verdure servent de fond, et contrastent par leur couleur grisâtre avec le ton doré des monuments. Quelques ormes plantés autour depuis quelques années, et des oliviers, plus loin, adoucissent l'aridité du paysage.

PLANCHE LXXXVI.

BAS-RELIEFS ET AUTRES FRAGMENTS ANTIQUES
A DIJON.

On attribue généralement la fondation de Dijon à l'empereur Aurélien, qui, ayant détruit un bourg dont le nom celtique signifiait *consacré aux Dieux*, voulut, pour expier cette action, y bâtir une ville en leur honneur, qu'il appela par cette raison *Divio* (*Dii*, *Divi*), étymologie de Dijon ; il y éleva un temple et une forteresse sur la rivière d'Ouche. Aurélien ayant tenu l'empire de 270 à 275, on pourrait de là donner une époque assez certaine à l'origine de Dijon. Tous les bas-reliefs des figures représentées sur cette planche sont d'une exécution très conforme à celle des monuments de ce temps-là ; les autres, qui sont des autels et des tombeaux, tiennent plus de la décadence. Voici un aperçu des sujets qu'ils représentent.

N° 1. Ce bas-relief est incrusté dans un mur au jardin botanique ; il représente trois femmes assises, et tenant chacune une corne d'abondance. On suppose que ce sont les trois grandes déesses-mères.

N° 2. Tombeau consacré à la mémoire de sa fille par Biturix Vitalis.

N° 3. Commencement d'un sacrifice. Le prêtre, la tête couverte de son manteau, verse sur l'autel un parfum dont on voit la flamme. Le victimaire (ou popa) est, suivant l'usage, représenté à demi nu avec une ceinture sur les reins. D'une main il tient un fragment de hache, et de l'autre un taureau dont les cornes sont ornées de perles et de bandelettes. Une figure qui est dans le fond paraît être un tibicen ou joueur de flûte à deux corps. Ce bas-relief est dans le jardin d'un particulier de la ville.

N° 4. Tombeau élevé à un nautonier de la Saône. Un homme est sur un chariot attelé de mules, et on lit sur l'inscription : *Araricus nauta*.

N° 5. Ce triple bas-relief, qui paraît ne former qu'un seul morceau, est scellé à une certaine hauteur dans le mur d'une maison, à l'extrémité de la grande rue du faubourg d'Ouche. La partie supérieure représente le triumvirat d'Octave, Antoine et Lépide. La figure de femme qui est à leurs pieds est l'Abondance, tenant une corne pleine de fruits d'une main, et de l'autre leur offrant une grenade, symbole de l'union. Ce curieux fragment est soutenu par deux autres représentant des danseuses ; au-dessus sont des guirlandes de fruits, au milieu desquelles sont deux têtes de fantaisie.

N° 6. Autre fragment, sur lequel on voit un masque scénique suspendu par une bandelette, et une figure de Pan qui remplit l'écançon d'un arc orné de feuillages.

Dijon fut long-temps la résidence des ducs de Bourgogne, et ils l'enrichirent de monuments remarquables, que nous décrirons plus tard. Sans doute les empereurs romains aussi l'avaient orné de ces grands édifices qu'ils ont accordés si libéralement aux grandes villes ; mais, livré aux flammes en 731 par les Sarrasins, saccagé en 888 par les Normands, consumé presque entièrement en 1127 par un incendie terrible, il n'offre plus que des fragments des édifices qu'y avaient élevés les Romains.

PLANCHE LXXXVII.

VUE D'UN ARC DE TRIOMPHE ROMAIN A LANGRES.

Cet arc fait partie des murailles de la ville, et y est tellement confondu, qu'on est peu étonné que les antiquaires et les voyageurs s'en soient si peu occupés. Nous espérons donc que l'on nous saura quelque gré d'offrir au public deux vues d'un édifice assez important, pour n'avoir point mérité un pareil oubli. Ce qui reste de la façade est maintenant composé de quatre pilastres corinthiens, et de deux arcades de même proportion ; un entablement couronne les pilastres, sa corniche est très dégradée, et l'on n'y distingue que quelques modillons, un quart de rond orné d'oves et des denticules au-dessous. La frise était entièrement remplie par des armures, et on y aperçoit encore çà et là des boucliers groupés et apposés avec beaucoup d'art. L'architrave est assez bien conservée. Les chapiteaux sont d'un bon travail, et n'ont point éprouvé une aussi grande dégradation que le reste ; celui du milieu manque entièrement. Les bandeaux des archivoltes sont conservés ; ils sont très larges, et reposent sur leurs impostes. La construction offre la même régularité et la même finesse d'appareil que les plus beaux édifices antiques. Il est facile d'imaginer que la façade était composée de cinq pilastres engagés, dont deux de chaque côté, et un au milieu ; entre les deux arcades une chétive maison de maréchal masque une partie du monument.

La seconde vue représente la partie latérale et la façade raccourcie de l'arc. Elle est composée de deux pilastres éloignés l'un de l'autre de près de cinq diamètres. L'entre-pilastre est lisse, et on remarque la même construction que dans la façade. L'imposte y règne également. La corniche et la frise ont entièrement disparu, ainsi qu'une partie de l'architrave.

Une tradition très vague attribue l'érection de cet édifice aux deux empereurs Gordien père et fils, qui, vers l'an 240, associés au même triomphe, y auraient passé ensemble sous deux arcades égales. Le style de ce monument vient à l'appui de cette tradition, et empêche de reculer l'érection de cet arc jusqu'à la fin du 3e siècle. Cependant l'histoire donnerait alors un motif plausible que nous ne pouvons omettre. Eutrope, dont Paul Orose et Eumène confirment le récit, raconte [1] que vers l'an 297, Constance Chlore, attaché comme César à Maximien, empereur des Gaules, vainquit sous les murs de Langres une armée formidable d'Allemands. Sa victoire reçut un nouvel éclat du danger auquel il avait échappé; car, surpris et défait le matin, il ne rentra qu'avec peine dans la ville. La frayeur avait fait fermer les portes, et le César fut enlevé à l'aide d'une corde par-dessus les murs. Mais cinq heures après il prit sa revanche, et il lava la honte de sa défaite dans le sang de soixante mille ennemis. Ce serait là sans doute une cause raisonnable de l'érection de l'arc de triomphe, et les deux arches auraient été construites pour le passage de l'empereur Maximien et du César vainqueur.

Langres était, du reste, une ville considérable des Gaules, et la capitale des peuples appelés Lingones. Jules César s'en empara dans la guerre d'Arioviste; elle devint aussitôt alliée du peuple romain; elle fut ensuite habitée par Agrippa, préfet des Gaules du temps d'Auguste; mais sous Vespasien elle cessa d'être libre, et fut soumise à l'empire.

PLANCHE LXXXVIII.

TOMBEAU ANTIQUE A VAISON.

Ce monument, qui paraît avoir été quadrangulaire et avoir servi de tombeau, est connu maintenant dans le pays sous le nom de *Château de Maraudi*. Sa construction peut être attribuée à l'époque d'Aurélien et de Dioclétien; le style des moulures et des ornements, l'exécution des figures et la lourdeur de leur proportion autorisent cette supposition. Une tête de Janus, qui couronne un des angles, donne lieu de croire que les autres étaient également décorés.

Un grand entablement surmonte l'édifice; sa corniche et sa frise sont coupées par des frontons alternativement ronds et triangulaires, et l'architrave se raccorde avec les corniches des frontons.

On peut remarquer une grande variété dans la décoration des niches qui supportent les frontons. Dans celle qui est à la gauche du spectateur, une tête encadrée dans un cercle orné d'oves, décore le fronton; ce qui est entièrement conforme au style du bas-empire. Le bas-relief en renfoncement entre les pilastres représente deux figures dans un chariot traîné par deux mules, dont les colliers sont d'une hauteur et d'une forme remarquables : ce bas-relief est surmonté de petites figures d'hommes et de chevaux. Le fronton, à la droite du spectateur, est orné d'un bélier, et le bas-relief du renfoncement représente un victimaire accompagné de deux assistants, et tenant un taureau par une de ses cornes. Les culs-de-lampe des deux planches suivantes, etc., donnent les détails en grand des deux faces variées de ce tombeau.

PLANCHE LXXXIX.

PONT ROMAIN,

ET FRAGMENTS D'UN TOMBEAU ANTIQUE A VAISON.

Ce pont, d'une construction extrêmement solide, est composé d'une seule arche à plein cintre; il est situé sur la rivière d'Ouèze, sur les rives de laquelle est bâtie Vaison. Le pont passe pour être de construction romaine, et offre un site très agréable par les rochers dont il est orné et les différentes fabriques qui le dominent. Le cours de la rivière est bordé d'une riche végétation, et l'horizon est couronné par des montagnes qui terminent agréablement le tableau.

La partie inférieure de cette planche offre un cul-de-lampe où sont pittoresquement groupés les détails en grand d'un tombeau antique, dont la planche précédente a déjà donné quelques détails, et dont la suivante offrira la vue générale. Ce monument étant composé de deux faces variées, nous donnons ici les différences qui existent entre ses frontons, ses soffites, ses consoles et ses autres ornements.

[1] Liv. IX, chap. xxiii.

PLANCHE XC.

ARCADES D'UN AMPHITHÉATRE,

ET AUTRES FRAGMENTS ANTIQUES A VAISON.

Vaison est située sur une rivière nommée l'Ouèze; son nom latin était *Vasio*. Elle est bâtie dans une des parties les plus montagneuses de la Provence, dans le département de Vaucluse. C'était autrefois une des plus grandes et des plus florissantes villes des Gaules, et ses ruines immenses s'étendent à plus d'une lieue. Les peuples dont cette ville était la capitale s'appelaient Voconces ou Vocontiens (*Vocontii*); elle fut successivement la proie des Lombards et des Sarrasins, qui la ruinèrent; elle ne présente plus que des vestiges dégradés. Les habitants sont en petit nombre, et ne s'élèvent pas à plus de deux mille.

Ces arcades, comme toutes celles des constructions romaines, sont à *plein cintre*; elles faisaient partie d'un amphithéâtre dont il ne subsiste que ce fragment. Il était situé sur la colline appelée Puymin, et l'arène paraît avoir été au nord.

Les ornements groupés au-dessous de cette vue sont les détails en grand d'une des niches d'un tombeau situé à Vaison; il est représenté sur la planche LXXXVIII.

PLANCHE XCI.

PREMIÈRE VUE D'UN PALAIS PRÉTORIAL

A TRÈVES.

Cet édifice, situé à l'extrémité de Trèves, est enclavé dans les murailles de la ville, et présente un aspect remarquable; il offre un mélange d'architecture antique et du moyen-âge. Construit pour servir de palais prétorial, il ne fut pas terminé, et les principales parties, comme les corniches, les architraves, les chapiteaux et les bases, ne sont que massées, et attendent encore la main des sculpteurs qui devaient en tailler les moulures et les ornements. Deux avant-corps carrés, composés de quatre colonnes et de trois arcades chacun, forment les ailes et se communiquent par une galerie en retraite, également composée de colonnes et de six arcades. La proportion des colonnes, à en juger par leur diamètre, annonce que l'ordre devait être dorique. La façade ici représentée est tournée vers l'intérieur de la ville; elle est la plus dégradée et la plus déguisée par les ornements étrangers qu'on y a ajoutés.

Il paraît que de palais il devint basilique, et ensuite église, comme on en peut juger par les parties gothiques que l'on y voit. Un vaste escalier en ruine masque entièrement le premier étage et une partie du second, et ce beau monument, dégradé pendant les guerres qui amenèrent la fin de l'empire, par les Normands qui saccagèrent Trèves au 9e siècle, et enfin par les dévastations qui ont eu lieu de nos jours, ne présente plus maintenant qu'une ruine pittoresque.

PLANCHE XCII.

DEUXIÈME VUE DU PALAIS PRÉTORIAL

A TRÈVES.

Ce monument est ici représenté comme on le voit en le regardant du dehors de la ville. De ce côté, on jouit de la presque totalité de son ensemble, qui n'est interrompue par aucune construction étrangère. On voit distinctement les quatre différents étages dont il est composé; la façade renfoncée est toujours la même que celle qui lui est opposée: mais de ce côté-ci, les deux avant-corps formant les ailes sont circulaires, et on ne peut qu'admirer le génie de l'architecte qui a si bien su varier le caractère du monument suivant sa situation. La face intérieure, par ses ailes de forme carrée, présente dans la ville un palais imposant; mais, du côté extérieur, ces deux avant-corps circulaires représentent deux tours qui lui donnent un caractère de force parfaitement convenable à sa situation, ce qui lui a vraisemblablement fait donner le nom d'*Arx Alba* (forteresse blanche) : on ne peut en effet allier un plus grand caractère de solidité et de magnificence. La ville de Trèves est traversée par une petite rivière nommée anciennement *Olebia*, et maintenant *Weberbach* ; c'était encore une des huit cités des Gaules où l'on battait monnaie, et où l'on fabriquait des armes, des boucliers, et des vêtements pour les armées romaines.

PLANCHE XCIII.

ANCIEN PALAIS DES EMPEREURS A TRÈVES.

Ce monument est presque entièrement recouvert de constructions modernes ; il était bâti en briques, et l'on peut remarquer qu'il y a au second étage une galerie composée d'arcades à doubles rangs de briques à l'archivolte, ainsi que le pratiquaient les Romains. Ces briques étaient de la proportion de dix-huit à vingt pouces. On voit encore dans le soubassement des constructions en ouvrage réticulaire ; l'édifice est flanqué d'une vaste tour bâtie vers le temps de la renaissance, et sur le second plan on distingue des vestiges considérables de thermes antiques, qui forment maintenant une partie des murailles de la ville, et dont nous donnerons la vue (*voir pl.* XCIV). Les montagnes qu'on aperçoit dans le fond sont celles qui dominent le cours de la Moselle et qui bordent la route qui conduit à Mayence.

PLANCHE XCIV.

THERMES ROMAINS A TRÈVES.

L'origine de la ville de Trèves est, comme celle de toutes les anciennes villes, obscure et fabuleuse. Des historiens ont écrit que Trébata, qui a donné son nom à la ville de Trèves, était Germain d'origine, et que les Trévirions descendaient des Celtes. Cette opinion est la plus probable. Trèves est la plus ancienne ville des Gaules. Un siècle avant Jules César, ses habitants étaient riches, et si puissants, qu'ils empêchèrent les Teutons et les Cimbres de s'établir sur leur territoire (*Cæsar, de bel. Gal., lib. II*). César, à la tête de quatre légions romaines, quarante-trois ans avant la naissance de Jésus-Christ, se rendit maître de la ville de Trèves. Maximien demeura dans les Gaules pour être plus à portée d'arrêter les excursions des barbares, et Trèves fut le lieu de sa résidence. Posthume et Tetricus y avaient tenu leur cour avant lui ; mais après Maximien elle devint, l'an 296 de l'ère chrétienne, le séjour ordinaire des empereurs et la capitale des Gaules. C'est alors qu'on commença à y bâtir des palais, des cirques, des amphithéâtres et des maisons de plaisance sur les bords de la Moselle. Elle agrandit son enceinte ; on y ménagea des places publiques où jaillissaient plusieurs fontaines ; des édifices s'élevèrent, rien ne fut épargné pour sa magnificence ; son circuit fut d'une étendue extraordinaire ; et, au dire d'Ausone, Trèves, devenue une seconde Rome, ne cédait en rien à la maîtresse du monde.

Thermes, étuves, bains d'eau chaude, selon l'étymologie du mot (*thermæ*, lieux où se trouvent des eaux chaudes), désignent, chez les Romains, les bâtiments où l'on prenait des bains chauds ou froids, et ils étaient presque tous les ouvrages des empereurs. Car, suivant l'expression d'Ammien Marcellin, c'étaient des provinces plutôt que des édifices, et quelques uns couvraient cent mille pieds carrés de terrain. Leur triple enceinte réunissait et d'élégants portiques où les philosophes donnaient leurs leçons, et de vastes cours où les exercices du gymnase, en développant les forces physiques de la jeunesse, lui inspiraient le courage, qui n'est guère que le sentiment de sa force. C'était dans la plus petite enceinte, qu'autour de places libres ceintes de galeries, régnaient les vastes salles destinées aux bains. Là, vers la neuvième heure du jour, affluaient et sénateurs, et chevaliers et gens du peuple ; un côté particulier était réservé pour les femmes, depuis que les édits souvent renouvelés d'Adrien, de Marc-Aurèle et de Septime-Sévère avaient prohibé le mélange des deux sexes. Un *capsarius* à qui l'on remettait la *tessera*, petite médaille qu'ont remplacée nos cartes, gardait, dans le *spoliatorium*, les vêtements des baigneurs que recevait

bientôt ou le *frigidarium* destiné aux bains froids, ou le *tepidarium* pour l'eau tiède, ou le *laconicum* dans lequel un bouclier, toiture mobile, en montant ou en descendant diminuait ou augmentait la chaleur pour ceux qui voulaient transpirer. Dans les *scholæ* ou *alvei*, espèces de corridors, attendaient leur tour ceux qui ne pouvaient pas trouver place dans le bassin *piscina*, quelque vaste qu'il fût. L'*unctuarium* renfermait toutes sortes de parfums, et, comme les autres pièces, recevait un certain degré de chaleur de l'*hypocaustum*.

On retrouve encore à-peu-près ces diverses parties dans les ruines des thermes de Trèves, qui ne peuvent pas remonter plus haut que l'an 276, époque où cette ville commença à être le séjour ordinaire des empereurs, et qui ne datent peut-être que du règne de Constantin.

PLANCHE XCV.

TOMBEAUX A SPIRE,

ET DIVERS FRAGMENTS ANTIQUES A TRÈVES.

Nᵒˢ 1 et 2. Ces deux tombeaux sont élevés sur le parapet du pont de Spire ; ils paraissent avoir été érigés à la mémoire de deux cavaliers auxiliaires de l'armée romaine. Le n° 1 fut consacré par Julius à Quintus Carminius, porte-enseigne des Espagnols, qui avait fait vingt-cinq campagnes, ainsi que le désignent les fragments de l'inscription latine qui est gravée sous le bas-relief[1]. Le guerrier tient son enseigne d'une main, et de l'autre un javelot, avec lequel il paraît avoir terrassé deux barbares qu'il foule aux pieds de son cheval. Le n° 2 est un soldat à cheval qui lance un dard de la main droite ; il est dans une attitude presque semblable à celle de l'autre, avec la seule différence qu'il ne tient renversé sous son coursier qu'un seul ennemi, qui paraît également être un barbare, comme on peut en juger par sa longue chevelure. Les vestiges de l'inscription désignent qu'il s'appelait Licinus, Helvétien, âgé de quarante-sept ans, cavalier de l'aile de l'armée, également stipendiaire des Espagnols, et qu'il avait fait vingt-six campagnes.

On sait que l'armée romaine était composée de trois corps ; le premier formé de légionnaires, qui étaient tous citoyens romains, et qui servaient à leurs dépens ; le second des alliés, à qui l'on ne fournissait que le blé ; et le troisième d'auxiliaires, qui étaient stipendiés par les nations vaincues, obligées par leur traité de le fournir.

Nᵒˢ 3 et 4. Ces bas-reliefs paraissent avoir été dédiés à Jupiter. Celui sur lequel est l'inscription dit : *Le bourg de Voclanni, à Jupiter, très bon et très puissant*. Sur l'antre on voit un aigle, les ailes déployées, qui emporte dans ses serres un serpent, tandis qu'il est lui-même poursuivi par un autre, qui, enlacé à un tronc d'arbre, semble s'élancer sur lui et le vouloir percer de son dard.

Nᵒˢ 5 et 6. Ces fragments représentent un griffon et un triton ; ils paraissent tous les deux avoir fait partie du soubassement d'un monument qui pouvait avoir quelque rapport avec celui d'Isis. N° 7. Une Amazone, le sein découvert, la tunique retroussée, et armée d'une hache et d'un bouclier. N° 8. Une femme nue et attachée au milieu du corps paraît être sous la garde d'un serpent qu'un homme semble endormir par quelques sucs magiques. N° 9. Un Génie auprès d'un autel. N° 10. Une prêtresse brûlant de l'encens. Toutes ces sculptures, portant le style du 4ᵉ siècle, sont enclavées pour la plupart dans les murailles extérieures de la ville de Trèves.

[1] La fin de la première ligne, presque toute la seconde et la fin de la troisième sont effacées ; cependant on lit distinctement encore : *Q. Carminio... Hispanorum... stipendiario XXV signifero sacer, Julius H. E. T.*, c'est-à-dire *hunc erexit tumulum*.

PLANCHE XCVI.

TOMBEAU ANTIQUE A IJEL,
PRÈS DE TRÈVES.

À trois lieues de Trèves, au milieu d'un village appelé Ijel, se trouve situé cet ancien tombeau. Sa proportion considérable et le grand nombre d'ornements et de bas-reliefs dont il est enrichi le rendent extrêmement intéressant. La représentation de cet édifice, d'ailleurs très peu connu et qui mérite si bien de l'être, doit donc nécessairement fixer, sous tous les rapports, l'attention des artistes et des amis des arts.

Ce monument présente quatre faces symétriques décorées diversement. Cette vue offre le côté qui donne sur la campagne, opposé à celui sur lequel est l'inscription, et qui regarde le village et le grand chemin.

Il fut érigé à la mémoire d'un intendant de l'armée romaine, nommé Secundinus, et de ses parents, comme le porte l'inscription. On reconnaît au premier coup d'œil le caractère d'architecture du temps de Dioclétien ou d'Aurélien; mais la délicatesse des ornements et la bonne exécution des bas-reliefs portent à croire qu'il ne peut être classé plus bas qu'à cette époque. Il a du rapport pour le style avec l'arc de Besançon, autrement appelé *Porte-Noire,* où la sculpture est supérieure à l'architecture, et où les assises des colonnes sont également ornées de figures. Les frontons, dont la hauteur du tympan annonce l'approche de la décadence, sont ornés de têtes de divinités. On voit dans celui-ci Apollon, décoré de ses rayons, et deux coursiers qui l'accompagnent. Au-dessous une figure nue d'une très belle attitude semble retenir deux griffons. La corniche du grand entablement a des ornements, mais elle est sans tailloir, modillons ni denticules. La frise est décorée d'un bas-relief représentant des mulets chargés de bagages; l'un gravit et l'autre descend une montagne; et un édifice se trouve placé à chacun des bouts de cette frise. Les chapiteaux des pilastres des angles sont composites et ont des têtes au lieu de rosaces; sur les pilastres sont sculptées par compartiments des figures de guerriers et de tritons. Un zodiaque, ayant à ses quatre côtés des têtes des principaux vents, sert de cadre à un bas-relief circulaire représentant un Hercule sur un quadrige accompagné d'une Pallas. Le piédestal est très fruste, mais on peut cependant encore y distinguer des figures de rameurs sur une nacelle.

Les diverses parties que nous venons de décrire reposent sur trois socles ornés de figures en bas-reliefs; sur le premier sont des hommes montés sur des dauphins; sur le second est une barque avec plusieurs figures, dont une à droite est la représentation d'un fleuve; et sur le troisième des tritons courant avec des phoques. Une partie de ces socles étaient enfouis, et nous les avons fait déblayer pour les dessiner, jusqu'à ce qu'il s'en soit présenté un quatrième entièrement lisse, qui servait probablement de base à l'édifice. Il est facile de remarquer que toutes ces figures allégoriques ont rapport au mouvement d'une armée sur terre et sur l'eau, et aux influences des saisons sur sa marche et ses opérations.

En donnant la façade opposée sur laquelle se trouve l'inscription, et une des deux faces latérales, nous développerons successivement la description des bas-reliefs, qui tous ont rapport aux fonctions du personnage important auquel fut élevé ce monument remarquable. Le fond du paysage dans lequel est situé ce tombeau se compose de montagnes et d'un pont sur la gauche, au milieu d'une plaine qui fut le théâtre d'une bataille entre les Français et les Impériaux, sous le règne de Louis XIV.

PLANCHE XCVII.

DEUXIÈME VUE D'UN TOMBEAU ANTIQUE A IJEL,
PRÈS DE TRÈVES.

Les diverses faces de ce monument présentant chacune un intérêt particulier par la variété et la richesse des détails, nous avons cru devoir en donner au moins trois. Celle-ci regarde la grande route. Elle porte l'inscription placée au-dessous d'un bas-relief où sont sculptées trois figures revêtues de manteaux. Celle du milieu a la partie supérieure du corps effacée. Trois médaillons ronds, ornés de bustes, sont placés au-dessus des figures, et il y a tout lieu de présumer que ce sont des portraits.

Le bas-relief de la frise présente vraisemblablement un repas, dans lequel on remarque, avec plusieurs figures, un buffet garni de vases et d'amphores, une table et une espèce de fourneau. Le tympan du fronton est orné de trois figures; celle du milieu est debout, dans l'action d'un grand mouvement; une autre, à sa droite, est courbée, et semble lui prendre le bras, et une troisième, à la gauche de la première, s'élance vers elle.

Entre le fronton et le grand entablement, on voit quatre figures en tunique et en chlamyde, comme des voyageurs ou des gens de guerre. Les pilastres sont ici ornés d'enfants sculptés dans des tablettes et encadrés par un listel. L'inscription est très effacée, et ce qui en reste fait entendre que JVLIVS SECVNDINVS AVENTINVS et SECVNDINVS SECVRVS vivants ont élevé ce monument à SECVNDINVS SECVRVS et à PVBLIA PACATA, épouse de SECVNDINVS AVENTINVS, à SACCIVS MODESTVS et à MODESTVS MACEDONVS son fils, leurs parents défunts.

Un oratoire moderne, décoré suivant l'usage du pays, contraste avec le monument antique, qui est environné pittoresquement de noyers et d'autres grands arbres.

PLANCHE XCVIII.

TROISIÈME VUE D'UN TOMBEAU ANTIQUE A IJEL,
PRÈS DE TRÈVES.

Nous avons eu déjà occasion de faire remarquer que ce monument est élevé sur un plan *quadrilatère,* carré long. Les deux côtés publiés sont la face principale et le derrière, ou sa partie correspondante; celui-ci est une des vues latérales.

Dans le tympan du fronton est un guerrier tombant sous les coups de son adversaire, armé d'un casque, d'une lance et d'un bouclier; des dauphins remplissent les angles. Dans le bas-relief au-dessous sont deux figures assises sur un char léger à deux roues et attelé de deux mulets; deux hommes, dont l'un, plus âgé, paraît enseigner à l'autre, qui tient un fouet à la main, la manière de conduire le char. Dans la frise de la grande corniche, des boulangers semblent occupés à pétrir de grands pains ronds, et d'autres à les faire cuire dans des fours. Les montants des pilastres qui soutiennent la corniche sont ornés dans leurs panneaux de figures représentant des enfants et des tritons. Le grand bas-relief entre-deux est dans un état complet de dégradation. Dans le piédestal au-dessous, un chariot à quatre roues égales, et chargé de ballots liés avec des cordes, est traîné par deux mulets. Enfin, les trois socles inférieurs sont diversement occupés : on voit, dans le premier, une queue de dauphin; dans le second, des bateliers traînant une barque; et dans le troisième, des phoques et des tritons. Les chaumières pauvres qui environnent ce monument contrastent avec sa magnificence.

PLANCHE XCIX.

DÉTAILS EN GRAND DU TOMBEAU D'IJEL.

Ces bas-reliefs sont le développement de ceux que nous avons indiqués sur la façade du monument d'Ijel qui regarde la campagne.

N° 1. Globe surmonté d'un aigle où l'on croit avoir été renfermée l'urne qui contenait les cendres de Secondinus. N° 2. Apollon la tête ornée de rayons, et ses quatre coursiers. N° 3. Grand bas-relief de l'attique représentant une figure d'homme nu entre deux griffons. N° 4. Bas-relief de la frise du grand ordre, deux mulets et leurs conducteurs y montent et descendent une montagne escarpée. N° 5. Grand zodiaque remplissant l'espace qui est entre les deux pilastres de la façade; Hercule armé de sa massue est dans un quadrige, dont les chevaux courent avec impétuosité, et Pallas semble l'accueillir. Les signes du zodiaque sont très distinctement représentés dans l'encadrement circulaire qui ceint le bas-relief. Aux quatre coins sont sculptés les quatre vents principaux. Ces belles têtes ont une grande analogie avec celles qui décorent la tour des Vents à Athènes. N°ˢ 6, 7, 8. Bas-reliefs des trois socles qui servent de soubassement à tout l'édifice. On y voit des tritons, des plaques, un fleuve et des nautoniers. N°ˢ 9 et 10. Figures d'hommes et de tritons qui ornent les pilastres des coins du tombeau. Toutes ces sculptures semblent être les emblèmes des Soins, de la Force, de la Prudence et de la Vigilance nécessaires dans la conduite d'une armée, dans les marches de laquelle on rencontre sans cesse des montagnes à gravir, des fleuves à traverser, des saisons à combattre, et des approvisionnements à préparer, etc., et semblent parfaitement conformes aux emplois de Secondinus, préfet et ordonnateur de l'armée romaine dans la Gaule belgique, dont Trèves, peu distant d'Ijel, était la capitale.

PLANCHE C.

BAS-RELIEFS ET FRAGMENTS ANTIQUES,
PRÈS DE LUXEMBOURG.

Cinq de ces fragments sont enclavés dans les murs de l'antique château de Mansfeld, à une lieue environ au-delà de Luxembourg; ils paraissent avoir fait partie d'un tombeau. La sculpture de ces bas-reliefs a beaucoup de rapport avec celle du tombeau d'Ijel, qui en est distant de quelques lieues; mais ceux-ci ne paraissent faire partie que d'un simple sarcophage : du reste, on y remarque le même style, la même exécution, et presque les mêmes sujets.

N° 1. Triton poursuivi par des monstres marins et un dauphin.

N° 2. Dans un cintre encadré de deux bandeaux on lit l'inscription latine dont voici le sens :

Aux Dieux mânes.

A Lallius Atticinus son frère très pieux, et à Popa sa mère, Popilianus l'a fait ériger.

Des têtes colossales ornent les coins de ces deux faces principales; la proportion des figures est d'environ trois pieds.

N° 3. Autre triton combattant contre un sanglier qui le menace vivement.

N° 4. Un homme assis sur un char léger étend son fouet pour faire avancer deux mulets qui y sont attelés.

N° 5. Hercule, revêtu d'une peau de lion, entraîne hors des enfers Cerbère enchaîné. Ce dernier bas-relief est enchâssé dans les murailles de Trèves.

N° 6. On voit sur cette face une femme revêtue d'un manteau long et un homme couvert de la tunique et de la toge; leurs deux têtes sont entièrement mutilées. Ces deux figures paraissent représenter les deux personnes que renfermait ce sarcophage, comme l'indique l'inscription.

PLANCHE CI.

TOMBEAU DE SYAGRIUS,
ET AUTRES FRAGMENTS ANTIQUES.

Le bas-relief principal de cette planche est le devant d'un sarcophage en marbre blanc, qui était autrefois placé sur une des portes de l'abbaye de Saint-Médard à Soissons. Il est actuellement dans le jardin d'un particulier de cette ville. Ce monument paraît être un ouvrage du troisième siècle. Deux Génies ailés supportent un buste placé dans un médaillon; au-dessous la figure d'un fleuve tenant un roseau, et de l'autre une rivière sous la forme d'une femme avec une corne d'abondance annoncent la fertilité, également caractérisée par un pâtre et deux chèvres. Les deux extrémités du bas-relief sont remplies par deux autres Génies éteignant des flambeaux, emblèmes du trépas. La composition est heureuse et d'une bonne exécution pour cette époque.

Il est facile de remarquer que si ce tombeau a véritablement renfermé les cendres de Syagrius, il n'a point été fait pour lui. Syagrius, fils de Gillon, existait vers la fin du cinquième siècle, époque à laquelle la décadence des arts a été la plus complète. Ce fut le dernier général des Romains dans les Gaules. Il occupait en leur nom la ville de Soissons et ses environs. Clovis, en l'année 484, l'attaqua et le mit en fuite. Syagrius se réfugia auprès d'Alaric, roi des Goths, et fut livré par lui à Clovis, qui le fit mourir. C'était, du reste, en ces temps de barbarie, l'usage de se servir d'anciens sarcophages pour y déposer les restes des hommes distingués, dans l'impuissance où l'on était alors d'en exécuter de pareils.

Les autres fragments, bas-reliefs, ornements et figures, sur cette même planche, ont été trouvés dans des fouilles faites en différents temps à Auxerre; et, s'ils annoncent en général une époque assez inférieure, ils prouvent du moins que ce pays, ainsi que toute la Bourgogne, était très riche en monuments antiques, construits sans doute lors de la grande puissance des Éduens. Tous ces édifices furent renversés et détruits par les barbares du nord, connus sous le nom de Bourguignons.

PLANCHE CII.

FACE PRINCIPALE DU TOMBEAU DE JOVINUS
A REIMS.

Ce tombeau renfermait les cendres de Jovinus, illustre Rémois; il fut d'abord placé dans l'église des Saints-Apôtres, ancienne cathédrale de Reims : depuis il fut transporté dans celle de Saint-Nicaise, après la destruction de laquelle on le déposa dans la nef de la cathédrale actuelle, où il est maintenant.

Jovinus existait vers l'an 340, et gouverna Reims sous l'empire de Julien, de Jovien et de Valentinien, ses successeurs; il rendit les plus grands services à ces princes, et fut nommé général de la cavalerie romaine et décoré du titre de consul. Il accompagna Julien dans ses guerres de la Germanie, et partagea l'honneur des victoires qu'il remporta sur les Allemands et autres barbares qui tentaient de traverser le Rhin et de s'établir dans les Gaules; il se distingua également sous ceux qui régnèrent après lui; il existait encore en 375.

Le style de ce monument fait présumer qu'il fut exécuté au moins un siècle avant Jovinus, et que, pour honorer la mémoire de ce général, on y déposa ses cendres, quoique originairement il n'eût point été érigé pour lui, usage assez constamment suivi dans ces temps de la décadence des arts.

Ce beau bas-relief est en marbre; le sujet qu'il représente est une chasse. A la droite du tombeau est la figure du héros, représenté debout, revêtu d'une cuirasse, et paraissant parler à un écuyer qui lui présente son cheval; un enfant lui offre son casque, dont la forme semble être grecque. Auprès de lui on voit une figure de femme avec un casque sur la tête, un bouclier au bras gauche, et tenant de sa main droite un fragment qui paraît être celui d'une lance, ou bien un de ces rouleaux dont les généraux se servaient pour lire les ordres que le sénat leur envoyait écrits sur des bandes de parchemin roulées autour d'un rouleau d'égale dimension; sa tunique, attachée sous le sein, retombe et lui laisse la mamelle droite découverte : une seconde ceinture attachée sur les hanches relève ce vêtement et laisse voir les jambes libres à la manière des Amazones. Cette figure symbolique paraît représenter la ville de Rome; c'est ainsi du moins qu'elle est caractérisée sur les plus beaux monuments antiques que l'on admire encore maintenant dans cette ancienne capitale du monde.

On voit ensuite le héros couvert d'une simple tunique et d'un paludamentum ou manteau court, monté sur son coursier; il s'élance sur un lion et perce d'un dard l'animal furieux, qui a déjà terrassé un esclave revêtu d'un costume barbare, et qui n'a plus pour retranchement que son bouclier. Un autre cavalier seconde le héros et lance un dard, tandis que des esclaves demi-nus prennent la fuite. Un grand nombre d'animaux renversés prouvent que la chasse a été très considérable; on y distingue un sanglier, des cerfs et d'autres bêtes sauvages. Le beau caractère des têtes, la manière dont les cheveux, les draperies et autres accessoires sont traités, tout annonce que ces sculptures sont d'une excellente école. Un pilastre en avant-corps d'un composite corinthien et décoré sur sa face d'une vigne qui serpente dans un panneau, encadre la composition; l'autre n'existe plus.

Il ne faut pas confondre Jovinus dont nous venons de parler avec un autre Gaulois du même nom, proclamé empereur à Mayence, l'an 411, et qui fut assassiné comme on le conduisait à Honorius, dont les troupes l'avaient fait prisonnier.

Il y a au Muséum royal de Paris un sarcophage en marbre pentélique (indiqué sous le n° 423) qui a quelque rapport avec celui-ci; mais toutes les figures prises en particulier sont différentes, et l'exécution générale en est inférieure.

PLANCHE CIII.

FACES LATÉRALES DU TOMBEAU DE JOVINUS.

Les deux sujets de cette planche sont d'une exécution bien inférieure à celle du grand bas-relief, et l'on peut remarquer, par le peu d'étendue des ombres portées, que les figures sont d'un relief très peu saillant. Ils semblent cependant se rapporter au sujet principal, et indiquer le départ pour la chasse et le retour.

Un esclave, armé d'un épieu, présente au héros son casque, tandis qu'un autre lui amène son cheval couvert d'une peau de lion ou de panthère.

Le chien témoigne son impatience par ses aboiements et par les mouvements de sa queue.

Dans le deuxième bas-relief, un esclave armé d'une épée, et tenant un chien en laisse, va au-devant des chasseurs; la vue du gibier fait bondir le chien, et semble au contraire effrayer un autre esclave, à moins qu'on ne suppose qu'il s'empresse d'aller annoncer que la chasse a été heureuse.

PLANCHE CIV.

VUE INTÉRIEURE ET PLAN

DES VESTIGES DE L'ARC DE CARPENTRAS.

La partie supérieure de cette planche représente l'intérieur des cuisines et des offices du palais épiscopal, bâti par le cardinal Bichi, évêque à cette époque; elles ont été construites dans l'épaisseur de l'arc, où plusieurs des colonnes se trouvent engagées. Ce dessin sert à expliquer le motif du plan que nous donnons au-dessous; nous entrerons dans un plus grand détail sur ce monument lorsque nous décrirons la vue extérieure de l'arc, sujet de la planche suivante.

Détails du plan :

N° 1. Partie extérieure de l'arc représentant les deux colonnes latérales de l'édifice, et au milieu d'elles le tronc d'arbre qui soutient les trophées qui décorent cette face.

N° 2. Parties engagées dans le palais épiscopal, et qui servent à expliquer le plan.

PLANCHE CV.

VUE EXTÉRIEURE DE L'ARC DE CARPENTRAS.

Cette planche représente la face latérale à gauche de l'arc dont nous venons de donner le plan et la vue intérieure. Il paraît que ce monument fut érigé en mémoire de quelque avantage remporté sur des nations barbares. L'entre-colonnement présente une décoration très riche; un tronc d'arbre dépouillé de ses branches et de ses feuilles y supporte un trophée composé d'un sagum ou tunique barbare, et surmonté d'un casque du même caractère. De chaque côté sont suspendus symétriquement des boucliers de différentes formes et deux faisceaux de dards. Deux prisonniers, revêtus du même costume germanique, sont attachés, les mains liées derrière le dos, au tronc d'arbre que supporte le trophée. Cette composition a quelque rapport à celle des faces latérales de l'arc d'Orange; mais le caractère et la proportion courte des figures, que le temps a singulièrement dégradées, donnent lieu de penser que la construction de cet arc, de très petite dimension, est d'une époque bien postérieure à celle du beau monument d'Orange.

QUATRIÈME ÉPOQUE.

PLANCHE CVI.

VUE PITTORESQUE

DE LA FONTAINE DES BAINS DE SEXTIUS A AIX.

C'est à cette fontaine d'eaux minérales que les malades et les étrangers viennent prendre les eaux. Elle est composée de deux sarcophages antiques en marbre blanc, représentant des sujets de l'ancien et du nouveau Testament; bas-reliefs que nous donnerons détaillés en grand. Le tombeau supérieur sert de réservoir, et l'inférieur sert de vasques et reçoit les eaux qui s'échappent. Des pilastres doriques supportant des vases sont engagés dans un mur de refends qui sert de fond aux sarcophages. On voit près de là les murs de la ville et une antique tour. Les arbres du jardin des bains ornent le devant, et la scène est animée par des femmes du pays qui viennent puiser de l'eau.

Aix est une ville très ancienne qui fut fondée plus de cent vingt ans avant Jésus-Christ. Dans les guerres que les habitants du pays eurent avec leurs voisins, ils appelèrent les Romains, qui vinrent à leur secours, sous le commandement de Sextius. Ils campèrent dans cet endroit où sont maintenant les eaux, qui furent appelées pour cette raison *aquæ Sextii*. Les tabernes des soldats furent converties en maisons, et du nom d'*aquæ* en latin, la ville a pris celui d'Aix, en provençal.

PLANCHE CVII.

BAS-RELIEFS

DE LA FONTAINE DES BAINS DE SEXTIUS A AIX.

Ces bas-reliefs de marbre blanc décoraient le devant et les côtés d'un tombeau. Originairement découverts à Arles, ils ont été transportés à Aix, et placés à la fontaine des bains de Sextius. En voici la description.

N° 1. Le Pharaon d'Égypte, sur un char attelé de deux chevaux, tient d'une main son bouclier, et de l'autre sa lance; il poursuit les Hébreux qui sont de l'autre côté de la mer Rouge avec leurs femmes et leurs enfants. Précédé et suivi de cavaliers et de fantassins, il commence à entrer dans les flots de la mer, où une partie de son armée est déja submergée.

N° 2. Joseph, devant le Pharaon, lui explique ses deux songes. Le roi, sur son trône, accompagné de deux soldats, semble interroger Joseph, aux pieds duquel sont figurées les vaches vues en songe; plus haut sont représentées les gerbes. Des personnages semblent effrayés des maux que Joseph leur présage.

N° 3. Les Hébreux dans le désert reçoivent les cailles que le ciel leur envoie. Moïse leur montre la colonne de feu qui les guide, et que plusieurs d'entre eux adorent à genoux ou prosternés.

Ces monuments ont été exécutés dans le bas-empire. Quoique le christianisme ait commencé aux temps les plus florissants des arts, qu'Adrien lui-même ait fait rebâtir le temple de Jérusalem, ce ne fut seulement que sous Constantin, vers l'année 313, que les chrétiens purent faire servir les arts à la décoration de leurs temples et de leurs tombeaux. Ce qui fait que dans le grand nombre de monuments chrétiens qui nous restent, on remarque toujours la dégénération de l'art. Cependant ceux-ci offrent encore l'empreinte des grands principes de l'art des anciens; même simplicité et même noblesse dans les attitudes, beau parti dans les draperies, grands caractères de têtes qui, en général, sont mieux exécutées que le reste. On remarque toujours l'attention qu'ils ont eue de représenter les chevaux et les accessoires d'une proportion subordonnée à celle des hommes, ce qu'avaient strictement observé les sculpteurs des meilleurs temps, pour donner plus d'accord aux masses du bas-relief, et pour en rendre la composition plus riche en y introduisant un plus grand nombre d'objets.

PLANCHE CVIII.

TOMBEAU,

DÉTAILS ET FRAGMENTS ANTIQUES A AIX.

Le sujet de cette planche, sous le n° 1, représente un bas-relief antique de marbre blanc qui surmonte la fontaine des bains publics d'eau minérale à Aix en Provence, attenants aux bains antiques de Sextius. C'est un ouvrage du bas-empire et des premiers siècles de l'Église: c'était sans doute le sarcophage qui contenait les restes de quelque personnage considérable et chrétien. Il est divisé en cinq arcades par six colonnes composites qui portent des archivoltes surbaissées.

Le motif de la première arcade paraît être le sacrifice d'Abraham; le second, la résurrection du Lazare et sa sœur aux pieds de Jésus-Christ: et le quatrième, la guérison de l'aveugle de Jéricho: les sujets du troisième et du cinquième ne paraissent pas assez déterminés pour que nous les expliquions. Cette sculpture est d'une exécution médiocre, mais on y trouve les grands principes des anciens pour la composition, le dessin, la noblesse et la simplicité des attitudes. Ce sarcophage est soutenu par un autre dont nous venons de donner la gravure et la description. On dit que ce monument a été apporté de la ville d'Arles.

N° 2. Ce fragment paraît être également un tombeau; il est de marbre antique, et se trouve placé à l'hôtel-de-ville d'Aix. On rapporte qu'il a été trouvé dans les environs de cette ville, au bord de la petite rivière d'Arc, célèbre par la victoire de Marius sur les Teutons et les Ambrons, qui étaient venus fondre sur la Provence. D'un côté une figure de femme semble s'appuyer sur un chêne, et de l'autre un homme en tunique tient sa tête sur sa main. La tablette du sarcophage est ornée de cannelures torses, mais on n'y distingue aucune inscription.

N° 3. Figure de femme dont le corps est terminé en queue de poisson; son isolement de toute autre partie ne permet pas de supposer à quel monument ce détail a pu appartenir, mais l'ensemble de cette figure a beaucoup d'analogie avec celles qui surmontent le fronton de la face latérale de l'arc d'Orange; elle est d'un bon style; la pose est noble et la chevelure très pittoresque. On croit que ce bas-relief a été également trouvé sur le champ de bataille de Marius; il est maintenant au muséum de Marseille.

PLANCHE CIX.

ARC DE TRIOMPHE,

APPELÉ PORTE-NOIRE, A BESANÇON.

Ce monument, enclavé et pour ainsi dire confondu dans la muraille d'une tour qui sert de passage pour aller à l'archevêché, est si obscur et si effacé, que les habitants du pays l'ont appelé *Porte-Noire*. La plupart des voyageurs passeraient dessous sans s'en apercevoir, si on ne les en prévenait. Un instant seulement avant le coucher du soleil, les rayons qui glissent obliquement permettent de distinguer les nombreux ornements dont il est chargé. On n'a pas manqué de l'attribuer à Jules César, tandis que les ressants du plan, le caractère bizarre des ornements et leur prodigalité, la forme élevée du fronton et la coquille de l'entre-colonnement annoncent la dégradation de l'art et les approches du bas-empire: la sculpture seule des figures pourrait porter à croire qu'il a été élevé avant Constantin. On y remarque un bel ensemble et un grand caractère qui indiquent presque toujours le temps de Dioclétien et de ses successeurs, époque à laquelle le goût de l'architecture était fort dégénéré, pendant que la sculpture se soutenait encore avec honneur. On observe au contraire qu'à l'époque de Constantin, comme on peut le voir à Rome à l'arc de ce nom, l'architecture est bien supérieure à la sculpture, qui a été faite du même temps, dans les parties où l'on n'a point encastré les bas-reliefs de l'arc de Titus et de Trajan.

Le premier ordre de l'édifice est au niveau de l'imposte du grand arc, et dans l'intervalle qui existe entre son entablement et celui qui couronne la clef de l'arc, l'architecte a élevé un petit ordre dont l'entablement forme des ressauts sur les colonnes. Une figure d'homme nu avec le manteau héroïque et une lance à la main est représentée dans le renfoncement. Le fût de la dernière colonne en dehors de l'arc avait des ornements sculptés dans sa totalité, tandis que sur la colonne intérieure on remarque de petites figures d'hommes, et même des groupes dans des compartiments égaux. Le même parti s'aperçoit bien plus distinctement sur le montant des pilastres qui portent l'archivolte, dans le bandeau duquel étaient sculptés des tritons à chaque claveau, comme on en découvre encore quelques vestiges. Il ne faut pas confondre avec l'antique les figures barbares qui sont enclavées dans le mur entre les fenêtres et au-dessous; elles représentent d'une manière grossière les quatre évangélistes, et contrastent étrangement avec l'ouvrage romain.

PLANCHE CX.

VUE PITTORESQUE DE L'ARC DE REIMS.

Cette vue est prise en dehors de la ville, ce qui reste de ce monument étant aujourd'hui enclavé dans ses murailles. La grande route, comme on le voit, passe au-dessus de l'édifice, et on descend par un escalier de l'intérieur de la ville dans les arcades, qui sont comme autant de caveaux très humides, dont les deux derniers ne prennent de jour que par de petites ouvertures qu'on a ménagées à dessein dans le mur. Cependant il est peut-être à désirer pour la conservation du monument qu'on le laisse dans l'état où il est maintenant, parcequ'il pourrait courir des risques si on cherchait à le découvrir et à l'isoler davantage. A en juger par l'étendue de sa construction, cet arc était très considérable, puisqu'il était composé de trois arcades, de colonnes et autres accessoires; des trois arcades, on ne voit plus aujourd'hui qu'une partie de l'imposte et de l'architrave de la première. Nous allons donner successivement le développement des deux arcs latéraux, dont l'un est dédié à Rémus et à Romulus, et l'autre à Léda; puis la gravure du troisième, celui du milieu, qui est d'une plus grande dimension, ainsi que le plan général. Au reste, on sera moins surpris de la proportion et de la richesse de cet arc, quand on saura qu'il correspondait à une des quatre grandes routes romaines qui traversaient les Gaules.

Quoique le vulgaire attribue cet arc à César, l'opinion de ceux qui pensent qu'il fut élevé sous l'empire de Julien est beaucoup plus vraisemblable, comme on pourra le remarquer par le style des détails. On sait d'ailleurs que Julien affectionnait beaucoup la province des Gaules et se plaisait à l'orner de monuments; d'ailleurs ses victoires contre les Chamaves et les Quades, la délivrance de la ville de Reims assiégée par les Allemands, que Julien repoussa au-delà du Rhin, donnent une cause raisonnable de l'érection de cet arc de triomphe.

On présume encore que sous ses arcades passait la grande route qui traversait toutes les Gaules.

Reims était déjà une des principales villes de la Gaule belgique lorsque César fit la conquête des Gaules: on convient assez généralement qu'elle se nommait alors *Durocorturum*. Jules César fit alliance avec ses magistrats, fortifia la ville et lui laissa son gouvernement, qui était républicain, en la mettant sous la protection du peuple romain. Cette ville se distingua toujours par son attachement à Jules César et aux Romains. Elle ne fut point détruite par les peuples du nord, et acquit de la célébrité dans le moyen-âge.

PLANCHE CXI.

PLAFOND D'UNE DES ARCADES

DE L'ARC DE TRIOMPHE ANTIQUE A REIMS.

L'arc de Reims est composé de trois arcades, dont une grande et deux petites; cette planche représente le plafond de la première des deux petites à la gauche du spectateur regardant l'intérieur de la ville. L'estampe offre le développement de sa voûte et des impostes sur lesquelles elle repose. Le milieu représente Rémus et Romulus allaités par la louve, et trouvés par le berger Faustulus, accompagné d'un autre pâtre. Un large listel encadre des caissons alternativement carrés et octogones, ornés de rosaces; un riche bas-relief environne les caissons, et est lui-même entouré par un méandre qui porte de chaque côté sur l'imposte. Cette frise est enrichie des différentes pièces qui formaient l'armure des anciens, et qui sont vraisemblablement les dépouilles des vaincus; ces divers détails sont groupés avec beaucoup d'art et disposés de la manière la plus heureuse. Les quatre angles sont remplis par quatre Victoires qui sculptent, gravent ou écrivent sur des boucliers; elles semblent indiquer les Génies de la Peinture, de la Sculpture, de la Poésie et de l'Histoire, qui éternisent les hauts faits du vainqueur. Les impostes sont elles-mêmes enrichies d'ornements dont le style annonce l'époque de décadence dans laquelle nous classons ce monument.

PLANCHE CXII.

PLAFOND D'UNE DES ARCADES

DE L'ARC DE TRIOMPHE ANTIQUE A REIMS.

La disposition des bas-reliefs et des caissons est à-peu-près la même dans cette deuxième arcade que dans la première, appelée l'*arcade de Romulus*, à cause du sujet placé au centre de la voûte. Dans celle-ci, que nous appellerons *arcade de Léda*, le nombre des caissons est moins grand, ce qui augmente la proportion des rosaces et de leurs filets ou listels. Les Génies des beaux-arts occupent également les quatre angles; mais les grands bas-reliefs d'armure, au lieu de poser sur un méandre, sont portés par une frise dans laquelle sont sculptés des ornements dont le style tient du bas-empire. Le bas-relief du milieu représente le sujet mythologique de Jupiter et Léda, que l'Amour accompagne et semble éclairer de son flambeau. Cette figure est extrêmement dégradée, et il n'en reste que les vestiges nécessaires pour déterminer cette opinion.

PLANCHE CXIII.

VUE

DE LA GRANDE ARCADE DU MILIEU DE L'ARC DE REIMS

(ARCADE DES SAISONS).

Ce plafond, dont il manque une partie très considérable, est composé de la manière la plus pittoresque et la plus ingénieuse; on remarque au milieu une figure assise tenant une corne d'abondance, et de l'autre un thyrse orné de pampre: elle est environnée aux quatre coins d'autant de figures d'enfants portant des corbeilles, mais une d'elles est presque détruite; il paraît que ces figures représentent les Quatre Saisons. Deux parties circulaires, remplies par des ornements d'un très bon goût et par des méandres, entourent le bas-relief du milieu, et sont inscrites dans un cadre de forme carrée dont les quatre angles sont décorés de rinceaux. Sept bas-reliefs sculptés dans des compartiments sont contenus dans une seconde bordure quadrangulaire; le premier représente un étalon; le second, des moissonneurs; le troisième, un homme tirant une herse; le quatrième, un chasseur à cheval et un esclave la tête couverte d'un cucullus ou capuchon, costume du bas-empire, et dirigeant avec peine une lourde charrue; le cinquième, des vendangeurs et des figures faisant du vin à la manière des anciens; dans le sixième, on voit un homme qui tire les intestins d'un cochon, et un autre homme qui poursuit un animal de la même espèce; dans le septième, enfin, un bœuf est attelé à une charrue. Il paraît que ces bas-reliefs représentaient les douze mois de l'année, dont il en manque ici cinq qui ont été détruits par le temps et les démolitions. En bas et au-dessus des impostes, on remarque des Génies tenant des guirlandes de fruits attachées avec des bandelettes et surmontées par des cygnes. Cette arcade ayant été depuis peu entièrement déblayée, on ne voit plus maintenant tous ces détails qu'à une grande distance et avec confusion. Nous nous trouvons très heureux d'avoir pu les dessiner de très près à une époque où la terre remplissait l'arc jusqu'à la hauteur des impostes.

PLANCHE CXIV.

PLAN GÉNÉRAL ET FRAGMENTS
DE L'ARC DE TRIOMPHE DE REIMS.

Nous donnons ici en grand et groupés les détails des chapiteaux, des impostes, des architraves, des soubassements et des plafonds de ce monument, dans lequel, au lieu du grand goût et de la pureté des beaux siècles, on trouve une abondance et une richesse d'ornements qui se voient toujours dans les monuments antiques de la décadence.

Au-dessous de ces détails est le plan général de l'arc. On y distingue les trois arcades, dont les plafonds viennent d'être expliqués. C'est pour l'intelligence entière de l'édifice que nous avons ainsi abattu sur plan les trois voûtes de l'arc.

PLANCHE CXV.

MONUMENT ROMAIN
SERVANT AUTREFOIS DE CATHÉDRALE A VAISON.

Vaison fut un des premiers pays de la Gaule où l'Évangile fut prêché; on pense généralement que les plus anciennes basiliques furent celles de Lyon, de Vienne et de Vaison : ce qui fait remonter leur première construction vers le milieu du premier siècle, époque à laquelle saint Crescent, disciple de saint Paul, fut envoyé par lui pour prêcher le christianisme à Vienne; ou au moins au temps de Pothin, évêque de Lyon, au commencement du 2ᵉ siècle. Avec le temps, vers le 10ᵉ siècle, les évêques de Vaison devinrent seigneurs de la moitié de la ville.

La basilique ici représentée semble avoir été construite vers la fin du 4ᵉ siècle; mais l'entablement qui la couronne paraît être d'une époque antérieure, ainsi que celui des bas-côtés où l'on remarque une frise ornée de très beaux rinceaux, détails que nous avons développés précédemment : ces fragments paraissent avoir fait partie de la construc-tion primitive. Ce monument, après avoir subi de grandes dévastations par les Normands et les Sarrasins, fut ensuite entièrement abandonné, et se trouve maintenant au milieu des ruines de l'ancienne ville.

PLANCHE CXVI.

PETIT TEMPLE ANTIQUE
ET FRAGMENTS DE LA CATHÉDRALE A VAISON.

Ce monument, d'une architecture bizarre, paraît être un ouvrage des derniers temps du bas-empire, quoique les colonnes cannelées ou rudentées soient ornées de feuilles d'acanthe assez élégamment sculptées; quelques uns pensent qu'il était consacré à Diane. Ce n'est plus maintenant qu'une chapelle dédiée à saint Quinide, évêque de Vaison, et annexée ci-devant à une abbaye. M. Suarès, un de ses évêques, la fit réparer et y fit graver ce distique en vers latins :

> Sancto Quinidio reparo venerabile templum.
> Ut mihi cœlesem præparet ipse thronum.

> « Je répare ce vénérable temple, dédié à saint Quinide, afin que lui-même me
> « prépare une place dans la céleste demeure. »

Dans la partie inférieure de cette planche, on trouve en grand les différents ornements et détails de l'ancienne cathédrale de Vaison, dont nous venons de donner la vue générale dans la planche précédente; on y distingue clairement les trois époques de sa construction. La corniche avec denticules, oves, et perles, est celle qui décore la partie la plus élevée de l'édifice. On y a groupé au-dessous une riche frise, ornée de rinceaux et de rosaces, et posant sur des modillons renversés, ayant en avant une portion d'archivolte. Tous ces détails attestent la haute antiquité de l'édifice, et font partie de sa première construction; les autres fragments sont extraits des augmentations qu'on y a faites et donnent leurs détails. Le caractère sec des chapiteaux et les cannelures transversales taillées dans les colonnes, appartiennent à la dernière époque du bas-empire, et se lient au style du 5ᵉ et du 6ᵉ siècle.

FIN DES MONUMENTS ROMAINS.

TABLE CHRONOLOGIQUE

DES MONUMENTS DE LA FRANCE,

RENFERMÉS DANS LE PREMIER VOLUME.

Faux-titre. — *Au verso :* Explication des Médailles.
Titre avec vignette. — Frontispice.

<table>
<tr><td>Discours préliminaire.....................................</td><td>Pages.
I—IV</td><td>Introduction à l'étude des monuments historiques de la France...</td><td>Pages.
1—58</td></tr>
</table>

DESCRIPTION DES PLANCHES.

MONUMENTS ANTÉRIEURS A LA DOMINATION ROMAINE.

MONUMENTS DES ROMAINS.

PREMIÈRE ÉPOQUE.

DEUXIÈME ÉPOQUE.

TROISIÈME ÉPOQUE.

QUATRIÈME ÉPOQUE.

FIN DE LA TABLE CHRONOLOGIQUE DU PREMIER VOLUME.

Monument Celtique
de la Presqu'Isle de Quiberon.

Pierre debout
Près de Quiberon.

Pierre debout,
du Champ d'Olent.

Monument Celtique,
à Essé près de Rennes.

Pierre levée
près de Tirlemont.

Pierre levée
de Poitiers.

Monument Celtique
près de Saumur.

Intérieur du même Monument.

Vue du Champ de Carnac
prise du petit Village d'Évoque.

Vue d'une partie des Pierres de Carnac prise en arrière du Mont St. Michel.

Monument Celtique à Lock-Maria-Ker.

Tumuli ou Tombelles, près de Tirlémont.

Montagnes de Gergovie et Construction Romaine près de Clermont.

Ruines du Monument de la Turbie, près de Monaco.

Vue d'une Porte

dans le roc, à Besançon.

Vestige antique, appellé Pierre de Couard.
à Autun.

Vue extérieure du Temple de Janus.
à Autun.

Intérieur du Temple de Janus,
à Autun.

Plan du Temple de Janus.

Vue des Ruines de la Porte Dorée, à Fréjus.

Aqueducs Antiques de Gargatta

...s la Forêt de l'Estérelle, près Fréjus.

Aqueduc antique à Jouy, près de Metz, et Détails du même Monument.

Vue générale et Plan de l'Aqueduc de Jouy, au de là de la Moselle.

Vue de l'Aqueduc de Jouy, prise hors du Village.

Vue du Tombeau de Drusus.

Ruines d'un Aqueduc Romain
près de Lyon.

Ruines d'un autre Aqueduc Romain
près de Lyon.

Ruines de l'Aqueduc antique de St. Just,
près de Lyon.

Bourgeois del
La Tour
et Vue géné

à Nîmes.

la Ville.

Plans de la Porte Antique située au sud-est dans les murailles de Nîmes
et de la Tour Magne.

Ponce del.
Vue de l'Aqueduc an
prise du côté q
Plan
Plan
Plan du Pont méd

appelé Pont du Gard.
Pont moderne.

à Toises

Arcades.

du 2.º rang.

du 3.º rang d'Arcades.

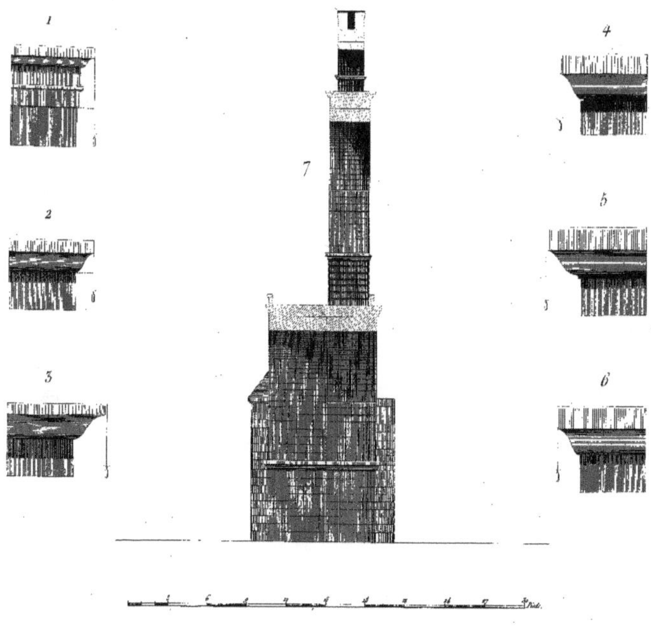

Élévation Géométrale, Coupe et Détails du Pont du Gard.

Vue de l'Arc de Triomphe du Pont de Saintes.

Détails du même Monument.

Arc de Triomphe et Pont de Saintes.

Vue de face du Monument de St Chamas
en Provence.

Vue laterale du Pont de St Chamas.

Plan et détails du Pont de St Chamas.

Vue Générale du Pont de S.t Chamas, en Provence.

Monument connu sous

n de Temple de Diane

Plan et Détails du Temple de Diane, à Nimes.

Restes d'un Aqueduc Romain, à Fréjus.

Vue de la Porte d'Arroux
à Autun.

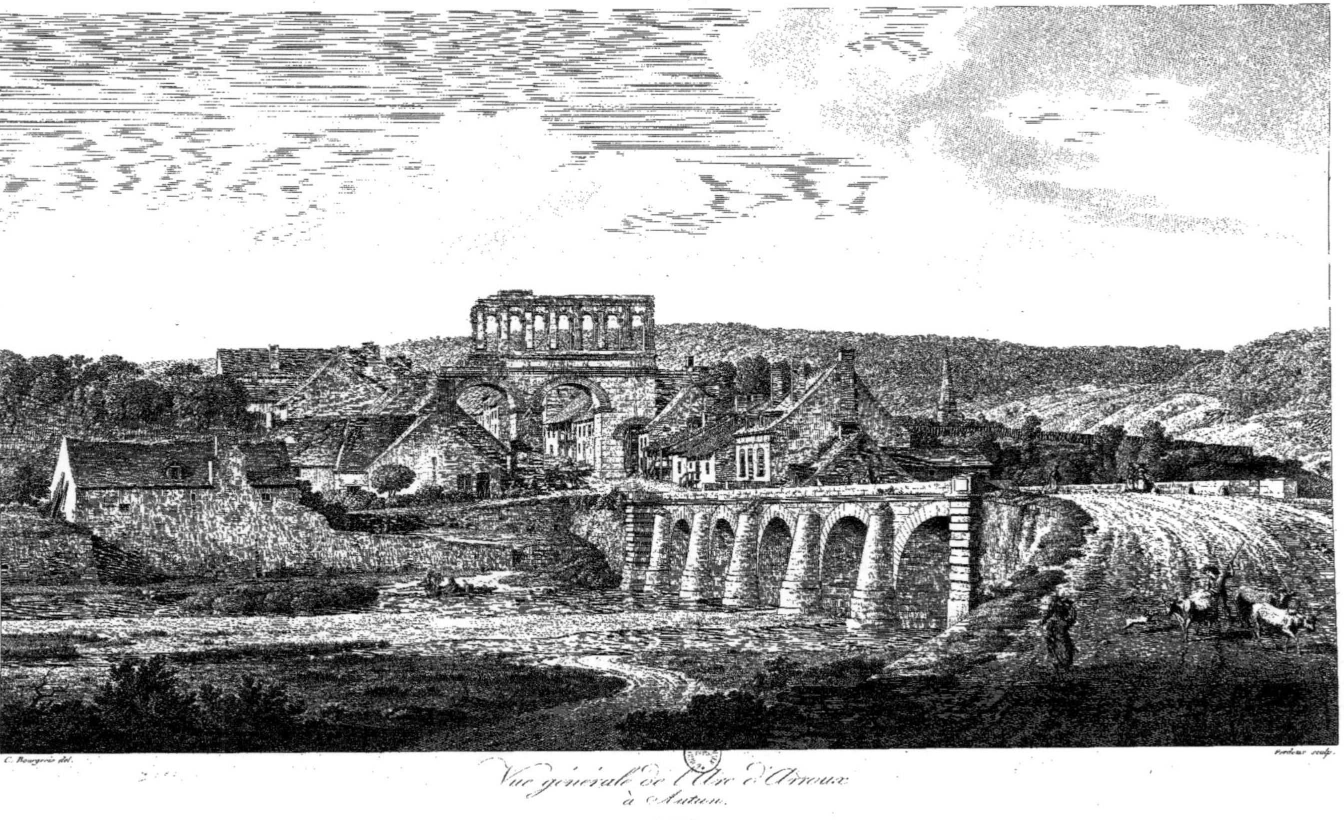

C. Bourgeois del.

Verdeur sculp.

Vue générale de l'Arc d'Arroux
à Autun.

Plans et Fragments des Portes d'Autun.

Vue de l'Arc de S.t Remi en Provence.

Détails de l'Arc de Triomphe de St Remi.

Arc de Triomphe

... ne à Cavaillon.

Vue intérieure et Détails de l'Arc antique de Cavaillon.

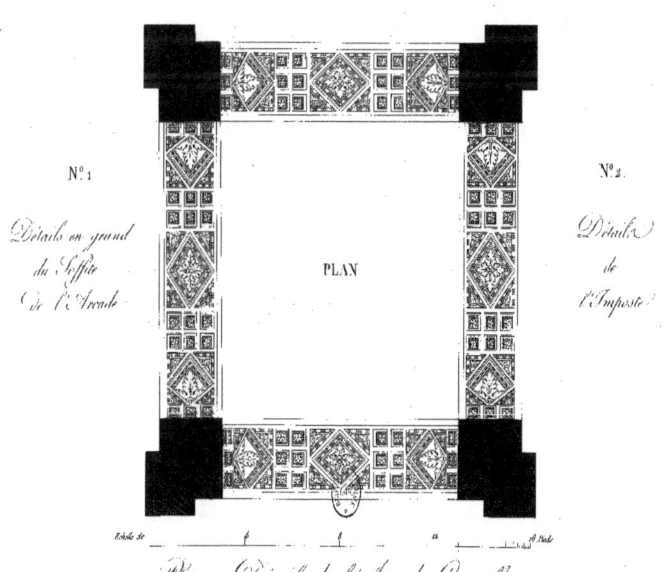

Plan et Détails de l'Arc de Cavaillon.

Temple Antique, appelé Notre-dame de la vie, à Vienne.

Vue d'un Temple antique, appelé notre-dame de la vie,
à Vienne.

Tombeau antique près de Vienne.

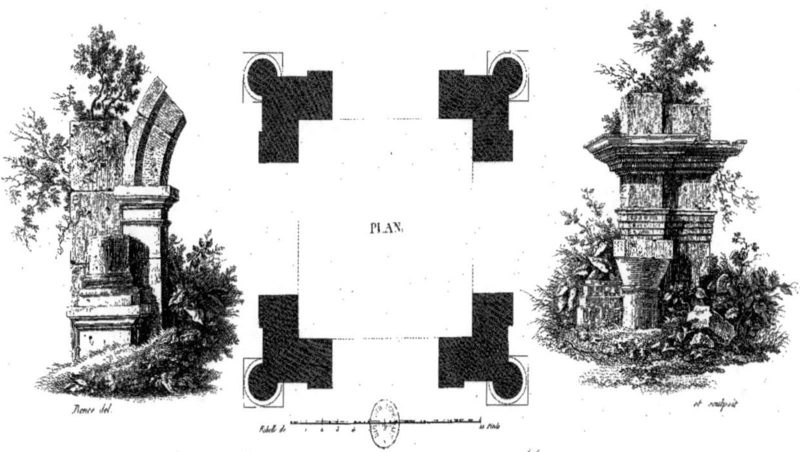

PLAN.

Plan et Détails en grand du même Monument.

Arc corinthien d'un Théâtre antique, à Vienne.

Portique intérieur d'un ancien Théâtre,
à Vienne.

Fragmens antiques et Plan du Portique d'un ancien Théâtre.
à Vienne.

Vue des Ruines du Péristile d'un Temple
à Rice.

Vue d'un Temple antique, de forme circulaire,
à Riez.

Vue extérieure de la Chapelle moderne,
qui renferme le Temple ci-dessus.

Rue de l'

l'Orange.

Bas-Reliefs de l'Arc d'Orange.

Vue latérale de l'Arc d'Orange.

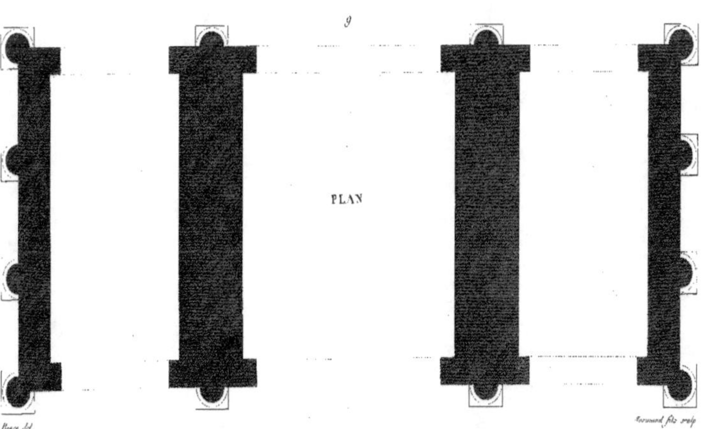

Plan et Détails de l'Arc d'Orange.

Bourgeois del.
Vue générale de l

d'Orange.

Vue extérieure du

...tre d'Orange.

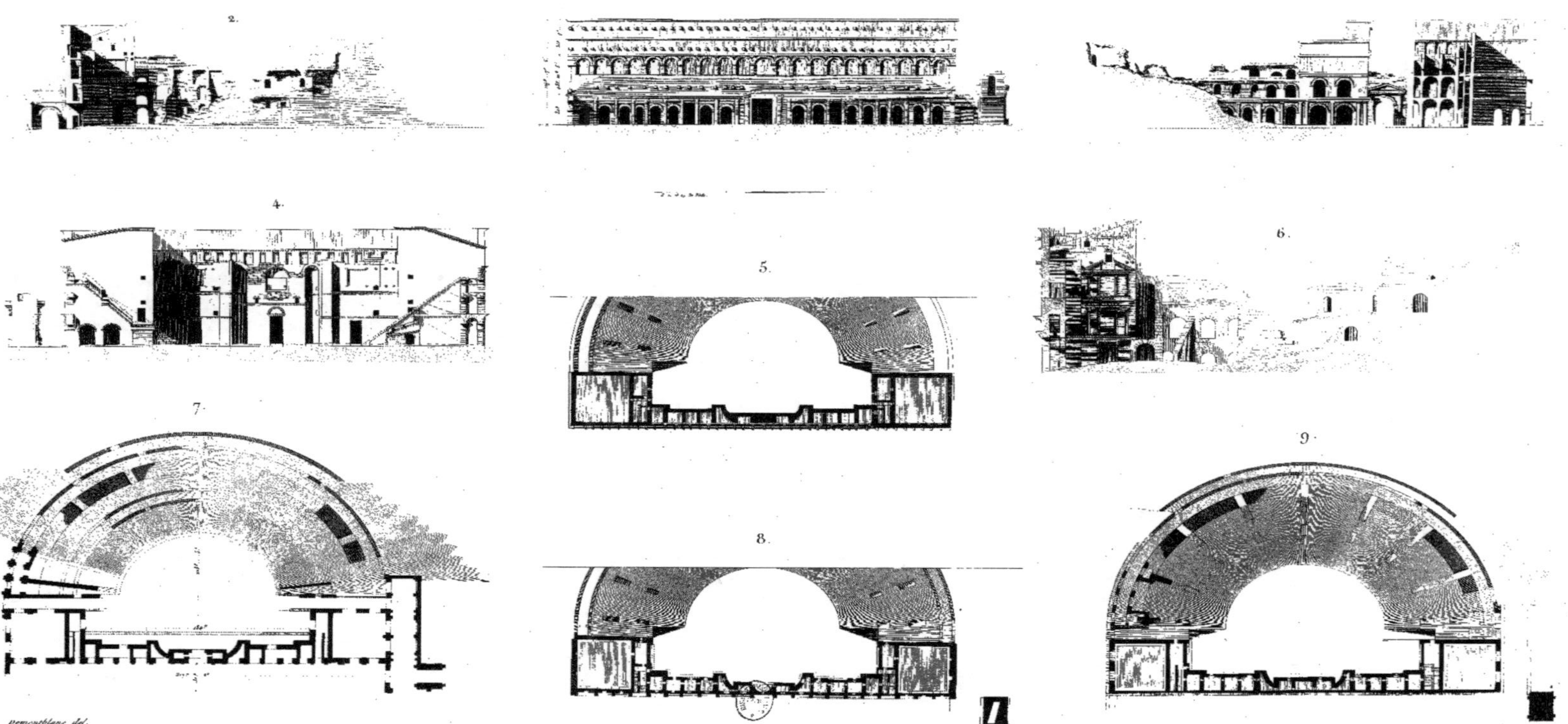

Plans, Coupes et Élévations géométrales du Théâtre d'Orange.

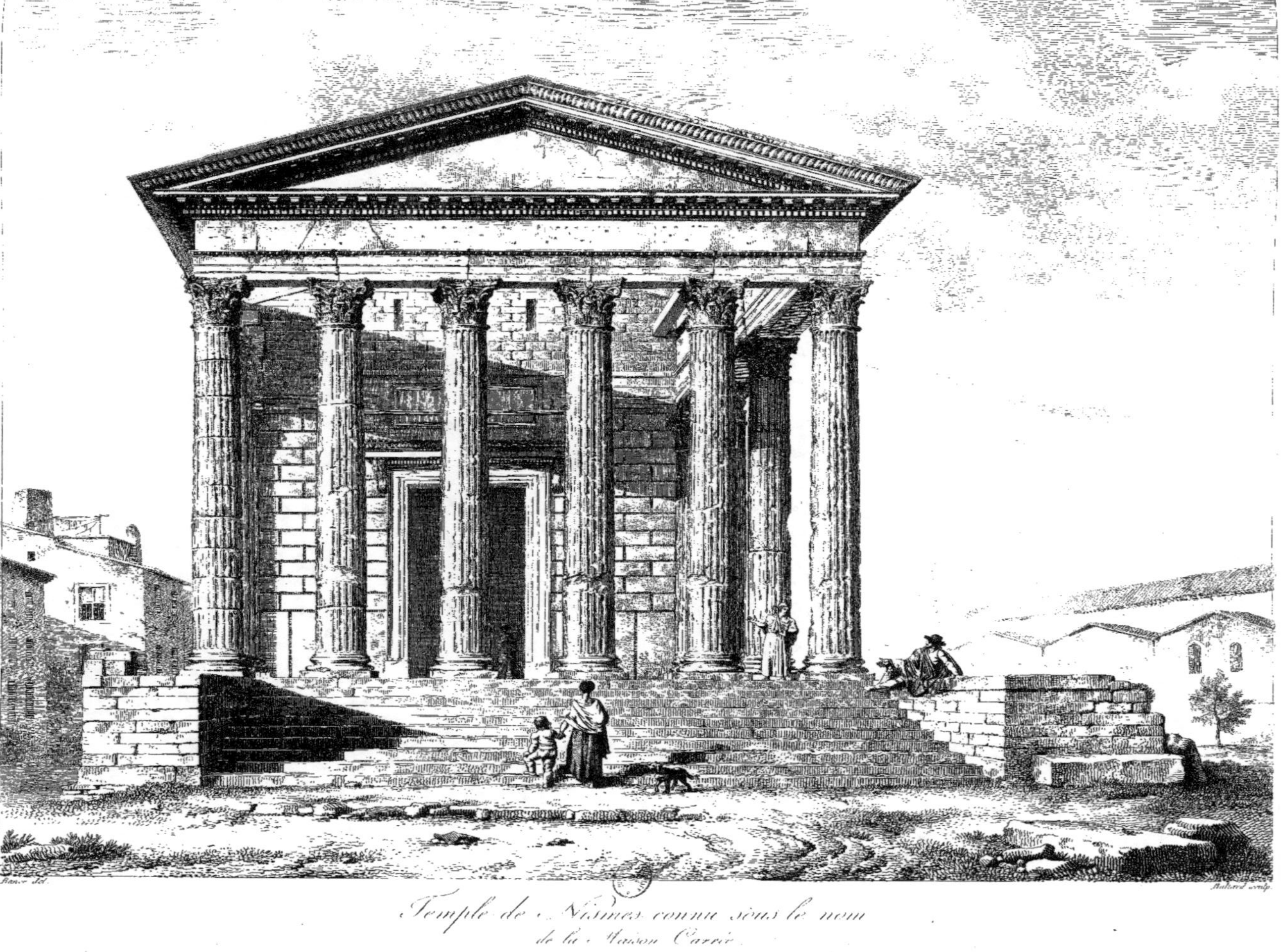

Temple de Nîsmes connu sous le nom
de la Maison Carrée

Vue latérale

Maison Carrée.
à Nîmes.

Vue de la Face opposée au Péristyle de la Maison Carrée, à Nîmes.

Plan, Coupes et Détails de la Maison Carrée, à Nîmes.

C. Bourgeois del.

Vue du grand Amp...

...re appellé les Arènes.

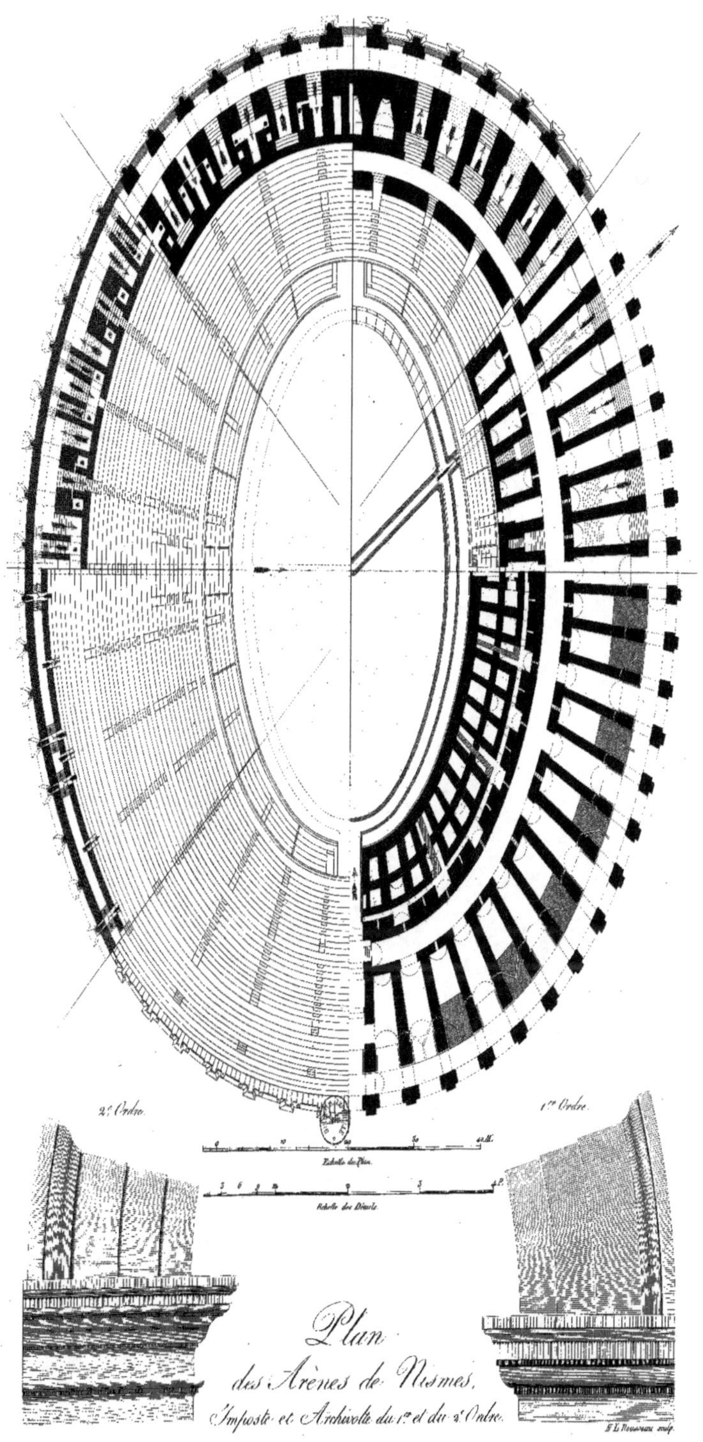

2.e Ordre.
1.er Ordre.
Echelle du Plan.
Echelle des Détails.
Plan
des Arènes de Nismes,
Imposte et Archivolte du 1.er et du 2.e Ordre.
N. Le Rouveau sculp.

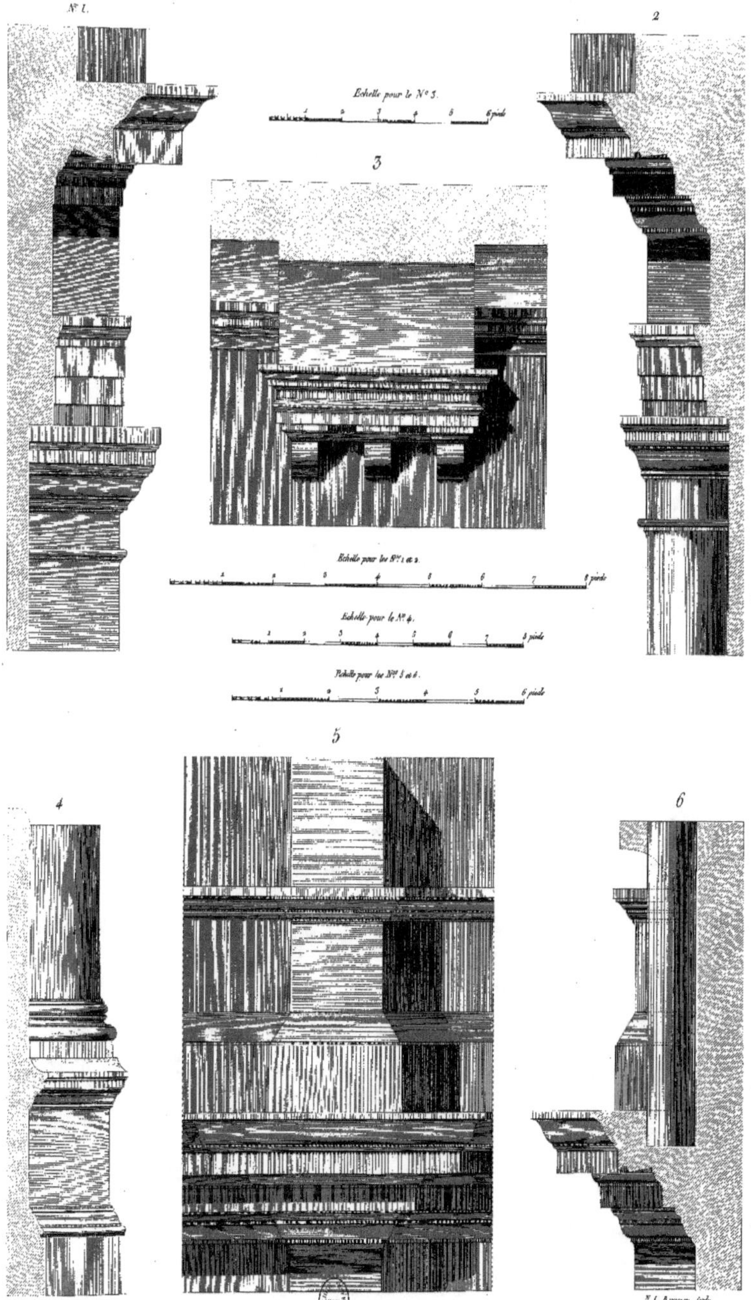

Détails des Arènes de Nîmes.

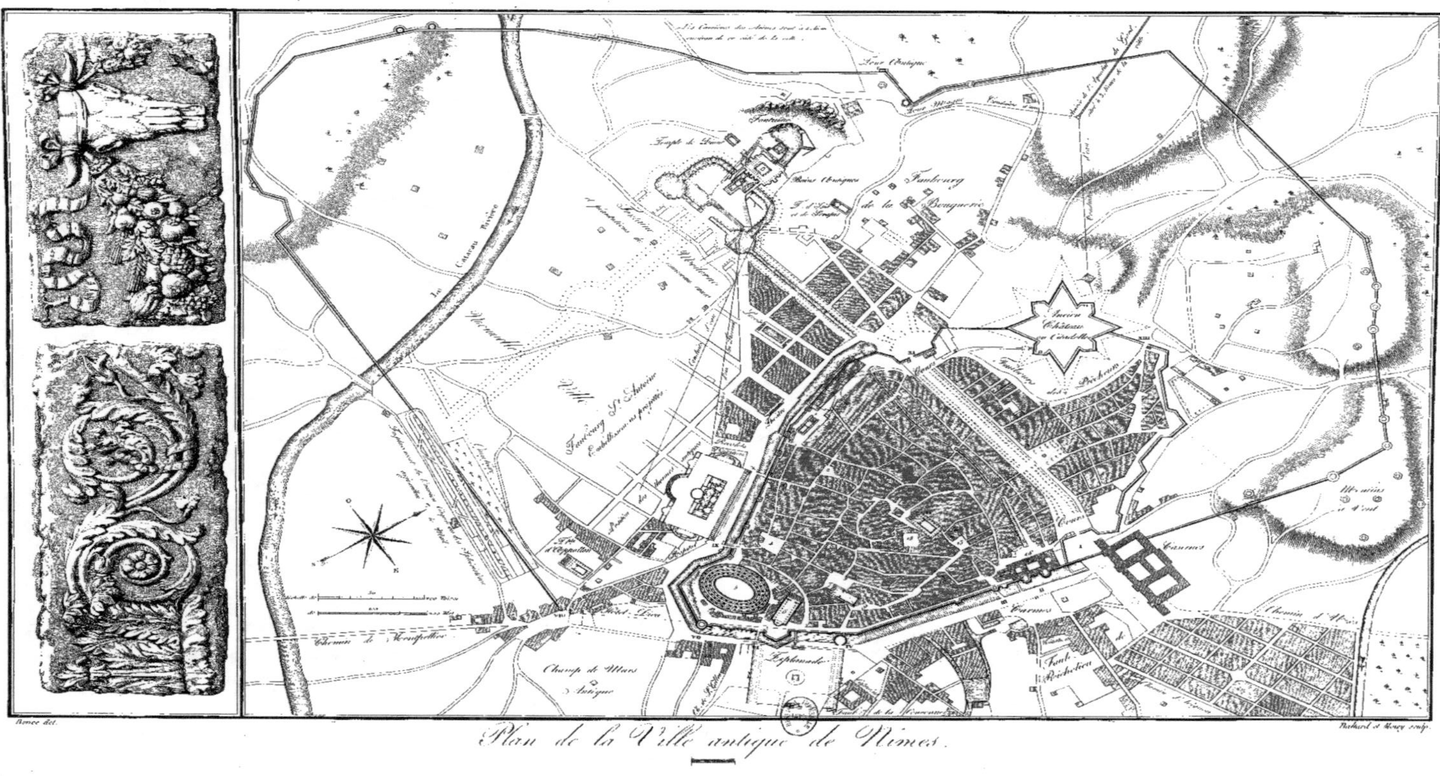

Renec del.
Richard et Mouy sculp.
Plan de la Ville antique de Nîmes.

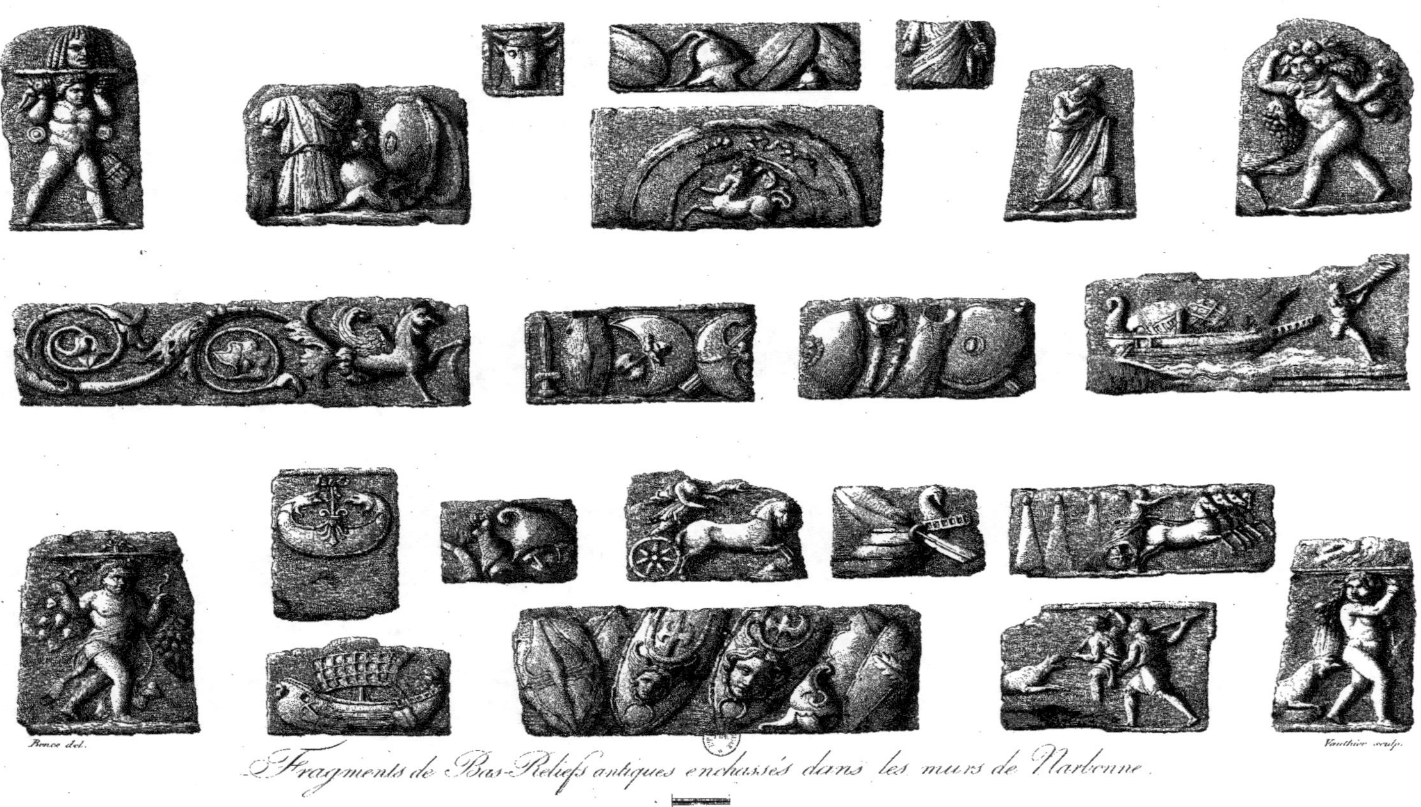

Fragments de Bas-Reliefs antiques enchassés dans les murs de Narbonne.

2.ᵐᵉ Planche de Fragmens enchassés dans les murs de Narbonne.

Monument Mythriatique à Bourg St. Andéol.

Colonne antique près de Cussi,
aux environs de Beaune.

Figures et Fragmens de la Colonne de Cussi.

Bourgeois del. & sculp.

Porte S.t André,
à Autun.

Bonce del.
Vauthier et Pordeau sculp.
Monument de Mithras et Détails d'un Zodiaque antique, à Arles.

Fragments antiques aux Minimes de St. Honorat, à Arles.

Sarcophages et autres Fragments antiques à Arles et à Marseille.

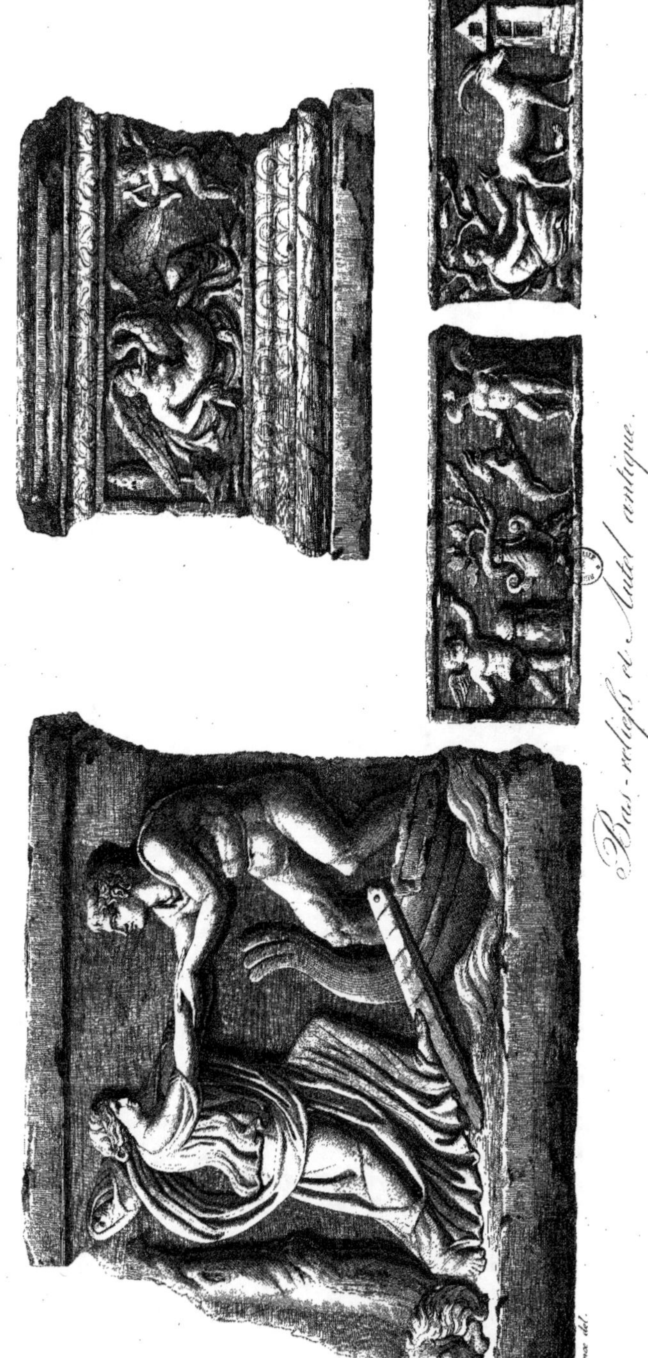

Bas-reliefs d'un Autel antique.

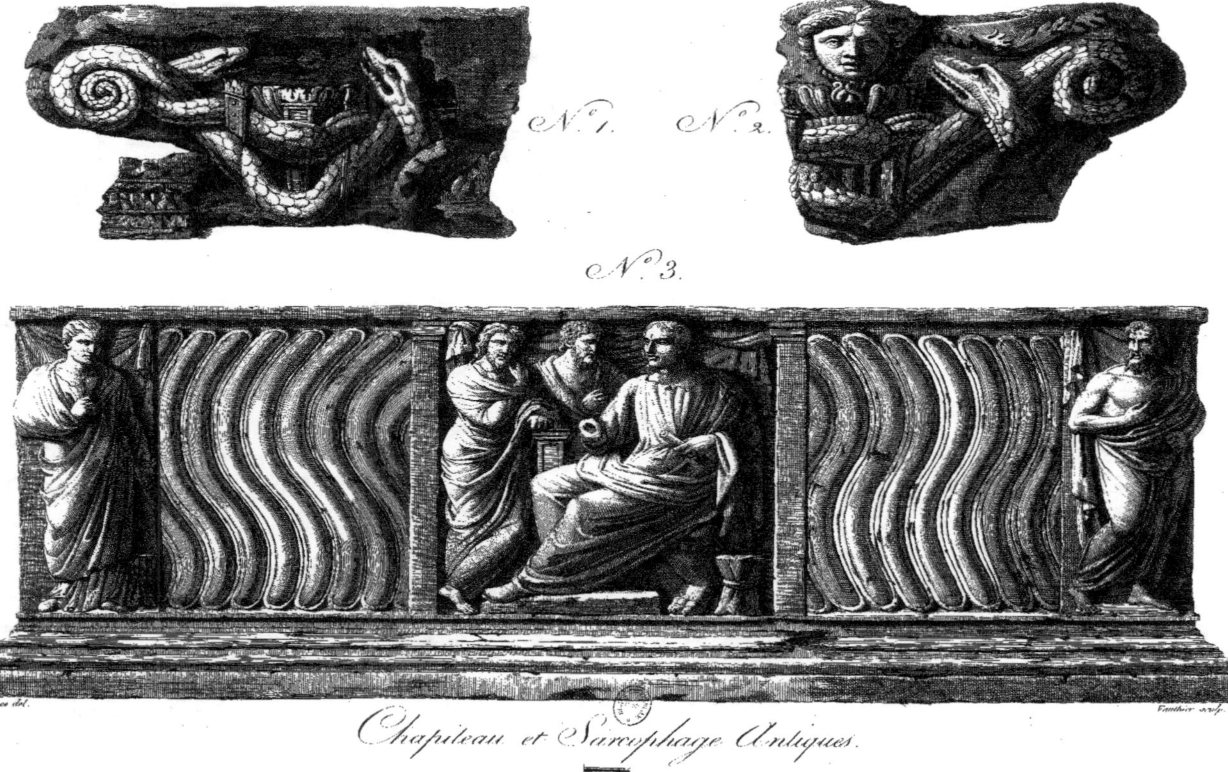

Chapiteau et Sarcophage Antiques.

Fragmens et Monumens Antiques à Marseille et à Arles.

Fragments et Sarcophages antiques, dessinés à Arles et à Marseille.

Vue extérieure des Arènes d'Arles.

Renée del.

Reville et Perdoux sculp.

Vue intérieure des Arènes d'Arles.

Vue des Ruines d'un ancien Théâtre,
à Arles.

Arc du premier ordre du Théâtre d'Arles.

Monument antique connu sous le nom de Tour de Roland, à Arles.

Colonnes Antiques, sur la Place St. Julien,
à Arles.

Bas-Relief antique, à Aix.

I

Vue du Tombeau de St. Remi.

Plan et Détails du Tombeau de St. Remi.

Vue générale de l'Arc de Triomphe et du Tombeau de St. Remi.

Bas-Reliefs et autres Fragments antiques, à Dijon.

Arc de Triomphe antique, à Langres.

Tombeau ant

à Vaison .

Pont Romain, à Vaison.

Fragments d'un Tombeau antique, à Vaison.

Arcades d'un Amphithéâtre et autres fragments antiques, à Vaison

Bance del.

1.re Vue d'un Palais.

...rial, à Trèves.

Bouco del.
2.ᵐᵉ Vue d'un.

Palais Prétorial, à Trèves.

Ancien Palais des Empereurs, à Trèves.

Thermes Romains, à Trèves.

Nivois del.

Vauthier sculp.

Tombeaux à Spire et divers Fragments antiques à Trèves.

Tombeau antique à Igel, près de Trèves.

2.ᵉ Vue d'un Tombeau antique à Igel. près de Trèves.

3.ᵐᵉ Vue du Tombeau antique à Igel, près de Trèves.

Détails en grand du Tombea

l'Igel, près de Trèves.
Venther et M.rr Massin sculp.

Bas-reliefs et Fragmens antiques, près de Luxemboury.

Tombeau de Lysippus.

Tombeau de Lysippus et autres Fragments antiques.

Bouvier del.

Fouchier sculp.

1

Face principale du Tombeau de Jovinus, à Reims.

Parties latérales du Tombeau de Jovinus.

Vue Intérieure de l'Arc de Carpentras.

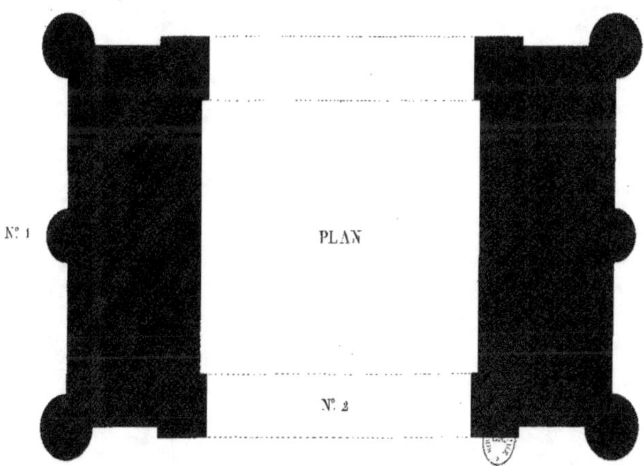

Plan de l'Arc de Carpentras.

Monument Antique du moyen âge, à Mornas.

Vue extérieure de l'Arc de Carpentras.

Vue pittoresque de la Fontaine des Bains de Sextius, à Aix.

Bas-Reliefs de la Fontaine des Bains de Sextius, à Aix.

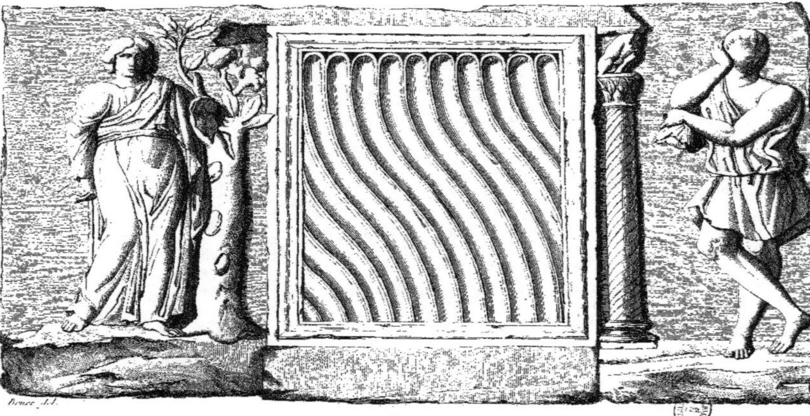

Tombeau, Détails et Fragments antiques, à Aix.

Arc de triomphe appelé Porte noire,
à Besançon.

Ponce del.

Réville et Lorieux sculp.

Vue Pittoresque de l'Arc de Reims.

Plafond d'une des Arcades de l'Arc de triomphe antique, à Reims.

Plafond d'une des Arcades de l'Arc de Triomphe antique, à Reims.

Plafond de l'Arcade des Sau...

s, à l'Arc de Reims.

Poulleau et Perdoux sculp.

Plan général et Fragmens de l'Arc de Reims.

Monument romain servant autrefois de Cathédrale, à Vaison.

Petit Temple antique, à Vaison.

Détails et Fragmens de la Cathédrale de Vaison.

www.ingramcontent.com/pod-product-compliance
Lightning Source LLC
LaVergne TN
LVHW020612180726
843502LV00002B/440